경기민주화운동사

경기민주화운동사

초판 1쇄 발행   2017년 10월 10일

기   획 ┃ 민주화운동기념사업회
편   자 ┃ 경기민주화운동사편찬위원회
발행인 ┃ 윤관백
발행처 ┃ 도서출판 선인

등록 ┃ 제5-77호(1998.11.4)
주소 ┃ 서울시 마포구 마포대로4다길 4 곳마루 B/D 1층
전화 ┃ 02)718-6252 / 6257   팩스 ┃ 02)718-6253
E-mail ┃ sunin72@chol.com
Homepage ┃ www.suninbook.com

정가   30,000원
ISBN   979-11-6068-118-5   94300
ISBN   978-89-5933-508-4   (세트)

[한국민주주의연구소 지역민주화운동사 연구총서 5]

경기민주화운동사

민주화운동기념사업회 기획
경기민주화운동사편찬위원회 편

지역민주화운동사 연구총서 발간에 부쳐

해방 이후 한국 사회는 분단과 전쟁, 독재의 질곡을 거치며 산업화와 민주화라는 격변 속에서 혼돈과 모색의 시기를 지나왔다. 이 시기 한국이 정치 경제 사회 등 제분야에서 세계적으로 주목할 만한 성과를 이룩할 수 있었던 주요한 동력은 반세기에 걸쳐 치열한 투쟁을 전개해온 민주화운동에서 나왔다.

그러나 한국 사회는 여전히 과거를 어떻게 기억하고 표상할 것인가를 둘러싼 논쟁이 계속되고 있다. 분단체제하에서 국가권력은 과거사를 자신들의 정치적 목적에 따라 상이하게 정의하였다. 따라서 민주화운동의 역사를 올바로 정리하는 것은 국가가 왜곡한 기억에 도전하는 것이며 기억 투쟁의 일환이기도 하다.

민주화운동의 역사를 정리하고 기록하는 것은 무엇보다 민주화운동을 경험하지 못한 새로운 세대를 향한 것이며, 또 동시대인이면서도 민주화운동의 밖에 있던 이들을 향한 것이기도 하다. 정당한 기억의 공동체를 확산해가는 것은 곧, 민주주의 가치를 공유한 공동체가 확대되는 길이기 때문이다. 아울러 민주화운동 역사 정리는 민주화운동에 직간접적으로 참여했던 이들을 향한 것이기도 하다. 민주화운동 참여자의 자기학습 과정인 동시에 내적 성찰의 근거가 되기 때문이다.

한국의 민주화운동에 대해서는 다양한 연구가 진행되었으며, 그 연구성과 또한 상당 정도 축적되어 있다. 그럼에도 지역의 민주화운동에 대한 체계적인 정리는 그동안 부족했던 것이 사실이다.

한국사회에서 '지역'이란 말은 독특한 위상을 가진다. '지역'이란 개념은 지도상, 혹은 행정상으로 구분되는 특정 영역이란 뜻에 한정되지 않는다. 그것은 흔히 '중앙'에 대비되는 개념으로 사용되기도 하지만, '상위'와는 다른 '하위'라는 뜻을 포함하고 있기도 하다. 유감스럽게도 민주화운동 세력에게도 이는 예외가 아니었다.

하나의 지역으로서 '서울'이 아니라 서울이 곧 '중앙'이었기에, 그동안 민주화운동 과정에서 수많은 헌신과 성과가 있었음에도 지역이 역사적 조명에서 상대적으로 소외되어 왔던 것이 사실이다. 민주화운동기념사업회가 『한국민주화운동사』 발간에 이어 지역의 민주화운동사 정리에 나선 것은 바로 이런 이유 때문이다.

각 지역의 민주화운동사 발간 작업이 다시 한 번 구체적 '현장'인 지역을 재조명하고, 민주화운동에 참여했으나 알려지지 않았던 분들의 분투를 기억하는 계기가 되기를 바란다. 아울러 여러 현장에서 여전히 분투하고 있는 분들에게 과거의 기억이 올바르게 전승되어 새로운 길을 찾아 나가는데 작은 보탬이라도 되기를 기대한다.

이번에 한국민주주의연구소의 주관하에 발간되는 『경기민주화운동사』는 지역 민주화운동사 연구 작업의 다섯 번째 결과물이다. 어려운 작업을 맡아 수고해주신 정금채 최순영 편찬위원장과 유문종 실무위원장, 특히 원고의 전반적 검토에 힘써주신 임미리 박사, 그리고 원고집필과 공람회 토론에 참여해주신 모든 분들께 감사드린다. 어려운 환경에서 민주화를 위해 애썼던 분들, 마음으로 응원했던 경기 지역의 모든 분들이 이 책을 통해 작게나마 자긍심을 키우는 계기가 된다면 더없는 기쁨이 될 것이다.

2017년 9월
민주화운동기념사업회 이사장 지선

서 문

『경기민주화운동사』는 2014년 11월 편찬논의를 시작하여 2017년 여름까지 3년여의 긴 여정의 결과이다. 3년 전 처음 편찬 작업의 필요성과 대략적인 방향을 논의할 때만해도 경기도가 갖고 있는 몇 가지 특성으로 어려움은 있겠지만 이미 발간된 지역의 선행사례를 참고하면 무난하게 편찬 작업을 완료할 수 있을 것으로 예상하였다. 당시 논의된 경기도의 몇 가지 특성이 주는 어려움은 다음 세 가지로 요약된다. 1) 경기지역 민주화운동의 중심이 여러 곳에 산재되어 있어 서술의 흐름을 잡아내기가 힘들고, 2) 각 지역의 운동을 만들고 발전시켜 간 지역의 역사, 문화, 사회적 요인들이 다양하여 '경기도'라는 정체성을 정립해내기가 어려우며, 3) 노동운동을 비롯하여 농민, 여성, 문화, 교육, 대학생, 통일 등 부문운동이 폭넓게 전개되어 수많은 자료들을 수집하고 관련자들의 증언을 얼마만큼 확보할 수 있을까? 하는 우려를 버릴 수 없었다.

하지만 편찬 작업은 예상을 뛰어넘는 어려움이 있었다. 기존 기록을 대신하는 새로운 기록이나 구술들이 나오기 시작했고, 기 발표된 기록들 사이에도 다름이 발견되었기 때문이다. 이러한 문제들을 해결하기 위해 민주화운동이 활발하게 전개되었던 지역 활동가를 최대한 편찬위원회에 참여토록 하였다. 수원, 안양, 안산, 평택, 부천, 성남, 의정부, 고양 등 가급적 1970~80년대 이후부터 경기지역 민주화운동 전체를 아우를 수 있도록 23명의 편찬위원들의 참여를 확보하였으며, 나아가 수원, 안양, 안산, 의정부 등에서 지역별로 1970~80년대 민주화운동을 기록하기 위한 토론과 기록 작업을 촉발하여 집필자들의 요청이 있을 때에는 지역 관련자들의 집담회를 열어 개별 구술과 집단 인터뷰가 가능하도록 하였다. 집필진을 포함한 편찬위원회 전체 워크숍과 원고 검토회의를 3년여 작업 기간 동안 15차례 진행하여 시기별 서술과 부문 간 서술의 통일성을 확보하고자 하였다. 또한 시기별 서술은 관련 연구자가 담당하기로 하지만 부문운동은 현장 활동가에게 집필을 담당하도록 하여 생생한 기록을 남길 수 있었다.

1948년 남한 정부 수립부터 1992년 문민정부 수립 때까지 경기지역에서 치열하게 전개되었던 민주화운동의 생생한 기록인 『경기민주화운동사』는 경기도 여러 지역과 부문에서 활동해 왔던 편찬위원과 다양한 견해와 경험을 가진 이들 위원들의 의견을 한 방향으로 모으고 각기 다른 방식으로 작성된 원고들을 정리하여 통일성을 갖추어 한 권의 책으로 만들어 낸 것이다. 정금채, 최순영 공동편찬위원장은 각 위원들의 생각과 의도를 바르게 이해하고 무리 없이 조정, 합의해나갈 수 있도록 지혜롭게 모든 과정을 원만하게 이끌었으며, 집필진과 편찬위원들 또한 공동의 작업이 경기지역 민주화운동과정을 객관적이고 정확하게 기술될 수 있도록 열정을 갖고 헌신적으로 작업에 참여하였다. 3년여라는 긴 여정을 마무리하며 책이 발간될 수 있었던 것은 초기 편찬과정에서부터 마지막 발간작업까지 실무를 맡아 총괄하였던 유문종 실무위원장과 경기지역 곳곳을 직접 찾아가 회의를 지원하고 자료를 수집해 준 김영균 간사, 그리고 작업 초반기에 참여하여 최종보고회까지 도움을 주신 이호룡 전 민주화운동기념사업회 연구소장,

후반기에 참여하여 발간 작업을 마무리해 주신 현종철 책임연구원의 수고 덕분임을 밝히며 감사드린다.

아울러 『경기민주화운동사』는 2004년과 2005년에 '민주화운동기념사업회'에서 진행하였던 「지역민주화운동사 편찬을 위한 기초조사 보고서」를 기초 자료로 하였으며, 그 이후 발간된 수원, 안양, 안산의 지역민주화운동 관련 자료와 지역과 부문 집담회를 통해 수집된 구술과 인터뷰 내용, 작업 과정에서 편찬위원과 집필위원들이 새로 수집한 개별 단체들의 자료집과 유인물, 언론기사 자료 등을 바탕으로 완성되었다. 그러므로 엄밀히 따져 말한다면 사전 편찬 자료집이 없었다면 이 작업은 출발할 수 없었을 것이다. 이 기회에 기초 작업을 진행해 준 민주화운동기념사업회에 고마움을 전한다.

『경기민주화운동사』제1부부터 제4부까지는 시기별로 경기지역 민주화운동사를 정리하였다. 제1부 1950~1960년대 민주화운동사는 오유석 위원, 제2부 1970년대 유신체제기의 민주화운동사는 이창언 위원, 제3부 1980년대 초중반 민주화운동사는 임미리 위원, 제4부 1987년 6월민주항쟁과 노태우 정권하의 민주화운동사는 김광남 위원이 각각 책임을 맡아 집필하였다. 이어 제5부에 서술된 부문운동사 제1장은 노동운동으로 노세극 위원, 제2장 농민운동은 한도숙 위원, 제3장 교육운동은 구희현 위원, 제4장 문화예술운동은 정흥모 위원, 제5장 여성운동은 오유석 위원이 집필진으로 작업을 마무리하였다. 복잡 다양한 경기지역 민주화운동을 시기별로, 부문별로 총괄하여 정리한 총론은 임미리 위원이 맡아 주었다. 임미리 위원은 자신이 맡았던 총론과 제3부 뿐만이 아니라 많은 시간동안 전체 원고를 살펴보며 내용의 중복이나 오류를 바로잡아 주었다. 이렇게 여러분이

수고해주신 덕분에 책이 발간될 수 있었지만 여전히 '경기지역 민주화운동'이라는 방대한 활동을 이 책에 온전히 담아내기에는 부족할 것이다. 부족한 부분에 대한 모든 책임은 편찬위원회에 있음을 밝히며 염치없지만 이 책을 발판으로 경기지역에서 민주주의를 위해 헌신해 오신 분들의 기록이 누락 없이 완전하게 복원되기를 기대하며 위안을 삼는다. 민주주의를 위한 실천은 어느 한 곳에 이르러서 중단되어서는 안 될 것이다. 민주화운동 기록 또한 그 실천을 기억하고, 그 분들의 뜻을 다음세대에게 전달하려는 사람들이 있는 한 중단 없이 지속될 것이다.

끝으로 경기지역 곳곳에 있는 삶의 현장에서 자신의 삶을 희생하며 민주주의의 가치를 지키며 확장하기 위해 온 몸으로 싸워왔던 수많은 선배, 동료, 후배들에게 머리 숙여 고마움을 전하며 이 책을 바친다. 이 책이 민주화를 위해 아름답게 살아왔던 모든 사람들의 소중한 기록으로 후손들에게 오랫동안 전해지길 기대한다.

2017년 9월

경기민주화운동사 공동편찬위원장   정금채, 최순영

목 차

제1부 1950~1960년대 민주화운동

제2부 1970년대 유신체제기의 민주화운동

제3부 1980년대 초중반 민주화운동

제4부 1987년 6월민주항쟁과 노태우 정권하의 민주화운동

총 론

한국은 많은 사회경제적 자원이 서울에 집중됐듯이 민주화운동 역시 서울을 중심으로 전개돼왔다. 또 비서울지역의 경우에도 지역별 대도시가 민주화운동의 구심 역할을 했다. 그러나 경기도의 민주화운동은 운동의 전체 지역의 단일한 구심 대신 소중심들이 권역별로 산재했는데, 이는 경기도의 지리적 특성과 관련이 있다. 따라서 경기도 민주화운동의 전반적 양상을 이해하기 위해서는 그 전제로서 지리적 특성을 살펴볼 필요가 있다.

경기(京畿)라는 명칭은 조선 시대 임금이 살던 한양 주변의 땅을 일컫는 것으로 "왕도(王都)의 외곽지역으로 왕도와 왕실을 보위하고 왕실과 관청의 경비를 지원하는 역할을 담당하는 곳"이라는 뜻을 가지고 있다. 현재의 경기도는 서울을 둘러싸고 있는 주변 지역으로 수도권 대개를 포함하고 있다. 경기도의 이러한 지리적 특성이 결정된 것은 일제강점기에 경기도로 편입됐던 경성부가 1945년 서울시로 개칭하고 이듬해인 1946년에 서울특별시가 되면서 경기도에서 빠져나간 뒤부터이다. 이후 경기도는 서울과 매우 밀접한 관련 속에 성장하게 되었다. 1960년대 이후 급격한 산업화, 도시화 과정에서 서울이 포화 상태에 이르게 되자 서울에서 수용 불가능한 산업 시설과 인구가 경기도로 이전해 갔고 이 과정에서 경기도도 사회경제적 성장 및 지역별 분화 과정을 밟아갔다.

　서울을 중심으로 하는 환(環) 모양이라는 특성은 서울과의 관계 속에 사회경제적 발전 양상을 결정짓는 요소였을 뿐만 아니라 민주화운동에도 지대한 영향을 미쳤다. 지리적 특성과 관련된 경기도 민주화운동의 특성은 크게 두 가지로 볼 수 있다. 하나는 서울을 중심으로 하는 중앙 차원의 민주화운동으로부터 강력한 영향을 받으면서 독자적 정체성을 형성하기가 어려웠다는 것이고, 다른 하나는 지역의 전체적인 중핵이 없는 가운데 상대적으로 권역별 특징이 뚜렷하게 나타났다는 것이다.

　경기도의 지리적 특성 중 민주화운동에 영향을 미친 또 다른 요인은 북부지역이 휴전선에 면해 있다는 것이다. 구체적으로는 연천군과 파주시, 동두천시, 포천시, 양주시, 의정부시 등이 휴전선에 면해 있거나 군사시설이 입지해 있다. 남북이 분단된 현실에서 이 같은 지리적 요인은 경기도 북부지역의 사회경제적 발전을 더디게 했을 뿐만 아니라 사회운동의 성장도 어렵게 했다.

　이 같은 특성에 따라 경기도 민주화운동사는 다음 두 가지 방향에 초점을 두고 집필되었다.

　첫째, 중앙운동과 지역운동의 관계를 파악하고자 했다.

　경기도는 중앙운동의 영향이 어느 곳보다 큰 지역임과 동시에 자생적이고 독자적인 운동의 가능성도 존재하는 곳이다. 이에 따라 시·군별로 중앙운동이 침투하는 시기와 방법에 차이가 있었으며 그것을 받아들이는 과정 및 형태 또한 달리 나타났다. 즉 자생적 운동이 조직화·안정화 단계에 접어든 지역일 경우 중앙운동의 침투 시 일정한 갈등 양상을 나타냈으며, 그렇지 않은 지역에서는 중앙운동의 변혁 지향적 성격과 반독재민주화운동의 성격이 운동 초기부터 나타났다.

　둘째, 권역별 특성을 가시화하고자 했다.

　경기도는 다른 지역과 달리 권역별 특성이 매우 강한 곳으로 그에 따라 운동의 양상 또한 달리 나타났다. 크게는 북한과 접경해 있는 북부지역과 그렇지 않은 남부지역으로 나눌 수 있고 남부지역은 다시 도시화·산업화 정도와 대학의 입지 여부에 따라 소권역으로 나뉜다. 이에 따라 각 지역의 사회경제적 특성과 그에 따른 억압의 형태가 부문별 또는 시기별 운동에 미친 영향을 파악하는 한편 그 결과로서 시군구별 운동의 성장 속도와 특징을 드러내고자 했다.

이와 같은 방향에서 조사·연구된 경기도 민주화운동사를 시기별 특성을 사회경제적 환경 속에서 살펴보면 다음과 같다.

우선, 해방 이후부터 유신 이전까지 경기도 민주화운동은 서울을 중심으로 하는 중앙 민주화운동의 일환이라는 성격을 갖는다. 해방정국과 4월 혁명 등의 시기에 수원을 비롯한 일부 지역에서 독자적인 운동이 있었지만 전국적 흐름의 일부로만 치부되고 크게 주목받지는 못했다.

이 시기 경기도 인구는 1961년 2,721,630명에서 1971년에는 3,449,128명으로 26.7% 늘어났다. 또 1961년 전체 486,244가구 중 63.07%인 253,067가구가 농가로 전체 산업 중 농업의 비중이 컸다면 1971년에는 전체 651,013가구 중 38.84%인 252,828가구만이 농가로 약 10년 간 꾸준히 도시화가 꾸준히 진전되었다. 지역적으로는 전통적으로 경기남부권의 중심도시이자 서울농대가 입지해 있던 수원과 산업항만도시로 성장하던 인천이 운동의 중심이 되었다. 이때까지 인천은 경기도의 일부였으며 1981년에 가서야 독립해 직할시가 되었다.

이 시기 전국적 운동의 중심 세력은 주로 야당과 대학생이었으며 경기도도 마찬가지였다. 야당 지지세가 강한 수원과 인천을 중심으로 1950년대 자유당 정권과 대치한 반이승만 전선에 유력 야당 인사들이 결합했으며 1960년에는 3월 10일과 13일에 각각 수원농고와 오산상고 학생들이 4월 혁명의 서막을 열었다. 이어 4월 20일에는 수원 소재의 서울농대 학생들이 한강을 건너 서울에 진출하는 쾌거를 이루기도 했다. 농촌 지역의 경우 도시보다 상대적으로 시위가 적었지만, 중·고등학생들의 산발적 시위가 있었으며 안성의 안법중고교 학생들은 서울까지 올라와 내무부 앞에서 연좌시위를 벌이기도 했다. 1964년부터 전개된 대일굴욕외교반대운동은 서울농대 학생들을 중심으로 시위가 이뤄졌으며 1969년 3선개헌반대운동 때는 신민당의 개헌 반대 집회에 주민들이 크게 호응했다.

북부지역은 민주화운동에 동참하는 일은 드물었으나 미군 부대가 주둔해 있었던 까닭에 주한미군의 외국기관노조인 전국미군종업원노조(이하 '외기노조')를 중심으로 노동운동이 산발적으로 전개됐다. 대표적인 투쟁으로는 1965년 말 KSC(미군 한국인 노무단) 지부의 쟁의와 파주지부 문산공병대 분회(이하 '문공분회') 투쟁을 들 수 있다. 노동자 투쟁이 매우 드물었던 상황에서 외기노조 투쟁은 전국적인 주목을 받았지만 시간이 갈수록 투쟁성을 잃고 어용화되고 말았다. 반면 1960년대 말 총파업투쟁 끝에 결성된 태평방직과 금성방직 노조와 동양나일론, 삼풍섬유, 유유산업 노조 등은 1970년대 들어 민주노조운동의 중심으로 부상했다.

1971년에는 광주군 중부면의 광주대단지에서 소위 '광주대단지 사건'이라 불리는 주민봉기가 일어나 박정희 정권의 도시철거민 집단이주정책에 제동을 걸기도 했다. 당시 이 사건은 박정희 정권을 놀라게 하면서 주민들의 요구가 전면 수용되는 한편 현재의 성남시가 있게 한 계기가 되었을 뿐 아니라 지식인과 학생들이 빈민운동에 눈을 돌리는 계기가 됐다.

다음으로, 유신체제의 등장 이후 경기도는 수도권 지역이라는 특수성과 학생운동의 기반 부족으로 적극적이고 조직적인 반유신운동이 활성화되지 못했다. 유신체제의 한국사회는 박정희 정권이 모든 권력을 실질적으로 독점한 가운데 초헌법적 비상대권인 긴급조치권을 9차례나 남발한 때였다. 1960년대보다 더욱 억압적인 분위기 속에 민주화운동은 합법공간에서 조직적이거나 대규모로 진행되기 어려웠고 대학 내 학술 서클 및 봉사 서클, 종교 서클마저도 대부분 해체될 수밖에 없었다. 특히 1975년부터 박정희 정권이 몰락할 때까지 지속된 긴급조치 9호 상황에서 지식인이나 학생들의 활동은 위축될 수밖에 없었고 재야 운동권 역시 서울을 중심으로 일부 활동하였을 뿐 지역 활동은 미약하였다. 반면 정권의 강도 높은 억압 속에 종교기관을 보호막으로 하여 농민운동과 빈민운동은 점차 자리를 잡아갔다.

이 시기 경기도는 인구가 1972년 3,565,101명에서 1979년 4,725,900으로 7년 동안 32.6%가 늘어나 1960년대에 비해 증가 속도가 크게 늘어났다. 또 농가는 1972년 전체 674,445가구의 37.1%인 250,443가구에서 1978년 904,260가구의 26.4%인 238,682가구로 줄어 1960년대보다 좀 더 도시화·산업화가 진전됐다. 지역별로는 부천과 광주대단지가 입지해 있던 광주군 중부면의 변화가 두드러졌다. 1973년 각각 부천시와 성남시로 승격하면서 서울의 인구가 유입되기 시작했고 안양과 성남지역의 공업화가 시작됐다. 부천과 성남, 안양을 중심으로 교육기관도 속속 들어섰다. 1960년대까지 경기도 소재 대학은 수원의 서울농대를 제외하고는 신학대와 특수전문대 몇 개가 전부였다. 그러나 1960년대 말 고양에 항공대가 설립된 것을 시작으로 1970년대에는 여러 신학대들이 속속 설립됐으며 일반 전문대들도 여럿 생겨났다. 또 1974년 성심여대 분교가 부천에 들어선 것을 시작으로 서울 소재 종합대학의 분교가 수원과 용인 등에 들어섰다. 이들 신생 교육기관들은 유신체제에서는 별다른 영향을 미치지 못했으나 지역사회에 젊은 활력을 불어넣으며 1980년대 들어 지역 차원의 민주화운동에 활력을 더하는 요인이 되었다.

유신체제의 억눌린 분위기 속에 이 시기 민주화운동을 비롯해 경기도 사회운동에 가장 크게 기여한 것은 종교단체였다. 가톨릭농민회가 조직되어 농민들의 의식 수준을 향상하는 역할을 했으며 개신교와 가톨릭계의 빈민사목이 시작되었다. 1973년 한국 특수지역 선교위원회는 광주대단지 사건 이후 성남 지역 민중선교를 위해 전도사 이해학을 파송하고 주민교회를 설립했다. 이해학 목사를 중심으로 한 주민교회는 이후 성남지역 민주화운동과 빈민운동의 중심이 되었을 뿐 아니라 지역 활동가들을 길러내는 산실로도 역할을 했다. 또 시흥 지역은 1970년대 말 서울 양천동 철거민이 이주하면서 제정구와 신부 정일우를 주축으로 복음자리마을과 한독주택마을이 건설돼 도시빈민운동을 이끌었다.

공업화가 먼저 시작된 안양과 성남을 중심으로는 민주노조운동의 싹이 움트기 시작했다. 1969년 가톨릭계에서 설립한 안양근로자회관이 중심이 되어 노동상담과 노동자 모임이 시작됐고 성남에서는 1970년대 말 베네딕트수도회의 소피아 수녀가 만든 '만남의 집'이 노동운동의 구심 역할을 했다. 이와 함께 수원에서는 1960년대부터 있어온 서둔야학과 제일야학, 1970년대 새로 설립한 화홍야학 등 10여 개 야학이 1970년대 말부터 노동야학으로 탈바꿈하기 시작했으며 성남에도 한울야학 등이 노동자 대상의 교육을 시작했다.

농민운동과 노동운동, 빈민운동이 발판을 다지는 가운데 유신체제에 대한 본격적인 저항도 수원을 중심으로 간헐적으로 일어났다. 1975년 서울농대 학생 김상진이 할복자살하고 1978년 같은 서울농대 학생들이 '민주구국선언문'을 발표하고 동맹휴교 하면서 유신체제에 균열을 냈다. 그러나 긴급조치가 지속되는 상황에서 조직적인 운동은 가시화되지 않았고 일체의 학생운동이 지하로 잠복하는 가운데 대학생과 지식인들은 문화운동을 통해 역량을 축적해갔다. 수원 서울농대 농악반이 '두레'로 개칭해 활동공간을 넓혀갔으며 1979년에는 부산양서조합에 이어 수원양서조합이 만들어져 서점을 열고 조합원들을 대상으로 독서토론회와 시국토론회를 가졌다. 북부지역에서는 1978년 동두천지역에서 독서모임 목요회가 만들어져 1980년대 지역운동을 주도했으며 안양에서도 대학생회가 결성돼 독서토론모임을 갖고 야학에 참여했다.

유신체제의 마감과 함께 1970년대에서 1980년대로 넘어오면서 경기도는 행정구역의 변화와 함께 인구가 급증하는데 이때를 기점으로 지역별 민주화운동의 성격도 큰 변화를 갖는다.

1979년 한 해만도 경기도는 전체 인구의 6.15%가 늘어나 전국에서 가장 높은 증가율을 보였는데 부천 19.67%, 안양 15.6%, 수원 9.07%, 성남 6.56%, 의정부 5.79%가 각각 증가했다. 이와 함께 1980년에서 1986년까지의 시기는 사회운동의 측면에서 경기도 각 시군이 독자적인 틀과 역량을 갖춰가는 시기라 할 수 있다. 이 같은 틀은 1987년 6월민주항쟁 때 구체적인 모습을 드러내기 시작해 현재에 이르기까지 큰 변화 없이 유지되고 있다. 또한 이것은 같은 시기에 경기도가 겪은 행정구역의 변화 및 도시화·산업화의 진행과 결부해 형성되었고 이때 형성된 각 시군의 경계와 사회경제적 특징 또한 큰 변화 없이 지금에 이르고 있다.

1980년대 들어 경기도가 겪은 가장 큰 행정구역상의 변화는 1981년 7월 인천시가 직할시로 승격하면서 경기도에서 떨어져 나간 것이다. 그러나 이때 인천시에 인접해 있으면서 생활권을 공유했던 부천시는 경기도에 남게 된다. 부천시는 1980년대 초중반 서울의 급격한 팽창에 따라 한동안 서울의 베드타운 역할을 하다가 1993년 중동 신시가지가 개발되면서 본격적인 자립도시의 면모를 갖추게 됐다.

인천시의 독립 다음으로 큰 변화는 시흥군의 분화이다. 1981년 당시 시흥군의 광명출장소와 소하읍이 광명시로 승격되었으며, 과천지구출장소가 과천시로 승격되었다. 화성군 반월면 일대와 함께 반월출장소가 설치됐던 시흥군 군자면과 수암면은 공단 설립이 본격화된 1979년부터 독립적인 행정구역이 되었다가 1986년에 안산시로 승격됐다. 경기 남부권역에서는 1981년 평택군 송탄읍이 송탄시로, 북부권역에서는 양주군 동두천읍이 동두천시로 승격하였다.

1980년 경기도는 그 다음 해 분리되는 인천시를 제외한 인구가 3,850,470명(인천시 포함 4,935,200명)이었는데 성남시가 376,447명으로 가장 많은 9.78%를 차지했으며 그 다음으로는 수원시 310,757명(8.07%), 시흥시 288,591명(7.49%), 안양시 253,541명(6.58%), 평택시 234,133명(6.08%), 부천시 221,475명(5.75%) 순이었다.

1980년대 초중반 경기도는 행정구역의 변화와 함께 1973년에 시로 승격한 부천시의 인구 대이동으로 시작되었다. 1980년 221,475명이던 부천시의 인구는 1986년 500,619명으로 두 배 이상 늘어났는데 주로 전입에 따른 증가였다. 1991년 조사에 따르면 부천시 인구 중 부천에 직장을 가진 사람은 전체의 49.4%에 머물렀으며 약 34%가 서울에 직장을 갖고 있어(『부천시사』4, 6쪽)[1] 서울의 베드타운 성격이 강했다. 부천시의 이 같은 주변성은 서울시의 외연적 팽창에 따른 도시 형성에서 비롯된 것으로 1993년 중동신도시 건설 이전의 부천은 서울과 인천 간 통과교통지로서의 성격이 강했다. 도시 노동 인구는 주로 서울로 출퇴근하는 사무직 노동자, 부천시에 직장을 둔 생산직 노동자, 그리고 자영업자로 구성되었다. 또 1990년 인구 및 주택센서스 조사보고에 따르면 39세 이하의 인구가 전체의 82%로 전국 평균보다 10% 이상 높아 한 마디로 '청년 도시'라 할 수 있었는데 이 같은 특성은 도시의 역동성에 영향을 미쳤다.

도시 규모에서는 부천시와 비길 수 없지만, 노동자 계층을 중심으로 급성장한 안산시도 1980년대 경기도 지역의 사회운동에 큰 영향을 미쳤다.

---

[1] 성심여자대학교 사회과학연구소 조사.

안산시의 기반이 되는 반월공업단지의 정식 명칭은 반월국가산업단지로 1978년에 착공해 1987년에 완공되었다. 같은 안산시에 들어선 시화국가산업단지, 인천 남동구의 남동국가산업단지와 함께 3대 중소기업단지에 해당했다. 시화단지는 1986년에서 2006년, 남동단지는 1985년에서 1986년 사이에 건설됐다.

1980년대 경기도 민주화운동에서 각 시군이 차지하는 입지는 인구 규모의 변화와 맥을 같이 했고 이것은 1990년대 이후에도 계속됐다. 수원과 성남이 1970년대와 80년대에 지속해서 주도적 역할을 하는 가운데 시흥시의 경우 1980년대 전반까지 전국적 거점 역할을 해왔으나 행정구역의 분화 이후 지역공동체운동에 치중하게 됐다. 또 1970년대 말까지 주목할 만한 활동이 보이지 않았던 안양시는 1980년대 들어 점차 비중이 높아졌는데 노동운동에서는 수원보다 비중이 커지게 됐다.[2] 그리고 부천과 안산은 인구의 급증만큼이나 노동운동 분야에서 커다란 성장을 보이면서 인근 지역의 노동운동을 견인하는 역할을 했다.

1980년대 민주화운동은 5·18 광주항쟁이라는 극단적 국가 폭력에 대한 저항에서 출발해 1987년 6월의 최대민주화연합으로 가는 과정으로 서울 중심의 운동 이념과 세력이 지역의 자생적 운동과 본격적으로 결합하는 시기이다. 이 가운데 1980년대 초중반의 경기도 민주화운동은 비약적인 성장과 함께 지역별 분화가 심화되는 모습을 보였다. 1970년대까지 서울 중심 운동의 일환으로 간주되면서 큰 주목을 받지 못했다면 이때는 서울의 영향을 받기는 하지만 거의 동시적으로 민주화운동이 전개되는 한편 행정구역 개편과 일부 도시의 급성장으로 수원 외에도 여러 소중심들이

---

[2] 1980년 수원시의 노동조합과 노조원 수는 각각 11개와 9,695명으로 부천에 이어 경기도에서 두 번째였는데(인천시 제외) 1990년에는 67개와 6,654명으로 안산, 부천, 안양, 성남 다음으로 밀려났다. 반면 안양시는 1980년 26개, 9,318명으로 수원 다음이었으나 1990년에는 88곳, 10,390명으로 안산, 부천에 이어 세 번째를 차지했다.

생겨나 인근지역 운동을 견인했다.

1979년 10·26 정변으로 열린 1980년 초 '민주화의 봄'은 경기도 민주화운동에도 새 기운을 불어넣었다. 4월 11일, 1975년 할복자살한 서울농대생 김상진의 추모식이 개최돼 할복자살 전 남긴 양심선언문과 대통령께 드리는 공개장이 처음으로 공개됐고 각 대학에서는 4·19 기념제가 개최됐다. 비록 전두환 정권의 계엄 확대로 짧은 민주화의 봄은 막을 내렸지만 6월 9일 성남의 노동자 김종태는 전태일 이후 최초의 분신자살로 광주학살에 항의했다. 그러나 전두환 정권은 5·18 이후 억압체계를 강화했고 이 과정에서 시행된 삼청교육대 설치와 녹화사업은 서울보다는 지방, 중산층보다는 하층민에 더욱 가혹하게 적용됐다. 경기도에서는 3만 9,742명이 순화교육 대상으로 분류돼 삼청교육대에 끌려갔으며 성남 출신 서울대 학생 한희철이 강제징집돼 의문사했다.

그러나 대대적인 탄압에도 불구하고 대학가의 시위는 끊이지 않고 일어났으며 지역 소재 대학을 중심으로 반정부투쟁이 전개되는 한편 학원자주화운동도 학교별 상황에 맞춰 전개됐다. 기존의 서울농대뿐 아니라 새로 설립된 서울 소재 대학의 지방분교가 새롭게 부상했다. 구체적으로는 부천의 성심여대, 용인의 명지대와 한국외대, 수원의 경기대와 경희대, 성균관대 등을 들 수 있다. 또 한신대를 비롯해 1970년대와 1980년대에 설립됐거나 이전한 신학교의 활약도 돋보였다. 휴교령을 계기로 해서는 서울 소재 대학에 다니는 학생들이 지역으로 돌아와 활동했다. 대표적으로는 동두천시대학생회와 성남시대학생연합회를 들 수 있으며 안양과 수원에서도 지역 출신 대학생들이 모임을 갖고 활동했다.

대학생 시위는 유화국면 이후 급증했는데 시기별 이슈에 집중하는 방식으로 전개됐다. 3~4월에는 학원민주화투쟁, 그리고 5월 이후에는 사회민주화투쟁이 전개됐는데 1990년대 초반까지 학생운동의 기본일정표처럼 작용했다. 1985년 2·12 총선 이후에는 전국학생총연합(전학련)의 출범과 함께 경인지구학생연합회(경인학련)가 결성돼 경인지역 학생운동의 구심이 되었으며 1985년 2학기에는 학원안정법 반대투쟁이 전개됐다. 이 과정에서 성남 경원대 학생 송광영이 분신자살했는데 대학생으로는 최초의 분신이었다. 1985년 말부터는 전국적으로 개헌운동이 전개되는 가운데 경인학련 소속 대학생들은 삼민헌법쟁취투쟁에 이에 파쇼헌법철폐투쟁을 전개했고 1986년에는 학생운동권에서는 독자적으로 헌법철폐를 위한 서명운동을 시작하는 한편 전방입소 반대투쟁을 전개했다.

1980년대 학생운동은 변혁운동의 전망 속에 노동운동으로 외연을 넓혀가며 수많은 학생들이 노동현장에 투신했다. 대학생들의 노동현장 투신은 초기에 서울 구로공단과 인천과 부천에 집중됐으나 점차 성남과 안양, 그리고 반월공단이 있는 안산으로 점차 확대되어 갔으며 활동 공간은 주로 중소 제조업공장이었다. 안양에서는 학생운동 출신(이하 '학출') 활동가들의 지원 속에 화천프레스 파업투쟁이 전개됐고 삼양통상, TND, 대한제작소, 대양제지, 오뚜기식품 등에서 노조결성투쟁이 일어났다. 성남에서는 노동운동 출신(이하 '노출') 활동가들의 활동이 돋보였으며 라이프제화에서 최초로 민주노조가 건설된 이후 협진화섬, 상일가구, 조광피혁, 광성화학, 광명전기 등에서 노조 설립이 이어졌다. 그러나 1985년까지 상승세를 이어가던 민주노조 설립은 이후 정부와 회사 측의 노골적인 탄압으로 실패하는 일이 잦아졌다. 또 해고자와 구속자가 양산되고 학출활동가에 대한 수배와 구속이 이어지는 가운데 1985년 대우자동차 파업투쟁과 구로동맹파업 이후 경기지역에서도 경인수원지역 노동자연합(경수노련), 안양지역노동자회, 한국기독노동자 수원지역연맹(수기노), 안산민주노동자연맹, 한벗노동자회, 성남지역 노동자회 등이 결성돼 정치적 노동운동에 나섰다.

1980년대에는 종교단체의 활동도 더욱 활발해졌다. 1970년대의 빈민사목에 더해 가톨릭 성직자들의 노동사목과 개신교계의 민중교회 설립, 그리고 종교단체의 청년 조직 결성이 줄을 이었다. 1980년대 초 YMCA가 성남과 부천에서 문을 열었고 청년활동가들에게 문화활동 공간을 제공했고 수원과 안양에서는 기독교계 청년회가 설립돼 활동에 나섰다. KNCC수원지역인권위원회가 창립해 경기지역 인권운동의 구심이 됐으며 부천과 안양에서는 새롬교회, 하나교회, 내동교회, 제자교회, 그리고 한무리교회, 돌샘교회 등의 민중교회가 지역주민과 노동자 지원활동을 펼쳤다. 시흥에서는 '작은자리'가 개관해 지역뿐 아니라 전국 활동가들의 사랑방 역할을 했다. 그리고 성남에서는 주민교회와 '만남의 집'이 각각 활동 반경을 넓혀갔으며 의정부에서는 명석공동체가 구성돼 지역 민주화운동의 거점이 됐다. 경기지역 종교단체들은 1986년 들어 개헌서명운동과 KBC 시청료 거부운동을 전개했으며 종교단체를 중심으로 지역 내부 연대를 점차 강화해 갔다.

　1980년대 전반기 변혁운동의 파고 속에 역량을 강화한 경기도 민주화운동 세력들은 1987년 6월민주항쟁을 맞아 총역량을 결집했다. 범국민대회가 열린 6월 10일부터 노태우의 6·29 선언으로 항쟁이 막을 내릴 때까지 학생운동과 노동운동 부문이 조직적으로 결합했을 뿐 아니라 도시빈민들도 대거 참여했다. 다수의 대학이 입지한 수원에서는 대학생들의 교내시위가 거리시위로 확장되는가 하면 종교단체의 기도회와 미사가 가두행진으로 이어졌다. 성남에서는 성남민주사회발전연구회가 1987년 초 성남민주화연합으로 조직을 개편하고 성남국민운동본부가 설치돼 학생과 종교인, 지역주민이 조직적으로 연대했다. 또 안양과 안산 등 노동운동이 활발한 지역에서는 노동운동세력이 주도가 돼 항쟁을 이끌었다. 전국적으로 국민평화대행진이 전개되면서 항쟁이 절정에 달한 6월 26일에는 수원과 성남에서 시위행렬이 1만 명까지 늘어났고 안양에서는 안양경찰서 서장 관사가 불타고 시청과 민정당사, 노동부 출장소가 투석으로 파손되기도

했다.

1987년 하반기 7·8·9월에 전개된 노동자대투쟁에는 안양과 성남 지역 노동자들이 주도적으로 참여하였다. 두 지역 모두 6월민주항쟁 기간 노동자들의 참여가 두드러졌는데 이를 발판으로 민주화 이후 공개적인 조직활동을 강화하고 대중 동원에 나설 수 있었다. 노동자대투쟁 기간 동안 민주노조가 대거 결성되고 단위노조의 역량이 강화되면서 노조 간 연대체계가 모색되었다. 성남지역노동조합협의회(성노협)를 비롯해 지역노동조합협의회(지노협)가 속속 결성됐으며 1990년 1월에는 전국노동조합협의회(전노협)가 출범했다.

6월 항쟁의 승리로 대폭 열린 민주화 공간은 공개적인 대중운동단체의 결성과 각 부문운동의 성장으로 이어졌다. 서울에 인접해 있는 까닭에 전국단체의 지역지부 건설은 상대적으로 늦어졌으나 1987년 8월과 10월에 경기북부에서는 중앙 단체와 별개로 지역의 독자적인 청년단체가 조직됐고 1987년 대선 공정선거 감시단활동에 참여했던 지역 청년과 학생들을 중심으로 하는 청년단체가 수원, 성남, 부천 등에서 결성되기도 했다. 이와 함께 6월민주항쟁 기간 시위대에 활력을 더했던 문화운동패들이 지역 문화운동의 통합을 모색하는 가운데 1987년 11월 수원민주문화운동연합(수문연)이 결성됐으며 안양문화운동연합(안문연), 성남민주문화운동연합(성문연)이 잇달아 설립돼 지역별 문화운동을 이끌었다. 또 1987년 설립된, 전국 최초의 일용노동자와 노점상 조직인 성남일용노조와 성남노점상총연합도 활동을 강화하면서 해당 부문의 전국조직 건설을 주도했다.

노태우 정권 시기 경기도 민주화운동은 매시기 전국적인 운동에 보조를 맞추는 한편 통일운동과 노동운동에서 독자적인 역량을 축적해나갔다. 전국적 투쟁의 구심으로 대두하는가 하면 이 과정에서 불의의 죽음도 여럿 발생했다. 1989년 6월 발생한 민족자주평화통일중앙회의(민자통) 사건에서는 신구전문대 교수 김준기 등 성남지역 활동가들이 대거 구속됐고 8월 15일에는 한국외대 용인캠퍼스 학생 임수경이 평양에서 열린 세계청년학생축전에 전대협 대표로 참석했다가 문익환 목사와 함께 판문점으로 돌아온 뒤 용인외대와 인근 대학에 일제수색이 자행됐다. 또 이 무렵 중앙대 안성캠퍼스 총학생회장 이내창이 변사체로 발견되면서 진상규명요구투쟁이 전국적으로 번져나갔고 1990년 11월에는 동두천에서 윤금이 피살 사건이 발생해 대대적인 반미투쟁으로 이어졌다.

1991년 5월 투쟁 기간에는 전국적으로 발생한 9명의 분신자살 중 경원대 학생 천세용, 성남민청련 회원 김기설, 성남피혁 노동자 윤용하 등 3명이 성남과 직접적인 관련이 있었고 안양에서는 한진중공업 노조위원장 박창수가 변사체로 발견되면서 진상규명요구투쟁의 중심이 됐다. 5월 투쟁 이후 출범한 민주주의민족통일전국연합(전국연합)의 지부 건설 과정은 지역별 구도를 뚜렷이 하는 계기가 됐다. 전국연합의 지역 조직으로 경기남부연합과 경기북부연합이 결성됐으며 성남과 용인을 중심으로 하는 경기동부 지역이 경기남부연합에서 분리해나가 경기동부연합을 별도로 발족시켰다.

이상에서 살펴본 경기도 민주화운동을 요약하면 서울 또는 중앙 운동의 일부였다가 점차 독자성을 가지는 가운데 권역별 특성이 강화되는 과정이라고 할 수 있다. 이 과정에서 경기도는 중앙의 운동이 전국적으로 확산되는 시금석 역할을 했는데 중앙의 운동 경향은 경기 지역의 수용 여부에 따라 일시적 현상에 그치거나 다른 지역으로 파급돼 전국적인 경향으로 나타났다. 또 경기도는 본격적인 민주화운동에 앞서 종교단체를 중심으로 하는 빈민운동이 먼저 자리를 잡았다. 이에 따라 민주화운동도 민중 부문과 밀접한 관계를 맺고 전개됐으며 이것은 시민사회운동의 성격에도 영향을 미쳤다. 도시빈민운동과 노동운동의 오랜 전통으로 시민사회운동의 성

장 과정에서 민중운동 및 계급운동의 속성을 유지하는 모습이 현재까지도
여러 곳에서 발견되고 있다.

대표 집필　임미리

제1부

1950~1960년대 민주화운동

제1장 이승만 정권과 4월혁명

제1절 이승만 정권의 헌정질서 파괴와 반공체제 구축

1. 단독정부 수립과 반대세력 탄압

1945년 해방과 함께 일제 강점기 식민지 국가권력은 붕괴되었다. 그러나 민족정기를 바로 세운 새로운 국가건설 과정은 불행하게도 분단국가 수립과정과 맞물려 있었다. 남북한을 각기 38선을 두고 점령한 미군정과 소군정은 통일 한국정부수립을 위한 두 차례의 미소공위가 결렬되자 곧바로 분단의 길로 접어들었다. 1947년 미국은 단정 수립 노선을 확정지었으며 이를 위한 구체적인 조치를 시작했다. 미군정은 철수와 함께 단정수립의 정당화 문제 즉 신생국가의 외적 정통성과 내적 정통성을 확보해야만 했다. 미군정은 보통선거제의 도입을 핵심으로 하는 자유민주주의 제도의 도입과 이식을 강력히 추진했다. 1947년 11월 14일 유엔에서 한국 총선안과 한국임시위원회 설치안이 가결되었고, 이듬해 2월 26일에는 남한 단독총선이 결의되었다. 남한만의 단독선거 참여를 둘러싸고 국내정치세력은 남북협상운동과 단독정부수립운동으로 크게 분화되어 갔다. 남로당을 중

심으로 한 좌익세력은 2·7 총파업을 통해 전국적인 봉기에 돌입했다. 남
북협상운동에 참여한 세력들 중에서도 5·10선거 참여를 주장하는 세력이
대두되었다. 대표적인 인물이 조선공산당을 탈당한 중간파 계열인 인천의
조봉암이었다. 예정대로 1948년 5월 10일에 제헌의회선거가 치러졌다. 이
선거는 최소한의 민주주의 원칙이라고 할 수 있는 '자유롭고 공정한 선거',
'표현과 결사의 자유'조차 보장하지 않았다. 외양은 보통선거제였지만 실
상은 좌파 및 단독선거 반대 세력을 배제한 매우 제한적 의미의 선거였다.

경기도에서도 수원-매송-남양 일대를 중심으로 단정을 반대하는 데모와
삐라가 살포되었다는 기록이 있지만 큰 영향력을 갖지는 못했던 것으로
보인다. 당시 남로당 수원군당 부위원장 겸 화성군인민위원회 서기장이었
던 김시중(1912년생)은 5·10선거를 반대하기 위한 조직적인 항의가 계획
되어 있었다고 했다. 4월에는 남양지서 습격사건이 있기도 했다.[1]

〈표 1-1〉 단독정부 반대세력 탄압 사건

날짜	사건명	사건개요	근거자료	지역
1948. 2. 8	수원경찰서 습격사건	수원읍에서 오전 11시 수원경찰서습격 시가전 전개	김남식, 남로당연구, 569쪽	수원
1948. 4.	남양지서 습격사건	남양 장날 5·10선거 항의차 남양지서를 방문, 경찰이 겁내고 도망감	동아일보, 1948년 8월 29일자	수원
1948. 5. 8	김시중 인민위원회 서기장 검거	수원경찰서, 김시중 수원군인민위원회 서기장 붙잡아	대중일보, 1948년 5월 13일자	수원
1948. 7. 12	수원 단정반대 삐라 살포	수원에서 단정반대 데모와 삐라 살포	김남식, 남로당연구, 572쪽	수원

출처: 민주화운동기념사업회, 「경기도 민주화운동 조사사업」.

---

1) 수원시, 『수원 근·현대사 증언 자료집 I』, 68~81쪽.

단독정부 수립에 반대하는 중간파와 좌익세력 다수가 선거에 불참하고 치러진 5·10선거에서 경기도에서는, 91%의 유권자가 등록을 마쳤고 160명 이상의 후보가 난립하였다. 선거인 수 1,088,515명 중 1,050,392명이 참여했으며, 96.5%의 높은 투표율을 기록했던 경기도에서는 29명의 의석 중 무소속 16명, 독촉국민회 7명, 한민당 2명, 대동청년단 3명, 한국독립당이 1명 당선되었다. 무소속으로 당선된 조봉암(인천 을), 최국현(고양 을), 이재형(시흥), 김덕열(양주 갑), 최석화(평택), 김응권(파주), 오택관(옹진 갑)은 남북협상에 참여하지 않고 제헌국회에 출마했으나 여전히 중간파 노선에 영향을 받고 있었다. 이들은 무소속의 소장파 의원들이 만든 1948년 6월 13일 '평화적 남북통일 전취와 균등사회 건설에 초연 매진'이라는 성명서에 모두 서명했다. 5·10선거로 구성된 제헌의회에서는 무엇보다도 국민적 열망이 담긴 친일파 청산 문제를 우선적으로 논의했다. 그 결과 반민족행위자처벌법(이하 '반민법')이 제정되었고 곧 반민족행위자처벌특별위원회(이하 '반민특위')가 설치되었다.

반민법 제정을 위한 특별기초위원회[2]에는 경기도 수원의 김웅진(무소속, 대한노동당) 의원이 위원장으로 참여했고, 서정희(포천, 한민당) 의원과 김경배(연백 갑, 무소속) 의원이 도 대표로 참여했다. 특별기초위원회에는 반민법 제정에 적극적인 인물과 소극적인 인물이 모두 참여했는데 그 중에서도 위원장을 맡은 경기도 김웅진 의원은 반민법 제정에 핵심 인물이었다.(이강수, 2003, 109쪽) 반민특위 산하 특별조사위원회는 각 도의 반민피의자를 조사할 목적으로 도조사부를 두었는데 경기도에서는 이천군의 이기용 씨가 선출되었다. 그는 1919년 임시정부 의정원 경기도 의원으로 활동했다. 경기도 조사부는 1949년 8월 말 폐지될 때까지 총 37건을

---

[2] 경기도에서의 반민특위 연구는 이강수(2003), 『반민특위 연구』(나남출판)와 신문자료를 참조하여 정리하였음.

다루었고, 이 중 영장발부는 17건 체포건수는 13건에 불과했다.(이강수, 2003, 253쪽) 반민특위 활동이 더 이상 진행될 수 없었기 때문이었다. 1949년 6월 6일 친일 경찰이 반민족행위자처벌특별위원회를 습격했고, 6월 20일부터는 국회 소장파의원들이 간첩행위로 체포되었다. 급기야 6월 26일 통일운동의 거목 김구선생이 현역 포병 소위 안두희에 의해 백주 대낮에 암살되었다. 이로써 친일파 청산은 실패하고 말았고 오히려 그들에 의존하여 지탱되는 신생국가의 국가기강과 민족정기는 모두 뒤틀려 버렸다. 민주주의도 심대한 도전을 받았다. 1949년 7월 5일 김구의 영결식이 남한 전체에서 진행되었다. 경기도 장단에서는 4만 군민이 다 같이 분향, 참배하고, 안성, 양주군 등지에서도 수천 명이 모여 애도했다. 수원에서는 영결식이 매산초등학교 교정에 수만 명이 모인 가운데 눈물로써 장엄하게 진행되었다.(『경향신문』, 1949년 7월 9일자) 김구의 죽음과 함께 국민주권을 대표하는 입법부의 역할은 대폭 약화되었다.

하지만 이런 분위기에서 치러진 1950년 5월 30일 제2대 국회의원 선거 결과는 이승만 정권이 집권 초기부터 보여준 극단적인 반민족적이고 반민주적인 정치행태에 대한 민심의 이반을 유감없이 보여주었다. 좌우합작운동, 남북협상에 참여했던 중도파 민족주의자들에 대한 지지가 높게 나타났다. 총 30개 선거구(인천 3개, 개성 1개 포함)에서 조봉암(인천), 안재홍(평택), 여운홍(양평, 여운형 동생)을 포함하여 무려 21명(70%)의 무소속이 당선되었으며, 조소앙의 동생인 사회당 조시원(양주)이 당선되었다. 그 외 민국당 4명, 대한국민당 3명, 기타(구락부) 1명이 당선되었다. 그러나 단정의 정당성을 인정하지 않으려는 국민의 열망은 한국전쟁으로 모든 것이 뒤집어졌다.

이승만 정권은 1949년 6월 5일 국민보도연맹을 창설했다. 보도연맹은 일제강점기 사상탄압에 앞장섰던 '시국대응전선사상보국연맹' 체제를 그대로 모방한 것으로, 그 설립목적은 좌익사상에 물든 사람들을 전향시켜 보호하고 인도한다는 것이었다. 그러나 실질적인 목적은 좌익 전향자들을 정부가 관리하는 조직 속에 소속시켜 이들의 사상을 개조하고, 효과적으로 통제하고 감시할 뿐만 아니라, 이들을 전위대로 활용해 남아 있는 좌익 세력을 붕괴시키기 위한 것, 즉 '좌익 뿌리 뽑기' 책략이었다. 주로 사상적 낙인이 찍힌 사람들을 대상으로 하였고, 거의 강제적이었으며, 지역별 모집 할당제가 있어 사상범이 아니어도 등록되는 경우가 많았다. 그 결과 창설 1년만인 1949년 말에는 가입자 수가 33만 명에 달했고, 서울에만도 거의 2만 명에 이르렀다. 그런데 한국전쟁이 발발하자마자 정부와 경찰은 초기 후퇴 과정에서 이들에 대한 무차별 검속(檢束)과 즉결처분을 단행하는 엄청난 집단 민간인 학살을 일으켰다. 서울이나 강화 등 경기 북부 지방의 경우 워낙 갑작스럽게 인민군이 남하했기 때문에 미처 보도연맹원을 가두거나, 수감된 보도연맹원을 어떻게 할 수 없었다. 하지만 1950년 6월 28일 경기도 이천에서 군경에 의해 보도연맹원 100여 명이 총살당했고, 수원, 평택, 안성 이남의 각처에서 최소한 5만 명 이상의 보도연맹원들에 대한 처형이 조직적으로 자행되었다. 국가가 자행한 민간인에 대한 학살은 아무리 전쟁 중이라도, 그 어떠한 이념적, 정치적 이유를 막론하고 절대로 용납될 수 없는 반인륜적 범죄행위였다.

　민간인 학살은 북한군 점령시절 북한군과 각 지역의 좌익에 의해서도 일어났다. 경기북부 고양군의 경우 북한군은 인민재판을 벌여 우익인사를 체포하고 고문하였다. 그러던 중 1950년 9월 15일 인천상륙작전이 성공한 이후 국군이 고양에 진입한 이후 부역자들을 색출하는 일이 시작되었다. 이 과정에서 인민위원장 등 부역자뿐 아니라 경찰과 치안대에 의해 임의로 분류된 부역혐의자들이 아무런 재판 절차나 심문도 없이 고양시 일산서구 탄현동 금정굴, 덕이동 새벽구덩이, 덕양구 현천동 뒷산, 파주 교하면 황

매동 갯벌, 문발리 등으로 끌려가 처형되었다.(『경인일보』, 2005년 12월 1
일자) 1950년 10월 6일부터 10월 25일까지 20여 일에 걸쳐 학살이 이어졌
다. 부역혐의자들의 가족 역시 학살의 대상이 되었고, 이들의 재산 역시
경찰에 의해 탈취되었다. 이 학살 사건은 묻혀 있다가 1993년 시민단체들
과 유족들에 의해 문제가 제기되었고, 1995년 현장 발굴을 나서 153구의
유해를 발굴했다. 특히 경기도는 한국전쟁 중 남과 북 양측이 치열하게 교
전하면서 점령과 후퇴를 반복한 지역이었기 때문에 그 피해가 광범위했
다. 진실·화해를위한과거사정리위원회(이하 '진실화해위')에서는 2006년
12월 한국전쟁기 민간인 학살의 진상을 규명하려고 전국 154곳의 지표조
사와 유해 발굴 가능성 조사 등을 실시해 59곳의 매장 추정지에서 유해
발굴이 가능하다는 결론을 내렸다. 지역별로 보면 경기·인천 21곳, 강원
1곳, 충북 19곳, 충남 9곳, 경북 28곳, 경남 41곳, 전남 27곳, 전북 6곳, 제주
2곳 등이었으며, 진실화해위는 2010년 14곳의 매장 추정지를 추가해 모두
168곳에 민간인 학살자들이 매장돼 있을 것으로 추정했다. 경기도에서도
미군에 의한 민간인학살이 있었다.

2. 이승만 정권의 헌정질서 파괴와 야당탄압

무자비한 정적 제거와 광범위한 반대세력 탄압에도 불구하고 이승만 정
권은 다양한 정치세력들로부터 끊임없는 도전에 직면해야 했다. 한국전쟁
직전 5·30선거로 구성된 2대 국회는 간접선거를 통한 이승만 대통령의 연
임을 불투명하게 했다. 따라서 이승만은 전시 중 계엄을 선포하고, 부산정
치파동3)을 일으키며 재집권을 위한 대통령 직선제 개헌안을 강제로 통과

---

3) 1952년 5월 25일 부산을 포함한 경상남도와 전라남북도 일부 지역에 비상계엄령이 선포
되었다. 5월 26일 본격적인 부산정치파동의 막이 올랐다. 이날 국회의원을 태운 통근

시켰다. 그리고 민의라는 이름으로 국민 동원을 손쉽게 할 수 있도록 최초의 지방의회선거를 1952년 4월과 5월에 강행했다. 경기도는 서울특별시와 강원도와 더불어 완전 미수복 지역으로 선거지역에서 제외되었기 때문에 도의회의원 선거는 치르지 못했다. 1952년 읍·면의원 선거에서 경기도는 7개 읍에서 105명의 읍의원을 선출하고, 118개 면에서 1,388명의 면의원을 선출했으나, 실제로는 12명이 적은 1,376명이 선출되었고 투표율은 84%였다. (『평택시사』, 2001)

　종신대통령을 꿈꾸는 이승만의 영구집권을 위한 헌정유린은 여기에서 그치지 않았다. 1954년 11월 20일 이승만은 초대 대통령에 한하여 중임제한을 철폐하는 또 다른 개헌안을 국회에 제출했다. 다행히도 이 개헌안은 재적 203명 중 가 135표, 부 60표, 기권 7표, 결석 1표로 개헌 정족수인 136표를 채우지 못하고 부결되었다. 그런데 이승만 정권은 203명의 3분의 2는 135명이라는 엉뚱한 '4사 5입' 논리를 내세워 개헌안이 통과된 것으로 공포했다. 이로써 이승만 종신대통령의 길이 열리게 되었다. 사사오입개헌 파동이 일어난 3대 국회는 2대 국회 때와는 크게 달라졌다. 1954년 5월 20일 치러진 3대 국회의원 선거에서 경기도에서는 무려 104명 후보가 나와 이 중 23명이 당선됐다. 평균 4.3대 1의 경쟁률을 보였다. 당선자는 자유당이 15명, 민국당이 1명, 여전히 무소속이 7명이었다. 조봉암은 입후보등록을 거부당했고, 민주당의 신익희는 경찰의 온갖 제지에도 불구하고 경기도 광주에서 당선되었다. 경찰의 압력에도 불구하고 무소속으로 당선된 야당

버스가 통째로 헌병대로 끌려가고 이승만에 반대하는 일부 야당의원들이 체포되었다. 일부 의원들은 체포를 피해 여기저기로 피신했다. 이러한 상황에서 6월 21일 발췌개헌안이 제출되었다. 경찰은 개헌안 통과에 필요한 정족수를 채우기 위해 체포된 의원들을 석방하고, 피신한 의원들을 붙잡아서 강제로 등원케 했다. 7월 4일 발췌개헌안은 '기립표결'에 부쳐져 가 163표, 기권 3표로 통과되었다. 이렇게 이승만은 대의정치, 의회주의를 무력화시키고 1952년 8월 5일 정부통령선거에서 압도적인 지지로 당선되었다.(총투표수의 72%, 유효투표수의 74.6%인 5,238,769 득표)

정치인은 곽상훈(인천), 강승구(양주), 천세기(양평), 김의준(여주), 정준 (김포), 오재영(안성)이었다. 주민이 없던 장단군과 주민이 거주 중이었지 만 옹진군의 2개 선거구에서는 선거가 치러지지 않았다.

부산정치파동, 사사오입 개헌 등 민주주의 정치제도의 파행적 운영과 3 대 국회에서 자유당의 우세에도 불구하고 이승만 독재정치는 안정적으로 제도화되지 못했다. 이승만은 야당과 국민으로부터 끊임없이 저항을 받고 흔들렸으며 빈번히 강력한 도전에 직면했다. 종신제 대통령 개헌이 날조 되자 여론은 원내외의 반 이승만 전선을 형성하도록 고무시켰다.

유력한 야당인 민주국민당(이하 '민국당')과 무소속 국회의원들이 1954 년 11월 30일 헌법수호와 단일야당 결성을 목표로 한 '호헌동지회'(이하 '호 동')라는 교섭단체를 구성하고 대여 투쟁에 본격적으로 나섰다.(서병조, 1981, 435~437쪽) 여기에 가담한 의원은 총 60명으로 민국당 14명, 무소속 동지회 31명, 순수 무소속 15명 등이었다. 경기도 지역 의원으로는 민국당 의 신익희(광주)와 무소속으로 당선된 곽상훈(인천), 천세기(양평), 정준 (김포) 이렇게 4명이 참여했다. 신익희는 대한민국 임시정부 각료 출신으 로 1대에서 3대까지 국회의원을 지냈다. 1956년 민주당 창당에 참여했고 제3대 대통령 후보로 출마했으나 안타깝게도 선거 유세 중 열차에서 갑자 기 사망했다. 곽상훈은 일제강점기 신간회 활동 등 독립운동에 가담해 활 약했다. 인천에서 출마하여 제헌의원으로 선출되고 반민특위 위원으로 특 위 검찰차장에 임명되어 활약했다. 천세기는 경기도 양평 출생으로 공비 를 토벌하는 경찰이었다. 정준은 제헌의원으로서 반민족특별위원회 재판 관을 역임했다.

그러나 반 이승만 전선의 신당추진은 순조롭게 진행되지 못했다. 신당 추진위원회는 해방 후 이념적으로 비미비소의 중도적 길을 선택했던 조봉 암(인천)의 참여를 놓고 둘로 갈라졌다. 민국당 계열의 자유민주파(보수파)는 조봉암은 물론 그의 지지자들의 참여를 반대했고 민주대동파(혁신파)에서는 문호개방을 적극적으로 주장했다. 1955년 9월 19일 태생적으로나 이념적으로나 철저히 반공주의 이념에 기반한 자유민주파 중심의 민주당이 창당되었다. 경기도에서 민주당 창당에 참여한 창당 발기인 및 주요 정치인은 〈표 1-2〉와 같다.

〈표 1-2〉 민주당 창당에 참여한 경기지역 인사

성명	출신지역	소속	직업 및 경력	비고
신익희	광주	민국당	국회의장	원내
곽상훈	인천	무	국회부의장	원내
홍익표	가평	무	제헌·2대의원	원외
한동석	고양	자유당	총무처장	원내
서범석	옹진	무	2대의원	원외
김의준	여주	무	2대의원	원내
천세기	양평	무	3대의원	원외
백봉운	시흥	민국당	3대입후보자	원외
서태원	화성	무	3대입후보자	원외
허역	경기	무	-	원외
오홍석	강화	-	-	원외
홍광렬	수원	-	-	원외

출처: 이기택, 1987과 『경향신문』, 1955년 9월 14일, 『지방정국보고』, 「경기도 편」을 참조하여 재구성.

한동석은 함경북도 출신으로 조선총독부 관리를 지냈다. 제3대 국회의원 선거에서는 자유당 소속으로 경기도 고양에서 출마하여 당선되었다. 그러나 장면 계열이었던 그는 이후 자유당을 탈당하고 민주당 신파에 합류하였다가 임기 중인 1956년 사망했다. 홍익표는 경기도 가평에서 출마, 1대와 2대 국회의원을 지냈다. 서범석은 조선일보와 동아일보에서 근무했고 대한청년단 안남단장도 지냈다. 2대 국회의원 선거에서 옹진군에 출마하여 무소속으로 당선되었다. 1955년 신당 발기준비위원회 경기도지역 조직책임간사의 역할을 맡았다.

이렇게 민주당이 편협한 반공보수세력 일색으로 창당되자 이를 계기로 인천지역 조봉암을 비롯하여 민주당에 참가하지 않은 세력들은 진보세력의 기원을 갖는 독자적인 혁신정당을 모색했다.

1956년 5월 15일 전국 곳곳에서 폭력이 난무하고 개표가 중단되는 등 험악한 상황에서 치러진 3대 정·부통령 선거에서 이승만이 대통령에, 장면이 부통령에 당선되었다. 선거 개표결과 이승만이 총 유효표(721만여 표)의 52%인 504만 6,437표를 얻어 대통령에 당선되었다. 조봉암은 23.8%인 216만 3,808표를 얻었고, 이미 사망한 신익희 추모표가 무려 20.5%인 185만 표나 나왔다. 1956년 8월 정부수립 후 두 번째 지방선거가 치러졌다. 지방선거일이 결정되자 야당계 입후보 예정자들에 대한 경찰의 노골적인 탄압이 시작되었다. 경찰은 경범죄처벌법을 최대한 활용했다. 경범죄로 11~25일간 구류처분을 받으면 자동으로 후보자 등록을 할 수가 없었다. 청소·문패·병역·야간통금위반 등의 갖가지 경범죄로 검거된 인원이 선거 초반전인 7월 1일부터 20일까지 3,558명으로 집계되었는데 이 중 다수가 선거와 관계있는 것으로 추측된다.(서중석, 2007a, 171쪽) 그러나 8월 13일 서울시의회선거에서는 민주당이 압승했다. 서울시 의원 47명 중 민주당이 40명, 농민회 1명, 무소속 5명, 자유당은 1명만 당선되었다. 도의회 의원선거에서도 민주당은 꽤 약진했다. 특히 경기도에서는 서울 다음으로 민주당이 많이 당선되었다. 총 45명 중에서 자유당이 14명, 무소속이 8명, 민주당은 무려 22명이나 당선되었다. 물론 실질적으로는 자유당이지만 국민회 이름으로 11명이 당선됐다. 새로 실시된 읍·면장 선거에서 경기도는 8개 읍(양주, 여주, 이천, 장호원, 안성, 평택, 시흥, 부천) 중 4개 읍의 읍장이 당선되었는데 모두 무소속이었다. 면장 선거는 185개 면 중 106개 면에서 선거가 실시되었는데, 자유당 46명, 무소속 58명, 민주당 1명, 농민회 1명으로 여전히 무소속이 많았다. 대도시 지역일수록 야당 세가 강하다는 것이 점차 분명해지기 시작했다. 이는 1958년 국회의원 선거에서 더욱 뚜렷하게 나타났다.

1958년 5월에 치러진 제4대 국회의원 선거 결과 자유당은 126석, 민주당 79석, 무소속 및 기타 28석으로 자유당이 과반수 의석을 차지하기는 했지만 3대 국회보다 민주당이 크게 성장했다. 무더기 표, 표 바꿔치기, 부정 개표 등 투개표부정도 갖가지여서 선거 후 무효 및 당선 무효 소송이 105건이나 되었고, 대법원에서 당선자가 바뀐 경우가 3개 선거구, 선거 무효 판결로 재선이 이루어진 선거구만 해도 8개나 됐다.(민주화운동기념사업회 연구소, 2008, 95쪽) 이는 부정선거를 하지 않고는 이승만 정권이 존립할 수 없다는 것을 보여주는 것이었다. 그런데도 야당인 민주당은 서울, 부산, 대구 등의 대도시에서 압승하였다. 경기도의 경우 25개 지역에서 민주당이 8명, 무소속이 3명, 자유당이 14명 당선되었다. 3대 국회의 여야 비율과 비교해 볼 때 경기도의 야당 성향이 매우 높아진 것을 알 수 있다. 민주당으로 당선된 경기도 국회의원들은 인천의 김재곤, 곽상훈, 김훈, 수

제4대 민의원 선거
부정관련 공판 모습
(1958.05.26)
(민주화운동기념
사업회 오픈아카이
브즈 00734059.
원출처: 경향신문)

원의 홍길선, 양주의 강영훈, 가평의 홍익표, 용인의 구철회, 화성의 홍봉
진이었고 야당 성향의 무소속으로는 김포의 정준, 강화의 윤재근이었다.
경기도의 민주당 의원들은 점차 이승만의 독재에 저항하고 민주주의를 수
호하는 야당투사로 변모해 갔다. 특히 경기도 지역에서도 수원은 '서울보
다 믿음직한 야당도시'[4]라고 할 만큼 자유당에 대한 민심이 아주 고약하
기로 소문났다.(『동아일보』, 1958년 1월 22일자) 4대 선거에서 자유당 도당
위원장이었던 정존수 의원(3대)은 자신의 지역구를 평택으로 옮겨야 했다.

민주당은 17개 중소도시에서 10대 4의 비율로 자유당인 여당보다 우세
했다. 이른바 여촌야도 현상이 두드러졌다. 투표에 의한 민주적인 정권교
체의 가능성이 밝아 보였다. 이승만과 자유당은 불안했다. 그러므로 이승
만 정권은 1960년 정·부통령 선거에서 이승만·이기붕을 당선시켜 영구
집권할 수 있는 유리한 조건을 만들어내기 위한 구체적이고 대대적인 부
정선거 계획을 1959년 3월부터 세웠다.

제2절 4월혁명

1. 3·15부정선거와 4월혁명의 전개

3·15부정선거는 투표를 통한 민주적 정권교체를 바라는 국민의 의사가
폭압으로 좌절된 한국 민주주의 최대의 비극이었다. 자유당은 장면 타도,
이기붕 당선을 위해 관권, 금권, 폭력, 매수 그밖에 온갖 수단을 동원하여
사전에 계획대로 부정투표, 부정개표, 투표함 바꿔치기 등을 감행함으로

---

[4] 야당도시 하면 대구로 가도 수원을 들려야 한다는 것이 주민들의 주장이며 과거 선거를
보더라도 서울보다 수원이 더 믿음직스럽다고 자부하는 도시였다.

써 '승리'를 조작했다. 법률적·제도적 지배에 의존하기보다는 극단적인 정치적 탄압과 부정선거를 감행함으로써 이승만은 역사적인 4월혁명에 불을 댕겼다. 누구보다도 먼저 학생들이 저항의 불을 댕겼다.

이승만은 1949년 9월 대통령령으로 중고교와 대학에 학생조직을 없애고 학도호국단을 창설했다. 이는 문교부장관을 정점으로 하는 철저한 상명하복의 조직으로, 전국의 학교를 묶어 일사불란하게 통제하려고 만든 것이었다. 그리고는 걸핏하면 '북진통일 궐기대회', '이승만 박사 재출마 궐기대회' 등 관제시위에 동원했다. 이러한 학도호국단은 전국 모든 학교에 조직되어 있었고 계속 증가하고 있는 학생 수를 고려한다면 가장 최대의 조직원을 갖은 최고의 조직체였다. 즉 〈표 1-3〉에서 볼 수 있듯이 학교 인구는 1945년 약 150만여 명에서 1960년 450만여 명으로 증가하였다. 무엇보다도 중등교육 이상의 학교인구가 1945년과 비교하여 볼 때 1960년에 이르러 거의 10배 가까이 증가하였다. 특히 대학생 수가 두드러지게 증가하여, 1945년 7,819명에서 1960년에는 약 10만 명(97,819명)에 이르렀다. 그런데 이들은 1945년 이래로 교과내용이 자유민주주의의 정신과 이상을 중심으로 구성된 미국식 민주주의 교육을 초등교육 수준부터 중등학교까지 지속적으로 받은 세대였다. 따라서 이 학생들은 높은 민주적 가치와 신념을 가지고 있었으며 이승만 정권에 대해 매우 비판적이었다.

〈표 1-3〉 학교 인구의 증가(1945~1960)

(단위: 천 명)

교육수준	1945년	1955년	1960년
초등교육	1,366	2,948	3,621
중등교육	83	748	802
고등교육	8	85	101
총 학교인구	1,457	3,781	4,524

출처: 문교부, 1963 『연간교육조사』, 서울: 홍원출판사, 336~337쪽.[5]

3·15 정부통령선거 투표일을 앞두고 전국 각지에서 벌어지고 있던 야당선거운동원에 대한 탄압과 테러, 선거운동방해로 정국은 극도로 긴장되었다. 특히 민주당 여수시당 재정부장의 피살사건은 전국의 유권자와 학생들을 분노케 했다. 민주당의 선거운동은 마비상태에 빠졌다. 이러한 분위기에서 1960년 3월 10일 오후 1시 장면 민주당부통령후보의 마지막 유세가 수원에서 있었다. 이날 수원에서 학생들의 대대적인 시위가 발생했다. 수원농고학생 약 300여 명은 '학원에 대한 정치적인 간섭을 배격한다'는 구

〈표 1-4〉 수원지역에서의 4월혁명 전개과정

날짜	출처	시위 주체	시위 양상	구호/플래카드
3월 10일	동아일보 (3. 11)	수원농업고등학교 학생 약 300명	삐라 살포, 장면 민주당 부통령 호보 유세장인 공설운동장으로 향함	학원내의 정치적 간섭을 배격한다, 장 박사를 환영함
3월 13일	동아일보 (4. 25)	오산상고생 100여 명	시위	
4월 20일	동아일보 (4. 21)	서울농대 약 1,000명	남문까지 진출하여 만세삼창 제창 후 해산	학원에 자유를 달라
4월 23일	수원시사 (1986) 수원도시 변천사 (2004)	수원농고, 수원북중, 수성고, 수성중, 삼일고, 매향여상, 매향여중, 수원고, 수원여고, 서울농대	중고등학생 – 수원시내 서울대 – 800여 명 서울 중앙청까지 강행군	
4월 26일	동아일보 (4. 27) 경인일보 (4. 28)	서울에서 내려온 중·고등학생, 대학생 7~8백여 명	경찰서, 자유당 시당부 등 파괴, 시민들 가두에 나와 성원	
4월 27일	동아일보 (4. 28)	서울대 농대	치안담당 및 선무반 활동	치안유지 및 질서회복을 호소

출처: 정근식 외, 2010, 135쪽 보완 인용.

5) 1950년대 교육통계는 출처마다 조금씩 차이가 난다. 1964년 판 '해방20년' 기록편(세문사)에 의하면 1945년 총 학생 수 1,471,949명이고 1955년 학생 수는 3,793,416명, 1964년 총학생수 5,952,356명으로 되어 있다.

호를 높이 외치면서 민주당 강연장소로 행진을 시작했다. 그러나 곧 정사복 경찰들의 제지로 강제 해산되었다. 3월 13일에는 오산상고생 100여 명이 시위를 벌였다.(『동아일보』, 1960년 4월 25일자) 검은 교복을 입은 학생들의 부정과 불법에 대한 저항은 1960년 2월 28일 대구학생시위를 시발점으로 이렇게 전국 각 중요 도시로 들불처럼 퍼져갔다.

이렇게 약 한달 보름동안 전국의 학생들이 매일같이 경찰의 선거개입과 선거 탄압에 맞서며 '민주주의'를 외쳤다. 학생들과 시민들은 3·15 선거 당일까지도 저항을 멈추지 않았다. 그 날 마산에서 '부정선거를 물리치라! 학원의 자유를 달라'고 외치던 학생과 시민들을 향해 경찰이 실탄으로 제지하면서 피살자가 발생했다.(1차 마산시위) 전국에서 '마산사태'의 책임을 묻는 시위가 다시 불붙기 시작했다. 1차 마산시위 당일 행방불명되었던 김주열 군의 참혹한 시체가 해변에서 발견됨으로 제2차 마산시위가 일어났고 또 다시 사상자가 발생했다.

4월 20일 수원 소재 서울농대생 천여 명이 시위를 하며 남문까지 행진했다. 4월 23일 수원지역에서 다시 격렬한 시위가 발생했다. 이날의 시위는 이전에 있었던 고등학생과 대학생의 산발적인 시위와는 양상이 달랐다. 거의 모든 수원시내의 중·고등학생들이 경찰과 교사의 저지를 뚫고 교문 밖으로 나왔으며 서울농대생 800여 명은 23일 새벽 서울 중앙청까지 도보로 80리 길 강행군에 돌입했다. 이러한 서울농대생들의 도보 행진은 지방에서 서울로 올라가는 첫 번째 장정 시위였다.

4월 26일 이승만의 하야 이후 수원 지역 학생들은 치안의 부재로 인한 혼란을 수습하고 질서유지를 위해 스스로 선무반을 조직하여 시내의 평화유지에 노력했다. 선무반 활동은 2~3일간 계속되었으며 경찰관의 협조를 얻어 지프차로 시가행진을 하면서 치안유지와 질서회복에 앞장섰다.

제3절 4월혁명 직후의 민주화 운동

1. 학생운동의 전개와 지향

경기도에서 전개된 4월혁명 과정에서 특징적인 것은 4월혁명을 주도했던 학생운동 내부에서 정체성 논쟁이 발생했다는 점이다. 즉 새로운 역사가 열리게 되니 실력 있는 역사의 주역이 되기 위해 열심히 공부하자는 쪽과 학생세력이 개혁에 당장 앞장서야한다는 쪽으로 구분되었다.(개혁농사회, 2006, 99쪽) 학원 내에서는 어용 또는 무능교수 사퇴를 요구하는 학원정화운동이 시작되었다. 당시 서울농대의 경우는 학원복귀론에 중심을 두었지만 학원정화운동을 거부할 수는 없었다. 서울농대는 "시민과 학생이 공감하는 뚜렷한 철학적 기준을 세우고, 파괴와 폭력이 없는 조용한 표현을 사용하며 우리의 시위가 시민들의 일상에 불편을 주지 않아야 한다"는 등의 행동강령을 세우고 서울농대 교수 7명과 1,000여 명의 학생들이 수원에서 서울까지 불볕더위를 참아가며 걸어가는 '백리강행군'을 또 한번 시작했다.(『경향신문』, 1960년 7월 20일자) '커피 한잔 피 한잔', '양키 커피 먹지 말자', '고급차 타지 말자', '가진 자를 모함 말고 없는 자를 사랑하자' 등의 피켓을 들고 평화적으로 조직적으로 행진하였다. 이른바 해방 이후부터 자유당정권이 들어선 시점에도 불거져 나오는 미군의 행패로 인한 반미감정과 민족주의적 자각이 신생활운동, 국민계몽운동과 같은 활동에 깔려 있었다.

백리행군 이후 장면정부가 들어서면서 서울농대 운동의 핵심주체들이 모여 학생운동의 방향을 고민했다. 그들은 당시 농촌의 고통을 한국사회의 가장 시급한 과제라고 인식하고 '흙으로 가는 대열'이라는 이념 하에 1961년 5월 17일 농촌 농민운동을 지향하는, 농대의 전통이 되는 서클 농사단이 출범했다.

야학은 일제강점기부터 학생들의 대표적인 사회운동이었다. 해방 이후 1950년대 중반에도 서울대 농대 학생들은 수원 서둔동과 탑리, 웃거리 등에서 간헐적으로 야학활동을 전개했다. 1954년에 축산과 김라섭이 중심이 되어 서둔동의 빈집에서 농사원에 다니는 사환들을 대상으로 야학을 시작했다. 1956년에는 이상하와 조재선이 서둔동에서, 1959년에는 원광식 등이 탑골에서 야학을 하였다. 그러나 이러한 야학들은 필요에 따라 잠시 개설되었다가 곧 중단되었다. 당시 서둔야학의 뿌리는 1954년 1월 31일 설치된 서둔교회의 성경구락부와 관련이 있다. 서둔교회의 집사이자 매산초등학교 교사인 이화실이 중심이 되어 1955년 성경구락부를 고등공민학교로 인가받아 서둔고등공민학교를 설립하였으나 가르칠 사람이 마땅하지 않아 운영이 중단되었다. 1959년 당시에 서둔교회에 다녔던 박건호에게 이 이야기를 들은 오희웅이 야학을 운영하기로 하였다. 이로써 서둔 야학의 활동이 시작되었다.

초기에 야학은 농촌진흥청 강당에서 시작했는데 1960년에는 농대 목장 안에 있는 단층 기와 건물에서 교육을 하였고, 1963년에는 탑동 4H구락부 회관에서 공부하기도 했다. 1965년 당시 교장이었던 황건식과 교사들이 양계사 자리에 교사를 신축했다. 야학 학생이었던 박학준의 형인 박학배가 그 땅의 주인이었음으로 교사들이 자금을 모아 땅을 구입하고 직접 기초공사를 하였다. 건물에 필요한 목재는 이창복 교수의 도움을 받았다. 1960년대까지 서둔야학은 농촌의 가난한 학생들에게 교육의 기회를 제공하고 삶과 미래에 대한 희망을 함께 만들자는 의미에서 출발하였다. 교사들은 서울대 농대의 학생들이 주로 활동했는데 대개는 1년간 교사 생활을 하였다. 서둔야학 외에도 수원에는 1950년대 중반부터 화서야학(화서동), 탑일야학(탑동) 등을 비롯하여 1960년대 중반에는 고색 1리와 고색 2리의 고색야학, 평동야학(평동), 북문야학, 1963년 제일야학, 1972년 화홍야학 등 1960~70년대에 10여 개의 야학이 존재했다. 특히 제일야학과 화홍야학은 1980년대를 거치면서 노동자들에게 노동관련법을 가르치고 노동자들의 권익을 옹호하기 위한 활동을 전개했다.

2. 부정선거 관련자 처벌

4월혁명 이후 3·15부정선거 관련자 및 4월혁명 발포자들에 대한 사법처리가 실시되었다. 경기도의 경우는 서울지검에서 소환 및 심문이 이루어졌다. 최헌길 3·15 부정선거 당시 경기도지사는 1960년 4월 29일 국무회의에서 의결한 원칙에 의해 5월 1일자로 해임되었다. 5월 30일 '선거법 위반'혐의로 최헌길 도지사 및 내무국장 이순구, 사찰과장 고종엽 등 3명이 일괄 구속되었다. 6월 13일 이들 3명과 경찰국장 박사일 등 4명이 선거법 위반, 직권남용 및 허위공문서작성및동행사 등 혐의로 구속기소 되었다. 최헌길 지사의 기고 이유에는 득표수조작이 포함되었다.(『동아일보』, 1960년 6월 13일자) 6월 14일로 선거법상 3·15부정선거사범 공소시효가 완료됨에 따라서 이날까지 선거사범으로 구속기소자는 전국적으로 62명, 불구속기소자가 16명에 그쳤다. 8월 10일 오전 9시 30분 서울지법 대법정에서 '서울특별시 및 경기도선거사범'첫 공판이 개정되었다. 최헌길은 신병차 병보석 상태였기 때문에 출정하지 않았다. 8월 29일 결심공판에서 최헌길 징역 7년, 이순구 징역 3년, 고종엽 징역 5년이 구형되었지만, 10월 8일 1심 언도공판에서 최헌길 3년, 이순구 무죄, 고종엽 2년, 박사일 3년으로 대부분 공소기각에 의한 감량이나 무죄로 판결되었다.(『경향신문』, 1960년 10월 8일자) 이러한 혁명재판의 10·8판결에 대해 여론은 들끓었다. 10월 8일 마산에서 1천여 명이 철야데모에 들어갔고, 서울의 모든 경

찰은 돌발사태에 대비해 완전무장했다. 장준택 부장판사와 나항연 서울지
법원장, 관계판사 및 무죄로 석방된 자들은 피신했다. 4월혁명으로 들어선
장면정부가 국민들이 원하는 바와 아주 다르게 3·15원흉들을 온건·유화
주의로 적당히 넘기려 한다는 비난이 쏟아졌다.

11월 5일 민의원은 '반민주행위자공민권제한법안', '부정선거관련자처벌
법안', '부정축재처리특별법안', '특별재판소및특별검찰부조직법안'을 마련
했다. 그러나 '반민주행위자공민권제한법안'은 대상자 선정을 두고 우여곡
절이 많았다.(민주화운동기념사업회, 『한국민주화운동사 1』, 189~193쪽)
장총리나 민주당은 공민권제한대상자를 대폭 축소하려 했다. 그러다 11월
15일 자유당 강경파 보스 장경근이 부정선거 책임자로 재판 계류 중 입원
해 있던 병원을 탈출해 일본으로 밀항한 사건이 크게 문제시되어 역풍을
만났다. 우여곡절을 겪다가 1960년 12월 31일 자동적으로 공민권이 제한되
는 자동케이스6)를 포함한 민의원안이 확정 통과되어 당일로 공포되었다.
법무부는 1961년 2월 25일 7년 동안 공민권이 제한될 공민권제한자동케이
스 제1차 해당자로 이승만과 자살한 이기붕 등 609명을 공고했다. 특별법
공포와 더불어 최헌길, 이순구, 고종엽, 박사일(특별재판과 일반재판 병합
심리) 등이 다시 재판에 회부되었다.

1961년 1월 25일 경기도 공민권 제한조사위원회(위원장 편영완)는 경기
도청 별관에서 첫 회합을 갖고 심사대상자를 우선 가려내기 시작했다. 이
날 회합에서는 경기도청 및 경기도경찰국 도내 각 경찰서에 공문을 발송
하여 공민권제한법 제5조에 의한 심사대상자들의 명단을 제출하라고 요청
하는 한편 위원장을 제외한 위원 14명이 군별로 공민권제한 해당자들을

---

6) 1960년 4월 26일 이전에 현저한 반민주행위를 한자들이며 3·15 부정선거 당시 자유당
중앙당무위원, 선거대책위원, 국무위원, 경찰 중에서 사찰경찰 등 공민권제한법 제4조1
항에서 9항에까지의 해당자들이다.

색출하여 심사위원회에 심사요청하기로 결정했다.(『경향신문』, 1961년 1월 26일자) 이날 편영완 위원장은 경기도 내의 공민권제한 심사 대상자가 약 2천 명으로 추산된다고 밝혔다. 1961년 2월 25일 1차 해당자 중 경기지역은 자동케이스 60명이었고, 3월 4일까지 심사 청구된 수는 143명이었다.(『경향신문』, 1961년 3월 4일자) 경기도 공민권 제한심사위원회는 심사 청구 된 143명을 매일 12명씩 전원 소환심문하기로 결정했다. 그리고 4월 29일 반민주행위자 경기도 심사위원회는 공민권 제한조사위원회가 심사 청구한 143명 중 59명에게 공민권제한 판정을 내렸다.(『동아일보』, 1961년 4월 29일자) 이들에게는 5년간 공민권이 제한되었다. 자동케이스 60명의 명단은 아래와 같다.(『경향신문』, 1961년 1월 31일자)

최헌길 지사/ 이순구 내무국장/ 홍정기 지도과장/ 신태범 인천갑위원장/ 문병관 인천을위원장/ 이중설 반공청경기단장/ 김석기 인천병위원장/ 장경근 부천위원장/ 서재현 조선기계제관리인/ 박정환 화성을 위장겸반청경기부단장/ 차인순 수원위장/ 손도심 화성갑위장/ 수영준 경기부위장/ 김종규 양주갑위장/ 강성태 양주을위장/ 이창흠 경기부위장/ 오재영 안성위장/ 정존수 경기위장겸 평택위장/ 최인규 내무장관/ 안동주 광주위장/ 황의성 시흥위장/ 김윤기 대한주택영단이사장/ 윤일상 강화위장/ 김의준 여주위장/ 갈홍기 김포위장/ 정대천 파주위장/ 윤성순 포천위장/ 하대래 양평위장/ 이익흥 연천위장/ 김종관 가평위장/ 이성주 고양위장/ 구철회 용인위장/ 이정재 이천위장/ 최정환 반청경기부단장/ 박주은 부평서장/ 박사일 경찰국장/ 고종엽 사찰과장/ 이서구 제2계장/ 이택선 제3계장/ 황규섭 인천서장/ 안영수 동인천서장/ 이장로 수원서장/ 김진수 양주서장/ 임창식 인천수장서장/ 김인식 안성서장/ 황택주 이천서장/ 박영환 평택서장/ 김종권 양평서장/ 고철종 강화서장/ 이동진 연천서장/ 고용익 여주서장/ 강영길 고양서장/ 김정판 포천서장/ 이학용 안양서장/ 김준승 광주서장/ 이홍노 파주 서장/ 김기범 김포서장/ 이규태 가평서장/ 이민행 용인서장/ 목진연 제2계/ 한구현 제2계 형사주임/

3. 7·29 총선과 사회운동

국회는 1960년 6월 15일 내각책임제에 입각한 개정 헌법안을 공포하였다. 그에 따라 6월 23일 '국회의원 선거법'을 공포하고 7월 29일에 민의원과 참의원 선거를 실시하였다. 경기도 지역의 국회의원선거 결과는 다음과 같다.

〈표 1-5〉 경기지역 민의원 당선자 현황(1960년 7월 29일)

선거구(25)	정당	이름	경력
제1선거구(인천)	민주당	김재곤	인천해사국장, 부산항만청 부청장
제2선거구(인천)	민주당	곽상훈	민주당 최고위원, 대한민국헌정회 1대 회장
제3선거구(인천)	민주당	김동	대한민국 5대 국회의원
제4선거구(수원)	민주당	홍길선	동아일보 수원지 국장, 수원소방서장
제5선거구(고양)	무소속	유광열	매일신보 편집국장
제6선거구(광주)	무소속	신하균	연건기업 주식회사 사장, 민중당 정치훈련원장 및 총무국장
제7선거구(양주)	민주당	강영훈	수도사단 예하 대대장, 대한상무회 상무이사
제8선거구(양주)	민주당	강승구	신민당 훈련부장, 자유당 양주군 당위원장
제9선거구(포천)	민주당	허적	대한민국 제 5대 국회의원
제10선거구(가평)	민주당	김영구	내무부 정무차관
제11선거구(양평)	민주당	홍익균	대한민국 제 1,2,4,5대 국회의원.
제12선거구(여주)	민주당	천세기	제2공화국 교통부 차관, 서울특별시 경찰국 감찰
제13선거구(이천)	민주당	박주운	민주당중앙위원, 검찰위원회 부의장
제14선거구(용인)	무소속	최하영	미군정 농상국장 고문, 천일제약 주식회사 이사
제15선거구(안성)	민주당	김윤식	대한민국 제 5대 국회의원
제16선거구(평택)	무소속	김갑수	대한민국 대법관, 내무부 차관
제17선거구(화성)	민주당	이병헌	국립경전교 총무과장. 행정신문사 사장
제18선거구(화성)	무소속	박상묵	자유신보 편집부 차장
제19선거구(시흥)	무소속	서태원	제 5대 국회의원
제20선거구(부천)	무소속	이재형	상공부 장관, 신민당 부총재
제21선거구(김포)	무소속	박제환	경기도 식량과장, 농림부 장관
제22선거구(강화)	무소속	정준	반민족 특별위원회 재판관
제23선거구(파주)	무소속	윤재근	대한민국 제 1,2,4,5대 국회의원
제24선거구(연천)	민주당	황인원	민주당 중앙위원
제25선거구(옹진)	무소속	장익현	백령도 어업조합 이사

민주당은 경기도 지역 25개 선거구에서 14석을 얻는 데 그쳤고, 11개 지역에서 무소속이 당선되었는데 이 중에는 자유당이라는 당명을 내걸지 못하고 무소속으로 위장 출마하여 당선된 경우도 있었다. 경기지역 6개 참의원선거에서는 민주당이 3석, 자유당이 1석, 무소속이 2명 당선되었다. 후보자 중에는 전직 국회의원이나 도의원을 역임한 인물들이 많았다. 사실 유권자들은 참의원 선거에 대해 거의 무관심했다. 경기도의 심장부라고 할 수 있는 수원시내에 참의원 입후보자의 플래카드나 입간판 벽보를 보려야 볼 수도 없었다. 후보가 누구인지도 몰랐다.(『경향신문』, 1960년 7월 10일자)

〈표 1-6〉 경기지역 참의원 당선자 현황

정당	이름	경력
무소속	여운홍	건국준비위원회 참여, 민족자주연맹 중앙집행 위원
민주당	정악필	
자유당	신의식	제3, 5대 국회의원
민주당	하상훈	인천시의회 부의장, 민주당 중앙위원
무소속	이교선	미 군정장관 비서장, 제4대 상공부 장관
민주당	김용성	민주당 선전부차장

4월혁명 이후 정치활동 공간이 넓어지면서 혁신계의 활동도 매우 고무되었다. 그러나 7·29총선에서 나타난 경기도 지역의 혁신세력은 호남 및 영남지방에 비할 수 없을 정도로 미약해서 유권자들의 관심이 크지 않았다.(『경향신문』, 1960년 7월 10일자) 혁신계 출마 후보 중에서 인천의 조규희 후보가 8.74%, 안성의 이규헌 후보만이 9.77%라는 유의미한 득표를 얻었다. 참의원선거에서 무소속으로 나온 여운형의 동생 여운홍만이 유일하게 혁신계 인물로 당선되었다. 이렇듯 경기도에서 혁신계의 정치진출은 실패했다. 사실 4월혁명 이후 각양각색으로 나타난 사회운동도 경기도에

서는 두드러지지 않았다. 예를 들어 경기도에서 교원노조운동은 당시 경기지역 교원노조 가입자 수는 463, 전체 교원 수는 8,395명의 5.52%에 그쳤고 큰 활동도 없었다.(교육신문사, 1960)

〈표 1-7〉 경기 지역 혁신계 후보 득표현황

선거구	이름	정당	득표율
제3선거구(인천시 병)	조규희	사회대중당	8.74 %
제5선거구(고양군)	김성숙	사회대중당	3.74%
제12선거구(양평군)	최은성	사회대중당	2.85%
제16선거구(안성군)	이규현	사회대중당	9.77%
제17선거구(평택군)	최승록	한국사회당	7.8%
제18선거구(화성군 갑)	이창호	사회대중당	3.18%
제19선거구(화성군을)	김남용	사회대중당	0.73%
제22선거구(김포군)	안병덕	사회대중당	1.13%
제24선거구(파주군)	황규성	사회대중당	3.03%

　다만, 경기도에서도 7·29선거를 전후해 '반혁명세력 및 자유당 계열의 정치진출'을 반대하는 투쟁이나 낙선운동이 곳곳에서 전개되었다. 수원에서는 7월 9일 오후 신풍국민학교 강당에서 민의원 입후보자 합동연설회가 시민 1천여 명이 운집한 가운데 있었다. 그날 자유당후보로 출마한 구철회 후보[7]가 등단하여 강연을 하고자 할 때 청중들이 '집어치워라', '무슨 면목으로 나왔느냐', '자리를 더럽히지 말라', '여기는 수원이다. 용인이 아니다', '용인으로 가라'는 등 야유를 퍼붓고, 결국 강연이 중단되고 말았다. 가장 격렬한 반대 투쟁이 안성에서 있었다. 안성에서는 자유당 후보로 3대와 4대 국회의원을 지낸 오재영 씨[8]가 출마했다. 7월 4일 낮 4시쯤 안성

[7] 자유당으로 출마하여 수원에서 9.12% 득표에 그쳤다. 당선자 홍길선(민주당) 의원은 46.97%를 얻었다.
[8] 오재영(1921~1972), 경기도 안성 출신. 1954년 제3대 국회의원 선거에서 무소속으로 당선되었고, 1958년 4대 국회의원선거에서는 자유당으로 재선되었다. 4월혁명으로 공민권 제한자가 되었다. 5·16 이후 정치활동이 재개되어 1963년 제5대 대통령후보로 추풍회

군 안법고등학교 학생 800여 명은 "반혁명세력 물러가라", "자유당은 속죄하라", "오재영 현 민의원은 사퇴하라"는 구호를 외치며 안성군 선거위원회와 자유당민의원 입후보자 오재영선거사무소 앞에서 연좌데모를 벌였다. 여기에 안청중학과 명륜중학 그리고 안성여자중고등학교 학생까지 합한, 3천여 명이 오재영 후보의 사퇴를 요구하며 안성공원에서 단식연좌투쟁에 들어갔다. 이들은 7월 5일 오후 4시 40분쯤 오재영의 선거사무소를 습격하고 기물과 건물 일부를 부수고, 경찰로 피신한 오재영 씨를 내놓으라고 일부 학생들이 안성경찰서를 포위하기도 했다. 이에 안성의 학부모들과 시민 2만여 명이 학생들을 지지하며 뒤 따랐고(『경향신문』, 1960년 7월 6일자), 안성농업학교 학생 일부 및 안성여고생 500여 명도 데모에 호응하고 나섰다. 결국 오후 6시 30분 오재영 씨가 출마사퇴를 선언함으로써 데모대는 해산했다. 그러나 7월 6일 자유당이 유감을 표명하는 공식 담화문을 발표했고, 동일 오후 12시 30분경 정체불명의 시위대가 "5일의 학생 데모 조종자는 학교 교사다"라는 플래카드를 내걸고 안성 공원에 나타났다. 학생들이 이에 분격했다. 즉시 해명을 요구하고 나섰고, 학생들과 청년들 사이에 난투극이 벌어지기도 했다. 자진 사퇴했던 오재영 후보가 돌연 태도를 바꾸었다. 7월 12일 "학생들의 강압에 못 이겨 사퇴서를 제출하였으니 이를 시정해 달라"고 중앙선거위원회에 요구한 것이다. 7월 21일 중앙선거위원회는 오재영 씨의 입후보사퇴를 취소하고 선거에 참여시키도록 결정했다. 안성의 학생들과 시민들은 4월혁명 정신을 위배하고, 반혁명세력의 대두에 손을 들어 준 중앙선거위원회의 결정에 극도로 분격했다. 안법고등학교생들은 7월 22일 읍내 시장 한복판에 있는 화신약국 지붕

(뒤에 '통한당'으로 개칭)공천을 받아 출마해서 3위를 차지했다. 6대 국회의원선거에 낙선되었으며, 1967년 제6대 대통령선거에서 박정희 후보가 '일군(日軍) 장교'였다고 한 발언이 문제(박정희 비방)가 되어 선거법 위반 혐의로 구속되었다.

위에 올라서서, "우리가 죽든지 자유당이 죽든지 끝장을 내겠다"고 시민들에게 다시 호소했다. 다음날 오전 9시 30분부터 안성공원에서 자유당비판대회를 열기로 결의하고 "이제 오재영 개인보다도 자유당 전체를 쳐부수어야한다"고 부르짖었다.(『경향신문』, 1960년 7월 23일자) 7월 23일 안법고등학생 700여 명, 중학교 학생 150여 명 등 약 850여 명의 학생들이 12시경 '중앙선거위원회'의 반혁명 처사에 항의하기 위해 서울로 향했다. 밤을 새워 300리 도보행진 데모에 들어간 것이다. 7월 24일 오후 4시 30분 중앙선거위원회에 도착한 학생들이 청사 앞에서 데모를 감행했다. 정진석 등 5명의 안법중고등학교 학생 대표와 만난 고재호 중앙선거위원장은 학생들의 행동을 '현행법상 공민권을 박탈하는 특별법이 없다'는 이유로 학생들을 간곡히 만류했다. 7월 24일 안성시민 약 700여 명은 다시 안성공원에 모여 오재영 씨 출마규탄 데모를 감행했다. 7월 25일 "반혁명분자 오재영 씨 규탄" 학생 데모에 소극적이었던 안성 최고 학교인 안성농고생 1,200여 명이 드디어 대대적인 규탄시위를 감행했다. 이날 하오 오재영의 모교인 양성중고교생 200여 명도 20리 길을 걸어서 안성까지 와 데모에 합류했다. "선배고 뭐고 악착같이 출마하려는 인물을 그냥 둘 수 없다"고 하며 규탄 대열에 앞장섰다. 학생들에게 자극된 시민 1,500여 명도 다시 "뿌리를 뽑자"고 외치며 합세했다. 이렇게 일부 지역에서는 4월혁명의 정신을 계승하려는 학생들이 반혁명세력의 대두를 저지하려는 적극적인 운동을 펼치기도 했다. 그러나 그 이상 혁신세력과의 연합을 시도한다거나 친 자유당 후보들을 저지하는 것은 하지 못했다.

4월혁명을 계기로 치러진 7·29선거는 12년 만에 처음 보는 공명선거였지만 개표과정이 순조롭지 못했다. 삼천포, 고성, 김천, 영암, 괴산, 광산, 광양, 대전 갑 등 많은 지역에서 투표용지가 소각 또는 파괴되는 불상사가 터져 나왔다. 경기도에서는 화성 을에서 '군부대'부재자투표가 말썽이 되

중앙선거위원회의 반혁명세력을 규탄하며 서울까지 도보로 이동하는 중에 서정리에서 휴식을 취하는 안법중·고등학생들 (민주화운동기념사업회 오픈아카이브즈 00732935. 원출처: 경향신문)

었다. 휴가 간 병사를 대신하여 대리투표한 것이 발각된 것이다. 양주 을에서는 민의원 후보 신흥균 씨가 투표함에 대하여 부정투표가 있다는 이유로 증거보전을 서울지법에 신청했다.

제2장 1960년대 반독재민주화운동

제1절 5·16군사쿠데타와 박정희 정권의 수립

1961년 5월 16일 새벽 박정희 소장이 이끄는 3,600여 명의 쿠데타군이 서울에 진입하여 일거에 권력의 주요 기관을 장악하고 곧 군사혁명위원회를 구성하였다. 군사혁명위원회는 전국에 비상계엄을 선포하고 반공을 국시로 삼는다는 내용을 포함한 6개항의 혁명 공약을 발표하였다. 4월혁명을 뒤집고 내란을 통한 불법적인 권력 찬탈행위였다. 쿠데타 당시 민정이양을 약속한 박정희 최고회의 의장은 1961년 8월 12일 민정이양 일정을 밝혔다. 그러나 박정희와 김종필 등 쿠데타 세력들은 민정이양을 추진하면서 동시에 자신들이 직접 권력을 잡기 위한 시도를 병행했다. 1962년 3월 16일 군사정권은 정치인들의 정치활동을 금지시키는 '정치활동정화법'을 제정했다. 이 법은 공고 후 15일 이내 국가재건최고회의에 설치한 정치정화위원회에 적격심사를 청구하여 적격판정을 얻지 못할 경우 1968년 8월 15일까지 무려 6년 동안 정치활동이 금지되도록 제정되었다. 제1차로 2,907명, 2차로 1,285명의 정치활동정화법 대상자가 공고되었다. 추가 대상자까지 총 4,374명이었으나, 적격심판을 청구한 사람은 약 67%인 2,958명에 불과했다. 1962년 12월 21일 윤보선 전대통령은 기자회견을 통해 정치활동정화법에 묶인 정치인들의 전면해금을 주장했다. 1962년 12월 6일 새벽 0시를 기해 쿠데타 이후 내려졌던 계엄령이 해제되었고 12월 17일에는 국민투표로 새 헌법이 제정되었다. 군사최고회의 의장 박정희는 12월 27일 자신과 다른 군인들의 민정참여 결정을 밝혔다. 군부세력은 민정 참여를 위해 '민주공화당' 창당을 추진했다. 이러한 움직임에 대해 군부는 물론 정치인들이 거세게 반발했다. 박정희는 이를 우회하기 위해 3월 16일 성명을 통해 군정을 4년 연장할 것을 제의했다. 재야 정계는 다시 큰 충격에 빠졌다. 전국적으로 군정연장 반대투쟁이 일어나는 가운데 경기도에서는 1963년 3월 22일 민정당 경기도제1지구당 사무실이 소재한 인천 인현동에서 당원 30여 명이 모인 가운데 군정연장반대 투쟁위원회(위원장 곽상훈)가 결성되었다.(『경향신문』, 1963년 3월 23일자)

1963년 5월 27일 민주공화당 제2차 전당대회에서 박정희가 대통령후보로 지명되었다. 그리고 1963년 10월 15일 제5대 대통령선거를 통해 공화당 박정희 후보가 민정당 윤보선 후보를 누르고 대통령에 당선되었다.

제2절 굴욕적인 한일협정 반대투쟁

한일정상회담이 본격화 된 1964년부터 조약 조인이 이루어진 1965년 6월 22일까지 학생과 야당을 중심으로 한일협정체결에 반대하는 투쟁이 전국적으로 전개되었다. 많은 국민들은 여전히 한일회담을 반대했다. 더구나 군사정부의 협상은 매우 비밀스러웠을 뿐 아니라 명백히 시종일관 저 자세를 취하여 대일청구권이란 명목조차 제대로 관철시키지 못했다. 1964년 3월 9일 민정당, 민주당, 자민당, 국민의 당 등 모든 야당과 재야세력을 망라한 대일굴욕외교반대범국민투쟁위원회(이하 '범국민투위')가 결성되어 전국을 돌며 한일회담을 반대하는 집회를 열었다. 전국 대학에서도 반대 시위가 연일 계속되었다.

경기도지역에서는 서울농대생들이 1964년 3월 9일 대일굴욕외교반대 범국민투쟁위원회 발족 직후 3월 26일 본격적으로 한일국교정상화 반대투쟁에 돌입했다. 이날 학생들은 교내에 집결하여 박정희 정권을 규탄하고 교문을 박차고 나와 수원 시내로 진출하여 가두시위를 벌였다.

1964년 4월 19일 기념식을 계기로 대학가는 5·16쿠데타를 4·19의 계승혁명으로 받아들이는 것을 거부했다. 이 무렵 구호로 '학원사찰반대'가 등장했다. 5월 20일 대학가는 '민족적 민주주의 장례식'을 고비로 다시 행동화하기 시작했다. 공화당의 국공유지부정불하사건, 공화당의 내분, 3분폭리사건들이 학생들의 정의감에 불을 댕겼다. 정부는 학생들의 데모를 난동과 폭동으로 규정하고 과격한 데모 진압을 시도했다. 이에 학생들은 무기한 단식투쟁이라는 새로운 저항 방법을 채택했다. 4월 27일에는 농대생 800여 명이 대강당에서 학생총회를 열고 한일회담성토대회를 가졌다. 이날의 성토대회에서 학생들은 "현 정부의 한일회담이 굴욕적이다"고 주장했다. 한편 이날 대회에서는 박 대통령에게 보내는 결의문을 채택하기도 했다.

6월 3일 서울, 수원, 대전 등 전국적으로 1만 5천여 명의 대규모 학생 데모가 폭발했다. 마침내 구호는 '박정희 정권타도'란 노골적인 반정부 시위로 확대되었다. 정부는 계엄으로 응대했다. 수원의 서울농대생들은 6월 3일에 광화문까지 도보시위를 하기 위해 교정에 집결하여 한일협정 반대 집회를 가진 후 서울을 향해 행진을 시작했다. 이날 도보시위의 목적은 국민들에게 한일국교정상화의 기만성과 군사정권의 실체를 폭로하고 아울러 광범위하게 전개되고 있는 한일협정반대투쟁에 국민들의 적극적인 동참을 유도하기 위해서였다. 농대생 600여 명은 "말라빠진 농민 모습 이것이 중농이냐", "자유당이 무색하다. 부정부패 일소하라"는 구호를 외치며 강행군을 했다. "구속학생 안 풀면 백만학도 구속하라" 등의 플래카드를 앞세운 학생들 앞에 경찰이 강력하게 저지하고 나섰다. 경찰은 학생시위대가 시흥군 의왕면 지지대고개를 통과할 때 고개 마루턱에서 최루탄을 발사했다. 그래서 데모대가 일시적으로 분산되기도 했으나, 학생들은 다시 모여 안양을 향해 전진했다. 군포 못 미쳐서 다시 경찰과 대치했지만 오후 3시경 서울경계지점까지 다다랐다. 이날 농대 학생 데모에서 50여 명의 학생들이 경찰에 연행되었고 지지대 고개를 통과할 때 30여 명의 학생들이 부상을 입고 합승편으로 서울로 이송되었다.

1964년 6월 전국적으로 시위가 전개되었는데 이날 원정데모에 가담했던 서울농대생 6명(유은희, 안환길, 노기환, 이근희, 김재윤, 왕진무)이 경찰에 의해 6월 8일 '집회및시위에관한법률' 위반 혐의로 검찰에 구속 송치되었다.

야당 및 학생들의 극한투쟁에도 불구하고 1965년 6월 22일 한일협정 조인을 하루 앞둔 6월 21일 서울대, 고려대, 연세대, 경희대 등 대학가는 또다시 성토대회와 가두데모를 감행했다. 서울대의 각 단과대학들은 이날 예년보다 빨리 여름방학을 앞당긴 학교 당국의 조처를 규탄하며 데모를 벌였다. 6월 20일부터 학교 앞 광장에서 단식 데모를 진행하고 있던 수원의 서울농대 학생들은 21일에는 더 많은 800여 명이 강당에 모여 1) 국민의 여론을 무시한 한일조인과 2) 정치바람에 대학의 존엄성을 잃고 내려진 휴교령을 성토했다.(『동아일보』, 1965년 6월 21일자) 서울농대생들의 단식투쟁은 6월 22일까지 계속되었다.(『동아일보』, 1965년 6월 22일자) 인천에서도 인하공대 학생 1천여 명이 강당에서 모여 한일회담반대성토대회를 열고 가두시위를 감행했다 이들 중 50여 명의 학생들이 학교 강당으로

경기도청 앞의 한일협정 반대 시위대를 제지하는 경찰
(민주화운동기념사업회 오픈아카이브즈 00723175. 원출처: 경향신문)

돌아와 단식투쟁에 돌입했다. 이렇듯 한일협정 조인반대와 조기방학철폐
를 주장하는 대학생들의 단식농성은 서울·경기뿐만 아니라 전국의 지방
대학까지 번졌다. 학생들 사이에 '일본상품불매운동'도 시작되었다. 학생
들의 단식투쟁은 1965년 7월 12일로 예정된 한일협정비준 저지까지 계속
되었다.

제3절 6·8 부정선거 규탄투쟁과 3선개헌 반대투쟁

1. 1967년의 정치상황과 6·8부정선거

박정희 시대에도 이승만 시대 이상으로 국가권력에 의한 불법 선거개입

과 타락선거는 계속되었다. 오히려 그 수법이 더 교모해지고, 공작정치의
성격을 본격적으로 띠게 되었다. 여기에는 김종필이 창설한 중앙정보부
(일명 '남산')가 핵심적인 역할을 했다. 또 이승만 시대가 공무원과 경찰 등
관권을 총동원한 대대적인 관권선거였다면, 박정희 시대는 관의 개입뿐
아니라 노골적인 선심공약과 금품살포에 의한 대대적인 금권선거의 양상
이 뚜렷해졌다.

　1967년 6·8 국회의원 총선거는 박정희 시대의 대표적인 부정선거로 역
사에 오명을 남겼다. 서중석 교수가 "우리나라에서 있었던 모든 선거를 통
틀어 1960년 3·15 정부통령 선거와 함께 제일 나쁜 선거, 잘못된 선거, 타
락한 선거라는 얘기를 듣고 있다"(『프레시안』, 2015년 12월 14일자 인터넷
기사)고 지적한 것이 바로 6·8 총선이다. 1967년 6월 9일자 동아일보를 보
면 6·8 총선을 "사상 최악의 부정선거"로 규정하고 있다. 그 이유는 '이승
만의 3·15 부정선거 수법 + 선거법 시행령 개정 + 관권 선거 + 공작정치
+ 3선개헌' 등이 총체적으로 어우러진 타락한 부정선거의 종합 판이었기
때문이다. 동원할 수 있는 모든 권력과 한일협정 타결로 들어 온 큰돈이
선거에 이용되었다. 유권자들이 돈 받아먹는 걸[9] 당연하게 여길 정도였
다. 6·8부정선거가 최악인 이유 중의 또 하나는 선거를 한 달 앞둔 5월
9일 대통령과 장관 등 공무원이 선거 유세를 할 수 있도록 선거법 시행령
을 개정한 것이었다. 박정희는 5월 18일부터 행정시찰을 명목으로 전국을
순회하여 공화당 후보들에 대한 지원유세전을 전개했다. 박정희는 수원시
행정을 시찰하면서 수원의 기관장 및 유지들에게 수원을 관광도시로 발전
시키겠다고 천명했다.(『동아일보』, 1967년 5월 19일자) 신민당은 대통령의

---

[9] 『동아연감』은 당시 상황을 이렇게 기록했다. "유권자들은 대가 없는 표를 찍으려 하지
　않았다. 공공연히 금품을 요구했다. 무섭고 괴이한 이상 정신 상태가 전염병처럼 만연
　돼 퍼져 가고 있다. 가치를 상실한 돈의 노예들이 소돔의 천년성을 구가하고 있다."

6·8선거는 '사상 최악의 부정선거'라는 기사(『동아일보』 1967년 6월 9일)

지원유세를 불법으로 고발했으나 5월 21일 중앙선거관리위원회는 대통령의 지원유세를 인정했다.

투·개표 과정에서도 공개투표, 대리투표, 쌍가락지표(야당을 찍은 투표용지에 한 번 더 기표를 해서 무효표로 만드는 수법), 피아노표(개표원이 손가락에 묻힌 인주를 투표용지에 주르륵 문질러서 몽땅 무효표로 만드는 수법), 빈대표(야당에 찍은 ○표를 문질러 빈 속을 메우는 수법), 올빼미표(투개표장의 불을 끄고 자신들의 표를 마구 집어넣거나 상대방의 표 묶음을 훔치는 것), 닭죽표(수면제를 탄 닭죽을 먹여 야당 참관인들을 잠재운 뒤 투표용지를 바꿔치기 하는 수법), 곰보표(인주를 투표용지 곳곳

에 찍어놓는 수법) 등 신조어가 만들어질 정도로 광범위한 부정이 저질러
졌다. 6월 10일까지의 개표 결과, 공화당은 129석(지역구 102석, 전국구 27
석, 개헌선은 117석)을, 신민당은 45석(지역구 28석 전국구 17석), 대중당은
지역구 1석을 얻었다.[10] 후보를 낸 나머지 8개 정당은 단 1명의 당선자도
내지 못하였다.

경기도에서는 13개 지역구 중에서 무려 9개구에 모조리 군 출신 5·16주
체 세력이 출마했다. 그러나 경기도는 서울 못지않게 야당성향이 강한 곳
이기 때문에 지역사업이나 선심공약이 크게 먹히지 않았다.(『경향신문』,
1967년 5월 25일자) 그러나 선거결과는 공화당이 10석을 차지했고, 신민당
이 3석을 얻어 그나마 선전했다. 투표율은 74.0%로 서울의 57.6%, 부산의
69.4%에 이어 전국에서 세 번째로 낮았다.

2. 6·8부정선거규탄투쟁

전국적으로 개표소난입난동, 개표부정, 폭행 등으로 일부지역에서 개표
가 중단되고 공포분위기 속에서 진행된 6·8선거의 개표는 9일 저녁 거의
완료되었다. 그러나 경기도 수원에서는 6월 9일 김두한 신민당 수원지구
후보가 선거법 위반으로 구속되었고, 인천 을구는 개표가 완료되었음에도
공화당 측의 개표시비로 당선선고를 내리지 못했다. 수원 2건, 고양·파
주, 화성, 포천·운천·가평, 평택, 의정부·양주, 용인·안성, 광주·이천,
여주·양평, 시흥·부천·옹진 등이 모두 소송에 휘말렸다. 특히 경기도에
서 6·8 선거를 치르는 동안 국민의 주권이 쓰레기통에서 화장당하고 만
곳이 화성과 평택 2곳이었다.

---

10) 제7대 총선은 4년 임기의 제7대 국회의원을 뽑는 선거로, 소선거구제를 통한 직접선거
로 131명을 선출하였다. 정당별 득표율에 따라 선출한 44명의 전국구를 포함하여 제7대
국회의원은 모두 175명이었다.

화성에서는 공화당 후보 권오석 씨가 선관위에 사퇴서를 내는 소동이 벌어졌다. 6월 9일 오전 화성군에서는 개표 종사원이 개표 도중 김형일 후보의 표에 인주를 묻혀 무효화시키는 것을 신민당 참관인이 적발, 이에 신민당이 항의하여 약 12시간 동안 개표가 중단되는 사태가 일어났다. 그 날 밤 10시 40분 양측이 선거법에 따른 일렬 개표에 합의하고 다시 개표가 진행되었다. 그러나 10일 새벽 1시 개표 종사원들이 피곤하다는 이유로 선관위 측이 이열(二列)개표를 하려는 것을 신민당 측 참관인이 투표함을 끌어안고 이에 항의하는 바람에 시비가 벌어져 다시 개표가 중단되었다. 새벽 2시 공화당 권오석 후보가 "야당 측이 개표 종사원을 모독하는 추잡한 선거에서 국회의원이 되면 무엇하겠냐"고 이재구 동지구 선거관리위원장에게 사퇴서를 제출했다가 반려되었다. 그러다 새벽 3시 55분에야 겨우 개표가 속개되었다. 이 때 화성군 개표소 문 앞에는 무장경관들의 삼엄한 경비 하에서 200여 명의 신민당 당원들이 연좌하여 "정당히 개표하라"고 고함을 지르며 농성하고 있었다. 신민당 측은 김형일 후보에게 기표된 것 중 인주가 묻어 무효로 처리된 것이 2천여 표 넘을 것으로 추산, 투표함보전신청을 냈다. 10일 낮 1시 반 개표가 끝난 뒤 화성군청 쓰레기통에서 타다 남은 김후보의 유효투표지 묶음(1백 장)이 발견되었다. 이 같은 상황에서 6월 10일 서울지검선거전담반(문상익 부장검사)이 대검의 6·8선거사범엄단방침에 따라 개표과정에서 난동이 벌어진 화성을 수사하기 위해 화성으로 급파(백광현 검사), 검찰이 화성지구 개표부정 수사에 착수했다.

1967년 6월 11일, 신민당 경기 화성 지구당원 2백여 명은 '불탄표 찾아내고 부정원흉 처단하라'는 플래카드를 들고 데모를 벌였다. 화성지구 신민당원들은 이날 오전 11시경부터 수원시 신풍동 당사 앞에서 연좌데모를 벌이다 오후 6시경 당사를 출발, 종로~남대문을 통과하여 약 1천여 미터 가두시위에 들어갔다. 오후 7시경 당사로 되돌아온 이들은 '부정선거 몰아

6 · 8부정선거에 반발해서 가두시위를 벌이는 신민당 화성군당 당원들
(민주화운동기념사업회 오픈 아카이브즈 00734072. 원 출처: 『경향신문』)

내어 민주정치 바로잡자'는 등 구호를 외치며 연좌데모를 계속, 밤 11시 반
에 해산했다.(『경향신문』, 1967년 6월 12일자) 6월 12일 오전 11시 50분에
화성군 신민당원 500여 명이 "속이면 죽고 고백하면 산다"라고 쓴 플래카
드를 앞세우고 데모에 돌입했다. 데모대가 화성군청에 이르렀을 때 출동
한 경찰 300여 명에 저지되었고 80여 명이 연행되었다.

공화당 당기위원회는 당 자체 조사보고를 토대로 화성지구당의 부정사
실 유무에 관계없이 개표과정에서 불미스러운 의혹을 자아내게 하고 과격
한 탈선행동을 취한 사실만으로도 공명선거의 전통을 확립하자는 당의 위
신을 크게 손상시켰다고 규정하고 권오석 후보자에 대한 제명처분을 결의
했다. 당일 권오석 당선자는 국회사무처에 사퇴서를 제출했고, 수원지청

에 구속 수감되었다. 화성에서는 6월 16일 서울지법 수원지원 2호 법정에서 중앙선관위원회의 계창업, 백상건과 장순룡 경기도선관위원장이 입회한 가운데 재검표가 이루어졌다. 48개 투표구의 재검표 결과 김형일 후보가 1,299표의 유효표를 되찾아 '잃었던 승리'를 차지했다. 화성지구 부정선거 관련자 13명 전원에게 유죄가 선고되었고, 권오석 후보와 권오은에게는 징역 3년이 선고되었다.(『경향신문』, 1967년 11월 29일, 3면) 최재형(부장판사) 재판장은 이날 "국민의 기본권을 침탈해 가며 특정인을 당선시키려 한 사실은 국민 앞에 엄중처단을 받아야 한다"고 판시했다.

신민당은 평택지역에 대해서도 증거보전을 신청했다. 평택에서는 각 읍면직원들이 투표통지표와 수령증 등을 변조한 혐의로 선거관계 서류와 투표함에 대한 가압류결정이 내려졌다. 평택에서는 공화당의 이윤용 후보가 신민당의 유치송 후보를 10,095표로 눌러 당선이 된 곳이었다. 6월 12일 낮 12시 15분 신민당평택지구에서도 당원 50여 명이 "6·8부정선거 다시하자"는 플래카드를 내걸고 평택2리 신민당사를 출발하여 군청까지 부정선거무효를 외치며 데모에 들어갔다. 데모대는 군청 앞에서 약 5분간 구호를 외치며 연좌시위를 하다가 경찰의 제지로 군청을 떠나 읍내 통복리 등 중심가에서 데모를 계속 벌였다.(『동아일보』, 1967년 6월 12일자)

결국 공화당은 스스로도 "타락되고 혼탁한 분위기의 선거이었음에는 틀림이 없었다"면서 부정 선거임을 자인했다. 6월 14일 청와대는 화성지역 당선자 권오석을 제명한데 이어 보성의 양달승도 제명했다. 또, 6월 16일에는 평택의 이윤용 의원[11]을 포함하여 대전 원용석, 보령 이원장, 군산 차형근, 고창 신용남, 화순 기세풍, 영천 이원우 등 당선자 6명과 7개 지구

---

11) 평택의 이윤용 후보는 "검찰수사로 선거부정이 없었다는 사실이 드러났는데도 제명 조처한 것은 부당하다"고 주장하여 중앙당에 해명을 요구했다. 또 평택지구 공화당 당원들이 서울 중앙당사로 올라와 이윤용 씨의 제명은 6·8총선거사후수습을 위한 정치적 제물이라며 6월 16일 "6·16 부당조치 철회"를 요구하는 철야 농성을 벌이기도 했다.

당 위원장을 제명시켰으며, 부정선거 관련 공무원들은 파면되었다.

6월 17일 유진오 신민당 당수는 6·8선거를 선거의 쿠데타로 규정, 전면 재선거를 요구했다. 또 6월 20일 각 지구당에서 제기한 고발과 부정조사 및 규탄대회에 대한 당국의 탄압을 발표했다. 수원에서는 6월 18일 경찰서장의 진두지휘 하에 수십 명의 경관이 신민당사를 습격하고 현수막과 6·8총선무효화투위 지부 간판을 강제로 철거해 갔다. 경기도 광주와 이천에서는 한영수 이천군수, 신광표 이천경찰서장, 박영서 이천교육장, 이규선 광주군수, 윤조영 광주경찰서장, 권병구 광주교육장 등을 국회의원 선거법위반 혐의로 서울지검에 고발했다. 이들은 읍면장, 지서주임, 공화당관리장 등을 통해 여당선거운동을 하고 사전매수로 참관 방해 또는 협박으로 강제축출 및 대리투표를 했다는 혐의를 받았다.

동시에 대학가를 비롯한 전국 각지의 학생들도 부정선거를 규탄하는 투쟁에 돌입했다. 6월 9일 연세대생들의 총선규탄성토대회를 시작으로, 6월 13일 학생들의 규탄시위는 더 확산되었다. 이날 서울 문리대 정문 앞에서 부정선거를 규탄하는 격렬한 시위가 벌어졌다. 수원 서울농대 700여 명도 13일 오전 10시 동교 강당에서 "근대화가 6·8이냐" 등의 플래카드를 내걸고 6·8부정선거를 규탄하는 성토대회를 열었다. 이들은 ① 지능적인 6·8부정선거를 전국적으로 무효화하고 ② 투표 및 개표과정에서 자행된 민주기본질서를 파괴한 부정선거 관련자를 색출, 엄중 처단하라 ③ 6·8부정선거에 대한 여야정치인들의 양심의 반성을 촉구하며 여야의원들의 의원등록을 거부할 것을 강력히 요구한다는 등 4개 항목의 결의문을 채택하고 12시 10분쯤 해산했다. 당일 수원경찰서에서는 인접한 용인 등 경찰서로부터 병력을 지원받아 만일의 사태에 대비하고 정사복경찰관 200여 명을 배치했다.(『경향신문』, 『동아일보』, 1967년 6월 13일자) 6월 14일 시위가 전국으로 번졌다. 정부는 휴교령을 내리며 학생 시위를 탄압했다. 6월 13

일 서울대가 임시휴업에 들어갔고 14일에는 서울농대도 수업을 중단하고 연장 휴업되었다. 휴업 중에도 학생시위는 멈추지 않았다. 급기야 6월 15일부터는 고교생들까지 가세해 사흘 만에 전국의 수많은 고교에서 동시다발적인 규탄 시위를 벌였다. 6월 19일 박정희는 정국수습에 관한 특별담화를 내놓지 않을 수 없었다. 그러나 신민당 전국 지부에서는 단식투쟁, 선거소송 투쟁을 지속하고, 6월 21일 서울대·고려대·연세대·성균관대·건국대 등 학생 대표들이 모여 '부정부패일소 전학생투쟁위원회'를 결성하고 '부정선거 규탄 성토대회'를 열었으며, 6월 내내 부정선거 규탄투쟁을 계속했다. 7월 초를 고비로 전국이 조기 여름방학에 들어가면서 시위는 잦아들었다.

3. 3선개헌 반대투쟁

박정희 정권이 제7대 6·8총선에서 이토록 무리한 금권, 향응, 타락 선거에다가 마지막에는 개표부정까지 대대적인 부정선거를 저지른 이유는 대통령의 3차 중임을 위한 개헌선 확보가 핵심이었기 때문이다. 박정희는 3선이 가능하도록 헌법을 고쳐 정권을 연장하는 집권 계획을 수립했다. 총선 결과는 민주공화당이 개헌의석 117석을 상회하는 129석(지역구 102석, 전국구 27석)을 확보했다. 민주공화당에서 개헌 논의가 나오자 야당인 신민당은 반대의사를 분명히 표명했다. 1969년 6월 5일 YMCA 강당에서 신민당과 재야인사들이 '3선개헌반대 범국민투쟁준비위원회'를 결성하고 위원장에 김재준 목사를 선출했다. 7월 17일 유진산 신민당 당수는 서울농대에서 열린 기독학생 하기 세미나에 참석하여 "현 정권이 3선개헌을 한다면 극한투쟁도 불사하겠다"고 발표했다.

1969년 7월 25일 박정희는 개헌문제를 자신의 불신임과 연계시켜 개헌안을 국민투표에 부칠 것임을 시사했다.

　3선개헌반대 범국민투쟁위원회는 1969년 8월 24일 수원세류초등학교 교정에서 3천여 명의 청중이 모인 가운데 유세(『경향신문』, 1969년 8월 25일자)를 갖고 '3선개헌은 박정희대통령 영구집권의 길을 트는 것'이라고 주장했다. 이날 유진오 신민당 총재는 "공화당이 제안한 국민투표법안은 국민의 입과 귀를 막고 개헌찬성만을 강요하는 악법"이라고 주장하며 투표법 수정을 요구했다. 연사로 참석한 조한백, 이철승, 양일동, 김선태 의원 등은 "3선은 민주주의의 포기이며 각종 사회악을 확대 재생산시키는 결과를 낳는다"고 주장하며 국민의 개헌반대를 촉구했다. 수원에서의 유세에 3천여 명의 경기도민이 호응했지만, 신민당을 중심으로 3선개헌 반대운동이 수원 및 경기도 일대에서는 매우 소극적이었고, 산발적으로 일어났다.(『수원시사』, 2001, 292~293쪽) 9월 2일 문산 공설시장에서 열린 3선개헌반대 강연회에서는 황인원 신민당 경기도지부장이 연사로 나와 파주 출신 신윤창 의원(공화당)에게 3선개헌반대를 촉구했다.

　9월 8일 새벽 6시 서울농대 기숙사학생 350여 명이 교문을 나와 수원 역전과 종로에서 다른 학생 150여 명과 합세, "3선개헌결사반대" 구호를 외치며 약 2시간 데모를 전개하고 학교로 돌아갔다. 이들은 오전 9시부터 강당에 모여 3선개헌반대에 대한 열띤 토론을 열었다. 3선개헌 반대 성토 및 데모 사태로 인하여 개강이 연기되고 휴강사태가 벌어졌다. 9월 9일 서울농대도 교수회의를 열고 데모로 학원질서가 깨졌다며 이날부터 무기휴교하기로 결의했다. 그럼에도 불구하고 9월 10일 오전 7시 서울농대 기숙사생 50여 명이 기숙사 건물 옥상에 바리케이드를 치고 3선개헌 반대 농성을 시작했다. 이에 앞서 이들은 9일 오후 기숙사에 든 농대 1학년생 320명을 상대로 개헌찬반에 대한 앙케이트를 받았는데 97%가 반대, 3%가 찬성으로 결과가 나타났다. 이들은 10일 오전 10시 30분 휴교조치를 모르고 등교한 학생 100여 명과 함께 가두시위를 벌이려다가 경찰의 제지를 받고 다시 농성에 들어갔다.(『동아일보』, 1969년 9월 10일자)

　학생들과 야당의 거센 반대투쟁에도 불구하고 1969년 9월 9일 국회 본회의에서 개헌안이 상정되었다. 신민당 의원들이 본회의장에서 농성을 벌였으나, 9월 14일 본회의장이 아닌 제3별관에서 공화당 107명, 정우회 11명, 무소속 4명이 참여한 가운데 헌법 개정안을 상정, 새벽 2시 50분 122명 전원 찬성으로 헌법개정안이 날치기 통과됐다. 국민투표를 앞두고 신민당은 5조 15개 반을 편성하여 개헌반대저지 순회 유세를 벌렸다. 10월 13일에는 수원 남문 광장에서 이재형, 김영삼, 김형일, 김영선, 윤길중, 백기완 등 연사가 참여한 집회가 열렸다. 그러나 10월 17일 국민투표에서 총유권자의 77.1%가 참여하여 67.5%의 찬성을 얻어 확정되었다. 경기도지역은 전국 평균 투표율과 거의 비슷한 77.6%의 참여율을 보였으나, 찬성율은 62.6%로 낮았다. 이승만 시대의 여촌야도뿐 아니라 여당이 우세한 동부지역은 투표율도 높았고, 서울 경기 충남 충북 전북 전남의 서부지방은 투표율이 낮은 동고서저 현상이 뚜렷하게 나타났다. 이로써 박정희는 1971년 제7대 대통령선거에 다시 출마할 수 있는 법적 근거를 마련했고 또, 당선됨으로써 1972년 이후 유신체제를 통해 장기집권에 들어섰다.

제3장 한미행정협정반대운동의 태동

1953년 7월 휴전협정이 발효되자 미군이 대한민국에 주둔하기 시작했다. 대개 경기도 북부지역과 평택인근 지역에 미군 부대가 주둔하면서 지역사회의 경관과 문화가 변화되었을 뿐 아니라 미군에 의한 범죄가 지속적으로 문제가 되었다. 따라서 한미협정이 조속히 체결되어야 한다는 거국적 여론은 이미 이승만 정권에서부터 동의되었지만 이루어지지 않았다. 이에 오만여 명의 회원을 갖고 있던 대한노총 미군종업원노조연맹에서는 동 협정이 체결되기 전이라도 잠정적으로 미군기관에서 일하는 한인 종업원들의 노동관계를 규정하는 '한미노무관계협정' 체결을 위해 오래전부터 적극적으로 활동해왔다. 당시 한국에 주둔한 미군은 한인종업원의 노조결성과 조합활동은 인정하면서도 노조의 중요 기능 중 하나인 단체교섭권은 일방적으로 묵살하고 있었다. 이 같은 미군의 노동기본권 유린에 저항하는 노동운동이 4월혁명을 계기로 힘을 받기 시작했다. 4월혁명 이후 최초로 미군 부대가 많이 주둔해 있던 경기도의 지역적 특성을 반영한 '전국미군종업원노조'운동이 발생했다.(『동아일보』, 1960년 9월 21일자, 3면) 전국미군종업원노조연맹(5 · 16 이후에 외기노조로 명칭 변경)은 '노무협정'을 포함한 한미행정협정[12]의 조속한 체결을 요구하는 100만 명 가두서명운동을 전개했다. 1960년 9월 20일 서울에서 통행인들과 관공서 직원들을 대상으로 약 5천여 명의 찬성을 받았고, 미군이 주둔해 있는 인천, 부산, 파주, 의정부, 부평 등 지역으로 서명운동을 확대해 나갔다. 그러나 5·16혁명으로 운동이 더 발전하지는 못했다.

1963년 5월 미군의 주둔에 의한 새로운 주민 피해사실이 알려졌다. 경기도 화성군 우정면 매향리(고온부락)13)에 있는 미군폭격장이었다. 매향리가 미군 폭격장으로 활용되기 시작한 것은 한국전쟁 기간 중인 1951년 8월이었다. 1952년 매향리 지역 21만 평이 미군에게 징발됐다. 1954년부터는 미군이 해안가에 주둔하기 시작했으며, 1955년 공식적으로 폭격훈련장이 설치됐다. 그런데 징발된 21만 평 중 일부는 계속 경작이 허용되었다가 1963년 5월 고온부락 140여 가구의 경작 전담 21만 평을 전부 폭격훈련장으로 사용하게 되면서 문제가 불거졌다. 아무런 보상대책도 없이 춘궁기와 농사철을 앞두고 140여 가구 중 딴 곳에 경작지가 전혀 없는 70여 가구가 완전히 실농될 처지가 되었다.(『경향신문』, 1963년 5월 6일자) 5월 7일 미군이 징발된 토지에 대해 정지작업을 착수했다. 이에 마을 주민 40여 명이 "보상없는 정지작업을 할 수 없다"고 강력하게 작업에 반대하고 나서면서 작업이 일시 중단되었다. 7월 4일 미군 측은 ① 농경지는 확장 지역에

---

12) 이른바 SOFA(Status of Forces Agreement)는 대한민국에서의 주한미군의 법적 지위를 규정한 협정으로 1953년 10월에 체결된『대한민국과 미합중국간의 상호방위조약』을 근거로 1966년 7월 9일 체결되었다. 일반적으로 국제법상 외국군대는 주둔하는 나라의 법률질서를 따라야함에도 주둔하는 나라에서 수행하는 특수한 임무의 효율적 수행을 위해 쌍방 법률의 범위 내에서 일정한 편의제공을 문서화하는 것이 해당국가와 외국군대간에 맺은 주둔군 지위협정이다. SOFA는 31개 조항의 본문과 부속문서인 합의의사록과 합의의사록에 관한 양해사항으로 구성되어 있다. 한미행정협정은 한미관계의 종속성과 불평등성을 그대로 담고 있다고 평가된다.

13) 이 지역 주민들에 의해 '고온리사격장', '쿠니(KOON-NI)사격장'이라 불리는 매향리 폭격장 폐쇄투쟁이 본격화된 것은 1988년 이후였다. 1988년부터 기나긴 주민들의 투쟁을 통해서 2005년 미군 폭격장은 폐쇄되었고, 주민들은 50여 년이 넘게 지속된 삶의 위협과 폭격소음으로부터 해방될 수 있었다.

매향리 쿠니사격장(2000년 사진)
(민주화운동기념사업회 오픈아카이브즈 00729835. 원출처: 경향신문)

서 제외하고 ② 이미 사용 중인 농토를 포함하여 해안 등의 6천 피트에 한하며 ③ 6천 피트 내에는 주민들의 출입을 일절 금한다고 제의해 왔다. 그러나 미군이 제의한 6천 피트 내에는 고온리 부락 주민들의 생계에 중대한 영향을 주는 10여만 평의 굴양식장이 있었다. 결국 미군과 한국 측 협의에 의해 폭격훈련이 없는 날에는 주민들이 6천 피트 위험지구 내의 굴 양식장에 출입할 수 있도록 되었다. 그러나 폭격위험 및 폭격소음에 의한 각종 사고 및 피해에 대한 어떤 조처도 취해지지 않았다. 1967년에는 만삭이던 마을 주민이 잘못 떨어진 폭탄에 목숨을 잃었다.

미군은 1968년부터 마을 한 가운데 농토 38만 평을 추가로 수용, 사격장으로 사용하기 시작했다. 기관총 탄피나 실험용 폭탄이 논·밭이나 지붕을 뚫고 들어오는 일도 가끔 일어났지만 미군이나 정부당국의 성의 있는 보상과 대책은 이루어지지 않았다. '안보'를 내세워 국민의 생명과 생존권이 짓밟힌 역사는 경기도 화성군 매향리, 석천리, 이화리 등 7개 부락 주민들이 1988년 "전폭기 폭격공포 더 못 참겠다"며 청와대에 613명이 서명한 진정서를 제출하며 첫 투쟁을 시작할 때까지 계속되었다. 매향리 주민들은 폭격소음이라는 생리적 피해와 심심찮게 날아드는 유탄과 불발탄의 피해로부터 불안한 삶을 유지할 수밖에 없었다.

제4장 1950~1960년대 경기지역 민주화운동의 특징 및 의의

경기도는 한국사회의 중심인 수도 서울의 위성이라는 특성을 갖고 있다. 따라서 경기도 지역에서 전개된 민주화운동은 다른 부문운동들과 마찬가지로 '도' 차원에서 독자적으로 정리할 기회를 얻지 못했다. 경기도는 서울의 위성도시라는 도시적 성격이 매우 강한 특수성으로 인해 정체성의 기반이 약하고, 지역적으로도 북부에서 남부에 이르는 거리가 멀고, 도시와 농촌, 도농복합지역 등 다양성이 커서 도민으로서의 일체감이 희박했다. 더구나 한국 민주화운동의 중심지인 서울과 밀착되어 있어서 독자적인 지역운동의 특성을 유지하기 어려웠다고 보여진다. 그러나 경기도 역시 각 지역은 지역적, 사회적 조건과 구조에 따른 고유한 지역적 문제를 갖고 있으며 이에 대한 지역차원에서의 실천적 노력들이 다양한 방식으로 모색되었다. 그럼에도 불구하고 그 역사의 대부분은 묻혀버렸다.

해방 전 경기도 화성지역에서는 3·1운동이 강하게 일어났고(제암리), 해방 후에도 좌익운동이 있었지만 그 인맥과 전통이 지속되지는 못했던 것으로 보인다. 그것은 앞서도 지적했듯이 워낙 강한 서울지향적 성향과 근대 고등교육기관이 인접한 서울에 집중되어 있었기 때문에 경기도는 늘 서울·경기로 묶여 인식되었다. 그것은 4월혁명 및 4월혁명 이후 반혁명 처리과정에서도 분명하게 드러난다. 경기도에서 4월혁명은 3월 5일 서울에 이어 3월 10일에 수원(수원농고)에서 처음 발생했고, 3월 13일에는 오산(오산상고)으로 퍼졌지만 다른 경기도 지역에서 고등학생들의 시위는 거의 일어나지 않았다. 경기도 지역의 유일한 서울농과대학생들이 4월혁명에 가세한 것은 4월 20일이었다. 뒤늦은 참여였지만 서울농대 학생들은 4월 20일부터 4월 26일 이승만 하야까지 수원지역에서 벌어진 시위를 주도적으로 이끌어 나갔다. 4월혁명 이후에는 혼란스러운 사회를 바로잡는 선무활동과 백리행군을 통한 가두 계몽활동을 펼쳐나갔다.

4월혁명 이후 경기도지역에서도 혁명으로 고조된 사회분위기를 타고 다양한 대중운동이 싹텄지만 크게 활성화되지는 않았다. 다만 특징적인 것은 경기도의 지역적 특성이 반영된 사회운동으로 미군종업원연맹의 서명운동과 이후 지속적인 외기노조운동이 있었다. 4월혁명 이후 반혁명세력처벌과정을 보더라도 3·15 부정선거 및 4·19의 원흉으로 사형에 처해진 곽영주(이천), 최인규(광주), 이정재(이천) 그리고 사형에서 무기로 감형된 이정재·곽영주와 더불어 3인방으로 불린 유지광(이천) 등 경기도 지역 출신들이 많았지만 이들에 대한 지역적 규탄은 거의 일어나지 않았다. 다른 지역들과 달리 경기도의 4월혁명 처리과정도 서울·경기지역을 합쳐서 처리되었기 때문에 독자적인 특성을 갖기 어려웠다. 7·29총선 과정에서 안성 지역에서만 반혁명세력규탄 시위가 크게 일어났다. 이렇듯 경기도 지역의 4월혁명은 매우 제한적이었고 서울과 인접한 지역적 특성으로 인하여 활발하게 전개되지는 못했다.

그러나 1950~60년대 치러진 각종선거에서 경기도는 늘 서울 다음으로 야당세가 강했다고 볼 수 있다. 경기도는 수도 서울에 인접한 수도권으로서 개헌을 둘러싼 정치정세에 타 지방들과는 다르게 예민한 반응을 보였다. 특히 인천, 수원, 의정부 등 서울인접지구의 도시권에서의 반응은 야당이 우세했다. 그러나 휴전선 내지 해안도서지역을 포함하고 있는 농어촌지역은 도시와 확연히 다른 정치적 색을 보이기도 했다. 1970년대 이후 경기도에 뿌리를 둔 대학들이 생겨나고 경기대, 수원대, 한신대, 성균관대(수원), 한양대(안산), 중앙대(안성), 한국외대(용인) 등 캠퍼스가 늘어나면서 점차 경기도가 한국민주화운동의 새로운 저수지가 되었다.

경기도에 집중적으로 주둔하고 있는 미군기지로 인해 생겨날 수밖에 없는 각종 지역 주민 피해와 '미군범죄'에 대한 피해는 사회적으로 주목되지 못했고, 따라서 아직은 반미운동이나 민족민주운동으로 연결되지 못했다.

제2부

1970년대 유신체제기의 민주화운동

제1장 유신체제와 민주화운동

1960년대 후반에 들면서 박 정권은 안팎으로 위기에 몰렸다. 미국은 늘어나는 국제수지 적자와 막대한 군사비 부담에 따른 재정위기에서 벗어나고자 닉슨 독트린(1969. 7)을 발표했다. 닉슨 독트린은 미국이 중국과 국교를 정상화하여 중국을 통해 소련을 견제하는 한편, 명분 없는 베트남 전쟁을 종전시켜 막대한 군사비 부담을 덜고자 했다.

눈치 빠른 일본이 미국에 앞서 중국과 국교를 정상화하고 이어 미국이 중국과 국교를 정상화하면서 한반도 주변에는 긴장 완화의 훈풍이 불기 시작했다. 미국은 베트남에 이어 제2의 화약고가 될 우려가 있는 한반도를 현상유지하기 위해 박정희 정권에 남북화해를 종용하는 한편, 1970~1971년 2년 동안 주한미군 2만 명을 철수시켰다. 동북아시아의 긴장완화는 냉전과 분단체제에 기대어 반공을 무기로 정권을 유지하던 박 정권을 위협하였다. 여기에다 1969년 이후 한국경제가 불황에 빠지면서 박 정권은 안으로도 정치적 위기에 직면한다. 박 정권은 이러한 안팎의 위기를 안보와 평화통일을 이용하여 극복하고자 했다. 남북대화에 대한 미국의 종용과 빠른 경제성장으로 남북경쟁에 자신감을 얻은 박 정권은 1970년 8·15선언을 시작으로 1971년 남북이산가족찾기운동, 1972년 남북적십자회담 등을 추진했다.

　그러나 박정희는 1971년 12월 6일 느닷없이 안보를 구실로 법적 근거도 없는 국가비상사태를 선언했다. 박정희는 12월 27일 국회에서 통과된 '국가보위에 관한 특별조치법'을 소급적용하여 국가비상사태 선언을 합법화했다. 박정희는 이 법으로 집회와 시위는 물론 노동자의 단체행동권을 금지하고 헌법기능도 정지시킬 수 있는 초헌법적인 비상 대기권을 갖게 되었다.

　한편 박정희는 1972년 7월 4일 자주·평화·민족대단결의 평화통일 3대 원칙을 핵심 내용으로 하는 7·4남북공동성명을 발표했다. 그러나 10월 17일 비상계엄을 선포하여 국회를 해산하고 정당의 정치활동을 금지한 뒤 10월 유신을 선포한다. 10월 유신은 헌법을 준수하겠다고 서약한 대통령이 스스로 헌법을 파기한 쿠데타였다.(송찬섭 외, 2007, 474~475쪽; 역사학연구소, 1995, 329~331쪽) 비상국무회의가 제출한 헌법개정안은 비상계엄이 풀리지 않은 11월 21일 국민투표에 부쳤다. 제도요원들이 유신헌법을 찬성하는 말만 하고 그 밖의 사람들은 비판할 수 없게 만든 분위기에서 국민투표는 찬성 91.5%로 통과되었다. 박 정권은 유신체제가 "나라 안팎이 혼란을 극복하고 경제성장을 이끌 지도력이 필요하기 때문에 생긴 것"이며 서구의 자유민주주의는 우리나라에 맞지 않으므로 이른바 '한국적 민주주의'를 해야 한다"고 유신체제를 정당화하였다. 유신헌법은 대통령 임기를 4년에서 6년으로 연장하고 중임제한 규정을 없애서 박정희의 영구집권의 길을 열어주었다. 대통령 선거는 친여권 인물로 이루어진 통일주체국민회의에서 간접선거로 치러졌다. 1972년 12월 23일 2,359명의 통일주체국민회의 대의원은 세종 문화회관에 모여 2명의 무효표만 낸 채 혼자 입후보한 박정희를 제8대 대통령으로 뽑았다. 12월 27일 유신헌법이 공포되고 박정희가 대통령에 취임함으로써 제4공화국이 시작되었다.

　대통령은 국회의원 1/3에 해당하는 임기 3년의 유신정우회 의원을 추천할 수 있는 권한을 가지고 있었다. 통일주체국민회의 대의원들의 가부투표로 선출된 유정회는 선거형식만을 취했을 뿐이지 실제로는 대통령이 임명하는 것에 다름없었다. 박정희는 공화당 의원과 유정회 의원을 합쳐 국회의원 정수의 2/3를 거느릴 수 있었다. 또 대통령은 국회를 해산할 수 있었으나 국회는 대통령을 탄핵할 수 없어서 의회정치는 사라지고 대통령의 뜻이 곧 법률이 되었다. 국회의원 선거제도는 소선거구제에서 2인을 뽑는 중선거구제로 바뀌어 공화당은 민심을 잃은 지역에서도 국회의원을 당선시킬 수 있었다. 또 사실상 대법원장이 지명하던 법관을 대통령이 임명하도록 했다. 유신체제는 긴급조치시대라고 부를 정도로 전시에 버금가는 억압을 통해서만 유지되었다. 긴급조치는 국회 승인 없이 발동할 수 있었고 사법부 심사 대상도 되지 않았다.

〈표 2-8〉 긴급조치 1~9호 주요 내용

	선포일	내용	처벌내용	구속자	비고
1호	1974. 1.8	- 헌법의 부정반대 왜곡금지 - 유언비어금지 - 위반사실의 보도금지 - 본 조치의 비방금지	15년 이하 징역 (비상군법 회의에서)	장준하, 백기완 등 33명	1974. 8.23해제 (제5호로)
2호	1974. 1.8	긴급조치 위반자를 심판하기 위한 비상군법회의를 설치			
3호	1974. 1.14	- 저 소득자를 보호하고 사치성 소비세 억제를 위해 소득세, 물품세, 관세, 재산세 등을 개혁하고 부당이득세제 신설 - 임금채권의 우선판제 등 근로자 보호 - 1974년 세입세출 예산을 변경 - 국민복지연금법 시행연기	부당노동 행위 등에 대한 처벌 강화 (일반법원)		1974.12.31해제 (제5호로)
4호	1974. 4.3	- 민청학련 조직원 및 이와 관계된 자는 5일 이내 수사기관에 출석, 고지케 하고 이에 위반한자 처벌 - 정당한 이유 없는 학생의 출석, 수업, 시험거부와 집회시위 금지 - 위반한 학생은 퇴학, 정학처분, 학교는 폐교조치 가능	사형, 무기, 5년 이상 유기징역 (비상군법 회의)	총 1,024명 위반수사 윤보선 등 기소, 180명 군재회부 이철, 김지하 사형선고	1974 8.23해제 (제5호로)

	선포일	내용	처벌내용	구속자	비고
5호	1974.8.23	- 긴급조치 제1호 및 제4호를 해제 - 1~4호로 재판 중이거나 처벌된 자에는 무(無)영향			
6호	1974.12.31	긴급조치 3호 해제			
7호	1975.4.8	- 고려대 휴교령 - 교내에서 집회시위 금지	3년 이상 10년 이하 징역 영장 없이 체포구금, 압수수색 가능	이철, 황인성, 류근일 등 재수감	1975.5.13 해제 (제8호로)
8호	1975.5.13	긴급조치 제7호 해제			
9호	1975.5.13	- 유언비어, 사실왜곡금지, 집회·시위 또는 신문·방송·통신 등 공중전파 수단이나 문서 등에 의한 헌법의 부정, 반대, 왜곡이나 개정·폐지 주장 등 금지 - 학생의 정치활동 금지 - 위반자의 대표자 등에 대한 행정명령 - 본 조치의 비방금지	1년 이상 유기징역 (일반법원)	김영삼 신민당 총재 기소. 명동사건으로 문익환, 김대중, 함세웅 등 불구속 총 575명 입건	79.12.8 해제

　1974년 1월 야당과 지식인이 시작한 개헌청원서명운동이 30만 명을 넘어서자 박 정권은 긴급조치 1호(1974. 1. 8)를 발표하여 모든 헌법개정 논의를 금지하고 비상군법회의를 두어 위반자를 처벌하였다. 박 정권은 긴급조치를 남발하여 민청학련 사건 때는 긴급조치 4호(1974. 4. 3)를, 고려대가 유신에 반대하는 데모를 벌이자 7호(1975. 4. 8)를 내놓았다. 1975년 5월 13일 발표된 긴급조치 9호는 유신헌법에 부정·반대·왜곡·비방·개정·폐기를 주장하거나 청원·선동·보도를 못하게 하고 이를 위반한 자는 영장 없이 체포하는 초법적인 것이었다. 유신체제는 물리적 탄압만이 아니라 반공·안보 이데올로기에 기초한 국민동원체제를 세워 통제를 강

화했다. 북한의 무력도발에 대비한다는 명목으로 민방위훈련을 시작했다. 농촌에서는 새마을운동을 벌여 집집마다 통제하고 발전이라는 명목으로 농촌 공동체를 파괴하였다. 공장에서는 각종 악법을 만들어 노동자의 단결과 행동권을 인정하지 않았다.(역사학연구소, 1995, 332~333쪽; 이창언, 2014 재인용) 아래는 유신에 대한 함세웅 신부의 단상이다.

1970년대는 참으로 암울했다. 1972년의 유신정변은 당시 남북한 정권 당사자 간에 진행되던 남북대화를 정치적으로 이용한 대표적 사건이다. 즉, 민족문제를 정권의 강화와 유지를 위한 수단과 명분으로 이용한 것이다. 박정희는 남북한 간의 '대화 있는 대결'을 위하여 국력의 효율화와 조직화가 필요하며 그것을 위하여 권력의 집중과 절대화가 요청된다는 명분으로 무력을 동원, 비상사태를 선포하고 유신정변을 단행하였다. 그러나 그 근본적인 저의는 1인 권력의 영구화와 절대화를 위한 것이었다. 유신정변의 단행은 오히려 남북대화의 단절을 가져왔다. 유신헌법은 7천 명 안팎의 전국 면, 동 단위에서 뽑혀 올라온 통일주체국민회의 대의원이 대통령을 뽑도록 규정했다. 이는 이제까지의 대통령 직접선거를 뒤엎는 간접선거였다. 대의원은 정당인이 될 수 없고 또한 정치활동을 할 수 없게 되어 있어 사실상 관권에 의한 선거를 제도화한 것이나 다름없었다. 대통령이 국회의원 정원의 3분의 1을 임명하고 법관도 임명하도록 했다. 입법, 사법, 행정부의 3권을 완전히 대통령이 장악하여 행정뿐만이 아니라 법률을 만들고 없애고 뜯어 고치는 것도, 세금을 매기고 돈을 찍어 내는 것도, 사람을 잡아넣어 죽이고 살리는 것도 오직 대통령 마음대로 할 수 있도록 되어 있었다. 모든 정치 과정에서 국민의 의사는 반영될 여지가 없었으며 국민에게는 오직 복종만이 강요되었다. 대통령은 누구의 견제도 받지 않고 마음대로 긴급조치라는 것을 선포할 수 있었다. 이 긴급조치란 그나마 유신헌법에 규정되어 있었던 국민의 자유와 권리까지도 정지시킬 수 있고 정부나 법원의 권한도 제멋대로 뜯어 고칠 수 있는, 그야말로 '여자를 남자로 바꾸는 일' 말고는 무엇이든 대통령 한 사람이 마음 내키는 대로 할 수 있는 무한 권력이었다. 유신헌법 제10조에는 그 이전의 헌법에서는 볼 수 없었던 '보안처분'이란 규정이 있었다. 이것은 사법부의 판결을 거치지 않고 행정권력이 제멋대로 국민의 신체의 자유를 제한하거나 강제수용소에 가둘 수 있는, 실로

가공할 인권탄압 조항이었다. 이 보안처분은 죄형법정주의라는 근대법의 대
원칙에 정면으로 위배되는 구시대의 유물로서 나치 독일이나 태평양전쟁 당
시의 일제 치하에서나 등장하였던 것이다. 그것이 다시 1970년대에 한국의 유
신헌법에 유령처럼 등장한 것이다. 그리고 헌법상의 보안처분권으로 정치적
반대자를 탄압하기 위한 '사회안전법'이 제정되었다. 이 사회안전법에 의하면
해방 이래의 거의 모든 정치와 사상범의 전과자가 보안처분 대상자가 된다.
이들이 아무런 범법행위를 저지르지 않은 경우에도 행정부는 이들을 마음대
로 영장 없이 체포, 구금할 수 있고 또 재판을 거치지 않고도 무기한 강제수용
소에 넣을 수 있게 되어 있다. 우리는 1974년 1월과 4월의 긴급조치의 발동을
보고 비로소 유신헌법이라는 것이 얼마나 가공할 발상과 허위에 기초한 것이
며 그 체제의 폭력성이 얼마만큼 반인간적인 것인가를 비로소 알게 되었다.
(기쁨과희망사목연구소 편, 1996)

유신체제의 가장 중요한 특징은 대통령을 삼권 위에 군림하는 소위 영
도자의 지위에 올려놓았다는 점이다. 제도적으로는 사실상 선거에 의한
경쟁관계를 무의미하게 만들어 놓았다.[14] 삼권분립의 실종과 정권에 대한
비판은 사실상 봉쇄되었다. 지방의회와 지방자치제는 통일 후로 유보되었
다. 법률적으로는 구속적부심 제도의 폐지, 단결권·단체교섭권·단체행
동권 등 노동 삼권에 대한 제약, 고문에 의한 자백의 처벌불가조항의 삭
제, 개별적 유보조항, 긴급조치권 등 국민의 기본권을 제한하고 탄압을 가
능하게 하였다. 유신체제는 박정희 1인 지배체제를 제도적으로 가능케 만
들었을 뿐 아니라 박정희를 정점으로 한 소수의 친위세력이 권력의 핵심
을 독점한 체제였다. 이들 친위세력은 중앙정보부와 정치군부, 청와대 경
호실과 비서실에 자리를 잡고 박정희 개인에 대한 충성심을 무기로 절대
권력자의 신임을 받아 국정을 멋대로 요리했다.(임영태, 1998, 27~28쪽)

---

[14] 유신시대 민주화운동은 한승헌(1984), 서중석(2007b), 민주화운동기념사업회(2009)를 참
고하라.

제2장 1970년대 경기도의 일반적 현황과 민주화운동의 조건

1970년대 경기도는 도민의 권리가 심각하게 제한받은 암울한 시기였다. 본격적인 경제개발과 서울의 비대화 속에서 주변부화의 부정적 상황 또한 심각하게 진행되고 있었다. 따라서 공업화·탈농업화·위성 도시화 등으로 대변되는 현재의 경기도의 지역상황은 1970년대로부터 비롯된다고 할 수 있다. 유신시대의 남북 간 긴장이 전후 어느 때보다 고조된 시기였으며 휴전선에서는 대립이 일상적이고 집중적으로 표출되었다. 이에 휴전선 접경지역은 안보상의 이유로 지역개발과 주민의 시민권을 제한하였다. 전후 경기도의 본격적인 사회적 변화와 경제적 발전요인은 1960년대 이후 추진된 경제개발 정책이었다. 1972년부터 진행된 제3차 경제개발계획에서 정부는 산업구조의 고도화를 핵심목표로 제시하였다. 산업구조 고도화 정책에 따라 중화학 공업이 정부 주도로 크게 성장하였다. 1960년대부터 본격적으로 성장하기 시작한 경인공업지역은 1981년 통계에서 보듯이 전국 공장수의 45.3%, 종업원 수의 44.9%, 부가가치에서 41.8%를 점한 한국 최대의 공업지역으로 자리 잡았다. 경제개발 추진 이후 서울의 과도한 공업시설 집적협상이 불이익과 비효율성을 초래하자 정부는 1970년대 말 이후 공업 분산을 유도, 서울에 공장 설치를 제한하는 한편 대기·수질오염 등의 규제를 강화했다. 1971년 경기도 내 공업화 지수는 시흥이 가장 높은 수치를 나타냈고, 그 다음으로 인천, 수원에 이어 광주, 의정부, 양주, 부천 등의 순이었다. 경기지역의 공업화 지수는 정부의 공업화분산정책이 시행된 이후인 1980년대 들어서 변화가 두드러진다. 그리하여 1981년에는 수출공업단지를 가진 부천과 영등포지구의 연결점에 있는 안양이 지수 200이 넘는 최대 공업 밀집지역으로 등장하였다. 그리고 인천, 성남, 시흥, 용인 등 기존 공업지역 역시 공업비중이 매우 높게 나타났고, 김포, 양주, 고양 등지도 공업화가 진행되었다. 이렇듯 공업화 지수를 통해 1970~1980년대에 걸쳐 경기도 전 지역이 전반적으로 공업화하였음을 알 수 있다. 공업화 결과 경기도는 2차 산업의 비중이 늘어났고, 이와 함께 경제개발 당시 전국적 차원의 현상이라고도 할 수 있는 농·공 간 불균형 현상이 나타났다.

경기도는 1970년대 이후 인구증가율이 연평균 20%에 달해 서울, 부산을 제외하고는 전국 최고의 증가율을 나타냈다. 경기도 전체에서 인구증가가 이루어졌지만 특히 서울과 인접한 안양, 광명, 부천, 성남, 고양, 남양주 등지의 인구밀도가 조밀했다. 경기도의 도시화가 진행된 사실은 농가와 비농가의 대비에서도 유추할 수 있다. 경기도에서 농가인구 대 비농가인구의 비율은 1975년에 34 : 66, 1980년에 24.4 : 75.6이었다.

지역개발과 급격한 도시화에 따라 지역 불균형과 각종 도시문제가 크게 대두했다. 1960년대 이후 경기도의 지역개발은 대체로 행정중심과 공업지대가 위치한 남서부지역에 집중되었고, 북부와 동부 지역은 군사안보지역으로 개발이 제한되었다. 경기도는 상대적으로 낙후된 서해 5도를 위시한 낙도지역, 민통선 북방지역, 기지촌, 대성동 마을과 통일촌 등 특수지역이 있다.(『경기도사』, 2009, 32쪽)

도시화가 진행된 1970~1980년대 경기도의 여러 지역의 기능적인 성격은 다음의 몇 가지로 유형화할 수 있다. 수원은 생활·경제부문, 안양·부천은 위성 생산부분, 성남·광명·구리·미금·광주·김포 등은 수도 서울의 위성적 역할, 송탄·의정부·파주·연천·포천은 군사기지 및 군부대 주둔지, 강화는 관광부문, 용인과 안성은 종합대학이 있는 교육부문 등이 주요 기능으로 자리 잡았다. 그러나 1970년 이후 서울 인구 분산과 공업시설 수용에 따른 위성도시의 급격한 팽창은 그에 부수되는 몇 가지 문제점을 낳았다. 박정희 시대 급속한 개발에 따른 주거환경 문제, 주택문제, 도시기능 확충문제 등의 사회문제가 축적, 폭발하면서 광주대단지 사건과 같은 격렬한 대중저항이 발생하기도 한다.

지리적으로 수도 서울을 둘러싸고 있는 경기도의 변화과정은 한국사회 전체의 변화발전 과정을 반영한다고 할 수 있다. 다만, 수도권이라는 특성으로 인해 독자적인 민주화운동이 활성화되지는 못했다. 1970년대 경기도는 대학이 운집해 있지 않아서 학생운동과 부문운동이 활발하게 전개되지 않았다.

경기도는 1978년 말 대학교는 인천지역 포함 5개교(교원 수 563명, 학생 수 14,470명)로 같은 시기 서울에 비해 특히 전문대학 이상 고등교육교육기관 수(115개)와 학생 수(약 20만)에서 커다란 격차를 보였다.(『경기도사』, 2009, 136쪽) 경기도는 고등교육기관이 서울에 집중되어 있고, 서울이 통학권 내에 있다는 이유로 고등교육기관 설립이 많지 않았다. 1970년대 초에는 대학의 승격과 신설이 부분적으로 이루어졌다. 1973년 4월에 아주공업초급대학이 개교하였고 이듬해에 4년제 아주공과대학으로 승격하였다. 1974년에는 서울신학대학이 서울에서 부천으로 이전했다. 경기도의 고등교육기관이 폭발적으로 증가하게 된 것은 1970년대 후반이었다. 1979년 간호학교, 실업고등전문학교, 초급대학 등 단기고등교육기관을 모두 전문대학으로 통일하는 개편이 전국적으로 단행되었고 인천포함 경기지역 14개

전문대학이 탄생했다. 수원간호전문대, 안성농업전문대, 안양공업전문대, 동남보건전문대 등이 그것이다. 전문대의 신설(8개 대학) 외에 분교나 수도권 서울지역 대학 분산정책으로 고등교육기관이 늘었던 것이다. 성심여자대학교 부천캠퍼스, 명지대학교 용인캠퍼스(주간), 경기대학교 수원캠퍼스(주간), 한양대학교 반월캠퍼스, 한국외국어대학교 용인캠퍼스, 경희대학교 수원캠퍼스 등 7개 대학이었다. 이런 다양한 과정을 통해 비로소 민주화운동의 저수지라고 할 수 있는 대학과 학생운동이 형성되기 시작한 것이었다. 따라서 1970년대 경기도의 민주화운동에서 서울농대와 아주공대 등 극히 몇 개의 대학을 제외하고는 학생운동 또는 재야세력, 노동운동 세력과 연대가 사실상 어려운 시기였다고 할 수 있다.

제3장 1970년대 경기지역 반독재민주화운동의 전개과정

제1절 산업화의 그늘과 대학생들의 자성

1970년 11월 13일 '근로기준법 준수'를 외치며 분신한 전태일의 죽음을 계기로 학생들 사이에서 노동자와 민중에 대한 관심이 커진다. 분신이 있은 지 닷새 후인 11월 18일 서울대 상대생 200여 명은 '기업가는 근로자의 인간적 삶의 기초를 보장하고 노총은 본래의 사명을 다하라'고 결의한 후 단식 농성에 돌입했다. 11월 18일 전태일 장례식은 노동단체장으로 엄수됐다. 전태일의 죽음은 한국 사회를 술렁이게 했다. 전태일의 죽음은 1970년 11월 27일 1970년대 최초의 민주노조인 '전국연합노조 청계피복노동조합'이 탄생하는 직접적 배경이 됐다. 동아일보 1971년 신년호에서는 6·25전쟁이 1950년대를 상징하고, 4·19가 1960년대를 상징하듯, 전태일의 죽음은 1970년대의 한국의 문제를 상징하는 가장 뜻깊은 사건이라고 평가했다. 선성장 후분배의 논리에 입각한 고도성장정책의 해독과 일선 노동자의 참상을 정면으로 고발한 이 사건이 발생하자 사회는 충격으로 들끓어 각 언론은 일제히 노동문제를 특집기사로 다루었고, 학원과 종교계에서는 추모집회 · 시위 · 철야농성 등이 연일 계속됐다.

여러 의미에서 전태일의 희생은 한국 노동계급의 형성을 알리는 사건이었다. 그것은 수백만의 노동자의 가슴속에 저항과 반항의 정신을 심어주었고, 그때까지 집단적인 목표를 위해 노동자들을 고취하고 동원할 수 있는 성스러운 상징과 존경할만한 전통이 없었던 한국의 노동계급에 강력한 상징을 보여주었다. 이 사건은 또한 급속한 수출주도형 산업화 과정이 만들어낸 노동문제가 산업영역에서 감추어진 상태로 남아 있는 것이 아니라 사회적 긴장과 갈등을 불러일으키는 폭발적인 요소가 된다는 사실도 보여주었다.(구해근, 2002, 12쪽)

전태일 사건에 대한 충격은 지식인과 학생운동의 방향 전환과 노동운동의 활성화, 그리고 부문별 민주화운동의 연계라는 측면에서 중요한 의미가 있다. 일련의 전태일 추모식은 문제의 중요성을 알리고 공론화시키는 계기가 됐다. 또한 조기 방학과 종강 등으로 인하여 전태일의 분신자살을 둘러싼 학생들의 항의는 더 이상 확대되지 못했으나, 겨울방학을 통해 진행된 노동실태 조사 작업 등을 통하여 문제의식이 심화됐다. 대학생들에게 그동안 구호의 대상에 불과했던 노동자가 "역사 변혁의 주체"인 민중의 중요한 한 부분으로 인식되기에 이른 것이다. 전태일 분신은 학생운동과 노동운동이 결합하는 계기가 됐다. 민족, 민주와 함께 민중이 학생운동의 이념적 지향으로 자리 잡기 시작했다.

이 시기 경기도의 노동운동도 조금씩 그 싹을 틔워가기 시작한다. 경기도사편찬위원회(1982, 923쪽)에 따르면 경기도 조합 수는 1973년 98개, 5만 7천여 명에서 1979년 278개, 10만 5천여 명으로 증가하였다. 경기도내 노동조합의 양적 증가는 노동쟁의의 증가로 이어졌다.

전태일 분신사건 이후 지식인과 학생운동 출신가들 가운데 일부는 공장현장이나 농촌에 들어가 새로운 대중운동을 전개하기도 했다. 또한 서울

지역 빈민조사활동을 하면서 빈민운동을 전개하기도 했다. 특히 공단지역
에는 노동야학이 활성화되면서 농촌에서 올라와 교육기회가 많지 않았던
노동자와 대학생들이 함께 의식을 주고받는 영역이 생겨났다.(이창언,
2014) 이러한 상황에서 1970년대 후반에 들어서는 학생운동에 가담한 대학
생들 상당수가 노동야학에 참여하면서 학교를 떠난 후 공장현장으로의 이
전을 자연스럽게 받아들이는 분위기가 만들어졌다.

  엄혹한 군부독재 시절 종교기관과 대학교는 상대적으로 열린 공간이었
다. 전태일의 분신은 단순히 노동문제만이 아니라 민중의 생활 문제 전반
에 대한 학생들의 관심을 불러 일으켰다. 야학을 통해 노동자를 의식화하
려는 시도들도 나타난다. 이것이 1975년경부터 등장한 노동야학이었다.
노동야학은 1960년대 말~1970년대 초부터 일부 학생운동가들 사이에서 제
기된 현장론과도 일정한 관련을 가진다. 야학은 학생이 노동자와 만남을
통해 현장감을 익히고 현장으로의 이전을 준비하는 장으로 설정되기도 하
였다. 이러한 배경을 토대로 노동야학은 1970년대 후반에 급속히 확대된
다. 초보적인 노동교육 학습이 이루어졌지만 대학생과 노동자가 정기적으
로 만나 서로에게 배우고 사회의 모순에 대해 고민한다는 점에서 상호 의
식발전에 크게 기여하였다. 일부 노동야학에서는 졸업 후 정기적인 후속
모임을 시도했고 이것이 성공적인 곳에서는 소모임이 잘 운영되면서 의식
이 뛰어난 노동자가 배출되기도 했다. 특히 노동야학 중에서 민주노조와
연결을 가지며 조합의 역량강화에 상당한 기여를 했다. 1980년에는 야학
협의회가 결성되어 야학의 방향과 교육내용 등에 대한 협의가 이루어지고
공동 교재편찬도 시도된다.[15] 경기도에서도 학생과 노동자의 교류가 이루
어지는 야학이 생겨나는데 수원의 화홍야학, 제일야학이 이런 흐름에 해

---

15) 자세한 내용은 한국기독학생총연맹(1981)을 참고하라.

당하는 예라 할 수 있다.[16] 그러나 1970년대 경기도는 대학이 운집해 있지 않아서 학생운동이 활발하지는 않았다. 경기도 수원, 용인·성남 지역 등의 학생운동도 1970년대 후반과 1980년대 초반 서울의 구로공단 및 인천 지역과 함께 수도권 노동운동의 중심 지역으로 주목받기 시작하면서 노동운동은 학생운동과 결합하기 시작한다.

한편, 1960년대 이후 외자의존·수출주도형 공업화정책에 따른 사회경제적 모순이 1970년대 들어 더욱 첨예화되었고 고도성장의 그늘에서 빈익빈·부익부 현상이 극대화되고 있었다. 이러한 사회모순의 폭발은 1971년 8월 광주대단지 사건, 1971년 9월 15일 파월노동자 대한항공 습격사건, 1971년 10월 5일 가톨릭 원주교구 부정부패 규탄대회 등으로 나타났다.(고려대학교 100년사 편찬위원회, 2005, 215쪽)

사실, 1970년 이전 시기에 이르기까지 한국 사회의 민주화운동에서 노동자 기층 민중의 역할에 대한 관심은 상대적으로 미미하였다. 민주화운동은 학생과 지식인, 그리고 사회운동가들에 의해 충원되어 온 이른바 재야 등이었으며, 이들의 대부분은 어느 정도는 교육받은 중간 계급 출신이 주류를 이루었다. 민주화 운동권에서 기층 노동자의 실태와 노동운동의 중요성에 대한 인식을 제공한 결정적 계기는 앞서 언급한 전태일의 분신 자살이었다. 그리고 1971년 8월 광주대단지 사건[17]은 이러한 연대를 더욱

---

16) 화홍야학에서 활동했던 염태영 수원시장은 "화홍야학은 수원지역의 대학생들이 모여 만들었는데. 검정고시를 대비하는 수업과 함께 사회현실에 눈뜨게 하는 교육도 함께 했다"고 말한다. 당시 수원에는 서울농대와 아주대. 그리고 간호전문학교가 전부였다. 대부분의 교사는 서울 소재 학교에 다녔다고 한다. 82년부터 시위로 지명수배 받는 교사들이 늘면서 83년에는 한꺼번에 서너 명이 수배되는 상태에 이르렀다. 83년 전후해서 화홍야학은 수원경찰서 정보과가 주목하는 불순단체가 되었다고 한다. 이 시기 노동야학에 대한 당국의 탄압(이른바 야학연합회 사건)도 강화된다. 한국기독청년협의회 야학문제 대책위원회는 이를 "민주적 야학운동을 좌경사회주의 운동으로 매도하여 정치적 이득을 얻고자 당국이 불법장기연금과 폭력 수사로 만들어낸 관제사회주의 조작사건"으로 규탄(1983. 12. 11)하였다.

결정적인 것으로 만든 사건이었다. 이 사건은 전국의 차원에서 도시 빈민
문제를 쟁점화하는 계기가 되었으며, 지역 차원에서 보더라도 도시 빈민
의 적극적인 생존권 투쟁의 영향을 받은 진보적 지식인들과 종교단체에서

17) 경기도 광주대단지 사건의 전말은 다음과 같다. 1960년대를 통하여 제3공화국이 추구해
  온 공업화로 농업 인구가 도시로 유입되었고, 도시 외곽에는 빈민촌이 형성되었다. 정
  부는 도시개발계획을 수립하면서 판자촌을 강제로 철거하였고, 이는 빈민들의 반발을
  샀다. 이에 당국은 시민아파트 건립과 단지 조성을 통한 집단이주계획을 제시하였고,
  광주대단지 조성 계획 또한 이러한 계획 중의 하나였다. 광주대단지 조성 계획은 1968
  년 당시 서울시장이었던 김현옥의 서울시내 무허가 판잣집 정리사업의 일환으로 입안
  되었다. 계획에 따르면, 1970년까지 경기도 광주군의 약 200만 평의 땅에 50만 명의 도
  시빈민을 수용할 수 있는 신도시를 개발할 예정이었다. 1970년 양택식 서울시장이 부임
  하면서 이 사업계획을 확정지었다. 하지만 이 계획은 소요 예산에 대한 대책도 수립하
  지 않은 채, 다음 해에 있을 선거를 의식하여 급조한 것에 불과하였다. 결국 서울시는
  경기도 땅을 헐값에 사서 비싼 가격으로 되팔아 그 차익으로 시설투자비를 조달하였다.
  기대에 부푼 판자촌 주민들이 광주단지로 대이동을 하자 광주단지 일대는 개발붐이 일
  어 땅값이 치솟기 시작했고, 서울시는 많은 이득을 보아 1970년 7월 말 현재 약 12억 원
  을 시설투자로 전용할 수 있었다. 1971년 4월과 5월에 실시된 선거가 몰고 온 공약세례
  는 많은 빈민들을 대단지로 유혹해 들이는 자극제가 되어 인구가 폭증했다. 그러나 선
  거 이후 개발붐도 사그라들었고, 또 하나의 빈민촌만 늘어나는 결과를 낳았다. 이때 서
  울시는 더 이상의 전매 행위를 막겠다는 명분 아래 "전매 입주자는 6월 10일까지 전매입
  한 땅에 집을 짓지 않으면 땅의 불하를 취소한다"는 통고와 함께 불하된 토지를 기한
  내 구입하지 않으면 해약은 물론 법에 의해 6월 이하의 징역과 벌금을 부과하겠다고 위
  협했다. 1971년 7월 17일 주민들은 '광주대단지 토지불하가격 시정대책위원회'(대표 박
  진하)를 조직하고, 동 위원회를 중심으로 서울시 당국과 경기도 당국에 수차 진정을 하
  며 때로는 산발적인 시위로 자신들의 주장을 표명하였다. 당국으로부터 반응이 없자 주
  민들은 대표 217명을 선출한 뒤 '대책위원회'를 '투쟁위원회'로 개칭한 다음 8월 10일을
  '최후 결단의 날'로 택했다. 주민들의 강경한 자세에 서울시는 양 시장과의 직접 면담을
  제의했다가 자신들의 제의를 스스로 묵살하였다. 이에 8월 10일 11시, 분노한 5만여 명
  의 군중들이 성남출장소 앞에 모여 항의했다. 이들은 오후 2시 서울시경 경찰에 맞서
  투석전을 전개했으며, 관용차와 경찰차를 불태우고 파출소를 파괴하는 등 6시간 동안
  사실상 광주대단지를 장악하였다. 일부 시위대는 박정희 대통령 면담을 요구하며 송파
  대로까지 진출하였다. 이 사태를 수습하기 위해 양 시장은 오후 5시 주민들에게 ①전매
  입주자의 토지불하 가격은 원 철거이주자와 똑같은 조건으로 평당 최고 2천 원 선으로
  낮춰주겠으며, 주민들의 복지를 위해 구호양곡을 방출하고 ② 주민이 요구한 토지취득
  세 면세는 경기도 당국과 협의해서 부과를 보류하고 면세의 혜택을 적극 추진하겠으며
  ③공장을 빨리 가동시켜 실업자를 구제하도록 하겠다는 약속을 하였다. 그리고 주민들
  은 "시장의 약속이 지켜질 것인지 당분간 관망하겠다" 라는 뜻을 밝히고 해산함으로써 6
  시간 동안의 소요는 진정되었고, 김성배 등 시위를 주도해 온 21명에 대한 구속으로 광
  주대단지 사건은 마무리되었다.(민주화운동기념사업회 연구소, 2006, 218쪽)

경찰과 대치 중인 광주대단지 주민들(1971.08.01)
(민주화운동기념사업회 오픈아카이브즈 00713720. 원출처: 경향신문)

도시 빈민문제에 관심을 가지고 지역 주민을 조직화하는 현장 활동에 적극
나서게 되었다.

제2절 종교인과 사회적 약자와의 만남

박정희 개발독재와 유신체제하에서의 노동운동은 대체로 여성 노동자
들이 노동운동의 주류를 형성하였고 개혁적인 종교계의 지원을 받았다.
1970년대까지는 여전히 경공업 중심의 경제구조였고 반공과 분단이 남긴
상흔과 관련이 있다. 한국전쟁 이후 형성된 안보국가와 발전국가 하에서

일체의 정부비판과 권리주창은 좌익으로 치부하였기 때문이다. 배제적 국가조합주의 노동통제는 노동자들이 공식적인 노조조직(한국노총) 외부에서 출구를 찾도록 강요했다. 교회조직은 1970년대 노동운동의 발전에 몇 가지 뚜렷한 기여를 하였다. 무엇보다도 진보적인 교회들은 노동자들이 모여서 그들의 문제와 관점을 공유할 수 있는 피난처와 공간을 제공했다. 그리고 간헐적인 시위가 아니라 자주노조 결성에 노력을 기울이도록 도왔다. 교회가 후원하는 소집단 활동가 야학을 통해 노동자들은 공장에서 그들의 조건을 개선하기 위한 효과적인 활동은 노조를 결성하는 일이라는 것을 배웠다.(구해근, 2002, 151~152쪽) 1970년대 초반부터 도시산업 선교회나 가톨릭노동청년회에서 활동한 노동자와 기층 노동자가 중심이 되어, 노조의 제도적 자율성과 민주성을 확보하기 위한 민주노조운동을 전개하였다. 그 결과 이들이 조직한 노조는 회사 지배적인 노조와 한국노총에 대항하면서 국가에 의해 조직된 공식적인 노조 체계에 균열을 일으키게 된다.(홍현영, 2005, 375쪽)

유신으로 대변되는 정치적 빙하기와 이를 뚫어내기 위한 노력은 계속됐다. 경기지역의 경우, 독자적인 행보보다는 중앙의 정치적 행보에 발을 맞추었다. 주목해야 할 점은 한국적 민주화운동의 한 전형인 종교 세력이 이 시기 얼어붙은 초기 민주화운동의 주요 동력이었다는 사실이다. 전국적으로 유사한 이러한 사실은 지역에서도 뚜렷한 발자취를 남겼다. 출발은 산업 선교나 도시 빈민 선교라는 의식적 목표를 가지고 외부에서 들어온 종교단체 소속이었다. 대표적인 사례가 바로 기독교 계열 단체들의 활동이다.

도시 빈민 지역에서 가난한 이들에 대한 관심을 처음으로 가진 집단은 개신교와 천주교 등의 종교계였다. '기독교가 민중의 종교로 거듭나야 한다.' 라는 해방 신학의 영향을 받은 여러 목회자들이 현실 참여를 요구하면서 기독교를 민중 신학으로 발전시키고자 하였다. 이들의 활동이 가시화된 것은 1969년 9월 한국의 진보적 종교인들이 종파의 차이를 넘어서 연합하여 만든 '도시문제연구소'였다. 1971년 9월 도시문제연구소 도시선교위원회에서 활동하던 빈민 지역 활동가들을 중심으로 빈민 문제의 근본적인 해결을 위한 강력한 기구의 설립을 목적으로 수도권 도시선교위원회가 결성되었다. 그 이후에 도시 빈민 지역 중심의 활동을 전개한다는 의미에서 1973년 1월에 수도권 특수지역 선교위원회로 개칭하였으며, 다시 1976년 5월에 한국 특수지역 선교위원회로 개칭하고 그 활동을 이어갔다.(『성남시사』 4, 2014, 119쪽) 1973년 한국 특수지역 선교위원회는 '광주대단지 사건'으로 드러난 성남 지역 도시빈민 문제에 관심을 가지고, 성남 지역 민중 선교를 위해 이해학(1980년 목사 안수) 전도사를 파송하여 교회 설립을 준비하게 하였다. 1973년 3월 1일 설립된 주민교회는 설립 초기부터 명성 의원 의료선교활동을 포함해 도시 빈민과 노동자를 위한 선교 활동에 주력하였다. 또한 주민교회는 민주화운동에 따른 이해학의 수차례 구속과 함께 성남 지역 민주화운동의 본거지로 기능하였으며 이 중 노동자, 빈민 운동의 산실이 되면서 수많은 사회운동가를 길러냈다.(『성남시사』 4, 197쪽) 성남지역은 주민교회와 '만남의 집', 천주교 소속의 메리놀 공동체 등이 활발하게 활동했다. 주민교회는, 한국기독교교회협의회의 지원을 받아 주민 조직에 가까운 형태로 처음 간판을 세운 것이 1972년 5월, '주민병원 설립 추진위원회'가 출발점이었다. 그 뒤 여신도회의 공동구판사업(1973. 4), 의료봉사단소속의사들의 진료 시작(1973. 5), 노동자를 위한 야간 학교 개설(1973. 7), '주민 공동체 헌장' 제정(1979. 11), '신용 협동조합' 창립(1979. 12) 등 지역 주민 속에 뿌리를 내리기 위한 활동이 지속적으로 펼쳐졌다. 한편 1978년 상대원에 문을 연 만남의 집은 1970년대 성남 노동운동의 뿌리였다.(『성남시사』 4, 2014, 48~49쪽)

도시산업선교회[18]는 와우아파트 붕괴, 광주대단지 사건 등으로 인해 도시빈민문제가 중요한 사회적 관심거리로 주목받기에 이르자 지금까지 훈련의 단계에 머물고 있던 빈민선교가 더 적극적인 빈민선교 활동으로 전개되어야 하는 필요성을 인식하게 되었던 것으로 보인다. 이에 예장, 기감, 기장 등 중요 교단의 성직자들을 중심으로 1971년 9월 1일 초교파적 선교기구인 "수도권 도시선교위원회"를 조직하기에 이르렀다. 창립 이후 위원회는 활동지역을 선정, 책임을 배분하였다. 선정된 활동대상 지역은 서울의 중구 오장동 중부시장(권호경 전도사), 영등포 구로동(김동완 전도사), 한양대 뒷산 사근동(김진홍), 성동지역(윤순녀), 인천의 만석동(전용환 전도사), 안양지역(한성인) 등이었다.[19]

---

[18] 1950년대 말 미국 선교사들의 주도로 개신교의 산업전도가 시작되었고, 1968년 산업선교로 활동 방향을 전환하였다. 산업전도 초기에는 노동자, 기업가 모두를 대상으로 전교, 봉사활동을 전개하였지만, 그 효과는 제한적이었다. 선교사와 목사 등은 노동자의 삶의 현실에 참여하면서 노동자의 노동조건 개선과 민주노조 건설을 지원하는 사회운동을 전개하였다. 도시산업선교회는 대한예수교장로회 통합, 기독교대한감리회, 한국기독교장로회 등의 교단별 산업선교회는 1971년 '한국도시산업선교연합회'를 구성하였다. 유신 독재시기가 되면서 도시산업선교회는 그 동안 협조 관계를 유지하던 한국노총이 유신 독재를 지지하자 관계를 단절하고 본격적으로 민주노조운동 지원을 벌였다. 도시산업선교회의 노동자 교양 교육과 조직은 노동자들의 자발적인 참여로 소모임 형식으로 이루어졌다. 당시 노동자들은 정부, 사측으로부터 법적 권리마저 박탈당하는 상황에서 소모임 활동을 통해 사회적 의식을 성숙시켜나갔다. 1970년대 도시산업선교회가 지원한 주요 노동쟁의, 민주노조 건설 사례로는 한국모방, 반도상사, 동일방직, 대일화학, 해태제과, 동남전기 등이 있다. 이런 산업선교 과정에서 인천산선, 영등포산선 등의 목사, 실무자, 노동자들이 구속, 고문, 해고 등을 당하였다. 도시산업선교회는 1980년대 신군부의 노동운동 탄압과 노동운동의 성장으로 노동자 지원 활동이 거의 사라지게 되었고, 2000년대 들어서 외국인 이주 노동자 지원활동 등에 참여하고 있다.(한국민족문화대백과사전) 자세한 내용은 강인철(2009); 김준(2003); 조승혁(1981)을 참고하라.

[19] 이 위원회는 도시빈민들의 생존이 심각하게 위협당하고 있는 현실 속에서 정책입안자들에게 윤리적·도덕적·개인적 회개와 각성을 설교하고만 있을 수는 없다는 판단 아래 "도시빈민지대의 힘없고 가난한 이들이 스스로 자신들의 문제를 보고 이를 스스로 해결할 수 있는 힘을 갖게 하는" 선교활동을 전개하는 것을 목표로 하였다. 이는 종래의 시여(施與)하는 식의 구제활동을 근간으로 한 선교활동의 한계를 탈피하고자 하는 의지를 분명히 드러내는 목표설정이었다. 초창기의 경우 실무자들의 생활비는 소속교단으로부터 지원받고, 활동비는 크리스천 사회행동협의체(후에 에큐메디칼 현대선교협의체

안양에서는 안양근로자회관이 1969년 설립되어 지역에서 활동하고 있었고 1971년 9월 28일 크리스천사회행동협의체(KACO-UIM)에 참여하였다.[20] 1970년대 안양지역 노동운동에 적지 않은 영향을 준 안양근로자회관은 국제가톨릭형제회(Association Fraternelle Internationale, 이하 'AFI')의 도움으로 노동자 사목을 시작하였다. AFI는 평신도사도직 단체로서 세상 속에서 세상 사람들과 함께 살며 그리스도교적 사랑과 형제애를 무기로 삼아 세상의 불의와 불평등에 맞서 싸우는 가톨릭조직으로 근로자회관의 1대 관장은 오스트리아 사람인 서정림 말가리다가 임명되었다. 근로자회관은 1969년 9월 10일 기숙사를 완비한 안양근로자회관의 낙성식을 거행하고, 10월 1일에 대농에서 일하던 5명의 JOC회원이 입사하면서 기숙사업을 시작하였다. 근로자회관은 1960년대 산업화 과정에서 가난한 노동자로 연명해야 했던 10대, 20대 청년들은 당시 큰 사회문제가 되고 있었다.

당시 10대 후반에서 20대 초반까지의 나이 어린 노동자들이 사회와 기업의 무관심 속에서 방황하기 쉽고 직장에서 혹사당하기 때문인지 직장이동이 상당히 잦은 편이다. 근로자화관은 이런 실정을 감안하여 숙소생활을 오랫동안 하도록 유도함으로써 직장생활의 안정을 꾀하고 다채로운 교육을 실시하여 정서를 순화시킴으로써 사회에 잘 적응하도록 하는 데 있었다.

이들에게 희망을 심어 주고자 처음 노력을 기울였던 것은 장내동 성당(현 중앙성당) 정원진 루가 주임신부였다. 실제적 설립과 운영은 서정림

로 개칭)로부터 지원받을 것을 원칙적으로 하였다.

[20] 여기에는 도시산업선교에 관심을 가진 가톨릭 4개 단체—대한가톨릭학생총연합회, 가톨릭노동청년회, 안양근로자회관, 가톨릭노동장년회—와 개신교의 7개 단체—크리스천아카데미, 기독교도시산업선교위원회, 수도권도시선교위원회, 한국기독학생총연합회, 대한YMCA연맹, 대한YWCA연합회, 영등포도시산업선교회—가 참여하여 사회선교를 향한 신·구교의 연합을 이루었다.

말가리다 선생님과 한성인 벨타 등을 위시한 AFI들의 하느님 사랑을 현세에서 실천하려는 헌신적 희생과 노력으로 이루어져 왔다.

처음에는 여자 기숙사만 있었는데 입사조건은 "안양에서 100리 이상 떨어진 곳에 집이 있는 19세에서 23세 사이의 취업여성"으로 '최소 6개월, 최장 2년 이하' 기숙사에서 생활할 수 있는 근로청소년이었다. 기숙사비는 기숙사생들의 임금수준에 따라 다른데 기숙비 책정의 원칙은 기숙생이 받는 기본임금의 열흘 치였다.(1971년 평균 기숙사비는 3천 원) 이렇게 책정한 이유는 나머지 1/3은 문화비와 교육비, 마지막 1/3은 장래나 교육을 위해 저축하라는 뜻이었다.

그 후 근로자회관은 청소년노동자들을 위해 자습실, 도서관을 갖추었다. 기숙사는 남녀 기숙사가 함께하는 것이 특색이다.(1980년 현재, 남자 36명, 여자 78명의 노동자가 기숙사에 입주) 나이 어린 영세근로자로서 안양지역 출퇴근이 가능하고 공동생활을 할 수 있으면 누구나 기숙사에 입사할 자격을 주었다. 회관에는 4명의 지도자가 상주하고 있는데 이들은 노동자의 생활지도 및 교육을 담당하고 있다. 이곳에서 실시하는 교육은 그 내용과 목적에 따라 3가지로 나눌 수 있다. 오락지도, 요들송 및 고전무용 강습 등 일반 정서교양과 근로기준법, 노동조합법, 산업재해보상법 강의 등의 노동교육을 실시하고 특별히 교회기관인 만큼 산업선교를 위해 주 1회의 기도회, 월 1회의 미사, 예비자교리 등의 종교교육도 실시하였다. 그리고 기숙사생들은 월례회, 자치회, 기타 작은 모임을 열어 스스로 능력을 개발하고 문제를 해결하며 소비조합과 신용협동조합을 운영하면서 경험과 협동정신, 자신감을 키워가고 있다. 그 밖에 불우이웃돕기운동을 전개해 자신보다 어려운 처지인 사람들과 이웃사랑을 나누고 있다. 근로자회관 시설에는 앞에서 말한 대로 기숙사 외에 자습실과 도서관이 있다. 80석을 갖춘 자습실은 기숙생과 수험생, 취직시험이나 고시를 준비하는 사람들에게 개방되어 지역주민의 교육공간으로 활용되었다.(『경향잡지』, 1980) 당시 기숙사생이었던 이금연(후일 전진상복지관 관장)은 근로자회관이 당대 노동자들에게는 새로운 세계를 열어 주는 공간이었다고 회고한다.[21] 외형적으로는 기숙사 형태를 띠었지만 안양 근로자회관은 공장에서는 절대 경험할 수 없는 다양한 문화와 소통공간이었다. 이런 분위기와 맞물리면서 1970년대 초반부터 노동자들의 모임이 만들어지기 시작한다. 1972년에 교우근로자 모임은 기숙생들(전에 기숙한 사람들)이 주축이 되어 교회 안의 젊은 노동자들이 그리스도의 눈으로 자기를 보고 비복음적인 노동현실을 개선하자는 취지에서 만든 모임이었다. 일부는 노동절연구회를 만들어 노동절 행사(3월 10일 근로자의 날)를 기획, 근로자 노래자랑을 지역민의 참여 속에서 진행하였다. 1975년부터는 경기지역 노동자를 대상으로 노동상담도 시작했다. 1975년만 상담 건수가 400여 건이 되었다. 1970년대 후반에는 탈춤반을 만들어 활동하기도 했다. 1979년에는 안양근

---

21) "AFI(아피)라는 회원들을 거기에서 이제 알게 된 거죠. 근로자회관(기숙사)에서 그때 우리 독일에서 오셨었던 서정림(말가리다) 선생님하고 한성인 선생님하고 또 여러 스태프 선생님들이 계셨죠. 그분들이 만들어내는 그 안양근로자회관에서의 어떤 분위기, 문화, 이런 것들이 저에게는 굉장히 새로웠어요. 그때가 아주 1979년이었으니까 남자기숙사, 여자기숙사 뭐 상당히 활발하게 꽉꽉 찼었을 때죠. 그런데 뭐가 달랐냐면 그것은 안과 밖으로 나눌 수 있어요. 바깥세상은 오직 일터밖에 몰랐어요. 제가, 그랬는데 이(근로자회관) 안에 들어오면 그곳에 도서실이 있었죠. 그다음에 여러 프로그램이 있었죠. 그다음에 또래든 언니든 동생 또래든 같은 여성들이, 어, 뭔가 그같이 대화하고 이야기 나누고 놀고 그럴 수 있는 분위기가 있었죠. 그다음에 정성 들인 식사가 이렇게 준비되어 있다는 것이 더없이 좋았고, 그다음에 정기적으로 우리에게 하는 그런 생활훈련 같은 것, 생활교육 이런 것들이 재미도 있었고, 가끔 성당에 따라다니는 것, 그다음에 그 안에서 뭐 작은 모임들이 이렇게 만들어지고…… 기존에 제가 그때까지 10대에서 경험하지 못했었던 그 학교에서도 경험하지 못했었던 새로운 세상이었던 것 같아요. 그리고 그 집 문을 열고 들어가면 일단 청결하죠. 그 정원 있었죠. 그 탁구도 칠 수가 있었죠! 문화가 있었죠. 또 우리가 공동으로 하는 것들이 많이 있었죠. 노래도 부를 수가 있었고, 그다음에 가끔 뭐 집단놀이들이 있었죠. 우리들이 스스로 하는 연극도 할 수가 있었고…… 그러니까 뭐든지 우리가 이게 나를 표현할 수 있는 기회라고 할까! 이런 문화가 있었던 곳이었던 것 같아요. 그러니까 그 분위기상 저한테 굉장히 어, 새로운 것을 주는 곳이었죠."(이창언과 이금연의 대화)

로자회관에서 탈춤 강습을 시작하였고 곧이어 노동법 강좌도 설치하였다. 근로자회관이 생기고 나서 회관 프로그램의 성격 변화를 가져온 것이다. 당시 한성인 근로자회관 관장과 신정숙이 관심을 갖고 많은 도움을 주었으며 프로그램에도 참석했다.(이시정, 2007, 54~56쪽) 1980년대에도 근로자회관은 민주화운동과 노동운동을 지원하는 주요 공간이 되었다.

민중교회의 시작은 정확하게 어느 한 시기로 표현할 수는 없지만, 1970년대 후반부터 1980년대 초반에 시작되었다.(이준모, 1996) 1970년대 사회인권운동의 주도세력으로 있던 기독교운동은 1980년대 초반을 지나면서 기독교 내의 명망가 중심으로 펼쳐졌던 과거의 기독운동을 반성하며 젊은 목회자를 중심으로 한국 사회의 민주화와 교회갱신운동을 목표로 하여 빈민지역, 공단지역에서 기층 민중과 연대하는 교회운동이 일어났다. 1960~1970년대로 이어지는 개발독재에서 지속적으로 배제된 민중의 고난, 이에 항거하는 민중과 학생들을 접한 일단의 그리스도교 지식인들의 신학적·신앙적 반성에서 출발하였다는 점이다. 실로 개척의 열악한 환경에도 불구하고 민중교회를 세운 목회자들은 민중선교와 한국교회의 갱신을 부르짖으며 교회운동을 전개하였다. 이는 마치 초대교회의 성령운동을 일으켰던 순교자와 같은 길이었다. 안양 근로자회관도 이러한 교회운동의 일환과 밀접한 관련이 있다. 사실 안양지역의 본격적인 노동운동은 서울, 인천 등에 비해 많이 늦었으며, 1970년대 후반에서 1980년대 초반까지는 소수의 의식적인 활동가들이 지역의 사업장에 들어와 활동하는 수준이었다. 이러한 시기에 민중교회는 노동운동 지원의 저수지와 같은 역할을 수행한다.

제3절 유신에 맞선 의로운 죽음, 서울농대생 김상진의 자결

1970년대 경기지역 학생운동은 서울농대의 활동을 빼놓고는 설명하기 어렵다. 그중 유신에 맞선 김상진 열사의 자결은 경기지역 민주화운동과 학생운동의 일대 사건이었다. 1975년 4월 11일 오전 11시, 수원의 서울대 농대 대강당 앞 잔디밭에서는 농대생 300여 명이 참석한 가운데 시국 성토 대회가 열리고 있었다. 이날 성토대회는 4월 4일 농대의 제2차 비상총회 후 시위를 주동한 축산과 4학년 김명섭과 학생회장 황연수의 석방을 촉구 하기 위한 것이었다. 또한 1975년 봄 전국의 대학가에서 들불처럼 번지고 있는 학생들의 민주화 투쟁과 보조를 같이 한 것이기도 하였다. 이날 서울 대 농대의 시국성토대회는 그 어느 때보다 심각한 분위기 속에 진행되고 있었다. 그리고 마침내 운명의 11시 20분쯤 김상진이 세 번째 연사로 등장 하였다. 신사복 바지에 흰 셔츠를 입고 있던 그는 침착한 자세로, 그러나 정열적인 어조로 '양심선언문'을 읽어나갔다가 11시 30분쯤, 그는 '이 보잘 것 없는 생명 바치기에 아까움이 없노라'라는 대목을 읽으며 품안에서 20cm 길이의 과도를 꺼내 할복 자결했다.

(전략) 민주주의란 나무는 피를 먹고 살아간다고 한다. 들으라! 동지여! 우 리의 숭고한 피를 흩뿌려 이 땅에서 영원한 민주주의의 푸른 잎사귀가 번성하 도록 할 용기를 그대들은 주저하고 있는가!

학우여! 아는가! 민주주의는 지식의 산물이 아니라 투쟁의 결과라는 것을. 금일 우리는 어제를 통탄하기 전에, 내일을 체념하기 전에, 치밀한 이성과 굳 은 신념으로 이 처참한 일당독재의 아성을 향해 불퇴진의 결의로 진격하자. 민족사의 새날은 밝아오고 있다.

(중략)……이것이 민족과 역사를 위하는 길이고, 이것이 우리의 사랑스런 조국의 민주주의를 쟁취하는 길이며, 이것이 영원한 사회정의를 구현하는 길 이라면 이 보잘 것 없는 생명 바치기에 아까움이 없노라. 저 지하에선 내 영혼에

김 상 진

약 력	사 건 개 요
◎ 1949년 11월 25일 서울 출생.	◎ 일 시 : 1975년 4월 11일.
◎ 1962년 혜화국민학교 졸업.	◎ 장 소 : 서울대학교 농과대학 교정(수원
◎ 1965년 보성중학교 졸업.	소재).
◎ 1968년 보성고등학교 졸업. 서울대학교 농	◎ 내 용 : 유신체제 반대 학생집회에서 연
과대학 축산과 입학.	사로 등단하여 양심선언문 낭독후 할복.
◎ 1971년 군입대.	경기도 도립병원(수원소재)에서 치료후
◎ 1974년 군제대.	서울대학교 부속병원으로 이송중 절명
◎ 1974년 2학기 복학.	(1975년 4월 12일 오전 8시 55분).
◎ 1975년 4월 11일 서울대학교 농과대학 수	벽제화장터에서 장례식도 치르지 못하고
원 교정에서 유신헌법과 독재정권의 허위	화장됨.
성을 고발하는 양심선언문을 낭독하고 할	◎ 주요 문건 : 양심선언문, 대통령에게 드리
복 자 결.	는 공개장

김상진(민주화운동기념사업회 오픈아카이브즈 00884848)

눈이 뜨여 만족스런 웃음 속에 여러분의 진격을 지켜보리라. 그 위대한 승리가 도래하는 날! 나! 소리 없이 뜨거운 갈채를 만천하에 울리게 보낼 것이다.

1975년 4월 11일 서울대 농대 축산학과 4학년 김상진

도립병원으로 실려 간 김상진은 두 차례에 걸친 수술에도 불구하고 12일 아침 8시 55분쯤 서울대 의대 대학병원으로 향하는 구급차의 덜컹거리는 침대 위에서 영면했다. 이때 그의 나이 스물다섯, 군에서 제대해서 74년 2학기에 복학한 서울대 농대 축산과 4학년생이었다. 이는 전태일이 "내 죽음을 헛되이 말라"며 분신한 지 4년 5개월 만의 일이었다. 김상진의 양심선언과 할복자결은 1970년대 민주화투쟁의 상징적인 사건이었다. 민주화투쟁을 위하여 자신의 목숨을 던지는 비장함이 그로부터 비롯되었으며, 앞으로 민주화의 길이 목숨을 건 투쟁이어야 한다는 것을 예시한 사건이었다. 전태일의 분신 이후 노동자들의 죽음 항거가 뒤따랐고, 김상진의 죽음 뒤에는 민주화를 요구하는 학생들의 투신이 이어졌다. 이로부터 독재 정권 치하에서 수많은 귀중한 생명이 스러져갔다.(『한겨레신문』, 2011년 12월 5일자) 김상진이 병원으로 실려 간 다음 농대생들은 거리 진출을 시도했지만 실패하고, 강의실에서 단식농성에 들어갔다. 그러나 이들의 농성은 곧 교직원들에 의해 강제해산 당했고, 김상진이 숨을 거둔 직후인 12일 오전 10시에는 기숙사마저 폐쇄되었다. 김상진의 주검은 12일 밤 10시쯤 사망한 지 채 하루도 지나지 않아 박정희 정권에 의해 벽제 화장터에서 반강제로 서둘러 화장됐다. 물론 장례식도 없었다. 다행히 유족들이 유골을 빼돌려 중앙청 옆 법륜사에 은밀히 보관해놓을 수 있었다.[22]

김상진의 자결과 그의 비장한 양심선언은 많은 사람에게 충격을 주었고, 특히 민주진영에 새로운 각성의 전기를 마련해 주었다. 4월 15일 민주회복국민회의는 '김상진 군의 의혈에 부쳐'라는 제목의 성명을 발표하였다. 4월 18일에는 가톨릭학생지도신부단 주관으로 서울 명동성당에서 김상진 추도미사가 열렸다. 여기서 '민주회복을 열망하는 학생들' 이름으로 '조국

---

[22] 25살 농대생 김상진의 할복…전태일 분신 4년여 만이었다. http://www.hani.co.kr/arti/SERIES/338/508692.html

의 앞날을 위한 제1 시국선언'이 발표되었다. 4월 24일에는 천주교정의구
현전국사제단이 명동성당에서 인권회복 기도회를 열고 '김상진 군의 죽음
에 답하라'라는 성명과 '아아, 김상진!'이라는 조시를 발표했다. 그러나
1975년 4월의 상황은 막다른 골목으로 치닫고 있었다. 5월 13일 긴급조치
9호가 발동되었다. 하지만 학생들은 '여러분의 진격을 지켜보겠다'던 김상
진의 뜻을 잊지 않았다. 5월 22일 긴급조치 이후 최초로 유신반대투쟁의
기치를 높이 든 시위를 벌였다. 바로 서울대 학생들의 김상진 추모집회였
다. 교직원과 기관원들의 제지로 난투극이 벌어지는 가운데 '장례 선언문'
과 '반독재 선언문'을 낭독한 학생들은 장례식을 마치고 500여 명이 스크럼
을 짜고 교문 밖으로 진출하려 하였으나 경찰에 의해 곧 해산되었다. 이날
시위에는 민중가요로 유명한 '농민가'가 대중적으로 불리면서 전파되었다.
지금도 시위 현장에서 널리 불리고 있는 농민가는 농사단가이자 당시 농
대 이념서클에서 자주 불리던 노래였다.(유문종, 2014)

한편, 수원지역을 근거지로 하여 처음으로 조직적이고 지속적으로 전개
된 민주화운동은 수원양서협동조합 활동이라 할 수 있다. 양서협동조합은
1978년 4월 5일 최초로 부산에서 결성된 이후 1년 남짓한 짧은 기간 사이
에 전국으로 전파되었다. 양협이 있었던 지역을 살펴보면, 부산을 중심으
로 마산, 대구, 울산 등 영남의 4개 도시와 서울, 수원 등 수도권의 2개 도
시와 광주 등이 있다. 수원 양협은 1979년 5, 6월경에 결성된 것으로 추정
된다.[23] 당시 수원에는 종합대학으로 아주대학교가 있었고, 단과대학으로
는 서울농대가 있어 학생운동은 있었으나 지역의 민주화운동은 극히 미약
하였다. 고정석은 수원지역이 여러 분야에서 활동하던 인사들을 찾아 준
비모임을 진행하였다. 이런 준비모임을 거쳐 수원양협이 정식으로 결성된

---

[23] 수원 양협은 서울대 농대 출신인 고정석의 주도로 창립되었다. 그는 1977년 통일사회당
에 입당하여 민주화운동을 하던 중 1978년 부산 지역을 방문하여 양협을 알게 되었다.

것은 1979년 늦여름 무렵이었다. 양협의 이사장에는 한경호(당시 방송통신대학교 강사, 서울농대 축산과 졸), 전무에 고정석, 이사에는 오익선(가톨릭농민회 경기도 회장 역임, 가톨릭농촌여성회 회장), 백도기 목사(자유실천문인협의회), 유완식(노동운동가) 등이 대표적인 인물이었다. 창립 당시 양협 조합원의 숫자는 50~60명 정도였으나 얼마 후 100여 명으로 늘어나게 되었다. 대학생들과 노동조합 관계자, 기독교 청년회원 등이 주로 조합원으로 가입하였다.

수원 양협은 1) 신뢰와 협동의 인간관계를 기초로 유통구조를 개선하려는 소비자협동조합이며, 2) 지역사회의 새로운 지적 풍토를 조성하려는 시민문화운동체이며, 3) 인간이 역사와 삶의 주인이 되는 사회를 건설하려는 인간회복운동체를 목표로 다양한 활동을 전개했다. 조합원들에게 협동조합의식을 고취하기보다는 소모임 독서토론회, 저자와의 대화, 금서인 사회과학 서적들의 유통 등을 통해 젊은 대학생 조합원들의 의식화 교육을 우선했고 조합원 교육은 시국토론으로 대체되는 경향이 있었다. 5·18이후 광주의 상황을 정리하여 고정석이 기초한 '내가 본 광주의 진실'이라는 글을 유동민과 김영기 등이 등사하여 수원 시내에 몰래 배포하였다. 그러나 수원양협은 5·18항쟁 이후 노골적인 경찰의 탄압과 조합원 확대가 어려워지고 초기 적자 상태를 해결하지 못하면서 결국 1981년 말에 해산하여 수원지역 민주화운동에 중요한 씨앗을 뿌리고 그 역사를 마감하였다. 수원양협은 지역민의 운동적 연결망을 형성하였다는 점이다. 조합원 중 강석찬, 양원주, 김대권, 이재완 등이 수원과 그 인근 지역에서 농민운동, 노동운동, 사회운동에 참여하였다.(유문종, 2014)

제4장 1970년대 경기지역 민주화운동의 특징과 의의

박정희 군사정권 등장과 1972년 유신정변은 삼권 분립과 의회민주주의에 대한 전면 부정이자 왜곡이었다. 이에 저항한 한국 민중의 반독재·반유신투쟁은 한국 민주주의 운동의 이념적 프레임을 재구성하는 전환적 계기였으며 행위 양식의 차원에서 볼 때, 자율적 참여와 연대에 기초한 민주화운동의 백미라고 할 수 있다. 그러나 반유신 민주화운동의 역사와 정신은 시대적 부침에 따라 변용되거나 제대로 평가받지 못했다. 그 이유는 1961년 5·16군사쿠데타 세력이 여전히 우리 사회 곳곳에서 강력한 영향력을 발휘하기 때문이다. 게다가 반유신운동의 일부 참여 세력은 민주화운동을 개인의 정치적 출세의 도구로 활용, 골동품적 역사로 전락시켰다. 유신체제는 폭압적 통치를 기본으로 동시에 사회적 망각을 강요하기 위한 이데올로기적 작업을 시도해왔다. 그것은 특정한 기억의 구축과 유지를 위해 특정한 부분을 부재케 하거나 침묵하게끔 하고 철저히 타자화하는 역사적 과정이었다. 2017년 우리 사회에는 박정희식 성장과 발전의 신화를 숭상하며 획일과 독재를 미화하는 세력이 존재한다. 따라서 박정희 시대를 둘러싼 기억투쟁 즉, 공공기억 나아가 공식 역사를 넘어 생성적 역사

로 만들기 위한 투쟁은 지금도 계속되고 있다.(이창언, 2014)

1970년대 경기도는 수도권 지역이라는 특수성과 학생운동의 기반이 약한 상황에서 적극적이고 조직적인 반유신운동이 활성화되지는 않았다. 1970년대는 사회적으로 1960년대보다 더욱 억압적인 체제였다. 민주화운동이 합법공간에서 조직적이거나 대규모로 진행되기 어려웠다. 경기도는 저항의 보루라고 할 수 있는 대학이 많이 없었다. 그리고 도내 대학도 상황이 여의치 않았다. 유신체제가 들어서면서 학술 서클 및 봉사 서클, 종교 서클마저도 대부분 해체될 수밖에 없었다.

유신체제의 등장 이후 경기도의 지식인과 학생은 권위주의 체제의 개발독재로부터 시민사회의 수동화가 가속화되는 과정에서 일반 민중들의 삶의 요구에 직면하고 정치사회적 태도를 조정해야 하는 국면에 맞부딪혔다. 그러나 유신 시대 학생과 지식인들은 저항의 기반이었던 도덕적 감정이 곧바로 행동으로 이어진 것은 아니었다. 특히 폭압성이 강한 조건에서 운동 참여는 쉽지 않은 결단을 요구하기 때문이다.

그럼에도 불구하고 경기도의 반유신운동을 소홀히 다룰 수 없는 이유는 경기도 반유신운동의 정신은 반세기가 지난 지금도 여전히 살아 숨 쉬며 한국의 민주주의를 질적으로 심화시키는 동인이기 때문이다.

1970년대 경기도는 산업화의 결과로 노동운동의 싹이 서서히 태동했고, 학원에는 사회과학적 이념에 바탕을 둔 서클이 발전했다. 그리고 1980년대 대학이 경기도로 들어오면서 민주화운동의 질적, 양적 도약을 이루게 된다. 1970년대 경기도는 개신교의 도시산업 선교활동과 가톨릭의 JOC활동을 중심으로 학원과 인적 관련을 맺어갔다. 1970년대 민주화운동의 토대 위에서 1980년대는 보다 확장된 민주화 역량을 구축하였고 1987년 6월 민주항쟁을 승리로 이끌어 냈다.

제3부

1980년대 초중반 민주화운동

제1장 '민주화의 봄'과 학생회의 부활

제1절 계엄령 정국의 특징과 변화

1979년 10·26 정변으로 박정희 대통령이 사망한 뒤 정국은 한편으로는 통제와 억압, 다른 한편으로는 저항과 자율이 수시로 교차하는 기간이었다.

10·26 정변 다음날인 10월 27일 새벽 4시를 기해 제주를 제외한 전국에 비상계엄이 선포되었다. 일체의 옥내외 집회가 사전 허가를 받아야 했으며, 언론·출판·보도에 대한 사전 검열, 야간통행금지 시간 연장, 모든 대학에 대한 휴교조치가 시행됐다. 그러나 대통령 시해 사건이 '김재규의 집권을 노린 내란음모사건'으로 일단락되면서 본격적인 민주화의 물결이 시작하였다.

11월 19일을 기해 대학에 대한 휴교조치가 전면 해제됐으며, 서울, 부산 등 6개 도시를 제외하고 대전, 청주, 전주, 수원, 목포, 울산, 성남시, 7개 지역의 야간통행금지 시간이 원래대로 환원됐다. 12월 8일에는 유신헌법 시절 국민들을 억눌렀던 긴급조치 9호가 해제되면서 감옥에 있던 긴급조치 위반자들이 석방됐고 학생운동 출신의 청년 세대들이 집단적으로 복학했다.

학원에서는 학생회가 부활했고 학원민주화운동이 전개됐다. 재야 세력은 11월 24일 통일주체국민회의 대의원에 의한 대통령 보궐선거 저지를 위한 국민대회(YWCA위장결혼식 사건)를 개최했다. 국민대회는 야당의 불참과 계엄사령부의 탄압으로 성과를 거두지 못한 채 재야 지도부를 대거 구속시켰지만 민주화의 불은 꺼지지 않았다. 12·12 정변을 시작으로 신군부가 정권을 장악하려는 음모를 드러내며 그 수순을 밟아갔지만 1980년 2월 29일 김대중, 함석헌 등 긴급조치 관련자 6백84명을 복권하는 등 민주화에 대한 국민들의 기대에 어느 정도 부응하는 모습을 보였다.

학생들은 여기에 만족하지 않았다. 유신체제의 해체와 계엄 철폐를 요구하며 1980년부터 시위에 나섰다. 유신세력의 재집권 음모가 노골화되고 사북항쟁 등 노동운동이 고조되면서 학생운동권 내부에서 전면적 투쟁론이 힘을 받을 수 있었기 때문이었다. 5월 14일부터 대학생들의 가두진출 데모가 연일 계속됐다. 그러나 대규모 가두시위에도 불구하고 시민들은 시위에 결합하지 않았으며 대학생 지도부가 5월 15일 '서울역 회군'을 결정하면서 1980년 짧은 '민주화의 봄'은 막을 내렸다.

5월 17일 비상계엄이 제주까지 확대되고 정치 활동 중지, 대학 휴교 조치 등이 취해진 가운데 5·18 광주항쟁이 일어났다. 김대중을 내란음모로 구속하는 등 반대 정치인들을 제압한 국보위 상임위원장 전두환은 통대 선거를 통해 9월 1일 대통령에 취임했고, 중화학 구조조정과 기업체질 강화라는 명분으로 기업들을 구미에 맞게 정리했다. 그리고 10월 22일 국민투표로 헌법을 개정하고 11월 14일 언론기관 통폐합으로 지배 구조를 확립한 뒤인 이듬해 1월 24일 비상계엄을 해제했다.

그러나 신군부의 광주시민 학살과 집권을 위한 단계적 쿠데타에도 불구하고 저항의 불씨는 사그라지지 않았다. 신군부의 은폐 시도에도 불구하고 광주 학살의 실체는 목숨을 걸고 광주를 탈출한 사람들에 의해 조금씩 알려졌으며 학살을 항의하는 목소리와 신군부에 대한 저항은 비상계엄 하에서도 끊이지 않았다.

제2절 학원민주화운동과 병영집체훈련 거부 투쟁

긴급조치 9호가 해제되면서 해직 교수와 학생들이 학원으로 돌아오고 1980년 2월 16일 문교부가 학도호국단 간부 선출을 임명제에서 선출제로 바꾸는 방안을 발표하자 대학가에는 학생회를 부활하는 한편 학원 내 비민주적 요소를 철폐하기 위한 학원민주화운동이 시작됐다.

서울대를 위시하여 전국의 대학교에서는 단과대학가 총학생회 회장 선거를 실시하기 시작했고 그동안 누적되었던 학원 문제가 폭로되었다. 4월에만도 서울의 경희대, 세종대, 대구의 계명대, 전북의 원광대, 전북의 전북대, 원주의 상지대, 제주대 등에서 어용교수 퇴진과 학원자율화를 요구하는 시위가 계속됐다.

전국적인 학원민주화운동의 분위기 속에 경기도 대학가에서도 연일 시위가 일어났다. 4월 3일 경기대에서 재단이사장 퇴진과 어용교수 사퇴를 요구하는 시위가 일어났고 11일에는 1975년 할복자살한 서울농대생 김상진의 추모식이 개최됐다. 서울농대 학생회 주관으로 치러진 추모식은 학생 5백여 명이 참가한 가운데 할복자살 전 남긴 양심선언문과 대통령께 드리는 공개장이 처음으로 공개됐다.

4월 19일을 전후해서는 경기도를 비롯해 전국 대학가에서 4 · 19 기념제가 개최됐다. 이어 23일과 28일에는 서울농대에서 어용교수 퇴진을 요구하는 농성을 시작했으며, 25일에는 서울농대 서클인 녹우회, 농촌연구회, 지역사회개발연구회 등이 신현확 총리의 『뉴욕타임즈』지 회견을 규탄하

며 계엄해제, 전두환 즉각 퇴진 요구하는 성명서 발표했다. 또 고양시의
한국항공대에서는 24일 국립화 등을 요구하면서 2백여 명의 학생들이 시
위를 벌였다.

한편 학생들의 학원민주화 투쟁에 이어 1980년 4월 들어서는 병영집체
훈련 거부 투쟁이 대대적으로 전개됐는데 4월 10일 성균관대생들이 입영
훈련을 거부하면서 본격화되었다. 5월 들어 병영집체훈련 거부투쟁은 정
치적으로 악용될 수 있다는 우려가 나오면서 사그라졌지만 뒤이어 사회민
주화에 대한 대학생들의 참여를 놓고 논쟁이 이어졌다.

제3절 계엄철폐투쟁과 서울역 회군

학생들의 학원민주화투쟁과 병영집체훈련 거부 투쟁에 이어 계엄철폐
투쟁이 시작됐다. 학내 문제를 일단 유보하고 전선을 신군부 반대 투쟁에
집중하자는 주장 때문이었다. 이즈음 대학가에서는 사회민주화에 대한 학
생들의 참여 방식을 놓고 노선 논쟁이 벌어졌는데 논쟁의 구체적 내용은
'현장준비론'과 '정치투쟁론'의 대립이었다.

'현장준비론'은 가깝게는 YWCA위장결혼식 사건 결과 재야 지도부가 대
거 구속되면서 민주화운동에 일대 타격을 받은 데서 나왔다. 정치 여건을
고려하지 않은 섣부른 투쟁은 운동 역량만 소진할 뿐이라는 반성이 일었
다. "유신잔재를 청산하고 민주주의를 확립하기 위한 투쟁을 이끌 유일한
중심세력은 학생운동역량인데 그 역량은 전체적으로는 소수이고 대학 간
편차가 심하며 그 역량이 몇몇 대학에 편재되어 있다"(80년대 전반기 학생
운동기념문집출간위원회, 2006, 20쪽)는 것이다. 학생운동의 역량 보존을
위해 전면적 가두시위를 자제해야 한다는 입장이었다. '현장준비론'은

1980년대 들어 '단계적 투쟁론'으로 이어지는데 "노동자계급을 주목하고 노동 현장에 투쟁이 집중되어야 한다"(80년대 전반기 학생운동기념문집출간위원회, 2006, 17쪽)는 것으로 1970년대 학생운동의 연장선상에 있는 흐름이다. 학생들의 운동 역량은 학생운동 자체보다 노동운동 역량의 제고를 위해 투입되어야 한다는 것이다.

'정치투쟁론'은 신군부의 집권 음모를 방어하기 위해 곧바로 전면적인 정치투쟁에 돌입해야 한다는 내용이었다. 1980년 5월에 각 대학에서 가두시위를 전개한 것은 이러한 주장이 뒤늦게 반영된 결과였다. 인적 측면에서 '준비론'이 서울대 내에 있는 '한사', '농법회' 등 단과대학 서클을 중심으로 제기됐다면 '투쟁론'은 대학 전체 서클인 '대학문화연구회', '흥사단아카데미' 출신들에 의해 제기돼 이후 '전면적 투쟁론'과 무림-학림 논쟁의 '선도투쟁론'으로 이어졌다.

그러나 이 같은 서울대의 사정은 다른 대학의 실정과는 맞지 않았기 때문이다. 아래는 연세대 79학번 곽영진의 회고다.

> "그때까지 다른 학생운동권보다 이론적 측면으로나 대중역량 측면에서 통상 3년을 앞서간다는 '관악'의 주류, 저 깊은 하상으로부터 실체를 가지고 꿈틀거리며 올라온 현장론은 현역이 아닌 선배들의 그것 …… 적어도 82년 말까지 감옥이전(시위주동) 인자와 현장이전 인자의 배분 및 역할분담이 거의 불가능했던 관악 이외의 학교들에겐 매우 위험한 논의이고 논리였다…… 연대의 경우 다행히도 이 논리에 쉽게 휘말리지는 않았다."(80년대 전반기 학생운동기념문집출간위원회, 2006, 258쪽)

서울대 중심의 노선 논쟁은 계속되었고 그 가운데 서울대 총학생회가 '현장준비론'으로 정리됐다. 그러나 신군부의 집권 음모가 노골화되면서 서울대 주류의 입장과는 달리 많은 학생들이 가두 진출을 요구했고 결국

1980년 5월 전국적으로 대학생들의 가두시위가 벌어지게 되었다.

가두시위는 5월 1일 충남대를 시작으로 전국적으로 전개하기 시작했다. 경기도에서도 서울농대 등이 가두시위에 나섰으나 9일 전국 23개 대학 총학생회장단 회의에서 비상계엄의 조속한 해제를 요구하며 당분간 평화적 교내시위에 주력할 것을 결의했다. 이날 회의에 경기도 대학 중에는 한신대와 성심여대, 대유공전이 참가했고 서울농대, 그리고 성균관대 및 한국외대의 경기지역 캠퍼스는 서울 본교캠퍼스에서 참가했다. 그러나 학생들의 가두시위 자제는 오래 가지 않았고 5월 13일 급기야 전국 23개 대학 총학생회장들이 고려대 학생회관에 모여 가두시위를 결정했다. 14일부터 전국 32개 대학에서 가두시위를 벌였고 15일에는 서울역에 5만여 명(경찰 추산, 언론에서는 7만 명)이 운집하였다. 학생들이 대거 교문 밖으로 나오기는 하였지만 시민들이 시위에 결합하지는 않았다. 또 버스에 치여 사람이

서울의 봄(민주화운동기념사업회 오픈아카이브즈 00712902. 원출처: 경향신문)

죽었다는 소문이 돌면서 학생들 사이에는 공포감이 퍼졌다. 이런 가운데 서울대 학생 지도부는 '회군'을 결정했다.

다음 날인 16일 새벽 서울지역 학생대표들이 고려대에서 회의를 열어 가두시위 자제를 결의했다. 그러나 서울지역 학생대표들의 결의에도 불구하고 이날 시위는 전국적으로 계속됐다. 경기도에서는 수원 지역을 중심으로 대학생들의 시위가 이어졌다. 서울농대와 수의대, 아주공대, 경희대 수원캠퍼스, 소원공업전문대학, 장안실업전문대학 등 수원 지역 6개 대학에서 3,500여 명이 참여해 가두시위를 벌였다. 전국적으로는 서울에서 고려대생 2천여 명이 수유리 4·19기념탑까지 침묵시위를 했다. 또 광주에서는 2만여 명이 참여하는 시위가 벌어졌으며 대전과 충남 일대에서도 학생들의 가두시위가 계속됐다.

대학생 시위가 연일 이어지는 가운데 16일 오후 전국 55개 대학 학생대표 95명이 고려대에 모여 회의를 가졌다. 전국 대학 규모로는 첫 번째 회의였다. 이 자리에서는 가두시위 자제론과 강경투쟁론이 대립했는데 결국 자제론으로 정리됐다. 광주·전남 지역의 대학들은 참석하지 않았으며 경기도 대학 중에는 한국항공대가 유일하게 참석했다.

제4절 계엄 확대와 5·18 광주학살 규탄

광주·전남 지역을 제외한 전국의 대학들이 시위를 자제하는 가운데 5·18광주항쟁이 일어났다. 신군부의 은폐 노력에도 불구하고 많은 사람들이 목숨을 걸고 광주의 진실을 전하고자했다. 1980년 5월 29일 이화여대 학생 최정순이 연흥극장 옥상에서 유인물을 뿌리다 구속됐고 30일에는 기독교회관 옥상에서 서강대 무역학과 4학년에 재학 중이던 EYC 농촌간사

김종태의 묘
(민주화운동기념사업회
오픈아카이브즈 007021
47. 원출처: 박용수)

김의기가 "동포에게 드리는 글"을 뿌리고 추락해 사망했다. 그리고 이 시기 광주학살에 항의하고 광주시민들의 죽음을 애도하기 위해 스스로의 생명을 불태운 첫 번째 사건이 일어났다.

1980년 6월 9일 성남의 노동자 김종태가 신촌사거리에서 분신자살했다. 1977년부터 교회 청년들과 함께 전태일추모회를 해왔던 김종태는[24] 분신 직전 자신이 다니던 성남 주민교회 전도사였던 이해학에게 "내 작은 몸뚱이를 불사질러서 광주 시민 학생들의 의로운 넋을 위로해 드리고 싶습니다."라는 유서를 남겼다.(주민교회역사편찬위원회, 2003, 16쪽)

1958년 부산에서 가난한 목수의 아들로 태어난 김종태는 서울의 미아초등학교를 다니다가 미아리 일대 빈민가가 철거되면서 1970년 초에 성남으로 옮겨왔다. 김종태는 1974년부터는 검정고시 야학을 위주로 하는 제일실업학교에 다녔으며 노동야학인 한울야학 교사들과 교류했다. 김종태는 주민교회와 '만남의 집'이라는, 성남에서 각각 개신교와 가톨릭을 대표하는 빈민사목과 노동사목, 그리고 학생운동 출신 야학 교사들의 영향을 두

---

[24] 전태일을 따르는 민주노동연구소(http://dli.nodong.net), 열사정신연구실, 열사방.

루 받았던 셈이다.(주민교회역사편찬위원회, 2003, 179쪽) 그는 "밥만 먹고 일만하는 버러지 생활"[25]에서 벗어나기 위해 스스로 독서토론회를 조직하고 근로기준법을 공부했고, 동일방직 사건에 지원을 나가기도 했다. 그는 방위병 복무 중 주민교회에서 광주 학살의 실상을 듣게 됐는데 그 길로 전단을 뿌리다 붙잡혀 구류를 산 뒤 다시 나가 돌아오지 않았다. 김종태의 분신과 관련해 주민교회 목사 이해학과 모친 허두측은 다음과 같이 회고했다.

> "5 · 18 때 쫓겨났던 사람 중에 나중에 전농 회장 한 정광우와 광주의 동화작가가 우리 교회 와서 광주가 지금 힘든 상태다 하고 수요일에 광주 보고를 한 거야. 김종태가 그걸 들은 거야…… 전단을 써서 전철에서 막 뿌리고 하다가 구류를 먹었는데 구류를 먹고 나와서 너무 분노해 가지고 분신을 해버린 거야."(성남6월항쟁20주년기념사업추진위원회, 2010, 172~17쪽)

> "'전두환이 할아버지 할머니 심지어 임산부까지 다 죽였다'며 통곡을 하는 거야. 다음 날 종태가 70원을 달라 주었더니 나가서 하얀 종이를 한 뭉텅이를 사왔어. 마루에 전깃불을 켜서 가위로 종이를 오리고 글씨를 쓰더라고. …… 그런데 다음 날 군복으로 갈아입고 '잠시 다녀오겠습니다.' 하는 거야. 그 길로 나아간 후, 경찰들과 보안대 군인들이 새까맣게 들이닥쳤어."(『성남투데이』, 2004년 5월 18일자)

김종태 분신이 가져다준 또 하나의 의미는 저항운동 진영에서 '정권 타도'의 구호가 본격적으로 등장했다는 것이다. 5 · 18 광주의 죽음은 1970년대 반미주의의 무풍지대였던 한국 사회에 반미운동이 본격적으로 제기되는 계기이자 한국사회에 급진적 사회변혁운동이 뿌리내리는 계기였다.

---

[25] 김종태 일기의 한 부분.(전태일을 따르는 민주노동연구소(http://dli.nodong.net), 열사정신연구실, 열사방, 김종태, '친구들이 본 영원한 노동자 김종태')

1970년대까지의 저항운동이 제도 개선이나 억압의 완화, 군사정권의 민주화에 목표를 두었다면, 1980년대에 와서는 좀 더 근본적인 변혁이 운동의 목표로 변했다. 김종태의 분신 시점은 전두환 정권이 들어서기 전이라 "유신 잔당은 전원 퇴진하라!, 계엄령을 즉각 해제하고, 군은 본연의 자세로 돌아가라!"(성남6월항쟁20주년기념사업추진위원회, 2010, 17쪽)는 내용이었지만 그 이후 발생한 대부분의 죽음에서는 군사독재정권의 타도가 선명하게 외쳐졌다.

김의기의 추락사와 함께 김종태의 분신은 당시 신문에 한 줄도 보도되지 않았다. 그러나 김종태의 분신을 비롯해 광주 학살에 대한 분노의 물결은 지속적으로 번져나갔다.

제2장 전두환 정권 초기의 민주화운동

제1절 전두환 정권의 억압체계와 저항

5·18 이후 전두환 정권은 정계, 재야, 학생, 노동 등의 반발을 잠재우며 언론에 대해서도 칼을 들이대기 시작했다. 신군부의 언론통제작업은 비판적 성향의 언론 통폐합 및 해체, 언론인 해직 등으로 나타났고, 당시 방송 및 신문의 주요 언론들은 '자율정화결의' 등을 통해 스스로의 내부비리와 부패를 은폐시키는 대가로 신군부의 언론통제를 기꺼이 수용했다. 또 7월 4일에는 집권초기 정통성 시비를 잠재우기 위한 희생양으로는 반독재 민주화투쟁의 상징적 정치인인 김대중을 타겟으로 하여 김대중내란음모 사건을 조작해 민주화운동 진영 전체의 와해를 기도했다. 그리고 8월 21일에는 노동계에 대한 정화조치로 노동청 명의의 '노동조합 정화지침 전달'이라는 공문을 하달해 민주노조를 제거하고 노동운동을 탄압했다. 또 정권에 대한 불만과 민주화운동을 억압하기 위한 격리조치로 삼청교육대와 녹화사업을 실시해 광범위한 인권유린을 자행했다.

삼청교육대와 녹화사업은 5·18 광주항쟁 이후 대통령 선거와 헌법 개정을 통해 권력 기반을 구축한 신군부가 정권에 대한 불만과 민주화운동을 억압하기 위한 격리 조치였다. 삼청교육대는 사회정화라는 미명하에 조직폭력배나 상습폭력배를 사전 검거해 격리, 교육하는 것이고, 강제징집에 병행해 실시된 녹화사업은 강제입영된 '특수학적변동' 대상자들을 '학원소요 관련자들에 대한 정훈교육 계획'에 의해 교육 및 감시, 활용하는 것이었다. 이 둘은 전두환 정권 하의 대표적 인권유린 행위라 할 수 있는데 강도 높은 물리적, 정신적 폭력이 행사되는 가운데 사망하거나 상해를 입는 등 수많은 희생자가 발생했다.

1980년 8월 4일부터 이듬해 1월 25일까지 약 5개월간 6만 755명이 영장 없이 검거됐다. 이 가운데 3만 9,742명이 순화교육 대상으로 분류돼 삼청교육대에 끌려갔다. 그러나 '불량배를 소탕한다'는 목적과는 달리 검거자의 35.9%는 전과가 전혀 없었다. 국방부 과거사진상규명위원회 발표에 따르면 삼청교육대에서 구타 등으로 숨진 사람은 54명이다.(『한겨레신문』, 2013년 7월 2일자) 그러나 '삼청교육대 인권운동연합'의 보고서에서는 교육 중의 폭행 등으로 인한 후유증 사망자만 397명으로 총 2,768명에 이른다고 밝히고 있다. 수용자 가운데에는 중학생 17명을 포함해 학생이 980명이었고 여성도 319명에 이르렀다.(민주화운동기념사업회, 2010, 158쪽)

삼청교육 대상자는 경찰서당 일률적으로 배당이 되어 지역적으로 성격의 차이는 없지만 같은 이유에서라도 서울보다는 지방, 중산층보다는 하층민이 대상이 되는 경우가 많았다.

1980년 언론통폐합 때 반공법이나 계엄법 위반 혐의로 구속된 경우 상당수이며 지방언론사에서 해직된 언론인들 가운데에는 삼청교육대에 끌려가기도 했다. 경기신문에 차장으로 재직했던 P씨도 그중 한 명이다.(『동아일보』, 1988년 11월 24일자)

성남종합시장 경비원으로 일했던 김상규 씨는 1980년 8월 잠을 자다가 경찰에 끌려가 삼청교육대에 입소했다. 두 달 뒤 풀려났으나 머리에는 엉성하게 꿰맨 자국이 세 군데나 있었다. 홀어머니와 함께 성남시 야탑동 뚝방에 천막을 치고 지내던 김 씨는 이틀을 심하게 앓던 1988년 5월의 어느 날 39세의 나이로 세상을 떠났다.(『한겨레신문』, 1988년 10월 2일자)

삼청교육대에서는 연병장 둘레에 헌병을 배치하고 엄중한 집총 감시를 하는 가운데 구금, 강제노역, 구타, 기합 등의 가혹행위가 발생했다. 그러나 이 같은 상황에서도 저항은 있었다.

1981년 6월 20일 5사단 36연대 전투지원중대에서 처우개선 등을 요구하며 감호생 247명이 시위를 일으켰으며 이를 진압하는 과정에서 실탄을 발사해 1명이 사망했다. 또 10월 1일에는 27사단 77연대 4대대 감호소에서 시위가 일어나 수 명이 사망했다.(『한겨레신문』, 1988년 9월 30일자)

2015년 8월 현재 삼청교육대에서 사망한 사람들 중 순화교육에 저항하다 숨진 것으로 확인된 3명이 민주화운동 관련자로 인정받았으며 생존자 가운데에는 인천 강화군 출신의 이택승 씨가 2013년 7월 74세의 나이에 이르러 민주화운동 관련자로 인정받았다. 1991년 12월에는 경기도 용인군 기흥읍에 거주하는 이남열 씨의 주도로 삼청교육대 피해자 850명이 국가를 상대로 15억 6천만 원의 손해배상 청구소송을 내기도 했다.(『한겨레신문』, 1991년 12월 4일자)

대학생들을 대상으로 해서 강제징집과 녹화사업이 실시되면서 의문사가 잇달았다. 1981년 9월부터 1984년 11월까지 학원소요와 관련된 학생 447명이 강제 징집되었고, 녹화사업은 256명이 대상이 되었다. 강제 징집된 병사들은 집중적인 조사 및 가혹행위를 당하거나 프락치 행위를 강요받기도 했다. 또 강제징집 및 녹화사업 중에 5명이 의문사를 당했는데 정성희(연세대 81학번), 이윤성(성균관대 81학번), 김두황(고려대 80학번), 한영현(한양대 81학번), 최온순(동국대 81학번), 한희철(서울대 79학번)이 그들이다.

성남 출신의 한희철은 서울대 가톨릭대학생연합회 활동을 하다 겨울방학

때 성남 JOC('가톨릭노동청년회')와 성남 YMCA에서 활동하며 '탄천클럽'과 야간학교인 '샘터 교양교실'을 조직해 교사로 활동했다. 휴가 중 주민등록 증 갱신을 도와준 친구가 붙잡히면서 보안사령부에 연행돼 입대 전에 있었던 야학연합회 사건 관련 혐의로 고문을 당했다. 그 뒤 1982년 11월 30일 강제 징집된 그는 1983년 10월 중순 보름간의 정기휴가를 받아 나왔다가 한국외국어대학교 시위를 주동한 혐의로 수배 중이던 친구의 주민등록증 갱신을 도운 일로 12월 6일 부대 근무 중 보안사령부로 연행했다. 10일에 석방되었으나 다음 날 새벽 가슴에 3발의 총탄을 맞고 죽어있는 채로 발견됐다. 다음은 한희철이 서울대 가톨릭학생회 '날적이'에 남긴 글이다.

 "분명 민족(民族)은 살아있는 실체이다. …… 그러나 이 한반도란 땅에는 이 民族에게 쇠사슬을 채우고 노예로 만드는 또 다른 실체가 있었다. …… 민족 의 허리에 철책과 쇳조각을 유지시키는 모든 자들! 잘린 민족의 현실적 아픔 을 망각하게 하는 데 기여하는 자들! 분단으로 인한 모든 현실로 인해 편해진 자들! 통일을 향한 싸움이 전제되지 않고는 우리는 성화(聖化)될 수 없다. '소 외'에서 해방될 수 없다. 나는 우리 가톨릭 회원들이 민족의 삶을 택해, 함께 어깨 걸고 걸어나가는 동지들이 되길 기다린다."(민주화운동기념사업회 2006, 369~376쪽)

 헌신적인 활동가였던 한희철 한 명에게 가해진 강제징집과 병영생활 중 있었을 것이라 예상되는 가혹행위는 더 큰 저항을 낳았다. 한희철의 죽음 이 알려진 뒤 소속 대학에서는 곧바로 진상규명을 요구하는 시위를 열었 으며 성남 지역사회에서는 강제징집철폐대책위원회를 발족했다. 1년 뒤인 1983년 12월 20일에는 성남 수진동성당에서 300여 명이 모인 가운데 1주기 추모 미사가 열렸는데 사복형사와 전경들이 참석자들을 무차별 집단폭행 한 뒤 구속하는 일이 벌어졌다. 이 같은 탄압은 곧이어 또 다른 저항을 불러왔다. 연행자들은 경찰서 내에서 공개사과와 폭력책임자 처벌을 요구하며 5일간 단식을 진행했으며 전국정의구현 성남지구사제단과 한국기독교교회협의회 성남지역인권위원회는 '민주시민, 학생, 노동자 및 종교인에 대한 경찰폭력은 즉각 중단되어야 한다'는 명의의 성명서를 발표했다. 이듬해 3월 30일에는 서울대 아크로폴리스 광장에서 학생 3천여 명이 참석한 가운데 추모제가 열렸다.(민주화운동기념사업회, 2006)

한영현은 1982년 부천 소재의 야학에서 활동하던 중 1983년 1월 성동서에 연행돼 수차례 조사를 받았다. 4월 1일 수원지방 병무청에서 신체검사를 받았는데 지병인 늑막염으로 병종판결이 나왔다. 그러나 이튿날 새벽 "추가 조사할 게 있으니 같이 좀 가자"는 형사들을 따라 나섰다가 행방불명이 되었고 2~3주후에 집으로 한 군의 옷이 우송되어 와서 그때야 한 군의 입대사실이 확인되었다 그해 6월 포상휴가로 나오기도 했으나 7월 2일 사망이 확인됐다. 한양대학교 공과대학에 4년 장학생으로 입학한 한 군은 1983년 1월 민속문화연구부에 가입하고 탈퇴한 뒤 각 대학 민속문화연구회의 연합회에서 활동했다. 대통령 소속 의문사진상규명위원회는 발표에 따르면 다른 사병의 총에 맞아 숨졌으나 당시 군부대는 소속 부대장이 문책될 것을 우려해 한 일병이 자신의 총으로 사망한 것으로 현장을 조작했으며 헌병대에서는 총기조작 부분을 파악하고도 묵살했다.(『동아일보』, 2002년 10월 9일자)

제2절 학생운동의 분화와 과학적 이론의 무장

1. 지역 소재 대학의 반정부투쟁

5·18 광주항쟁부터 1983년 하반기까지는 학생운동이 좌절을 딛고 일어

서는 시기였다. 1980년 5·17과 9월 초의 휴교령으로 신군부에 대한 학생들의 저항을 원천봉쇄하려 했지만 두 번의 휴교령은 반정부투쟁을 지방화하는 계기가 되었다. 그리고 1980년과 1981년 무림사건 및 학림사건과 여러 공안사건으로 학생운동에 대한 대대적인 탄압이 있었지만 대학가의 시위는 끊이지 않고 일어났다.

이 시기 학생운동의 가장 큰 특징은 변혁운동의 대두였다. 1970년대 민주화운동이 독재정권의 불법적 탄압에 항의해 민주적 제도 개선을 이루려는 노력이었다면 1980년대에는 국가의 성격 자체를 바꿔야 한다는 문제의식이 생겨났다. 5·18 광주항쟁은 국가가 국민을 학살한 일이었고 민중의 삶을 보전하기 위해서는 새로운 국가가 필요했다. 이에 따라 진정한 국가변혁은 노동운동에서 비롯될 수 있다는 사고 속에 노동 현장에 투신하는 학생들이 많아졌고 이것은 하나의 물결을 이루었다. 1980년 5월 '서울의 봄'을 좌절과 패배로 보내야 했던 학생운동은 쓰라린 반성을 거쳐 새롭게 전열을 정비하고 향후 변혁운동의 전망을 모색했다.

1970년대 후반의 현장론과 정치투쟁론의 대립은 무림-학림 논쟁으로 전면화 됐고, 1982년 '야학비판─전망' 논쟁과 1983년 '인식과 전략', '삼민 R', 아방타방', '신노방' 등의 소책자도 학생운동의 이념적 급진화에 적지 않은 영향을 끼쳤다. 이중 '인식과 전략'은 한국사회의 변혁을 기본적으로 민족해방혁명이라고 전제하면서, 구체적으로는 반제민족주의혁명, 반파쇼민주주의혁명, 민중해방혁명, 북한과의 통일적 혁명의 4가지 성격을 가진다고 강조했는데 이와 함께 주목해 보아야 할 것은 이 시기 자주화투쟁의 불씨가 싹터서 차츰 번지고 있었다는 점이다. 광주학살에 대한 미국의 개입 의혹은 자연스럽게 반미투쟁을 불러일으켰고, 이러한 투쟁은 또 청년학생들의 선도적 투쟁에 의해 이뤄질 수밖에 없었다. 1980년 광주미문화원 방화부터 1982년 부산미문화원 방화와 강원대 학생들의 성조기 소각

사건 등 일련의 반미자주화투쟁이 일어나 향후 자주화운동이 전면화, 대중화하는 데 밑거름이 됐다.(조희연, 2001, 246~250쪽)

이와 같은 상황에서 경기도 학생운동은 서울을 중심으로 환의 모양을 하고 있는 지리적 특성으로 인해 외부, 특히 서울 지역 운동의 영향이 강하게 나타나는 한편 다른 지역과는 다른 고유성을 보이기도 했다.

1980년대 초 경기도 소재 대학은 모두 17개였다. 캠퍼스가 설치된 지 얼마 되지 않아 학생운동 역량이 거의 없는 곳을 제외하고 학생 수가 1천 명을 넘는 학교는 1981년 기준으로 경기대학교(2,468명), 서울농대·수의대(1,339명·241명), 성결신학교(1,398명), 성균관대학교자연과학캠퍼스(6,012명), 성심여자대학(3,278명), 아주대학교(3,925명), 한국항공대학(1,163명) 등이다. 그밖에는 서울신학대학(867명), 한신대(318명), 강남사회복지학교(816명) 등이 있었다.

지역적으로 학생운동 역량이 가장 큰 곳은 단연 수원이라 할 수 있는데 서울농대가 중심이 됐다. 서울농대의 학생운동 역사는 수원 지역 민족운동과 민주화운동의 역사라 할 수 있을 정도다.

1960년 4월혁명 당시 한강을 넘어 서울로 진출했던 서울농대의 민주화운동 전통은 1975년 4월 11일 최초의 학생 열사인 김상진의 자결로 이어졌으며 1980년대 들어 김상진은 민주화운동의 상징으로 부활했다. 1980년 5·18 직전인 4월 11일 사후 5년 만에 처음으로 김상진 열사의 추모제를 치른 서울농대 학생운동은 신군부가 통치 기반을 확보하며 학생운동을 억압하였지만 끊이지 않고 불타올랐다. 1980년 10월 17일 서울농대생들이 전두환 처단을 주장하는 유인물을 살포하여 30명이 연행됐다. 뒤이어 1981년 9월 28일에는 '9·28 망국해방투쟁선언문'을 낭독하고 허수아비 화형식을 한 뒤 태극기를 들고 시위했다. 1982년 12월 5일에는 서울대 농대에서 시위를 주도한 안병규가 지도휴학을 당하기도 했다.

수원에는 서울농대 이외에도 경기대(1979년 설립, 이하 같음), 경희대 수원캠퍼스(1980년), 성균관대 수원캠퍼스(1979년), 수원대(1977년), 수원여대, 장안대(1979년), 아주대(1973년) 등이 있었다. 1980년대 초는 캠퍼스가 설치된 지 얼마 되지 않은 시점이었지만 학생들은 숨죽이고 있지만은 않았다. 1983년 11월 2일 성균관대 수원캠퍼스에서 시위가 벌어져 도서관 3층에서 구호를 외치던 한덕권이 추락했으나 경찰은 주동자 체포 후에야 병원으로 이송했다. 한편 1970년대 수원을 포함한 경기도의 학생운동은 서울농대 중심으로 전개되다가 학생운동 전통이 강한 한신대학교가 오산의 병점캠퍼스로 이전해오고 성균관대 수원캠퍼스와 경기대학교에 학생운동 세력이 형성되면서 1980년대에는 수원권역의 대학생들이 연대투쟁하는 일이 많아졌다.

수원 인근의 용인시와 성남시에서는 1980년대 초반 학생운동이 거의 일어나지 못했다. 1970년대 말과 1980년대 초 성남시에는 경원대[26)와 신구전문대가 있었으나 거의 조직화되지 못했고 1979년에 설치 승인이 난 한국외대 용인캠퍼스도 1984년 가서야 지금과 같은 모습이 됐기 때문이었다.

경기북부권역에는 고양시에 위치한 한국항공대를 들 수 있다. 1980년 '민주화의 봄' 시기인 5월 14일 '서울역 회군'을 결정하는 전국대학대표자모임이 열렸을 때 경기도 대학 중에는 유일하게 항공대가 참석했다. 이것으로 보아 항공대의 경우 서울지역 대학들과 비교적 가까운 관계에 있었다고 볼 수 있다. 항공대에서는 1981년 9월 3일 전자과 3학년 학생 김희구가 서울 신도림동 성당 소재의 한 야학에서 수업 중에 '비행 중인 미국 정찰기를 북괴의 미사일이 공격했다'는 신문기사에 대해 강의한 것을 이유로 국보법 위반으로 구속돼 징역2년을 선고받았다.(80년대 전반기 학생운동

---

26) 1978년 경원학원으로 출발해 1987년 종합대학으로 승격. 2012년 3월 가천대학교로 개칭.

기념문집출간위원회, 2006, 578쪽)

한편 경기도에는 신학대학교와 전문대학이 매우 많았는데 오산의 한신대와 부천의 성심여대를 제외하고도 1982년 현재 대한신학교, 서울신학대, 성결신학교, 순복음신학교 등이 있었고 가톨릭대학이 1985년 이전해 왔다. 학생운동에는 신학대학도 예외는 아니었다. 1981년에 오산 병점캠퍼스 시대를 연 한신대의 경우 학생 수는 318명에 불과했으나 긴급조치 9호 발령 직전인 4월 10일 서울의 고려대학교와 함께 전국에서 가장 먼저 휴교령이 내려질 정도로 학생운동 전통이 강한 곳이다. 〈표 3-1〉은 당시 경기도 소재 신학교들의 시위 내용이다.

〈표 3-1〉 1980년대 초반 경기도 소재 신학대학의 시위 내용

시기	내용
1980년 7월 16일	부천의 서울신학대학에서 학생회장 신익수 등 24명이 학내시위와 관련해 제적 또는 무기정학을 받음.
1980년 10월 8일	광주항쟁으로 숨진 한신대생 유동식(신학2)의 추도식에서 '피의선언문'이 낭독된 뒤 "계엄철폐" 등을 외치며 시위를 벌임. 이 시위로 농성자 146명 전원이 연행된 뒤 휴교령이 내려졌으며 9명이 구속되고 6명이 순화교육 처분을 받음.
1981년 2월 4일	기독학생총연맹(KSCF) 회원들이 총회부활 등 현안문제를 논의하기 위해 개인 집에 모인 것을 불법집회라는 이유로 구속시킴. 서울대 제적생 유종성을 비롯 한신대 대학원의 오세구, 장로회신학원의 조성우가 구속됨.
1981년 10월 30일	한신대 학생들이 교내 마라톤대회 중 반정부 구호를 외치며 시위.
1981년 11월 4일	한신대생 100여 명이 채플시간에 유인물 '반파쇼 투쟁 기독학우 투쟁선언'을 낭독한 후 구호를 외치며 시위해 2명이 집시법 위반으로 구속됨.
1982년 6월 30일	중앙신학대 학생 이종희 외 1명이 아주대 교내에 반정부 유인물을 살포.
1982년 11월 23일	한신대 교내 시위로 최윤봉(신학 1)이 집시법 위반으로 구속됨.
1983년 4월 20일	한신대 개교기념축제 때 반정부 유인물 2백여 장을 살포하고 2백여 명이 시위. 이 시위에서는 학생 다수가 다쳤으며 40여 명이 연행돼 이재철이 구속됨.
1983년 10월 5일	성심여대 시위.

이들은 1986년 오산의 한신대와 서울의 감신대를 중심으로 수도권신학교연합(이하 '수신연합')을 결성해 뒤이어 오는 1987년 6월민주항쟁 시기의 민주화운동에 결합했다. 또 성남의 신구전문대를 비롯해 주요 도시마다 한두 개씩 있는 전문대학들도 1980년대 중반 학원자율화운동의 파고 속에 역량을 키우며 1987년 6월민주항쟁을 준비하게 된다.

2. 휴교령과 반정부투쟁의 확산

5·18 광주항쟁 이후 전두환 정권의 학생운동 탄압은 두 가지 측면에서 반정부투쟁을 확산하는 계기가 됐다. 하나는 지역적 확산이고 다른 하나는 노동운동으로의 부문 간 확산이다. 전자는 5·18 광주항쟁을 전후에 5월 17일과 9월 초에 있은 두 번의 대학 휴교령 기간 동안 서울 소재 대학에 다니던 학생들이 고향으로 회귀해 활동하게 된 것을 말하고, 후자는 제적생 상당수가 노동 현장에 들어가 1980년대 중후반 광범위하게 전개된 지역별 노동운동의 기틀을 형성하게 된 것을 말한다.

휴교령이 내려졌을 때 서울 소재 대학에 다니던 지방 출신 학생들은 아예 고향으로 내려가 학생운동과 무관한 생활을 하거나 일부가 서울에 남아 학생운동을 계속했는데, 경기도 출신 학생들의 경우는 달랐다. 서울과 멀지 않은 곳에 집이 있기 때문에 고향에 가더라도 서울을 쉽게 오가며 정보를 실어 나를 수 있었다. 이 가운데에도 성남과 동두천의 대학생들은 다른 지역 학생들과도 또 다른 모습을 보였는데, 서울 소재 대학에 다니는 학생들이 출신 지역을 기반으로 활동하는 단체를 만들었던 것이다.

대학 운동권의 경우 재학 시절의 활동은 주로 다니는 대학을 중심으로 이루어지는 것이 일반적인데, 성남과 동두천의 경우, 서울 소재 대학에 다니던 학생들이 집단적으로 귀환해 고향에서 조직을 건설했다. 이것은 출신 지역에 대한 강력한 공통의 기억이 있을 때 가능한 일인데 성남과 동두 천은 그 점에서 유사했다. 성남은 1960년대 말 서울의 철거민이 집단이주 하면서 형성된 도시로 1971년 광주대단지 사건이 나면서 도시 전체가 사 회적 차별과 배제를 당해야 했던 곳이다. 동두천은 미군의 주둔으로 대규 모의 기지촌이 형성되면서 외지인들이 기피하는 도시가 되었다. 또 두 지 역 모두 서울과 인접한 지리적 조건으로 학생운동 관련 정보의 유입이 용 이했으며 서울로의 교통편이 단일해 등하교 시간에 지역 학생들이 만날 기회가 많았다는 것도 공통점이다.

1981년 성남에는 성남시대학생연합회(이하 '성대련')가 결성되었다가 1983 년 12월 학원자율화조치 이후 학생운동이 대중적인 기반을 확장해 나갈 무렵 성대련은 질적 변화를 겪었다. 당시 각 대학에는 지역 학우회(또는 향우회)들이 매우 활성화돼 있었는데 서울 소재 여러 대학의 성남시학우회 들이 모여 연합체육대회를 하는 과정 에서 1984년 성남시학우회연합(이하 '성우련')이 결성됐다. 하지만 당시는 정권 차원에서 대학생들의 야학 활동 을 탄압하기 시작하던 때여서 성대련 의 활동도 크게 위축됐다. 1984년 성 우련은 성대련과 통합하는데 명칭은 성대련을 그대로 사용했다.

동두천에서는 1940년대 말부터 활 동해온 동두천시대학생회가 1980년대 들어서면서 민주화운동 조직으로 성 격 변화를 겪었다. 1983년 이강기가

성하제 심포지움

성 남 지 역 연 구

일시 : 1985년 8월 15일 PM 5시
장소 : 주 민 교 회
주최 : 성 남 시 대 학 생 연 합 회

성남시대학생연합회가 주최한
심포지엄 자료집
(민주화운동기념사업회 오픈아카이브즈
00060432)

35대 회장으로 선출되는 과정에서 지역 출신의 지재원, 이교정, 김영호 등 학생운동 출신이나 대학 신입생들이 결합하였고 대학생회 안에 노래패, 문화연구반, 연극반 등을 결성하면서 활동 범위를 넓혀갔다. 동두천에는 대학생회 외에 지역 청년들의 조직인 동민회가 꾸려져 대학생회 회원들과 함께 광암청년회, 극단 동두천, 일요미술회 등의 지역 단체들을 결성해나 갔다.

동두천시대학생회가 성대련과 같은 점은 '고향'을 근거지로 지역밀착형 운동을 전개하였다는 것이고 다른 점은 활동 기간이다. 성대련의 경우 1980년대 말 터사랑청년회, 성남청년회 등으로 발전하면서 1990년대 성남 시 학생운동뿐 아니라 청년운동을 주도해 나간 데 반해 시대학생회는 그 생명이 오래가지 못했다. 성남시는 서울과 면해있는 데다 지역 내부와 인 근에 대학도 여럿 있어 활동가의 재생산이 가능했던 데 반해 동두천은 그 렇지 못했기 때문이다. 그러나 신천의 어류 집단폐사 문제와 관련해 1985 년 동두천시대학생회가 결성을 주도한 신천보존대책위원회가 이후 동두 천민주시민회로 발전하면서 사실상 동두천 시민사회운동의 기틀을 마련 했다고 할 수 있다.

한편, 1980년 5·17 휴교령 이후 1983년 말 학원자율화조치 사이의 기간 에 1,363명이 제적됐는데 이중 상당수가 노동 현장에 들어간 것으로 예측 되고 있다. 또 같은 기간 인천을 비롯해 수도권에만 약 3천 명이 들어간 것으로 추산되기도 한다.(유경순, 2015『1980년대, 변혁의 시간, 전환의 기 록 1』, 182쪽) 분명한 것은 같은 시기 상당한 규모의 학생들이 노동 현장으 로 들어가 노동자로 존재이전을 했으며 이것은 학원자율화조치 이후 집단 적이고 대규모적인 노동 현장 투신의 전조였다.

1980년대 전반기는 사회운동은 곧 노동운동이라는 생각에서 70년대 학 번과 80학번들부터 현장에 들어가기 시작했으며 81, 82학번부터 하나의 유

행을 이루기 시작했다. 이들의 현장 투신은 주로 대학 서클이나 야학활동
을 통해 이뤄졌으며 광주민중항쟁에 영향을 받은 개인적 투신도 있었다.
하지만 1980년대 초반 학출 활동가들의 현장 투신은 주로 인천과 구로공
단에 집중됐다. 경기도에는 수원, 부천, 성남, 안양을 중심으로 학출 활동
가들이 일부 들어가다가 유화국면에 접어들면서 신흥공업단지인 안산과
그밖에 지역에 많은 수의 활동가들이 들어가게 된다.

3. 야학운동과 노동자 지원 활동

1970년대 경기도에는 서울에 인접한 도시를 중심으로 야학이 넓게 퍼져
있었다. 1980년대 들어서는 변혁운동의 영향으로 이들 야학 중 상당수가
기존의 검정고시야학에서 노동야학으로 바뀌거나 새로운 노동야학이 개
설되었다. 1970년대 후반 본격적으로 등장한 노동야학은 학생운동의 '노동
현장론'과 맞물려 진행되었다. 성남의 한울야학은 서울의 신림, 봉천, 구
로, 가리봉 등의 지역과 함께 처음부터 노동야학으로 출발해 신림동의 겨
레터야학, 봉천동야학 등과의 교류를 추진했다. 노동야학은 학생운동가들
이 노동자들을 의식화시키는 통로였으나 1983년 야학연합회 사건이 발생
한 이후 침체하기 시작했다.

당시 정권은 야학 활동을 좌경 용공 학생들의 혁명 활동으로 규정하고
야학 학생과 교사들을 탄압했고 1981년 동학·야학회 사건으로 노동자들
이 해고되기도 했다. 야학연합회사건은 1983년 8월경부터 치안본부 직속
비밀수사기관이 야학교사들을 불법적으로 연행하고 가택수사를 하면서
시작됐다. 경찰은 연행된 교사들은 수사과정에서 장시간 밀실감금과 잠
안 재우기 등의 가혹행위를 당하며 노동자들에게 '사회주의 의식화 교육'
을 시켰다는 강제진술서를 받았다. 치안본부는 이런 과정을 통해 대학생

300명, 노동자 200명이 연루된 조직표를 작성하고 야학 전체를 사회주의 단체로 낙인찍히며 좌경용공의 혐의를 뒤집어씌웠다.

야학연합회 사건과 함께 노동야학은 노동자의 지식인화에 불과하다는 비판이 가해졌고 유화국면 이후 공개투쟁이 활발해져 노동야학의 활동방식이 준비론적 경향이라는 비판이 일면서 침체가 가속화됐다. 더욱이 노동상담소가 여러 곳에 생기면서 노동야학의 역할은 더욱 미미해졌다.(유경순, 2015, 144 · 152쪽) 그러나 야학은 완전히 소멸되지 않은 채 1980년대 후반과 1990년대 초까지도 다수의 학생들이 야학 활동에 참여했다.

노동야학에 교사[27]로 참여한 학생들은 위에서 말한 두 가지 유형과 함께 지역과 무관하게 외부에서 들어온 학생들도 있었다. 하나의 야학에 같은 대학에서 조직적으로 참여하는 경우도 있었고 개인적으로 참여하는 경우도 있었다. 경기도 야학 활동을 지역별로 보면 다음과 같다.

수원의 야학활동은 1980년대를 지나면서 양서협동조합운동과 함께 수원 지역 민주화운동의 씨앗을 뿌리는 역할을 했다. 일제시기에 이어 1950년대 중반 다시 개설된 서둔야학, 1963년에 개교한 제일야학과 1972년 개교한 화홍야학은 1980년대 들어 노동야학으로 전환했다. 노동자들에게 노동 관련법을 가르치고 노동자 권익 보호를 위한 활동을 전개했다. 1980년대 화홍야학에는 서울농대와 수원 출신 한양대 학생들이 조직적으로 참여했으며 개별적으로 참여한 사람도 많았다.

성남의 야학은 연세대 교수 노정현의 도시빈민 프로그램에 영향을 받아 1971년 연세대 신학과 4학년생인 최규성이 시작했다. 최규성은 위수령이 내려지자 성남에 가서 천막을 치고 청소년 야학을 시작했으며 부지를 기증받아 제일실업중고등학교를 설립했다.(이하 '제일실업')(『동아일보』, 1974

---

27) 당시에는 야학 교사들을 강학(講學)이라고도 했다.

년 6월 11일자) 제일실업은 성남 지역의 공장에 다니는 청소년 200여 명 (1974년 기준)을 대상으로 검정고시 야학을 운영했으며, 1977년부터는 교사들이 따로 나와 한울야학을 만들었다. 이 때문에 제일실업 학생들은 한울야학 교사들과도 밀접한 관계를 맺었으며 1980년 5·18 직후 분신자살한 김종태도 제일실업의 소그룹인 형제단 활동을 하면서 한울야학 교사들과 교류했다. 한울야학은 상대원동 단대초등학교 앞에 있다가 1979년 중동으로 이사 갔는데 성남 지역 노동자들이 가장 많이 거쳐 간 곳이다. 한울야학은 또 1978년 베네딕트수도회의 소피아 수녀가 만남의 집(이하 '만집')을 만들어 노동사목을 시작한 이후부터는 만집 활동가와 한울야학 교사가 겹치는 일이 많았다.

제3절 종교단체의 유입과 민중운동 지원

경기도는 도시의 상당수가 서울에 면해 있다는 지리적 특성 때문에 중앙 활동가들의 유입이 어느 지역보다 많은 곳이다. 이 때문에 1970년대에도 이미 성남과 시흥 등 일부 도시를 중심으로 중앙의 민주화운동 활동가나 민중적 종교단체가 들어와 빈민운동을 중심으로 한 활동을 벌였다. 성남의 주민교회나 시흥의 복음자리마을이 대표적이다. 1980년대에는 1970년대의 빈민사목에 더해 또 다른 흐름이 생겨났는데 가톨릭계 성직자들의 노동사목과 개신교계의 민중교회 설립, 그리고 종교단체의 청년 조직 결성이었다. 이들은 1970년대부터 이어진 활동에 결합하거나 별도의 방식으로 빈민운동과 노동운동에 참여하면서 이후 전개되는 변혁적 노동운동의 바탕을 마련했다. 한편 이와는 별개로 자생적 생존권투쟁과 가톨릭농민회를 중심으로 하는 농민운동도 꾸준히 전개됐다.

먼저 수원 지역 민주화운동의 태동과 성장 과정에서 종교인들의 역할은 매우 중요했다. 특히 기독청년들의 활동이 활발했는데 1981년 수원 YMCA에 탈춤반, 기타반 등의 동아리모임이 결성돼 민주의식을 교양하는 계기가 되었고 이 같은 노력은 1980년 기독교대한감리회청년회 수원지방연합회 창립, 1983년 기독교장로회청년회 수원시연합회 창립, 1984년 수원지구 기독청년협의회(이하 '수원 EYC') 창립으로 가사화되었다. 수원 EYC는 수원지역의 기독교 대한감리회, 한국 기독교장로회, 대한 예수교장로회, 대한 성공회 등의 청년연합회가 모여 결성한 협의체로 기도회, 발표회 등을 통해 광주학살의 실상과 교회의 사회참여를 꾸준히 강조하였다. 1981년 7월 16~17일에는 수원종로감리교회에서 김동완 목사를 초청해 '한국사회현실과 교회의 과제'를 주제로 강연하기도 했다.

성남에서는 1978년 베네딕트수도회 소피아 수녀가 '만남의 집'을 열어 노동사목을 시작한 이래 1981년 10월 6일에는 메리놀선교회의 사제 민요한·하유설 신부와 왕마리아·마가렛 수녀가 들어와 '메리놀의 집'을 설립했다. 또 JOC 회원들이 지역에서 활동했는데 광주 학살에 항의해 분신한 노동자 김종태는 주민교회 신자이면서 JOC 회원들과도 어울렸다. 이것을 볼 때 각각의 종교기관이나 청년조직들은 지역 내부에서 긴밀하게 연계돼 있었음을 알 수 있다. 1981년 2월 22일 성남 YMCA가 창립했는데 민주화운동을 일반 시민층에까지 확장시키는 역할을 했다. 성남 YMCA에는 여러 문화 소모임이 만들어지고 창립 첫 해인 1981년 11월부터 연합예술제를 개최하면서 지역의 여러 문화운동가들이 교류하는 사랑방이 되어주었다. 한편 성남의 개신교계와 가톨릭계는 각각 김종태와 한희철이라는 열사를 탄생시켰는데 주민교회와 수진동성당을 중심으로 매년 추모제가 열면서 성남 민주화운동의 구심 역할을 했다.

안양에서는 1980년 초 안양지역기독청년연합회가 창립했다. 이들은 1981

년 총선에서 민한당과 연계해 야당 지원 활동을 하기도 했으나 모임을 주
도한 이종태의 군 입대 후 사실상 활동이 중단됐고 일부가 새빛교회로 합
류해 운동을 계속했다. 또 1979년에는 일부 기독청년들에 의해 YMCA 설
립 움직임이 있었으나 내부 갈등으로 결실을 보지 못했다. 그러나 1982년
장내동성당 근로자회관(현 전진상복지관)에서 JOC(가톨릭노동청년회) 활
동을 시작하면서 종교단체와 노동운동이 결합하는 계기가 마련될 수 있었
다.(『6월항쟁을 기록하다 4』, 226쪽)

　부천은 도시 서민이 밀집한 신흥도시인데다 유동성이 높고 공동체성이
약해 신흥도시의 신흥종교에 개방적이었다. 1957년 소사읍 범박리(현 소
사구 범박동) 일대에 천부교도들이 신앙촌을 건설했으며 1981년에는 조희
성이 부천 역곡동에 승리제단이라는 종파를 만들어 영생교를 창교했다.(『부
천시사』 4, 6쪽) 그러나 기성 종교의 역할은 다른 곳과 크게 다르지 않거나
오히려 더욱 컸다. 부천 최초의 사회운동은 JOC 회원들이 1979년 비조직
노동자들의 조직화에 대한 관심을 갖고 교육프로그램을 운영한 것에서 출
발하였다. 1982년에는 부천 YMCA와 노동자아카데미가 설립했으며 민중교
회의 경우 1978년 시작한 새롬교회를 필두로 1984년부터는 하나교회, 내동
교회, 제자교회 등이 설립됐다. 또 석왕사에 마야야간학교가 설립되어 노
동문제에 접근하기 시작했다. 또 1985년에는 노동포교원인 반야포교원이
설립됐다. 이러한 종교기관은 노동상담실, 야학 등을 통해 노동운동에 대
한 지원을 하였으며 공간기관의 탄압에 대한 방어기지의 역할을 하였다.

제3장 유화국면 이후 학원자주화운동과 반정부투쟁

전두환 정권은 5·18 광주항쟁 이후 학생운동의 억압을 위해 1981년 졸업정원제(이하 '졸정제')를 강행했다. 하지만 예상과 달리 학생시위는 줄어들지 않았다. 또 오히려 '졸정제 폐지'가 학생운동의 대중적 연대 고리로 작용하면서 오히려 학생운동의 잠재적 구성원을 대폭 증대시키는 결과를 초래했다. 억압의 강화가 오히려 저항으로 이어지는 상황에서 전두환 정권은 결국 1983년 말 학원자율화조치를 발표하고 제적생 1,363명에 대한 복교를 허용했다. 공안 관련자 172명이 특별사면과 형집행정지로 석방됐고 142명이 복권됐는데 그중에는 학생운동으로 수감 중이던 131명도 포함돼 있었다. 다음 해인 1984년 2월에는 사복경찰이 학원에서 철수했으며 3월 1일에는 구속학생 158명이 석방되고 정치활동 피규제자 99명 중 84명이 해금되는 한편, 학원사태 관련자 159명도 특사로 석방됐다.

학생운동 관련 구속자들의 병역 문제가 해결되면서 이 시기 제적생들의 진로는 크게 세 가지로 이루어졌다. 복학을 하거나 재야단체 또는 현장(노동, 도시빈민 등)을 선택하는 것이었다. 이 중 민청련 등 재야단체는 서울을 중심으로 활동했기 때문에 경기도 내 민주화운동과 직접적인 관계를 갖고 연대투쟁을 하는 일은 거의 없었다. 또 도시빈민운동의 경우 종교단체를 중심으로 하여 지역별 토대가 강했기 때문에 유화국면 기간에 나타난 새로운 양상은 자율화조치로 인한 학생운동의 대중화와 학출노동자를 중심으로 하는 노동조합 결성투쟁으로 모아진다.

학원자율화조치 결과 전국 65개 대학에서 1,031명이 복교 대상이 됐고 이 가운데 718명이 재입학 의사를 보였다.(『동아일보』, 1984년 3월 1일자) 제적생들이 학원으로 돌아오면서 각 대학에서는 이들을 중심으로 하는 복교추진위원회나 복학대책위원회가 만들어졌다. 서울 지역 대학들이 학교별로 기구를 만들어 대응했으며 2월 11일에는 전국적인 조직으로 '제적생 복교 추진 지역대표자 전국협의체'가 결성되었다.

전국협의체가 결성되기 약 보름 전인 1월 25일 경인지구의 20개 대학의 제적학생들이 통합 복교대책위원회를 만들었다. 경인 지역 제적생 30여 명은 25일 저녁 나환자 구호모금협의로 위장하여 여의도성당에 모인 뒤 연합체 결성을 결의하고 대정부 대화창구는 연합체로 일원화하기로 했다. 다음 날인 26일 밤에 있은 기독교회관 목요예배 때에는 위원회 결성을 보고했다.(『동아일보』, 1984년 1월 27일자) 통합위원회 소속 제적생 40여 명은 2월 11일 서울 기독교회관에서 내외 기자 20명과 기자회견을 갖고 정부와의 대화를 제의하는 한편 평교수협의회와 자치기구 활동을 주장했고 2월 20일에는 기독교회관에서 유인물을 뿌리며 철야농성했다.(『동아일보』, 1984년 3월 1일자) 제적생들의 복교와 함께 이후 경기도 학생운동은 각 대학의 학생회 부활 노력 속에 대학별 독자적인 반정부투쟁이 전개되는 한편 도내 각 대학 간 연대투쟁이 전개됐다.

유화국면 시기부터 시작된 학생운동의 특징 중 하나는 시기별 집중이슈의 형태로 진행되었다는 것이다. 3~4월에는 학원민주화투쟁, 그리고 5월 이후에는 사회민주화투쟁이 전개되었는데 최소한 1990년대 초반까지 학생운동의 기본일정표처럼 자리 잡았으며, 1984년도가 그 시발점이 되는 해였다. 1984년 봄 학원민주화투쟁을 활발하게 전개한 학생운동은 5월 들어 아직까지도 금기시되고 있던 광주학살의 문제를 전면에 내세우며 학살에 대한 진상규명과 책임자처벌을 주장하며 전두환 군부독재 정권의 불법성과 비도덕성에 대한 폭로투쟁을 펼쳤다.

1983년부터 다시 적극적인 투쟁에 나서기 시작한 서울농대에서는 대내적으로는 졸업정원제와 상대평가제 폐지, 그리고 대외적으로는 5·18 광주민중항쟁의 진상조사를 요구했다. 1984년 1학기 초에는 새로운 학생회를 구성하였으나 학교 당국이 이를 인정하지 않고 2학기 들어 학생회장을 제명했다. 이를 계기로 학생들과 학교 당국 간의 충돌이 연일 끊이지 않았다. 10월 24일 서울농대생 280여 명은 경천제 및 학생회 인정 등을 요구하면서 교내에서 농성을 벌였다. 같은 날 관악캠퍼스에서도 학생집회가 있었는데 수원캠퍼스와 달리 관악캠퍼스에는 학교당국의 요청으로 경찰 6,400여 명이 교정 안에 투입됐다.(『동아일보』, 1984년 10월 25일자)

1981년부터 병점캠퍼스 시대를 연 한신대는 서울농대와 함께 경기도 학생운동의 중심이 되었다. 1984년 4월 19일은 한신대의 개교기념일이기도 했는데 한신대 학생 5백여 명이 이날 오산캠퍼스에서 개교기념행사를 마치고 행진하던 중 경찰의 최루탄과 돌 세례에 수십 명이 부상하는 일이 발생했다. 이어 4월 25일에는 한국방송공사(KBS) 기자들이 경찰과 주민 피해에만 초점을 맞춰 시위를 취지하자 이에 분노한 한신대생 일부가 카메라기자 2명을 학교소극장에 연금했다가 2시간 50분 만에 풀어주는 일이 일어났다.(『경향신문』, 1984년 4월 27일자) 한국방송공사에서 곧바로 학생들의 처벌을 요구하였지만 29일 한국기독교장로회 청년회전국연합회에서 '반폭력을 위한 성전'이라는 성명서를 발표하며 학생들의 입장을 옹호했다. 이어 5월 1일에는 한신대 민주화추진위원회 주도로 4·19 사태의 정당성을 재확인하기 위해 경기도청 앞 연좌농성을 벌였다. 그러나 평화적인 농성을 마치고 학교로 돌아가려는 학생들을 경찰이 폭력배를 동원해 구타하고 연행하는 일이 일어나면서 다음 날 한신대 민주화추진위원회는 '한신대 사태 제2백서'라는 제목의 성명을 발표했다.(『수원시사』, 345쪽) 5·18 전날인 5월 17일 한신대생들은 다시 집회를 열고 세류삼거리에서 수원극장까지 진출해 '수원시민에게 보내는 글'을 배포했으며 같은 날 기독청년들은 남문에서 북문까지 '한국기독청년반폭력투쟁'이라는 제목의 성명서를 배포했다. 당시 한신대 시위에 대해 화성군 오산읍과 태안면 등 화성군내 2개 읍·면 73명의 이장들은 5월 17일 한신대생 시위와 관련, 한신대학장 앞으로 시위 자제를 촉구하는 항의문을 전달했다.(『경향신문』, 1984년 5월 18일자) 반면 5월 28일에는 한신대 동문 100여 명이 서울 한신대대학원 캠퍼스에서 '반폭력비상총동문회'를 열고 4월 있을 한신대 학부캠퍼스 시위 때의 경찰폭력행위를 규탄했다.(『동아일보』, 1984년 5월 29일자)

2학기 들어서는 안산의 한양대 반월캠퍼스에서는 분교 차별과 문교부의 분교정책에 항의해 9월 20일 학생 2천여 명이 교문을 나와 시위를 벌였다.(『동아일보』, 1984년 9월 22일자) 이날 학원자주화추진위원장을 비롯해 시위 학생들이 검거되면서 그들의 석방을 요구하는 시위가 계속 이어지는 가운데 학생 4명이 구류처분을 받았으며(『동아일보』, 1984년 9월 24일자) 1984년 말부터는 도내 대학들의 연합시위도 전개됐다. 10월 11일 성균관대 학생 6백여 명이 횃불을 들고 교내를 돌다 수원 율전동의 전철역까지 나가 반정부시위를 벌인 데(『동아일보』, 1984년 10월 12일자) 이어 다음 날인 12일 아주대를 비롯해 경기도내 4개 대학생들이 10월 12일 오후 학원 내 문제를 내걸고 연좌농성과 시위를 벌였다. 가을 축제 이틀째를 맞은 아주대생 400여 명은 이날 오후 3시반경부터 농악놀이를 하던 농악대를 앞세우고 교문 밖 진출을 기도, 출동한 경찰과 대치하다 30여분 만에 해산했으며 경기대생 150여 명도 학교운동장에서 '학도호국단 비리를 밝히라'는 등의 구호를 외치며 4시간 동안 연좌농성을 벌였다. 또 러시아어과 폐지와 관련, 3일째 농성을 벌여온 경희대 수원캠퍼스 학생 300여 명도 교문 밖 진출을 기도하다 경찰과 대치 끝에 교내로 되돌아갔으며 한신대생 150여 명도 '선교활동 보장하라'는 등의 구호를 외치며 교문 밖으로 진출해 경찰과 투석전을 벌였다.(『동아일보』, 1984년 10월 13일자) 그밖에 서울농대에서는 24일 경천제 및 학생회 인정 등을 요구하며 시위를 벌였으며(『동아일보』, 1984년 10월 25일자) 경희대에서는 23일 이틀 동안 분교정책 철회 반대, 러시아어과 폐과 반대 등을 주장하며 시위를 벌이다 각목 등을 든 체육대학생 2백여 명과 충돌해 양측 학생 30여 명이 부상하는 일도 벌어졌다.(『동아일보』, 1984년 10월 24일자) 다음날까지 이어진 시위의 결과로 경희대는 교내시위로 파손된 기물의 복구가 이루어지지 않은 데에다 등교하는 학생도 평상시 4분의 1 수준인 1천여 명에 그쳐 25일 임시휴업에 들어갔다.(『동아일보』, 1984년 10월 26일자)

11월 24일에는 의정부복지고교 교사 2명이 재단 비리 규탄 교내 시위를 선동했다는 이유로 파면 처분된 뒤 무효확인청구소송에서 원고 승소하는 일도 있었다. 시위 선동이 아니라 교권투쟁기사가 실린 신문(전문지)을 등굣길 학생에게 나눠줬을 뿐이라는 이유에서였다.

12월 12일에는 다음해 2·12 총선을 겨냥한 '전국대학연합 선거대책위원회'가 결성됐고 1985년 1월 14일 서울대에서 있은 '민주총선쟁취 학생연합' 1차 대회 후 본격적인 총선투쟁에 돌입했다. 2·12 총선은 전두환 군부독재정권에 대한 일종의 민주화투쟁의 일환이 되었다. 재야 및 학생운동진영 또한 2·12 총선을 반민정당·반독재 민주연합의 유리한 정치적 계기로 인식하였고 선거참여 등 그에 대한 대응을 벌여나갔다. 1월 29일 부천시 심곡동 북역 앞에서 서울대, 고려대, 연세대, 성균관대, 한양대 등의 학생 250여 명이 "민주총선 쟁취하자"라는 전단을 뿌리며 민정당 경기도 지구당 사무실로 몰려가다 경찰 제지로 40분 만에 해산됐고 시위학생 12명이 연행됐다.(『동아일보』, 1985년 1월 30일) 4월 11일에는 서울농대생 4백여 명이 교내 강당 앞에서 1975년 4월 11일 유신헌법에 반대해 할복 자결한 서울농대생 김상진 10주년 추모식을 거행한 뒤 교문 밖으로 나가려다가 이를 저지하는 경찰들과 투석전을 벌였다.(『동아일보』, 1985년 4월 12일) 김상진 추모식은 1980년에 처음으로 개최되었다가 이때 두 번째로 개최된 것이다.

경기대에서는 1983년 9월부터 전개된 학원자주화운동이 1985년 4월 총학생회가 새로 구성되면서 더욱 격화됐다. 문교부가 경기대의 종합대학 승격을 승인하지 않자 그에 대한 항의로 시작한 시위는 재단 퇴진 요구로 확대되었다가 1985년에는 총학생회 결성에 이어 총학 산하 재단조사특별위원회가 발족하고, 서울캠퍼스에서는 경기개발추진위원회가 발족했다. 이후 재단전입금이 전혀 없는 무능 재단인 이사진 퇴진을 요구하며 본격 집단시위를 벌였다. 수원캠퍼스에서는 1985년 4월 9일 약 250여 명의 학생들이 '무능재단과 이사진의 퇴진'을 요구하며 시위를 벌이고 동시에 '재단 퇴진 서명운동'을 전개해 1천여 명의 서명을 받는 등 학생들의 폭발적인 반응을 얻었다. 결국 5월 6일 약 600여 명의 학생들이 모여 '재단조사 특별위원회'(이하 '재특위')의 발대식을 하고 다음날 재특위 위원과 총학생회로 구성한 학생 대표와 총장과 면담을 하며 요구사항을 제시했다. 그리고 5월 9일에는 각 단과대학 및 학회, 서클장 등의 총학생회 지지성명서 게시, 재단 성토대회 후 교문의 '학교법인 경기학원' 현판을 불태우는 등 격렬한 투쟁이 전개됐다. 같은 시기에 서울교정 학생들도 '경기개발추진위원회'를 결성하고 이사장실 등 유리창 200여 장을 깨뜨리며 격렬하게 시위를 전개했다. 그 과정에서 동창회장의 주선으로 이사진과 면담이 진행되었으나 성과가 없이 끝났고 갑자기 5월 12일 수원교정 윤성종 총학생회장이 연행되어 풀려나는 일이 발생하기도 했다. 이후 학생들은 이사장실과 재무처장실 등을 점거하여 단식농성을 벌이며 격렬히 투쟁했으나 5월 20일 평교수들로 구성된 학원정상화 추진위원회(위원장 김태균 교수)의 중재로 재단과 10개항에 합의했다. 그러나 서울교정 학생들은 계속 등교거부와 점거농성을 벌이다가 결국 수원교정과 마찬가지로 5월 30일 평교수 6인과 김한주 총장, 서용택 법인이사 등이 참석하여 합의하고 정상화됐다.

한편 1985년에는 5월 23일 서울 미문화원 점거농성 사건과 11월 18일 민정당 중앙정치연수원 점거농성사건이 벌어져 많은 학생들이 구속됐는데 경기도내 대학에서는 두 사건에 연루돼 구속되는 일은 없었다. 미문화원 점거농성 사건 이후 정부는 전학련의 민족통일·민주쟁취·민중해방투재위원회(이하 '삼민투위')를 배후조종세력으로 지목하고 대대적인 검거에 나서 서울 지역은 물론 영·호남의 대학까지 전국 19개 대의 총 수사대상자 86명 중 63명이 검거됐다. 또 민정당 연수원 점거농성사건으로는 14개 대학 191명이 연행됐으나 모두 서울지역 대학 소속이었다.

제4장 2·12 총선과 민주화운동 탄압

제1절 2·12 총선과 신민당의 부상

학원자율화조치 등에 의한 1984년의 유화국면 시기에는 학원운동이 대중화 된 것 외에 민주화운동단체도 연이어 결성됐는데 대표적으로는 민주화운동청년연합(이하 '민청련')과 민주화추진협의회(이하 '민추협')를 들 수 있다. 민청련은 1970년대 학번의 운동권 인사들이 주축이 돼 1983년 9월 30일 결성한 재야 단체로 1992년 문민정부(文民政府)가 들어서기 전까지 민족민주운동의 선봉대 역할을 맡았다. 이들은 창립선언문에서 "민주주의, 민중의 생존권 보장, 민족의 평화적 통일"을 목표로 내걸었으며 소수의 활동가 중심이 아니라 광범한 대중에 의거해 활동한다는 '대중노선의 원칙'과 강한 조직적 규율에 따라 투쟁한다는 '조직운동노선'을 2대 원칙으로 표방하였다. 또 민추협은 1984년 5월 18일 구(舊) 야권의 재야정치인들이 조직한 정치단체로 김대중, 김영삼, 두 김 씨를 따르던 정치인들이 8·15공동선언을 계기로 결집했다.

1984년 11월 30일에는 야당 정치인들의 정치활동금지가 해제됐다. 해금 인사들과 민주한국당(이하 '민한당')을 탈당한 인사들이 신당 창당을 결의,

새로운 야당 신한민주당(이하 '신민당')이 1985년 1월 18일 창당했다. 야권 성향의 표가 민한당과 신민당으로 갈라져 민정당이 압승하리라는 예상을 깨고 창당한 지 불과 한 달도 채 안된 신생 신민당이 1985년 2·12 총선에서 수도권을 비롯한 대도시 지역에서 압승을 거두는 돌풍을 일으켰다. 한 선거구에서 2명의 국회의원을 선출하는 선거에서 신민당은 지역구 50석과 전국구 17석을 차지하고, 특히 종로·중구에서 예상을 깨고 이민우가 2위로 당선됐다. 당시 여당인 민정당이 과반수 의석을 차지했지만, 지역구에서 제1당이었던 민정당에 전국구 의석중 2/3을 배분한 결과로 사실상 민정당이 패배한 선거였고 전두환이 우려한대로 신민당이 제1야당으로 급부상하였다. 한편 이후 민한당에서 이탈한 의원들이 신민당에 가세하면서 의석수가 103석으로 늘어났고, 명실상부한 제1야당으로서 대통령 직선제 개헌을 요구하며 전두환 정권과 격렬하게 대립하였다.

 2·12 총선 당시 신민당의 캐치프레이즈는 대통령 직선제 개헌이었고 이것은 총선 이후 정국을 주도하는 화두가 되었다. 신민당은 김영삼 계열이 주도한 선거투쟁을 통해서 선거운동 기간에 많은 군중을 동원하고 직선제 개헌을 하나의 시대정신으로 만드는 데 성공했다. 20, 30대 유권자가 전체의 약 60%나 되었고 방학 중이던 대학생들이 자발적으로 야당 선거운동에 참여했다. 신민당은 전체 92개 선거구에 2개 지역구의 복수 공천을 포함해 모두 93명의 후보자를 공천하였다. 투표율은 84.6%에 달해 제3공화국 이래 최고의 투표율을 보였으며 신민당은 전체 29.26%를 득표했다.

 경기도는 수원·화성, 성남·광주, 의정부·동두천·양주, 안양·광명·시흥·옹진, 부천·김포·강화, 남양주·양평, 여주·이천·용인, 송탄·평택·안성, 파주·고양, 포천·연천·가평, 모두 10개 선거구였으며 이 중 수원·화성, 의정부·동두천·양주, 안양·광명·시흥·옹진, 부천·김포·강화, 4개 선거구에서 신민당이 당선됐다. 이 중 신민당 후보의 당선

지역 중에 50% 안팎의 높은 득표율을 나타낸 지역은 의정부(59.13%), 동두천(59.13%), 양주(55.92), 안양(48.15%), 광명(50.74%), 시흥(47.26%), 부천(45.25%)이며, 낙선한 지역 중에서는 안성(48.27%)이 높은 득표율을 보였다. 한편 11대 총선에서는 경기도 내 12개 선거구에서 전원 민주정의당이 당선됐다.

경기도 전체로는 2,281,483표 중에 신민당이 28.08%에 해당하는 640,643표를 얻었다. 이것은 서울(43.18%), 부산(36.98%), 대구(29.77%), 인천(37.43%) 등 대도시 지역에는 미치지 못하는 것이지만 나머지 9개 도 가운데는 가장 높은 득표율이다. 그밖에는 강원 11.33%, 충북 18.31%, 충남 21.874%, 전북 26.45%, 전남 25.39%, 경북 15.70%, 경남 23.45%, 제주 5.97% 등이다.

〈표 3-2〉 1985년 2 · 12 총선 경기도 시군별 득표

정당명 지역	민주 정의당	신한 민주당	민주 한국당	한국 국민당	신정 사회당	민권당/ 무소속	유효 투표수
수원시 · 화성군	이병직	박왕식	유용근	이재원			
	99,715 (31.45%)	96,952 (30.58%)	83,537 (26.34%)	36,835 (11.61%)			317,039
수원시	58,713 (29.08%)	69,747 (34.54%)	53,944 (26.71%)	19,492 (9.65%)			201,896
화성군	41,002 (35.6%)	27,205 (23.62%)	29,593 (25.7%)	17,343 (15.06%)			115,143
성남시 · 광주군	오세응	이윤수	강원채	이대엽	김기평	유기준 (무소속)	
	70,046 (25.67%)	18,645 (6.83%)	42,830 (15.69%)	83,663 (30.66%)	8,628 (3.16%)	49,048 (17.97%)	272,860
성남시	51,592 (24.86%)	13,608 (6.55%)	35,076 (16.9%)	77,219 (37.22%)	7,004 (3.37%)	22,967 (11.07%)	207,466
광주군	18,454 (28.21%)	5,037 (7.7%)	7,754 (11.85%)	6,444 (9.85%)	1,624 (2.48%)	26,081 (39.88%)	65,394

정당명 / 지역	민주정의당	신한민주당	민주한국당	한국국민당	신정사회당	민권당/무소속	유효투표수
의정부시·동두천시·양주군	홍우준	김형광	김문원				
	42,718 (28.87%)	86,329 (58.36%)	18,873 (12.75%)				147,920
의정부시	21,471 (27.48%)	46,191 (59.13%)	10,445 (13.37%)				78,107
동두천시	10,288 (30.15%)	20,173 (59.13%)	3,651 (10.7%)				34,112
양주군	10,959 (30.69%)	19,965 (55.92%)	4,777 (13.38%)				35,701
안양시·광명시·시흥군·옹진군	윤국노	이택돈	이석용	김종면	김정길	곽인수	
	121,949 (29.48%)	194,690 (47.07%)	70,973 (17.16%)	8,805 (2.12%)	6,196 (1.49%)	10,940 (2.64%)	413,553
안양시	49,406 (29.24%)	81,343 (48.15%)	30,349 (17.96%)	2,794 (1.65%)	2,409 (1.42%)	2,632 (1.55%)	168,933
광명시	22,546 (23.21%)	49,293 (50.74%)	15,404 (15.85%)	3,095 (3.18%)	1,351 (1.39%)	5,448 (5.6%)	97,137
시흥군	36,367 (28.46%)	60,381 (47.26%)	24,259 (18.98%)	2,279 (1.78%)	2,149 (1.68%)	2,328 (1.82%)	127,763
옹진군	13,630 (69.11%)	3,673 (18.62%)	961 (4.87%)	637 (3.23%)	287 (1.45%)	532 (2.69%)	19,720
부천시·김포군·강화군	박규식	안동선	오홍석	김두섭			
	84,744 (28.03%)	98,218 (32.49%)	56,399 (18.65%)	62,940 (20.82%)			302,301
부천시	49,887 (24.98%)	90,373 (45.25%)	35,084 (17.56%)	24,356 (12.19%)			199,700
김포군	16,176 (29.02%)	5,174 (9.28%)	6,885 (12.35%)	27,487 (49.32%)			55,722
강화군	18,681 (39.84%)	2,671 (5.69%)	14,430 (30.78%)	11,097 (23.67%)			46,879
남양주군·양평군	김영선	조정무	신동균	조병봉			
	76,646 (48.71%)	25,376 (16.12%)	23,320 (14.82%)	31,991 (20.33%)			157,333
남양주군	47,741 (43.27%)	21,194 (19.2%)	19,146 (17.35%)	22,251 (20.16%)			110,332
양평군	28,905 (61.49%)	4,182 (8.89%)	4,174 (8.88%)	9,740 (20.72%)			47,001

정당명 \ 지역	민주 정의당	신한 민주당	민주 한국당	한국 국민당	신정 사회당	민권당/ 무소속	유효 투표수
여주군·이천군·용인군	정동성	구재춘	조종익	박창희			
	84,862 (46.4%)	28,578 (15.62%)	45,885 (25.09%)	23,530 (12.86%)			182,855
여주군	32,248 (60.17%)	6,658 (12.42%)	10,611 (19.79%)	4,075 (7.6%)			53,592
이천군	26,216 (44.31%)	13,510 (22.83%)	14,726 (24.89%)	4,706 (7.95%)			59,158
용인군	26,398 (37.65%)	8,410 (11.99%)	20,548 (29.31%)	14,749 (21.03%)			70,105
송탄시·평택군·안성군	이자헌	정진환	유치송				
	71,358 (36.87%)	53,482 (27.63%)	68,668 (35.48%)				193,508
송탄시	17,878 (43.61%)	8,081 (19.71%)	15,027 (36.66%)				40,986
평택군	34,545 (38.45%)	15,135 (16.84%)	40,151 (44.69%)				89,831
안성군	18,935 (30.2%)	30,266 (48.27%)	13,490 (21.51%)				62,691
파주군·고양군	이용호	황인형	이영준	이택석			
	61,529 (36.43%)	26,558 (15.72%)	42,117 (24.93%)	38,683 (22.9%)			168,887
파주군	41,254 (46.51%)	9,378 (10.57%)	27,459 (30.95%)	10,605 (11.95%)			88,696
고양군	20,275 (25.28%)	17,180 (21.42%)	14,658 (18.27%)	28,078 (35.01%)			80,191
포천군·연천군·가평군	이한동	정재인	홍성균	김용채		김유근	
	68,793 (54.95%)	11,815 (9.43%)	18,334 (14.64%)	23,694 (18.92%)		2,546 (2.03%)	125,182
포천군	36,073 (58.36%)	5,044 (8.16%)	6,104 (9.87%)	13,172 (21.31%)		1,410 (2.28%)	61,803
연천군	18,377 (56.75%)	3,173 (9.8%)	4,084 (12.61%)	6,135 (18.94%)		608 (1.87%)	32,377
가평군	14,343 (46.26%)	3,598 (11.6%)	8,146 (26.27%)	4,387 (14.15%)		528 (1.7%)	31,002

유화국면을 통한 민주화운동의 대중적 성장은 2·12 총선의 야당 승리와 함께 신생 야당인 신민당이 제1야당으로 부상하는 결과로 이어졌다. 이로 인해 전두환 정권의 다당제 구상이 좌절하고 민정-신민 양당체제로의 전환과 함께 김영삼, 김대중 양 김 씨 중심의 야권정치세력의 재편이 가속화되었다. 또 2·12 총선 이후 고양된 민주화 열기를 토대로 제 부문의 민주화운동세력들은 부문 간 연대를 통해 전두환 정권의 탄압에 공동으로 맞서고자 했으며 그 결과 1985년 4월 17일 전국학생총연합(이하 '전학련')과 1985년 3월 29일 민주통일민중운동연합(이하 '민통련': 의장 문익환)이 결성됐다. 민통련은 1984년 6월 출범한 민중민주운동협의회(이하 '민민협')와 10월 출범한 민주통일국민회의(이하 '국민회의')가 통합해 발족한 단체로 1980년대 중반 이후 민주화운동의 구심점 역할을 했다. 설립 당시 고문으로 함석헌, 김재준, 지학순 주교 등이 위촉됐고 상임의장에는 문익환 목사가 선출됐다. 상임위원회를 통해 부문운동단체를 포괄했고, 각 지역조직을 통해 개인 회원들을 받아들였다. 기관지로 『민주통일』, 신문으로 『민중의 소리』를 발간했다. 1985년 2·12 총선 이후의 고양된 민주화 열기를 이끌며 민주헌법 쟁취투쟁에 나섰으며 신민당의 직선제 개헌운동과 연대하면서 대중운동을 전개했다. 그러나 1986년 5·3 인천항쟁으로 간부 대부분이 수배되고 문익환 의장이 구속됐으며 사무실이 경찰에 폐쇄됐으나 활동은 위축되지 않았다.

전두환 정권은 민주화운동의 고양에 대응해 1985년 하반기 이후 전반적인 탄압에 나섰고 이 과정에서 민청련 의장 김근태가 민추위 사건의 배후 조종 혐의로 구속돼 9월 한 달 동안 가혹한 고문을 당하는 사건이 발생했다. 4월 대우자동차 파업과 6월 구로동맹파업 이후에는 노동운동에 대한 탄압이 본격화됐으며 학생운동에 대한 탄압은 학원안정법 제정 시도로 나타났다. 한편 4장은 2·12 총선에서 1985년 말 개헌 정국이 본격적으로 개

막하기 직전까지의 시기로 이 시기 경기도 민주화운동의 특징은 2·12 총
선 이후 민주화운동의 고양과 이에 대한 정권의 탄압이라 할 수 있다.

제2절 5·18 진상 규명 운동과 학원안정법 반대 투쟁

2·12 총선 이후 학생운동의 가장 큰 변화는 1985년 4월 17일 전국적인
대학생 연대조직으로 전학련이 출범했다는 것과 5·18 광주항쟁에 대한
진상 규명 요구투쟁이 본격화되었다는 것이다. 이시기 이후 대학가에서는
매해 5월투쟁이 정례화되었다. 전두환 정권은 전국 학생운동의 조직화와
급진화에 대응해 학원안정법 제정을 시도하는 등 학생운동을 다시 탄압하
기 시작했다. 학원안정법 제정은 1985년 5월 서울미문화원점거농성이 일
어나고 동년 4월 대우자동차 파업과 6월 10일 연대 파업인 '구로동맹파업'
이 일어난 뒤 학생운동의 강력한 도전을 잠재우기 위한 시도라고 할 수
있다. 이 시기 경기도 내 각 대학들은 학생운동의 전국적 조직화와 이념적
강화에 발맞추는 한편 정권의 탄압에 대응하면서 내부 역량을 강화해나갔다.

우선 전학련이 출범하기에 앞서 경기도에서는 1985년 4월 10일 경인지
구학생연합회(이하 '경인학련')가 결성됐다. 경인학련의 결성식은 서울대
에서 재경 12개 대학 대표가 모인 가운데 '반외세 민족자주수호투쟁 학생
연합 결성식'과 함께 치러졌다. 경인학련은 4월 1일 성대에서 제기돼 문교
부의 학생회 인정 5월칙 등의 학원 탄압에 공동대처해온 결과로 이뤄졌다.

"민족해방 반독재투쟁전선으로 경인학련이여 집결하라"는 요지의 인사
말로 시작된 결성식에서 성균관대 총학생회장 오수진은 경인학련이 전학
련의 초석으로 민주주의의 화신이 될 것임을 천명했다.(『자유언론』, 1985.
4. 16, 민주화운동기념사업회 오픈아카이브즈)

같은 날 성균관대 수원캠퍼스에서는 교학처장과 학생대표 10여 명이 서울 동대문경찰서에 찾아가 총학생회장 권순필(금속과 4년)이 동대문경찰서에 연행돼 경찰관들로부터 폭행당했다고 주장하며 이에 해명해줄 것을 요구했다. 권순필은 4일 새벽 경인지구학생연합기구 결성 문제로 동대문경찰서로 연행돼 조사받던 중 사소한 시비 끝에 형사 6명으로부터 20여 분 동안 집단구타를 당했다고 항의했다.(『동아일보』, 1985년 4월 11일)

한국외국어대 용인캠퍼스에서는 4월 11일 4·19혁명 25주기를 기념한 백기완의 강연회 뒤 800여 학생들이 "매국방미 결사반대" "예속정권 물러가라" "군부독재 타도하자"등의 구호를 외치며 30여 분간 교내시위를 전개하고 100여 명 학생들은 총학생회 산하기구인 민중민주투쟁위원회 발족식에 참석했다. 4월 16일에는 고려대학교에서 열리는 '전국학생총연합'에 참석하러 가던 홍일택 총학생회장이 학교 앞 모현에서 용인경찰서 정보계형사 4명에 의해 강제불법 연행되어 이날 오후 10시에 풀려났다. 이어 4월 19일에는 전국학생총연합 중부지역연합 창립식이 한신대에서 열려 경기남부 중부지역 700여 대학생이 참여했다. 이날 창립식에는 외국어대학을 비롯하여 한신대, 서울농대, 성균관대, 수원대, 경기대, 아주대, 경희대 등이 참여하여 의장에 성대 총학생회장 권순필, 민족자주수호위원회 의장인 서울농대 학생회장의 각각 취임인사를 마친 뒤 치열한 투석전을 전개해 부상자가 10여 명 생겼다.(민주화운동기념사업회, 2006, 255쪽)

5월에는 각 대학별로 광주학살진상요구 투쟁이 전개됐다. 5월 8일 수원지역 학생들은 성균관대에서 중부지역연합 광주학살진상조사특별위원회 발대식을 가졌고 18일 광주(光州)에서 있은 '광주사태 희생자 합동추모제'에 맞춰 전국적으로 격렬한 시위가 벌어지는 가운데 성남에서는 경원대생 120여 명이 교내 시위를 벌였다.(『동아일보』, 1985년 5월 20일) 이즈음 수원 EYC에서는 광주순례단을 조직해 30여 명이 광주를 다녀왔으며 관련 유인물을 지속적으로 수원에 배포했다.

1982년 부산 미국문화원 방화사건 이후 한동안 주춤했던 반미투쟁도 본격화됐다. 전학련 산하에 구성된 5월투쟁위원회가 구성되고 얼마 뒤 '민족통일, 민주쟁취, 민중해방위원회'(이하 '삼민투')가 결성되어 5월 23일부터 25일까지 서울미국문화원 점거농성사건을 벌였다. 참가 대학생 73명 중 39명이 구속됐는데 이 중에는 성균관대 수원캠퍼스 학생도 2명 포함되어 있었다. 또 6월 한국외대 용인캠퍼스에서는 삼민투 소속 학생들이 총장실을 점거농성하면서 주동학생 8명이 제적되고 삼민투 위원장은 구속되는 일도 일어났다.(『동아일보』, 1985년 9월 6일)

지역 대학생들의 향우회 활동도 본격화되었다. 8월 15일에는 성남대학생연합(이하 '성대련')에서 개최한 '성하제'를 경찰이 방해해 주민교회 신도들과 함께 성남경찰서 앞에서 항의집회를 벌였다. 성대련은 1984년 같은 이름으로 1980년부터 활동하고 있던 성대련이 성남시학우회연합(이하 '성우련')과 합쳐져 만들어진 단체이다. 성대련은 1987년 성남시학우회연합(이하 '성학연')으로 명칭을 바꾸었고 1990년 '터사랑청년회'가 됐다.

1985년 2학기가 되어서는 학원안정법 반대투쟁이 전국적으로 전개되는 가운데 9월 3일 한국외대 용인캠퍼스 학생 50여 명이 성남시 신흥1동 민정당 지구당(위원장 오세응) 사무실 앞에 몰려와 "학원악법 철폐", "서민생계 보호", "직선제 개헌" 등의 구호를 외치며 당사무실에 돌을 던지는 등 시위를 벌이다 해산됐다.(『동아일보』, 1985년 9월 4일)

9월 17일에는 경원대 법학과 2학년생 송광영이 분신자살하는 일이 발생했다. 그날 경원대에서는 학생총회가 열릴 예정이었으나 그날따라 굳은 비가 내려 총회는 연기되었다. 비가 내리는 가운데 온몸에 불붙은 채로 송광영은 "학원악법 철폐하고 독재정권 물러가라!", "광주학살 책임지고 전두환은 물러가라!"는 구호를 외치며 빗속을 질주하다가 쓰러졌다. 그리고 다시 한 번 일어나 "학원안정법 철폐하라!", "학원탄압 중지하라!", "군사독재 물러가라!'고 외치며 쓰러졌다. 열사는 병원에 실려 가는 도중에도 "야! 뭐 해! 싸워"라며 주위의 학우들에게 투쟁을 독려하였다. 분신 후 성남병원으로 옮겼으나, 서울대학병원으로 이송, 응급처치만을 받고 다시 서울대기독병원 중환자실로 이송 입원하였으나, 분신의 의미가 확실히 전달되기 바란다며 치료와 식사를 거부하였다. 경원대 학생들은 시위를 하며 성남병원까지 행진하였다. 여러 신문사에서 취재를 해갔으나, 신문에는 기사가 일체 나오지 않았다. 그리고 경찰은 경원대에서 대책을 논의하던 학생 7명을 연행해갔고, 고인의 일기장 등 다수의 유품을 압수해갔다. 다음날 경원대 학생들이 시위 뒤 병원을 방문하였다. 송광영은 찾아오는 민주인사와 학생들에게 "밖의 상황은 어떻게 전개됩니까? 왜 여기에 오셨습니까? 오시지 말고 밖에서 싸워주십시오. 지금은 싸워야 할 때입니다."라고 말하며 투쟁을 독려하였다. 1958년 광주(光州)에서 출생한 송광영은 청계노조에서 활동하였으며 검정고시를 거쳐 1984년 경원대에 입학했다.(민주화운동기념사업회, 2006, 258~260쪽)[28] 아래는 송광영이 죽기 전 남긴 양심선언문의 일부이다.

> "지금 군부독재는 분단 40년 역사의 질곡에서 민중의 생존권과 피 쏟아지는 자유의 외침을 외면한 채 오직 자신들의 권력에만 집착하여 또다시 역사의 수레바퀴를 거꾸로 돌리려 하고 있다. …… 조국에 대한 끝없는 사랑으로 나는 최후의 순간까지 독재정권에 물러서지 않고 항거할 것이며 이러한 투쟁이 전 민중에게로 확산되기를 간절히 바라마지 않는 바이다. 이러한 우리의 결연한 의지는 결코 독재정권이 총칼이나 학원 안정법 따위의 악법으로도 복종을 강

---

[28] 1996년 9월 22일 송광영 열사 추모비 탈취사건이 일어났다. 경원대 최원영 재단이 진리관 (구 C동) 앞에 위치한 송광영 열사 추모비를 탈취함. 1톤이 넘는 추모비가 하룻밤사이에 감쪽같이 사라진 것이다. 추모비 탈취 이후 유가족과 경원대 동문, 학생들의 투쟁으로 61일 만에 추모비를 되찾아 12월 13일에 다시 세웠다.

송광영 열사 영결예배
(민주화운동기념사업회 오픈아카이브즈 00700721. 원출처: 박용수)

요할 수 없음을 나는 안다. 이 땅의 민주와 자주독립국가로서의 해방과 민중
의 인간다운 삶을 위해 자신을 내던진 투사들의 희생정신에 다시 한번 고개
숙여 경의를 표하는 바이며 마지막으로 나는 현 정권에 대해 엄중히 경고하는
바이다."

송광영이 분신자살한 이후에도 정권의 학원안정법 제정 시도에 항의하
는 시위가 전국적으로 이어졌다. 9월 26일 전국적으로 14개 대학의 학생들
이 "구속학생 석방"과 "학원탄압 중지"를 요구하며 시위를 벌이는 가운데
수원에서는 경희대 학생 200여 명이 교문 밖으로 나오려는 과정에서 서클
연합회장 조양원(서반어어과 4년) 등 30명이 연행됐으며(『동아일보』, 1985
년 9월 26일) 성균관대 150여 명도 학교 후문을 통해 가두로 진출하려다 경찰의 제지를 받고 자진해산했다.(『동아일보』, 1985년 9월 27일) 또 27일에는 경희대생 400여 명이 "연행학생 석방"을 요구하며 연좌시위를 벌였고(『동아일보』, 1985년 9월 27일) 총학생회 부회장 이석재와 조양권이 집시법 위반 혐의로 구속됐다.(『동아일보』, 1985년 9월 30일)

전학련의 개헌투쟁이 본격화되기 전인 10월 11일 전국 13개 대학 2,600여 명의 학생들이 외채 문제 등 정부의 경제정책을 비판하는 구호를 외치며 시위를 벌였다. 이때 안양에서는 아주대, 한신대 등 경기도 지역 대학과 서울 지역 대학생 100여 명이 참가해 안양시 삼원극장앞 네거리에서 시위를 벌였으며(『동아일보』, 1985년 10월 12일), 국민대 정외과 권혁철 등 3명이 구속됐다.(『동아일보』, 1985년 10월 16일) 26일에는 10·26 6주년을 맞아 서울의 서울대, 고려대, 서강대, 경희대와 경기도의 경원대, 경기대 등 6개 대학 학생들이 반정부 구호를 외치며 시위를 벌였다.(『동아일보』, 1985년 10월 26일)

제3절 민중선교단체 설립과 빈민·노동사목 확대

유화국면을 맞아 기존에 민중운동을 지원하던 종교단체들이 지역 민주화운동의 구심으로 자리를 잡아가는 가운데 새로운 민중선교 및 포교단체들이 창립해 빈민운동과 노동운동과 결합하기 시작했다.

먼저 수원에서는 1984년 7월 설립된 수원지구 기독청년협의회(이하 '수원 EYC')의 활동이 본격화됐다. 기독청년협의회는 기독청년들의 교회일치운동의 전개를 목적으로 1976년 1월 한국 협의회가 초교파적으로 설립되어 각 지방 교단연합회의 협의기구 역할을 하였으며 경기도에서는 수원에서 가장 먼저 지역협의회가 결성되었다. 수원 EYC는 1985년 광주순례단을 조직하여 30여 명이 광주를 다녀왔으며 관련 유인물을 지속적으로 수원에 배포하였다. 또 5월 1일 메이데이 행사를 노동계와 연대하여 수원 광교산에서 개최하였다. 다음 해인 1986년 7월 21일부터는 매월 소식지 『수원지역소식』을 간행했다. 5월 20일에는 KNCC수원지역인권위원회가 창립(위원장 윤기석)해 활동에 들어갔으며 7월 1일 수원교회에서는 기독교 새마을운동 경기도 전진대회 규탄집회에 300명이 참석했다.

수원지역소식 제1호(1986.07.21)
(민주화운동기념사업회 오픈아카이브즈
00843173)

부천에서는 1984년부터 민중교회인 하나교회, 내동교회, 제자교회, 새롬교회 등이 설립됐으며, 석왕사에 마야야간학교가 설립됐다. 1985년에는 조계종의 노동포교원으로서 반야포교원이 설립됐다.

안양에서는 1985년 1월 예장 소속 한무리교회가 창립하고 10월에는 기장 소속 돌샘교회가 창립했다. 한무리교회는 초기부터 노동운동을 지원하는 역할을 담당했는데 주민을 위한 탁아소와 진료소, 노동자 교육을 위한 야간학교를 꾸준하게 운영했고, 돌샘교회는 지역 주민과 함께하는 교회를 지향했다.

시흥에서는 1985년 2월 '작은자리'가 개관했다. 작은자리는 복음자리마을, 한독주택마을, 목화마을을 하나의 공동체로 묶었을 뿐 아니라, 복음자리를 시흥의 사회운동 중심에 위치하게 하였다. 나아가 한국 사회운동의 휴식처로, 때로는 근거지로서의 역할을 하였다. 초기의 작은자리는 복음 자리공동체의 사랑방 역할과 함께 재야민주단체들에게 모임장소를 제공하는 일을 했는데 1985년 인천사회운동연합과 천주교사회운동연합이 이곳에서 발족했다. 이후에는 전국교직원노동조합의 전신인 전국교직원협의회, 천주교도시빈민사목협의회(후에 '천주교도시빈민회') 등의 민주화단체들이 이 장소를 이용하였다. 작은자리는 민주화운동세력이 이용할 수 있는 몇 안 되는 안전한 장소였고, 이런 의미에서 시흥은 전국적인 민주화운동의 근거지 역할을 했다고 볼 수 있다.

의정부에서는 1985년 3월 10일 가톨릭 의정부교구의 의정부 2동 성당과 4동 성당이 7세대 14명의 주민들 대상으로 멍석공동체를 구성했다. 구성원들의 직업은 양화점 직원, 공무원, 표구사, 사법서사 사무원, 미군부대 군속, 회사원, 신협 직원, 주부 등이었다. 이들은 1세대를 제외하고는 모두 천주교 신자였으며 신용협동조합의 임원으로 활동했다. 공동체 활동은 생활환경의 개선과 사회현실에 대한 이해를 높이는 데 초점이 모아졌으며 광주학살 비디오 상영 등을 하며 의정부 지역의 민주화운동 거점 역할을 해나갔다.

성남에서는 만남의 집이 탁아소와 야학 운영 등을 통해 노동운동 지원역할을 강화하는 가운데 주민교회가 중앙운동과 궤를 같이 해 5월투쟁과 반미투쟁의 중심으로 기능했다. 주민교회는 1984년 6월 9일 5·18 직후 분신자살한 노동자 김종태의 4주기를 맞아 1981년 1주기 이후 중단됐던 추모예배를 다시 가졌으며 6월 5일에는 여신도회에서 망월동 묘역을 참배했다. 또 8월에는 전두환 방일 반대운동을 전개했다. 이 결과 1985년 들어서 성남 권역에서는 종교단체에 대한 탄압 사건이 빈번하게 일어났는데 선종석 전도사 탄압사건은 교단 차원의 대응을 이끌어냈다.

사건은 7월 31일 성남 광주지방 동부교회에서 시무중인 선종석 전도사가 주민등록법 위법 및 공문서 변조 등의 혐의로 영장 없이 치안본부로 연행되면서 시작됐다. 8월 5일 지방 교역자회의가 열려 대책위원회(위원장: 길영규 감리사, 위원: 성재열 목사, 안재엽 목사, 이준호 목사, 정승희 목사)가 구성되었으며, 8월 23일 지방 실행위원회가 소집되어 기도회 및 진정서 서명 날인하여 관계 당국에 보내기로 결정되었다. 10월 24일에는 교단 차원에서 대책회의가 열렸다. 11월 4일 인천 갈월교회에서 1차 중부연회 기도회가 개최되었다.

7월 27일에는 주민교회 청년회원 윤창근의 연행에 항의하는 교회 청년회원들을 성남경찰서 경찰들이 폭행하는 일이 발생했다. 윤창근은 성남 제2공단 광성고무롤(주)에서 이력서 허위기재를 이유로 부당해고된 뒤 이에 항의하는 유인물을 배포하다 회사 앞에 대기한 경찰에 의해 공단파출소로 연행됐다. 이에 27일 윤창근의 신변안전을 염려한 40여 명의 교회청년회원들이 경찰서의 정문 옆에서 줄지어 서 김해성 전도사와 청년회장, 부회장을 대표로 계속 면회를 요청했으나 청년들에게 무장전경이 곤봉세례를 퍼부었으며 항의하는 김해성 전도사를 파출소 안으로 끌고 들어가 구타해 김 전도사가 실신했다. 또 전화를 받고 온 이춘섭 전도사와 교인들도 경찰의 곤봉세례로 실신하였지만 치료 요구를 거부했다.

9월에는 성남시 교육장 이영훈이 주민교회 목사 이해학을 비방하며 학생 및 교사들의 주민교회 출입을 방해하는 일이 발생했다. 이영훈은 각 학교에서 주민교회에 출석하는 학생들을 조사하고 교회에 출석하지 못하도록 종용했으며 교사들이 교회 출입로에서 드나드는 학생들의 신원을 파악하게 했다. 이에 11월 28일 한국기독교장로회경기노회가 주최한 '선교자유수호대회'가 주민교회에서 열려 이영훈의 퇴진 및 선교자유보장, 교권 확립 등을 요구했다.

제5장 개헌정국 하의 민주화운동

제1절 개헌운동의 고양과 당국의 탄압

1. 전학련과 파쇼헌법철폐투쟁

2 · 12 총선 과정에서 제기된 직선제 개헌론은 1985년 8월 민청련의 '민주제 개헌운동'과 1985년 11월 20일 민통련의 '민주헌법쟁취위원회' 구성으로 이어졌다. 이 가운데 신민당의 타협적 자세를 압박하는 한편 재야와 학생운동 및 노동운동 등의 각 진영에서 다양한 민주제개헌론을 제기됐다. 서노련이 주도한 민중 · 민주 · 민족통일의 삼민헌법쟁취투쟁론이 학생운동 진영에도 수용되었으며 이후 파쇼헌법철폐론으로 전환되었다.

1985년 10월 29일 서울 지역 6개 대학에서 '삼민헌법쟁취투쟁위원회'를 발족하고 삼민헌법쟁취실천대회를 개최한 뒤인 11월 12일 삼민헌법쟁취범국민투쟁위원회 소속 학생 25명이 점심시간을 틈타 노동부 수원지방사무소를 기습점거하는 사건이 벌어졌다. "삼민헌법쟁취", "재벌헌법타도", "미국의 수입개방반대" 등을 외친 이날 시위에는 전학련 중부지역평의회(민중민주 민족통일 헌법쟁취위원회') 소속의 성균관대 수원캠퍼스 김건

성(21, 낙농과 4년 휴학) 등 11명, 서울농대 이영훈(22, 축산과 4년) 등 8명, 한신대 박찬호(21, 기독교육과 4년) 등 6명이 참여했다. 이들은 근처 다방 등에 분산해 모여 있다가 직원들의 점심시간을 틈타 사무실을 점거하고 출입구를 책상, 서가 등으로 막고 농성에 들어가 '노동3권 보장하라' 등 현수막을 창밖에 내걸고 준비한 유인물 등을 뿌리고 노동부장관과의 면담을 요구하며 시위를 벌였다. 이에 경찰은 소방차를 동원, 학생들이 점거한 2층 서무과 사무실 출입문을 부수고 강제해산에 들어가 창밖으로 뛰어 내린 학생 25명을 모두 검거, 연행했다. 이어 오후 1시 30분부터 4시 10분까지 서울대 농대와 성균관대 학생 3백여 명이 각각 교내에서 '노동부 수원사무소' 점거지지 시위를 벌였다.(민주화운동기념사업회, 2006, 283쪽) 한편 13일에는 노동부 광주지방사무소가 학생들에 의해 기습점거 되었으며 15일에는 장관 비서실이 점거됐다.(『동아일보』, 1985년 11월 15일) 이어 11월 18일 전학련 산하 군부독재타도 및 파쇼헌법철폐 투쟁위원회' 소속 대학생들의 민정당 중앙정치연수원 기습점거사건이 있었다. 이 사건 뒤 전학련 소속 대학생들은 개헌운동 관련 구호는 삼민헌법 쟁취가 아니라 파쇼헌법철폐를 구호로 바뀌었다.

11월 29일에는 성균관대 수원캠퍼스 학생 200여 명이 교내 학생회관 앞에서 '전학련 중부지구 제5차 실천대회'를 가진 뒤 반정부 구호를 외치며 교문 밖 진출을 기도, 경찰과 맞서다 자진해산했다. 이날 전국 14개 대학생들은 지역별로 캠퍼스에서 전학련 실천대회 등을 열고 교내외에서 시위를 벌였다. 이날 시위로 서울 지역 대학생 17명이 구속된 가운데 서울 외대학에서는 성균관대 수원캠퍼스 권순필(금속 4년)과 박홍순(생물 4년)이 유일하게 구속됐다.(『동아일보』, 1985년 12월 2일)

성남에서는 11월 1일 오후 8시경 경인지역 대학생 100여 명이 성남 종합시장 앞길에서 반정부 구호를 외치며 기습시위를 벌였으며(『동아일보』,

1985년 11월 2일) 12월에는 성남 지역 대학생들 자체 역량으로 파쇼헌법철폐투쟁을 전개했다. 이즈음 성남과 인접해 있던 당시 용인군에는 한국외대와 경희대, 명지대 캠퍼스, 강남사회복지대, 총신대, 경찰대, 대한유도대, 루터신학대, 이슬람대 등 9개 대학이 들어서 이 중 일부 대학이 1986년부터 성남 지역 대학과 연계해 공동투쟁을 벌였다.

2. 개헌서명운동과 연대기구 결성

1986년 들어 전두환 대통령이 국정연설을 통해 개헌논의를 1989년까지 유보하겠다는 입장을 발표했으나 2월 12일 신민당과 민추협의 대통령직선제개헌 1천만 명 서명운동에 돌입하는 등 개헌서명운동이 본격화되었다. 경기 지역 개헌운동은 학생운동을 중심으로 전개되는 가운데 종교단체들이 보조를 맞췄으며 아시안게임 저지투쟁과 수입개방 반대투쟁과 정부의 노동·경제정책을 비판하는 시위가 개헌운동과 결부해 진행됐다.

신민당 주도로 타협적 직선제 개헌운동이 전개되는 가운데 1985년 하반기부터 분화하기 시작한 학생운동권은 개헌투쟁을 중심으로 투쟁노선에 본격적인 분화가 이루어졌다. 1985년 전학련과 삼민투를 중심으로 공동투쟁에 나섰던 학생운동 내 분파들은 '반미자주화 반파쇼민주화투쟁위원회'(이하 '자민투')와 '반제반파쇼민족민주투쟁위원회'를 결성해 독자적인 투쟁에 나섰으며 후자는 CA라 불리며 제헌의회 소집을 주장했다. CA그룹은 자민투를 중심으로 하는 NL그룹의 '직선제 개헌론'을 기회주의, 개량주의적 운동이라고 비판하고 민족민주혁명(NDR)론을 정립하며 대통령 선거전까지 줄곧 이론 논쟁을 전개했다.

2월 12일에는 신민당과 민추협이 대통령 직선제 개헌 1,000만 명 서명운동을 시작하고 3월 8일 신민당이 헌법개정추진위원회 서울시지부 현판식을 가지면서 개헌서명운동사회 각계로 확산되었다. 성남에서는 2월 7일 주민교회 이해학 목사가 개헌서명운동 이유로 연행돼, 불구속 입건됐다.(『경향신문』, 1986년 2월 28일)

개헌운동의 연장선상에서 1985년부터 본격화된 KBS 시청료 거부운동은 1986년 1월 20일 'KBS-TV 시청료 거부 기독교범국민운동본부'가 발족하면서 경기도 내 기독교 단체들이 적극적으로 동참했다. 성남에서는 주민교회를 중심으로 시청료 거부운동이 벌어졌고 7월 29일 수원에서는 인권위원회 목사 10명과 수원 EYC 회원 30여 명이 수원 남문에서 KBS 시청료 거부 가두캠페인을 벌였다. "관제언론 철폐하고 민주언론 쟁취하자", "언론자유 탄압하는 군부독재 퇴진하라"는 등의 구호를 외치며 시민들에게 전단과 스티커를 배부했다. 이후 9월 29일에는 민통련과 민추협, 신민당과 종교계 등이 참여해 '시청료 거부 및 자유언론공동대책위원회'가 발족했다.

그밖에 개신교계에서는 성남 주민교회에서 6월 24일 '나라와 구속자 석방을 위한 기도회'를 개최한 데 이어 25일에는 '통일을 위한 어머니 금식기도회'를 개최했으며 12월 9일에는 성남·광주지역 기독교교회협의회가 주관해 '민주쟁취와 인권'을 주제로 인권예배를 개최했다. 수원에서는 9월 1일 '해방을 향한 전진'이라는 주제로 수원 YWCA에서 수요특별예배를 가졌으며 2일에는 농천교회에서 이해학 목사를 초청해 '청년예수의 삶'이라는 제목으로 청년교육대회를 열었다. 강연 요지는 "아시안게임이라는 허울 좋은 빚잔치"라는 내용이었다. 또 4일에는 동수원감리교회에서 목회자 150여 명이 참석한 가운데 경기지구 목회자 시국대책기도회가 열려 이문영 교수의 초청강연과 김동완 목사의 사례보고 뒤 가두시위를 벌였다. "직선제개헌 쟁취하자", "강간경찰 사육하는 군부독재 타도하자", "경제침략 자행하는 미일외세 몰아내자" 등의 구호를 외치며 남문과 동방생명 앞 2곳에서 시위를 벌이며 수원교회로 행진했다. 이날 시위로 목회자 4명이 연행

돼 중동파출소 앞에서 목회자와 청년들이 연좌농성하며 불법연행에 항의
했다.

지역 내부 연대도 강화됐다. 성남에서는 지역단체들이 모여 성남민주사
회발전연구회(이하 '성발연')를 창립했다. 성발연은 1985년 8월 8일 성남공
단 시위를 계기로 지역연대체 결성을 논의한 끝에 6월경 결성되었으며 기
독교계의 주민교회, 가톨릭계의 만남의 집과 메리놀 공동체, 성남동 성당,
그리고 성남지역 KNCC인권위원회, 성남 YMCA, 노동계에서 라이프노동조
합을 비롯해 당시 성남에서 공개적 활동을 하는 거의 모든 단체가 참가했
다. 성발연은 빈민들이 생존권투쟁과 민주노조투쟁 과정에서 발생한 각종
사건에 연대했으며 특히 1986년 12월 해고노동자들에 대한 경찰의 불법연
행과 고문수사 사건이 발생했을 때는 '고문폭력 대책위원회'를 구성하고
규탄집회를 개최했다.

3. 학생운동의 투쟁노선 분화와 개헌 시위

학생운동권에서는 독자적으로 헌법철폐를 위한 서명운동을 시작하는
한편 전방입소 반대투쟁이 전개됐다. 전방입소 반대투쟁은 1986년도 상반
기 학생운동의 핵심이슈 중의 하나였는데 대학 2학년생들의 전방입소 의
무군사교육을 '미제양키의 용병교육'이라고 규정하며 대중적이고 격렬한
반대시위를 전개했다. 전방입소 반대투쟁은 구국학생연맹(이하 '구학련')
과 산하 투쟁체인 자민투 중심으로 진행됐는데 CA 진영에서는 민민투를
중심으로 전방입소 반대투쟁보다는 '헌법제정민중회의'의 소집과 파쇼 타
도로 집중돼야 한다며 대립각을 세웠다.

1986년 3월경 성균관대 수원캠퍼스에서 총학 주도로 개헌서명운동본부
가 발족했고 4월 8일에서 11일 사이에는 학과별로 전방입소거부를 결의했

다. 이어 28일에는 강제징집영장 철회 및 '민족민주 성대 쟁취를 위한 실천대회'를 개최했으며 28, 29 양일간 600여 명이 철야농성을 전개했다. 또 폭력경찰의 학장 연행과 기물파괴에 항의해 연좌농성을 하던 중 학생회장외 100여 명이 연행당하는 일도 발생했다. 22일에는 전방교육 중 자진퇴소 10명의 학우에 대한 강제징집영장 발부에 따라 비상총회를 개최했으며 학교당국은 24일 교문을 봉쇄하고 3일간 가정학습 실시를 발표했다.

서울대 2학년생 3,300여 명이 전방입소를 하는 4월 28일에는 서울농대생 220여 명이 새벽 6시경 수원캠퍼스 강의실을 점거하고 농성에 들어갔다. 이날 서울캠퍼스에서는 김세진, 이재호 두 학생이 집회 도중 몸에 불을 붙여 분신자살하는 일이 벌어졌다. 이날은 4월 4일 출범한 민족해방 그룹의 공개조직인 반미자주화반파쇼민주화투쟁위원회(이하 '자민투')와 서울대 총학생회가 공동으로 결성한 '전방입소훈련 전면 거부 및 한반도 미제 군사기지화 결사저지를 위한 특별위원회' 주도로 전방입소훈련 거부투쟁이 시작된 날이었다. 이날의 주요 구호는 '반전반핵, 양키 고홈'이었고 특별위원회의 공동부위원장인 이재호는 자연대 학생회장

서울농대건물 '양키용병 교육 전방입소 결사반대' 플래카드(1986.04.28) (민주화운동기념사업회 오픈아카이브스 00713933. 원출처: 경향신문)

인 김세진과 함께 이날 집회를 이끌었다.(민주화운동기념사업회, 2010, 257~258쪽) 김세진·이재호의 분신으로 학생시위는 더욱 격화돼 4월 30일에는 전국 19대대에서 5,200여 명의 학생들이 민주화 추진, 강제징집 철폐 등을 요구하며 시위를 벌였으며 경기도에서는 항공대, 성균관대(자연과학캠퍼스), 서울농대, 중앙대(안성캠퍼스) 등에서 시위에 참가했다.

한신대에서는 3월에 민족민주쟁취투쟁위원회가 발족했다. 이어 4월 2일에는 한신대 교수 42명이 경제적 평등, 정치적 민주화 등 3개 항 촉구하는 시국선언을 발표했고 한신대 교수들의 이 같은 참여는 6월 4일 한신대 평교수협의회의 발족으로 이어졌다. 또 4월 22일에는 한신대 학생들이 노학연대투쟁위원회 발대식을 갖고 60여 명이 가두시위를 벌여 43명이 연행됐으며, 이에 200여 명 학생들이 학내에서 지지 시위와 철야농성을 전개했다. 경기대에서는 3월경 재단퇴진투쟁위원회가 발족하고 4월에는 수업 거부를 결의하고 4월 20일부터 시험과 등교를 거부했다.

4월 29일 전국반제반파쇼민족민주학생연맹(이하 '민민학련')이 발족하고 5월에 민민투가 발족된 뒤에는 소속 학생들의 시위가 잇달았다. 5월 7일 한신대에서 민민학련 수원지역 평의회 발대식을 갖고 한신대, 성대, 서울농대, 경기대 600여 명이 시위를 벌였다. 또 한신대에서는 민족민주해방대학 선포식을 갖고, 19~23일 "광주혁명 계승하여 헌·제회의 쟁취하자"며 200~300명이 시위를 벌였다. 20일에는 한신대 학생 10여 명이 병점파출소를 급습해 파괴했으며 30~31일에는 서울농대와 경기대에서 수원지역 평의회 연합시위를 벌였다. 또 8월 15일에는 한신대, 서울농대, 아주대, 성균관대 등 수원지역 평의회 소속 200여 명의 학생들이 수원 남문 중동파출소 앞에서 "헌법특위 분쇄하고 미일외세 축출하자"고 외치며 화염병을 던지고 기습시위를 벌였다.

한편 민민투 소속 학생들을 중심으로 하는 가두시위가 이어지는 가운데

5월 20일 서울농대 원예과 이동수가 서울캠퍼스에서 분신자살하는 일이 발생했다. 이동수의 분신은 4월 28일 서울대생 김세진·이재호가 전방입소훈련 거부투쟁 중 분신한 지 한 달도 안 되어 일어났다. 이동수의 분신은 3,000여 명이 참석한 가운데 서울대 5월제 행사의 하나로 문익환 목사의 강연이 진행되던 중 일어났다. 이동수는 학생회관 4층 옥상 난간에서 "파쇼의 선봉 전두환을 처단하자" 및 "미제국주의 물러가라"등을 외친 뒤 몸에 불을 붙였다. 이동의 분신이 있던 20일에는 전국 27개 대학에서 8,600여 명의 학생들이 교내시위를 벌였는데 경기도에서는 성균관대(수원), 한양대(반월), 명지대(용인), 한신대 등에서 전방입소 반대투쟁을 벌였다.(『동아일보』, 1986년 5월 21일)

전방입소 반대 및 개헌 요구 시위 과정에서 수많은 학생들이 연행·구

분신 투쟁한 이동수 학생의 추모제가 열리고 있는 수원 서울농대의 모습(1986. 5. 22)
(민주화운동기념사업회 오픈아카이브즈 00741629. 원출처: 경향신문)

속되는 가운데 수원지법에서 시위 관련 구속자에게 처음으로 무죄를 선고해 주목을 받기도 했다. 6월 9일 수원지법 오상현 판사는 교내시위 주도 혐의로 구속·기소된 성균관대 고득성(토목, 졸업), 김근영(조경, 졸업), 백영옥(약학 4년) 3명에게 무죄를 선고했다. "비교적 평화적인 시위를 벌였으며 개헌 요구를 했다고 해서 현저히 사회적 불안을 야기시키는 집회라고 보기 어렵다"는 게 무죄 선고 이유였는데 검찰과 법원에 적지 않은 충격과 파문을 던졌다. 판결문은 '보안'을 이유로 공개되지 않았으며 수원지검에서는 "판결문이라기보다 야당 국회의원의 대정부 질의 원고 내용을 옮겨놓은 것 같다"며 불만을 표시하기도 했다.(『동아일보』, 1986년 6월 11일)

여름방학 들어서는 대학생들의 농촌봉사활동이 일제히 시작됐다. 수원대, 수원간호전문대, 동남보건대, 장안전문대, 지역청년 50여 명이 남양면 사강 지방으로 농활을 갔으며 한신대와 성균관대는 각각 1~9일, 4~13일 사이 괴산으로 농활을 갔다. 또 14~19일 사이에는 수원 EYC 주최로 남양주 농활이 진행돼 2개 교단에서 28명이 참여했다. 1986년까지의 농민운동은 사안별 투쟁위원회를 구성해 선도투쟁을 벌이는 가운데 대중적 확산을 목표로 했는데 당시 농민운동이 활성화되는 과정에서 학생운동과의 연대는 막대한 영향을 미쳤다. 또 대학생들에게는 농활이 학생 일반의 정치의식을 고양시켜 대중조직을 강화하는 한편 학생운동의 민중지향성을 실현하는 장으로 기능했다. 한편 1986년 경기도 농민운동에서는 4월경 가농 화성협의회가 결성되었고 9월 1일에는 전국 20여 시·군에서 3,000여 명의 농민들이 '미국 농축산물 수입 저지 실천대회'를 개최한 가운데 안성 농민들도 쌀 개방 반대투쟁을 벌였다.

한편 여름방학을 이용해 인문사회과학서점에 대한 압수수색이 일제히 진행됐다. 전두환 정권이 1985년 5월부터 이념서적의 압수·판금 조치, 출판사 등록 취소 및 폐간 등을 단행하는 가운데 6월 221일 출판 종사자 200

여 명이 모여 한국출판문화운동협의회(이하 '한출협')를 결성했다. 한출협은 창립선언에서 미국의 국제저작권 조약 가입 압력을 외세에 의한 생존권 위협으로 규정하고 범국민적 항의운동의 일환으로 '미국(美國)'을 '미국(尾國)'으로 표기할 것을 주장했는데 열흘 뒤인 7월 1일 공동회장인 아침출판사 발행인 정동익 등을 국가보안법 위반 혐의로 연행했다. 8월 8일에는 문공부와 경찰이 합동단속반을 편성해 서울시내 24개 서점에 대한 일제 압수수색을 시작으로 전국적인 탄압에 나서는 가운데 서점 주인 10명을 연행했다. 수원에서는 인문사회과학서점인 아대앞서점과 니꼴라서점의 서적 다수가 압수당했으며 아대앞서점 대표 채운기는 불구속 입건됐다. 8월 9일 한출협은 "문명국의 야만성을 고발한다"는 제목의 성명서를 발표했고, 11일에는 전국의 25개 서점에서 동맹철시를 했다. 사회과학서점에 대한 당국의 탄압은 이듬해에도 계속되었는데 동두천시 열린서원 대표가 구속되고 다수 활동가가 탄압받는 일이 생겼다.

2학기 들어서는 9월 20일부터 10월 5일까지로 예정된 서울 아시안게임 반대 시위가 이어졌다. 학생운동권은 아시안게임의 '반민족적' 성격에 주목해 "아시안게임은 한반도 남부를 영원한 식민지로 지배하려는 미제와 그 주구 친미독재 일당에 의한 영구분단의 제전"으로 조국통일의 3대 원칙 중 하나인 민족대단결의 원칙을 들어 반대를 표명했다. 일부 경기종목이 개최되는 서울대(탁구), 성균관대 수원캠퍼스(태권도), 한양대(배구) 등 3개 대학은 시위를 막기 위한 방안으로 경기 기간 동안 휴업에 들어갔으며(『동아일보』, 1986년 9월 9일), 경찰은 경기를 방해하는 시위 땐 사정없이 육탄 진압할 것을 천명했다.(『동아일보』, 1986년 8월 29일) 화염병 소지나 단순시위 가담자도 전원 구속한다는 정부 방침에도 불구하고 시위는 중단되지 않았다. 9월 24일 경기지역 5개대생 600여 명이 한신대에서 '아시안게임 반대 및 헌특위 분쇄 실천대회'를 갖고 화염병을 투척하며 시위를 벌였으며, 아시안게임 마지막 날인 10월 4일에는 안양의 포도원(유한양행) 앞에서 가두집회가 열렸다. 퇴근시간에 맞춰 열린 이날 집회는 300여 명이 도로를 점거하면서 시간이 길어졌다. 신식국독자론에 입각해 미제국주의 및 군사독재 타도와 아시안 게임 저지가 주장되었으며 견해와 주장이 다른 다수의 활동가들이 참여했다. 또 10월 7일에는 경기지역투쟁위원회 연합 6개 대학 200여 명이 서울농대에서 '장기집권 음모저지 및 직선제 쟁취 실천대회'를 가졌다.

10월 28일에는 '건국대 사건'이 발생했다. '전국 반외세반독재 애국학생 투쟁연합'(이하 '애학투련') 발대식 때 경찰이 '황소30'이라 명명된 대규모 진압작전으로 점거농성을 강제해산하면서 벌어진 일로 1,525명이 연행되고 이중 1,288명이 구속됐다. 경기도에서는 한신대 101명, 강남사회복지대 18명, 서울장로신학교 20명, 성심여대 21명을 포함해 다수의 학생들이 구속·기소됐다.(『동아일보』, 1986년 11월 4일) 특히 한신대의 구속자 수는 서울대 180명과 고려대 161명, 연세대 115명의 다음으로 많았는데 당시 한신대 전체 학생 수가 1,980명(경기도 기본통계, 1985년 기준, 이하 같음)의 5.1%에 해당한다. 또 장로신학대는 전체 학생 80명 중 22.5%가 구속돼 전국에서 가장 높은 비율이 구속된 것으로 나타났다. 구속자 수의 이 같은 규모는 당시 경기도 학생운동에서 종합대학 이외에도 신학대와 기타 전문학교의 학생운동 참여가 매우 활발했음을 말해주는 것이다. 한편 학생들의 대거 구속으로 학생운동이 침체 분위기에 빠진 가운데 11월 4일 항공대에서는 학생 40여 명이 본관 교수회의실을 점거하고 철야농성에 들어가는 등 격렬한 시위를 벌인 결과 5일부터 7일까지 전 과목 휴강에 들어가기도 했다.

제2절 변혁이론의 각축과 조직사건

1986년에 이르러 비공개 소모임 중심의 노동운동이 공개적인 운동으로 분출되기 시작했으며, 지역 내 노사갈등도 악화되기 시작했다. 이것은 1980년대 초중반 학출활동가의 노동 현장 진입과 노동자들의 자생적 생존권투쟁이 결합하면서 쌓여진 역량이 이 시기에 본격적으로 가시화되었다는 것을 의미한다. 이와 함께 노사갈등과 정권의 탄압도 강화되기는 했으나 노동운동의 이러한 성장은 1987년 6월민주항쟁이 서울뿐 아니라 지역의 독자적 역량으로 전개될 수 있게 하는 밑거름이었다.

1986년은 1980년대 등장한 여러 변혁운동 이념이 노동운동 현장에서 각축하는 시기이다. 학생운동 내 개헌투쟁이 자민투와 민민투를 중심으로 크게 두 가지 갈래로 진행되었다면 노동운동에서 좀 더 분화된 모습으로 나타났다. 이것은 노동운동이 경제투쟁에서 정치투쟁으로 전환되기 시작했음을 알림과 동시에 노동 부문이 변혁운동의 일환으로 동원되기 시작했음을 의미하는 것이다.

1985년 4월의 대우자동차투쟁과 6월의 구로동맹파업(이하 '구로동파') 이후 서울노동운동연합(이하 '서노련')의 등장으로 노동운동은 빠르게 정치화되면서 정치조직운동이 형성되기 시작했다. 서노련이 1년여의 활동기간 내내 조직 균열과 갈등을 겪는 사이 NL세력과 CA그룹이 등장해 노선논쟁을 벌였으며 정치노선보다는 노동 현장과의 결합을 중요시하는 세력들이 '투쟁동맹'을 결성하고 1987년에 NL세력과 결합해 인민노련을 결성했다. 이와 함께 1980년대 초부터 노동 현장 이전팀을 체계적으로 운영하던 다산보임그룹도 1986년 조직사건으로 해소되기 전까지 노동 현장과의 결합을 지속적으로 시도하였다.

학생운동에서 1985년 5월 서울미문화원 점거투쟁을 기점으로 제기된 반제국주의론은 1986년 5·3 인천투쟁 때 본격적인 반미 구호로 나타났으며 1986년경부터 NL 학출활동가들이 조직한 서클에 선진노동자들이 참여하면서 현장성을 강화해갔다. 이들은 5·3 인천항쟁 때 처음으로 '반미'의 입장을 드러내는 선전물을 배포하였고, 부평 미군부대 타격투쟁을 시도하면서 자신들의 조직력을 점검하기도 했다. 이 과정에서 11월 12일 노동운동에서 최초의 NL조직사건으로 볼 수 있는 '반제동맹그룹'사건이 일어났다. 치안본부는 사회주의혁명을 일으킬 목적으로 반제동맹당(AILG) 결성을 기도해 온 서울대 제적생 조정식(22, 진도주식회사 사원) 등 16명을 검거하고 관련자 20여 명을 수배했다. 경찰은 이들은 1983년 말부터 경기도 부천시 신흥1동에 전세방을 얻어 투쟁위원회의 모임을 계속 열면서 「러시아노동당강령초안」, 「공산당선언」, 「조선노동당강령」 등을 인용, 전문 3장 23개 항으로 된 강령을 만들었다고 발표했다. 이들의 주장에 따르면 노동자들을 대상으로 하는 정치적 조직체 건설을 논의하는 한편 직접적인 투쟁도 벌였다. 1986년 8월 17일 부평역 앞 시위와 '빼앗긴 조국을 되찾자'라는 제목의 유인물 배포, 미수에 그친 9월 28일의 아시안게임 반대 시위 등이 그것이다.(민주화운동기념사업회, 2006) '반제동맹그룹'사건이 일어나기 한 달 전인 10월 24일에는 반제동맹그룹과 유사한 정치서클인 '지역현장조직그룹'이 관련된 일명 마르크스·레닌당사건(ML당 사건)이 발표됐다. 이들은 6월경 구로·영등포지역을 중심으로 조직을 구성했고 구속 및 지명수배된 대부분이 서울 지역 대학생들이었으나 경기대 학생도 포함되어 있었다.(『동아일보』, 1986년 10월 24일)

다산보임그룹은 1970년대 각 대학에 탈춤반, 전통문화연구회 등이 만들어지는 과정에서 기독교청년회의 문화활동인 '대학연합 탈춤팀'의 움직임으로 시작됐는데 1983~1984년 사이 경기지역에서는 한신대에 서클을 구성했으며 1985년부터는 성남과 안양 등지에서 현장 진입을 시도했다. 1986년

4월 14일 치안본부 대공수사단에서 다산보임그룹 사건 관련 구속자 14명을 발표했을 때 경기지역에서는 성남지역 탈춤연구소 책임자 박성인, 전기독교청년연합 교육문화분과위원장이자 강남사회복지대 퇴학생인 김상복, 서울농대 원예과 휴학생 김해중이 포함돼 있었다.(『동아일보』, 1986년 4월 14일)

CA그룹은 1980년 전민학련 사건, 1985년 10월 민주화추진위원회 사건 관련자들이 주축을 이뤘으며 경기도에서는 안양과 성남 지역에서 주로 활동했다. 이들은 사상적 통일을 통한 전위조직 건설의 필요성을 노동운동에 제기했으나 관념적 급진성과 함께 대중운동과 정치운동의 긴장 및 상호관계를 인식하지 못하는 한계를 드러내면서 대중과의 결합에 실패하였고 탄압으로 인해 조직은 와해되었다. 8월 10일 안양권 활동가 150명이 수원의 용주사 옆 그린파크에서 모임을 가졌을 때 CA그룹에서 정치선동 주장을 하면서 논란이 일기도 했다.

6월에는 인노련 부천지부가 결성됐다. 인노련은 서노련과 함께 해체된 이후 민족통일민주주의노동자동맹(이하 '삼민동맹')으로 발전했다. 그밖에는 마르크스·레닌주의에 기초한 노동자계급의 전위당 건설을 지향하며 '정치조직론'을 주장한 세력들이 있었는데 이중 '제파PD'가 안양에서 활동한 것으로 나타났다.

3월 10일 서울 구로공단에서 열린 '86 임금투쟁 전진대회'에 성남과 안양의 노동자들이 대거 참여했고 이즈음 분신자살한 구로공단의 신흥정밀 노동자 박영진의 추모제가 4월 2일 성남에서 열렸다. 이것은 성남과 안양의 경우 구로공단을 중심으로 확산된 변혁운동으로서의 노동운동과 정치투쟁과 영향이 상대적으로 컸다는 것을 알 수 있다.

3월 6일 분신자살한 박영진은 구로공단의 대표적인 노동야학인 한얼야학 출신으로 한얼야학은 서노련 핵심 다수가 활동한 야학이었다. 서노련과 인노련 회원 70여 명, 분신 자살한 신흥정밀 노동자 박영진을 추모하며 3월 22일부터 25일까지 전태일기념관에서 농성을 전개했다. 박영진은 유언에서 "삼민헌법 쟁취하자"고 말하는 등 변혁운동의 영향을 강하게 받은 경우였다. 또 그의 죽음은 제조업 노동자 자살로는 처음으로 대대적인 추모투쟁을 불러일으켰으며 여기에는 민통련과 민추협 등 재야와 노동계가 대거 참여했다. 이것은 노동운동이 전체 민주화운동 전선의 일부로 동원되기 시작했음을 의미하는 일이었다. 그리고 성남에서 박영진 추모제가 열렸다는 것은 성남지역 노동운동이 갖는 정치투쟁적 성격을 말해주는 것이다.

1987년 1월 10일에는 치안본부에서 안산 노동자해방투쟁위원회 사건을 발표했다. 경찰은 지도총책 최석주(29, 가명, 서울대 경제과 졸, 반월 H금속공원), 등 핵심간부 9명과 안산선교협의회 방병규 씨(27, 서울대 농학 3년 제적) 등 전도사 2명 포함 11명을 검거, 국가보안법위반혐의로 구속하고 관련자 90명 중 신원이 파악된 20명은 같은 혐의로 수배했다. 경찰은 '안산노동자해방투쟁위원회'를 결성하여 민중민주주의정부를 수립을 목표로 북괴방송 청취, 김일성 주체사상 학습, 용공이적 유인물 살포, 파출소 방화 등의 활동을 벌여왔다고 발표했다. 그러나 사건 관련자들은 그동안 노동자들의 활동을 지원해온 '반월공단노동자권리투쟁위', '반월공단통일협의회', '노동자생존권투쟁위', '안산선교협의회' 등의 단체에서 활동해온 사람들로서 노동운동에 대해 지원하는 단체소속원으로서 전두환 정권 말기 경기남부 지역 노동운동을 탄압하기 위한 대표적 공안조작사건이었다.

제3절 인권탄압과 지역 연대

1986년은 민주화운동이 폭발적으로 확산됨과 동시에 전두환 정권의 인권탄압도 절정을 이룬 때였다. 1985년 9월 민청련 의장 김근태가 한 달 동안 살인적인 고문을 받은 일이 그해 12월 19일 재판에서 알려졌다. 1984년의 유화국면이 민주화운동세력을 기만하려는 술책에 불과했던 것이다. 전두환 정권은 1986년 4월 30일 개헌가능성을 내비쳤으나 5·3 인천항쟁과 10·28 건대항쟁 등을 겪으면서 11월 7일 계엄령 선포를 준비[29]할 정도로 긴장했다. 이에 따라 전두환 정권 말기 대표적 인권탄압 사건인 부천서 성고문사건을 비롯해 여러 인권탄압 사건들이 발생했으며 아시안게임의 개최에 따른 민중생존권 탄압도 고조되었다.

　우선 4월 1일에는 수원교도소 양심수 단식투쟁사건이 발생했다. 수원교도소에 수감된 오승준(외대 서반아어 4년, 전총학생회 부회장)이 폭언과 폭행을 당한 뒤 이 사실을 알게 된 4동, 5동의 양심수들이 단식에 들어간 것이다. 3일부터 다른 동의 양심수들도 단식에 합세하며 공개사과와 요구하며 교도소장 면담을 요청했다. 그러나 9일 밤 단식하는 양심수들을 강제로 지하실에 끌어다가, 양손과 양발에 수갑을 채우고 목을 뒤로 젖힌 채코를 막고 강제 급식하면서 다음 날 양심수 가족들이 탄원서를 제출하고 교도소장으로부터 재소자에 대한 폭행 행위 금지, 휴일운동가능, 면회시간 연장, 목욕횟수 늘림 등을 약속받았다. 그러나 5월 16일과 17일 다시 폭행이 일어나면서 19일 '광주항쟁추모 및 재소자 인권탄압과 4월 단식합의사항이행'요구를 걸고 일부 단식에 들어갔다. 22일에는 단식투쟁 중인 양심수 가족들 '이 무자비한 재소자 인권유린 사태를 폭로하며'라는 성명을 발표했다.

　7월 7일 부천경찰서에 연행돼 성고문을 받은 권인숙이 진상규명을 요구하며 조사계 형사 문귀동을 고소했다. 권인숙은 부천시 소재 가스배출기

---

[29] 11월 29일 민주정의당 중앙집행의원 및 상임의원장들과의 만찬 석상에서 언급.

부천서 성고문사건과 관련 시위대들 진압하는 전투경찰들(1986.07.18)
(민주화운동기념사업회 오픈아카이브즈 00735975. 원출처: 경향신문)

제조업체에 친척 이름으로 취업해 주민등록증 위조 혐의로 부천경찰서에
연행된 상태였으며 고소 당일 권인숙은 공·사문서 위조 혐의 등으로 구
속기소됐다. 문귀동은 이를 틈타 곧바로 명예훼손과 무고 혐의로 권인숙
을 맞고소했다. 이후 사건은 야당과 재야가 연대해 결성한 '고문 및 용공
조작 공동대책위원회'가 7월 19일 명동성당에서 '고문·성고문·용공조작
범국민폭로대회'를 개최하면서 정국의 중심에 놓이게 됐다. 27일에는 서울
대한성공회를 시작으로 규탄 집회가 청주, 이리(익산), 부산, 대전, 광주로
이어졌으며 8월 25일 대한변호사협회는 문귀동에 대한 검찰의 불기소 결
정에 대해 변호사 166명의 명의로 대리인단을 구성해 법원에 재정신청을
냈다. 그러나 재정신청은 기각됐고 권인숙은 인천지방법원에서 징역 1년6
개월을 선고받았다. 대법원은 6월민주항쟁 뒤인 1988년 2월 9일에서야 재

정신청을 받아들였으며 문귀동은 1989년 6월, 사건 발생 3년 만에 징역 5년을 선고받고 1993년 만기출소했다. 권인숙 사건을 위한 대책위원회에는 민통련, 민청련을 비롯하여 전국 규모의 민주화운동단체들이 대거 참여했으며 지역 단체로는 성남민주발전연구회 여성분과가 참여했다.

7월 14일 국가보안법 위반 혐의로 구속됐던 김성학이 수감생활 224일 만에 무죄로 풀려나는 사건이 발생했다. 김성학은 전해인 1985년 12월 2일 경찰에 의해 영장 없이 연행돼 경기도경 대공분실에서 72일 동안 조사를 받은 뒤 구속영장의 발부로 수감된 상태였다. 구속 사유는 그가 동네사람들과 함께 남북고향방문단 관계보도를 보면서 "북한은 공업이 발달돼 석유를 만드는 데 질이 좋고 고급이며 이것으로 만든 로프는 가늘어도 끊어지지 않는다", "북한은 일반인에게 강냉이 배급을 주지만 노동자는 우대해 오히려 쌀 배급을 주고 있다"는 등의 북한을 고무·찬양하는 발언을 함으로써 국가보안법을 위반했다는 혐의였다. 수원지법 성남지원 판사 장용국은 "장기구금 상태에서의 자백은 증거로 할 수 없으며 김 피고인이 했다는 찬양발언은 당시 보도기관을 통해 다 알려진 사실이므로 유죄 이유가 될 수 없다"며 무죄판결을 내렸다.

10·28 건대항쟁 직후 전국 교도소장 회의를 통해 "교도소 질서를 세우라"는 법무부의 명령이 내려진 뒤인 12월 19일 안양교도소 양심수 가족 일동 명의로 '안양교도소 살인적 가혹행위를 규탄한다'는 내용의 성명이 발표됐다. 사건의 발단은 건대항쟁 관련자인 김정호, 김주한, 임상엽 씨가 11월 4일부터 뚜렷한 이유 없이 지하 감방으로 끌려가 꽁꽁 묶인 상태에서 발바닥을 맞는 등 약 한 달 간 모욕 및 가혹행위를 당한 데 있었다. 12월 17일에는 안양교도소에 수감돼 있던 40여 명의 양심수들이 비인간적인 소내 생활 전면 개선과 재소자 인권보장을 요구하는 구호를 외친 결과 교도소 측이 기동 타격대를 풀어 이들을 징벌방에 넣고, 포승, 방성구 등의 기

구를 사용해 고문했고 가혹행위는 18일까지 계속됐다.

12월 29일 수원지역 KNCC 인권위원회에 화성경찰서 대공과로 강제 연행돼 조사받던 15명가량이 경찰에 고문을 당하고 있다는 사실이 접수됐다. 22일 연행된 이승룡(26세)이 25일 잠시 도망쳐 가족에게 전화를 걸어 알린 내용이었다. 다음 날 이승룡의 누나인 박진아와 모친이 면회를 요청했지만 경찰은 면회를 시켜주지 않았고, 그 다음날 또 다시 면회는 거절되었다. 모친이 본 이 씨의 당시 모습은 머리의 양쪽이 뽑혀 있고 고문 많이 받은 모습이 역력하여 제대로 움직이지 못했다. 인권위원회는 사건이 접수된 뒤 면회를 신청하지만 거절당했으며 수원지검에서는 오히려 구속영장을 발부(1명 국가보안법 위반, 6명 집시법 위반, 공문서 위조, 3명 훈방, 1명 경범)했으며 화성경찰서 경비과장은 "이 개자식들 눈깔을 뽑아버리겠다"며 폭언을 하였다. 다음 해 초 면회가 허용돼 인권위원회는 고문사실을 확인하고 1월 7일 경기지구 목회자정의평화실천협의회, 기독교 대한 감리회수원지방선교부, 수원지구 기독청년협의회, 대한성공회 수원교동교회청년회 등 12개 종교단체와 함께 불법감금 및 고문을 규탄하는 성명을 발표했다.

한편 이들 단체는 화성경찰서 불법감금 및 고문 사건과 함께 이즈음 발생한 노점상 김유태의 분신자살 기도 사건도 연계해 공동 대응했다. 12월 16일 수원 남문 신한은행 앞에서 화장지를 팔던 중 수원시청 단속반원에 의해 장사를 못하게 된 노점상 김유태가 이어 남문백화점과 중앙극장 앞에서도 계속 쫓겨나자 시청에 찾아가 항의하던 중에 발생한 일이었다. 그는 시청 위민실(爲民室)에 휘발유를 뿌리고 시장면담 요구했으나 거절당하자 몸에 불을 붙였다.

모든 토지가 사유지와 국공유지로 구획된 현대사회에서 노점상은 존재 자체가 불법인 직업이다. 이 때문에 노점상에게 단속은 피해갈 수 없는 숙

명이다. 노점상 단속은 특히 국제 행사 때 더욱 강력해지는데 1986년도 마
찬가지였다. 아시안게임을 앞두고 정부가 노점상 근절 대책을 발표하면서
여기에 맞서기 위해 도시노점상복지협의회가 결성됐다. 1986년에는 김유
태 외에도 자살을 기도한 노점상이 여럿 알려졌다. 4월에는 성남 모란시
장의 폐쇄반대 투쟁이 벌어지면서 한 노점상이 자살을 기도했으며 서울운
동장의 노점상 오정례가 단속으로 인한 생활고를 견디지 못해 육교에서
투신자살을 했다.[30] 7월 30일에는 종로1가 제일은행 신축공사장 앞에서
노점상을 하던 신영균(29세)이 자살했다.[31] 그리고 연말 수원에서 분신 사
건이 일어난 것이다. 사건 즉시 인권위원회와 수원 EYC가 중심이 되어 구
명대책위원회를 구성하고 구명운동 및 모금운동을 벌여나갔다. 또 이 일
로 지역 내 모든 역량이 집중되던 중에 안양경찰서 불법감금 및 고문 사건
이 알려져 두 사건에 지역 단체들이 공동대응하게 되었다. 한편 12월 30일
동수원감리교회에서 김유태 씨 쾌유 및 고문에 의한 용공조작 관련 기도
회가 개최될 예정이었으며 500여 명의 경찰이 대회장소를 원천봉쇄하면서
무산되었다. 이날 경기지역 노점상연합회와 성남지역 기독청년 및, 수원
지역 청년학생 300여 명이 원천봉쇄에 대한 항의시위를 벌이다 강제해산
당하고 일부가 경찰에 연행됐다.

30) 「전두환 정권과 도시빈민운동」, 『민중언론 참세상』, 2010. 4. 22.
31) 월간 편집부, 「노점상, 무책임한 행정에 항의 분신」, 『월간 말』 제10호(1987. 3. 20), 62쪽.

제6장 1980년대 초중반 경기지역 민주화운동의 특징과 의의

1980년대 초중반 경기도 민주화운동은 서울을 둘러싸고 있는 지리적 특성으로 인해 중앙 민주화운동의 영향을 강력하게 받는 가운데 서울에서 출발한 민주화운동 이념 및 투쟁이 전국적으로 확산되는 시금석 역할을 했다. 또 도시권과 비도시권이 섞여 있는 지역 특성상 권역별로 뚜렷한 특징을 보였는데 경기도 민주화운동의 특징을 정리하면 다음과 같다.

첫째, 서울지역에서 전개된 민주화운동이 거의 동시적으로 전개됐다. 경기도 민주화운동에서 서울의 영향을 가장 많이 받은 부문은 학생운동이었다. 서울지역 학생운동에서 시작된 이념적 분화 및 투쟁조직은 대학이 밀집한 수원을 중심으로 급속하게 유입되었다. 특히 1984년 유화국면 이후에는 5·18투쟁, 전방입소 반대투쟁, 개헌투쟁 등이 서울지역 대학과 함께 전개되었으며 이에 따라 당국의 탄압도 거의 동시적으로 진행됐다.

둘째, 학생운동이 서울 또는 중앙의 민주화운동과 맥을 같이 해 전개된 반면 전국 조직의 지역 지부 건설은 늦어졌다. 민청련과 민통련 등 전국적 조직의 경기도 지부는 충청이나 영호남 지역에 비해 상대적으로 늦은 시기에 건설됐다. 이것은 경기도에 대한 서울 중심 민주화운동의 강력한 영향력의 반증이기도 했는데 경기도의 경우 서울의 영향력 하에 놓여 있었기 때문에 지부 건설의 필요성이 그다지 대두하지 않았다. 이에 따라 전국조직의 지부 건설은 대체로 1987년 6월민주항쟁 이후에 가서야 이뤄졌다.

셋째, 권역별 특징이 강하게 나타났다. 전체적으로는 수원을 중심으로 하는 경기남부권역의 민주화운동이 가장 활발하였으며, 여주, 이천 등이 소재해 있는 동부권역과 수원 이하 최남단지역의 경우 농민운동이 중심이 되었다. 의정부, 동두천, 고양 등 북부권역은 미군부대가 입지해 있다는 특성 외에 산업과 교통이 낙후해 중앙운동이 전파되는 속도도 상대적으로 느렸다. 그러나 대학생과 종교단체를 중심으로 하는 운동이 산발적으로 전개되었으며 신천보존운동을 통해 공해 문제를 전국적인 이슈로 승화시키는 역할도 했다.

셋째, 공단지역이 있는 부천, 성남, 안산 등지에 학출노동자들이 대거 진입하면서 민주노조 건설이 촉진되는 한편 노학연대가 활발하게 진행됐다. 경기지역은 구로공단이나 인천을 제외하고는 학출노동자들이 가장 많이 진입한 곳으로 서울뿐 아니라 충청도 등 인접지역 대학생들도 다수 들어왔다. 이들은 중소 규모 공장에서 노조 건설투쟁을 지원하는 한편 당국의 탄압에 지역 대학 학생들과 공동대응했다.

넷째, 종교기관을 중심으로 빈민운동과 기타 민중운동을 지원했다. 종교기관의 사회운동은 1970년대 시흥과 성남 지역에서 빈민운동으로 출발하였으나 1980년대에는 노동운동 지원활동을 활발하게 전개했으며 5·18 추모제나 개헌투쟁 등 전국적 사안에도 공동대응했다.

제4부

1987년 6월민주항쟁과
노태우 정권하의 민주화운동

제1장 6월민주항쟁과 민주화 이행

제1절 박종철 고문치사와 민주대연합의 구축

1987년 초에 발생한 박종철의 고문치사와 4월 13일 호헌 조치는 6월민주항쟁으로 가는 도화선이 되었고 5월 27일 민주헌법쟁취국민운동본부(이하 '국본')가 발족해 각계각층에 분산돼 있던 운동역량을 반독재민주화와 대통령직선 투쟁으로 결집시켰다. 경기도의 경우 1987년 초기에는 대학별 집회가 주를 이루다가 4·13 호헌조치 이후 종교단체 중심의 활동이 활발해졌고 5월 18일 고문치사 조작이 폭로되면서 지역노동자와 시민들의 결합이 본격화되었다.

박종철의 고문치사가 세상에 알려지고 2월 7일 개최된 '고 박종철 범국민 추도회'에는 경찰의 원천봉쇄에도 불구하고 전국 16개 지역에서 약 6만 명의 시민들이 모였다. 3월 3일에는 '고 박종철 군 국민추도회 준비위원회'의 주도로 전국 주요 도시에서 '고 박종철 군 49제'와 '고문 추방 국민 대행진'이 진행되었다. 이날 수원 소재 아주대학교에서 3개 단과대 학생회가 '고 박종철 군 추도식'을 자유광장에서 열었고, 이 추도식에 2백여 명의 학생이 참가하는 등 대학별 집회가 이어졌다. 그러나 이때까지 경기도에서는

2 · 7 고 박종철 범국민추도회(1987.02.07)
(민주화운동기념사업회 오픈아카이브즈 00739744. 원출처: 경향신문)

대학생 집회 외에 일반시민들이 참여하는 가두시위는 눈에 띄지 않았다.
통일민주당 창당 발기인대회일인 4월 13일 전두환이 "개헌 논의를 유보
하고 현행 헌법으로 정부를 이양한다"는 내용의 특별 담화를 발표하고서
부터는 대학생 외에 종교단체와 대학교수들이 동참하기 시작했다. 수원에
서는 4월 14일 수원인권위원회와 수원 EYC가 4 · 13호헌철폐와 직선제 쟁
취를 위한 성명서를 발표하고 수원지역 제 단체와 대학생 대표들과 전두
환 정권 타도를 위한 상설 협의구조를 만들었다. 또 5월 6일에는 호헌철폐
와 민주개헌을 주장하며 천주교 수원교구 신부 등 사제 38명이 수원교구
교육원에서 단식에 돌입했다. 성남에서는 4월 15일 주민교회의 이해학 목
사가 호헌철폐 주장과 관련해 최초로 기소되는 사건이 발생했다. 이 목사

는 기독교선교교육원에서 열린 KNCC 통일연구회 세미나 도중 4·13호헌
조치 철폐를 주장하는 성명서 발표를 제안하고 장승룡 목사의 지지로 참
석자들의 서명을 받았다. 5월 4일에는 불구속 기소 상태의 이해학 목사가
전국목회자정의평화실천협의회 소속 목사들과 함께 호헌철폐 및 군부독
재 정권의 즉각 퇴진을 요구하며 삭발을 하고 무기한 단식기도에 들어갔
다. 이후 주민교회에서는 5월 13일 새벽 2시경 성남시청 건설국 주택과에
근무 중이던 공무원 조장호가 동료 5명과 함께 주민교회 건물 외벽에 걸
려있던 '호헌철폐 독재타도' 현수막을 철거하는 도중 신도들에게 붙잡히는
사건이 발생했다. 사건 이후 주민교회 신도들은 교회 옥상에 스피커를 설
치하고 성남시청의 만행을 지역 주민들에게 알리며 4·13조치 철폐와 군
부독재 정권의 실체를 폭로하는 등 '민중의 소리' 방송을 매시간 실시했다.

교수들의 시국성명 발표는 4월 22일부터 줄을 이었다. 고려대 교수 30명
이 '개헌문제에 관한 우리의 견해'라는 제목의 성명서를 발표한 뒤 수원의
한신대 교수들이 시국선언에 동참하였다. 5월 8일에는 부천 성심여대 교
수 28명이 교내에서 시국과 관련한 성명을 발표했다. 이들은 '국민이 기대
해 온 개헌 논의가 4·13호헌조치로 유보될 수는 없으며 개헌만이 난국의
타개책'이라 주장했고, '학문의 자유와 학원의 자율화 등 민주개헌 추진으
로 하루빨리 민주주의가 정착되기를 바란다'고 밝혔다. 교수들의 성명에
는 5월 30일까지 50개 대학에서 1,530명이 참여했다.

대학생 시위도 규모가 전보다 훨씬 확대되었다. 전국 20여 개 대학에서
시위가 벌어진 5월 6일에 한양대 안산캠퍼스에서는 학생 1,400여 명이 학
생회관 앞 광장에 모여 학원민주쟁취 투쟁위원회 실천대회를 갖고 교내시
위를 벌이다 경찰의 진입으로 해산했지만 오후에 본관 건물에서 방화사건
이 발생해 총장실, 이사장실, 학적과, 교직과 등이 있는 1~3층 5백여 평의
내장, 집기 등이 모두 불탔다. 경찰은 이날의 시위 현장에서 정인재 한양

대 총학생회장을 비롯해 12명을 연행하는 한편 심재승 경기도경부국장을 본부장으로 한 한양대 사태 수사본부를 광명경찰서에 설치하고, 연행한 총학생회장 정인재 등 12명을 대상으로 방화난동주도여부에 대한 집중수사를 벌였다. 학원민주화 투쟁위원회 위원장 최오진, 총학생회 학술부장 손용갑 등 학생회 및 학민투 간부 6명과 시위에 가담한 것으로 드러난 문정수 등 모두 16명을 긴급 수배했으며 연행된 12명 중 서클연합회 부회장 김영환 등 3명을 유력한 방화용의자로 발표했다.(『경향신문』, 1987년 5월 7일) 한양대와 함께 조선대의 학내 사건으로 인해 경찰은 종래 입장에서 선회해 학내 시위에 적극적으로 개입하겠다고 발표했다.

5월 18일에는 전국 62개 대학에서 2만 2,000여 명이 5·18추모집회를 갖거나 시위에 나섰으며 야당·재야·학생들의 민주대연합이 강조되는 분위기 속에 27일에는 민주당과 신·구교, 재야 단체 등 2,191명을 발기인으로 하여 민주헌법쟁취국민운동본부를 발족하였다. 야당의 참여를 놓고 논란이 있었으나 결국 민통련 등의 주장으로 야당까지 포괄하는 연합전선의 기틀을 확보하였다. 4·13 조치 철회 및 직선제 개헌 공동쟁취를 선언한 국본은 6월민주항쟁을 성공적으로 주도하면서 시도 단위 조직과 부문운동(부문위원회) 조직 결성을 이끌었다. 경기도 전체 국본은 7월 24일에 가서야 결성되었지만 시·군별 국본은 6월민주항쟁 초기부터 결성되었으며 국본의 전 단계라고 할 수 있는 지역별 연대단체들이 6월민주항쟁을 이끌었다.

국본 발족 이후 수원에서는 5월 28일 박종철 고문조작사건 범수원지구 학생 성토대회 및 장기집권 저지 및 호헌분쇄 대책위원회가 한신대에서 결성되었다. 또 6월 3일 수원 성공회성당에서는 경기지구 13개 재야단체 대표들이 모여 고문살인 은폐 조작규탄 및 호헌철폐 경기지구 평화대행진 준비위원회를 조직했다.[32] 성남에서는 기존에 활동하던 민주사회발전연구회가 3월 17일 성남민주화연합으로 조직을 개편하고 명실상부한 민주화운동단체들의 연합체로서의 틀을 갖추고 있었다. 그러나 전국 국본이 결성되면서 국본 성남지역본부가 새롭게 결성되어 6월민주항쟁을 주도해나갔다.

제2절 6월민주항쟁의 전개와 민주화 이행

6월 9일, 전국의 각 대학에서 '6·10범국민대회 총궐기를 위한 실천대회'를 열고 6·10범국민대회 참가를 결의하는 출정식이 열렸다. 이날 연세대생 이한열이 교내시위 도중 경찰이 직격으로 쏜 최루탄에 피격되었다. 피를 흘리며 늘어진 이한열의 모습은 폭력을 앞세운 전두환 독재정권에 모든 시민들이 참여해 저항한 6월민주항쟁에 불을 붙인 결정적 요인으로 작용하게 되었다.

6월민주항쟁의 첫 번째 단계는 6·10범국민대회로부터 6월 18일까지의 기간이다. 전국 22개 지역에서 24만여 명이 참여했던 6·10범국민대회는 항쟁의 성공 가능성을 보여주었는데, 특히 10일 저녁부터 15일까지 계속된 명동성당 농성은 항쟁의 확산에 결정적인 도화선이 되었다.

6월 10일은 국민대회와 '민정당 제4차 전당대회 및 대통령 후보 지명대회'가 개최된 날이었다. 국본은 민정당 전당대회가 열리는 시각인 10시에 맞춰 옥외 스피커를 통해 민정당 대통령 후보 선출 무효화를 선언했다. 이날 전국 22개 도시 50만여 명의 학생과 시민이 참여한 가운데 "호헌철폐,

---

32) 참여 단체는 한국교회협의회 수원지역 인권위원회, 경기북부 인권위원회, 강화지역 인권위원회, 천주교 수원교구 정의구현사제단, 가톨릭농민회 경기연합회, 감리교 중부지구 민주화선교협의회, 기독교장로회 수원시찰위원회, 대한성공회 남부 교무부, 감리교 중부연회 농촌선교목회자협의회, 가톨릭여성위원회, 수원 EYC, 장기집권저지 및 호헌책동분쇄 수원지구 학생공동대책위원회, 통일민주당 수원지구당 등이었다.

독재타도", "직선제 쟁취하여 군부독재 타도하자"는 구호가 울려 퍼지며 대규모의 시위가 있었다.

이날 수원에서는 오후 5시 매교동성당, 화서동성당, 고등동성당 등에서 대회 참가 준비미사를 가진 후 남문 쪽으로 행진을 시작했고 오후 6시 남문 영동시장 입구, 화서동 4거리, 보건약국 앞, 후생병원 앞, 팔달산 등 6개 지역에서 시위대가 애국가를 부르면서 동시에 평화대행진을 시작했다. 점차 남문 종로 쪽으로 몰려든 시위대에 의해 도로가 전면 차단되었다. 경찰의 진압에 밀리던 시위대는 오후 7시 30분경 화성역 쪽으로 재집결했고 시민들의 가세로 시위대는 3천여 명으로 불어났다. 8시 30분경 경찰의 폭력적 진압으로 시위대가 해산되었으나 1천5백여 명이 수원역 앞에 재집결해 늦은 밤까지 산발적으로 시위를 이어갔다. 시민, 학생 약 4백여 명은 매교동성당으로 몰려가 철야농성에 돌입했으며 한신대 구내에서도 시위대 2백여 명이 새벽까지 토론을 이어가며 비폭력투쟁 방침을 내놓았다. 이날 박영모 목사 외 137명이 연행되었고 강인환 목사, 고덕규(한신대 2년)를 비롯해 약 40여 명이 부상을 당했다.

성남에서는 오후 5시 45분경 경원대 학생들의 교내시위로 시작해 오후 7시경 인하병원 앞과 종합시장 앞에 인파가 모이기 시작했다. 인하병원 앞에는 주민교회 교인 등 170여 명이 연좌해 민주화를 위한 예배를 올렸으며 종합시장 앞에는 산자교회 김해성 목사가 휴대용 확성기로 연설을 시작했다. 8시 반경에는 대부분 시청 앞으로 집결해 '고문살인 은폐규탄 및 호헌철폐 성남시민대회 준비위원회(공동대표 이해학 목사 등 11명)'의 주관 하에 집회를 개최했는데 그 수는 3만여 명에 달했다. 10시 20분경 성남경찰서장의 경고 후 최루탄이 퍼부어졌고 이 과정에서 많은 사람들이 부상당했으나 시민들은 해산하지 않았다. 또 시청 앞 광장에는 전경 1개 소대가 포위되었으나 시위대는 이들에게 전혀 물리력을 행사하지 않았다.

6월 11일부터는 전국적으로 대학가를 중심으로 산발적인 시위가 이어지는 가운데 경기도에서는 수개 대학이 소재한 수원에서 비교적 활발하게 시위를 이어갔다. 11일 수원 경기대생들은 연행된 학생들의 석방을 요구하며 철야농성을 벌였고, 서울농대에서는 동맹휴학을 촉구하며 총학생회가 단식농성을 시작했다. 한신대에서는 학내 시위 과정에서 하종례가 최루탄에 맞아 뇌진탕을 일으키기도 했으며 서울농대도 학교 앞 진출을 시도하다 경찰의 최루탄 발사와 곤봉세례에 부상자가 속출했다.

명동성당의 농성 해산이 결정된 15일에는 전국적으로 대규모 시위가 전개된 가운데 도내 8개 대학 학생 1만여 명이 시위에 참여했다. 서울농대생들은 동맹휴업에 돌입했고 한양대생 1,200여 명은 비상학생총회를 열고 정오에 교문 밖 진출을 시도했다. 아주대생 2,000여 명도 비상학생총회를 열고 가두진출을 시도해 오후 4시경 동수원호텔 앞으로 진출했다. 가두로 진출한 시위대 1천여 명은 대통령배 축구대회가 열리고 있던 수원 공설운동장 앞에서 남문까지 행진을 했으며 밤늦게까지 시내 곳곳에서 산발적인 시위를 벌이다 200여 명은 도서관에서 철야농성에 들어갔다. 성균관대생 수원캠퍼스 2,000여 명이 성대역까지 진출해 경찰과 투석전을 벌였으며, 외대 용인캠퍼스는 모현파출소를 습격해 기물을 부수고 경찰 1명을 납치하기도 했다. 아주대생 33명, 한신대 30명, 수원대 67명, 한양대 11명, 고교생 2명 등 86명이 연행되었으며 한양대 안산캠퍼스에서는 학생 1명이 직격 최루탄을 맞고 쓰러지는 등 13명이 중상을 입었고 50명이 경상을 입었다.

16일부터는 시위 양상이 더욱 격렬해졌다. 경찰버스와 파출소가 습격당해 불타거나 파손되는 모습이 전국 곳곳에서 보이는 가운데 경기대, 경희대, 서울농대, 수원대, 아주대 등 수원지역 7개 대학 3,000여 명의 학생이 오후 6시부터 남문 주변 등 시가지에서 '호헌철폐' 등을 외치며 격렬히 시위했다. 한신대 학생들이 중무장한 전경들이 앞을 가로막고 있는 상황에서 교문 연좌시위를 벌였고, 아주대에서는 학생 2천여 명이 교문 앞 진출을 시도하다 직격 최루탄으로 10여 명이 병원에 입원하는 등 150명이 부상을 입었다. 오후 4시경에는 수원시내에서 학생들이 주도한 시위에 시민들이 가세해 연좌시위로 이어졌다. 이 과정에서 시위군중들이 무차별 폭행당했으며 이에 항의하는 한신대 강돈구, 최순남 등 교수 10명을 강제 연행했다. 그러나 해산된 시위대 1만여 명은 다시 수원역 앞에 모여 밤늦게까지 집회를 갖고 시국토론을 진행했다. 이날 한신대 김태호 군이 연행과정에서 경찰에 맞아 앞니 2개가 부러지고 머리가 5센티미터 가량 찢어졌다. 아주대 김기명 군은 팔, 아주대 이동진 군은 다리가 각각 부러지는 등 시민 42명이 중경상을 입었다. 경찰은 이날 시위에서 한신대 김명섭 군 등 157명을 연행한 뒤 14명을 즉심에 회부했다.

17일에는 진주 경상대 학생 1,200여 명이 남해안고속도로를 장악하고 시위를 벌이는 등 부산, 대전, 진주를 중심으로 시위가 더욱 격화되고 있었다. 경기도에서는 12개 대학 6,700여 명이 교내시위를 벌이다 시가지로 진출해 밤늦도록 산발적인 시위를 가졌다. 이날 저녁 9시 10분경, 성남 인하병원 앞에서는 경희대 수원캠퍼스, 외대 용인캠퍼스, 강남사회복지대 등 5개 대학 500여 명의 시위대들이 1,000여 명의 시민들과 합세해 새벽 1시까지 도심 곳곳에서 산발적인 시위를 벌였다. 한양대 안산캠퍼스 학생 200여 명도 나성프라자호텔 앞에서 저녁 6시 30분경 시위를 벌이다 경찰에 의해 해산되었다. 경찰은 항공대 조성인 군 등 모두 14명을 연행했다. 한편, 한신대 교수 56명은 17일 오전 10시경 정대위 학장 주재로 전체 교수 회의를 갖고 16일 저녁 8시경 수원시 남문 앞 시위 도중 한신대 교수 11명이 경찰로부터 폭행당하고 이중 일부가 연행당했던 사실과 관련해 수원경찰서장과 관계자들의 문책을 촉구하기로 결의했다.(『동아일보』, 1987년 6월 18일)

18일 '최루탄 추방 결의대회'로부터 6월 26일까지의 기간은 6월민주항쟁의 두 번째 단계에 해당한다. 18일을 전후한 시점에는 국본도 중대한 기로에 놓여 있었다. 전두환 퇴진투쟁과 정치적 협상 사이에서 의견이 갈리는 가운데 노태우 민정당 대표는 야당 총재들과의 연쇄회담을 제의했고, 민주당은 그것을 거부하는 대신 폭력 자제를 호소하면서 영수회담을 제의했다. 그러나 전국 16개 지역에서 50만여 명의 시민들이 참여한 가운데 진행된 18일의 '최루탄 추방 결의대회'는 사실상 경찰의 진압을 무력화시키면서 전두환 퇴진투쟁의 기폭제가 되었다.

국본의 결정대로 전국 16개 도시, 247개소에서 최루탄 추방시위와 집회가 열린 18일 수원에서는 오후 6시경 동수원감리교회에서 목사, 한신대 교수, 신도, 학생 등 1천여 명이 참석한 '민주쟁취를 위한 기도회'(부제 '최루탄, 폭력 추방을 위하여')가 있었다. 이들은 오후 8시경 기도회를 마치고 플래카드를 앞세우고 빈센트병원 쪽으로 행진했다. 전경들이 페퍼포그차까지 동원해 3중 4중으로 도로를 막고 있었다. 이때 경기대생 1,000여 명의 지원부대가 오자 전경들이 포위상태에서 또 한 번의 최루탄을 퍼부었다. 오후 9시 50분경 시위를 벌이던 학생 1,000여 명이 역전에서 집회를 가졌으나 폭력에 의해 밀려나 자정 넘어서까지 육교를 중심으로 양쪽에서 대치하였다. 이날 오후 10시 30분경, 수원역 광장 앞에서는 3,000여 명의 시위대가 '평화집회 보장하라'며 운집해 시위를 벌였다. 학생들의 시위가 있었던 수원 빈센트병원 진입로, 역 광장, 매산로 교통삼거리 등지의 아스팔트 위에는 '살인최루탄 추방하자'는 구호가 분사페인트로 칠해져 있었다. 오후 10시 10분경에는 수원역전에서 밀린 시위대 중 각목을 든 100여 명이 시외버스 터미널 앞 고등파출소에 깨진 보도블록과 10여 개의 화염병을 던지며 10여 분간 기습시위를 펼쳤다. 시위대는 서울농대에 들어가 철야농성을 벌였다. 한편, 오후 4시 50분경, 경원대, 한국외대, 경희대 학생 등 용인과 성남지역 6개대생 1,000여 명이 성남시 복정동에 있는 경원대를 출발해 신흥3동에 있는 종합시장과 성남시청 앞까지 가두시위를 벌였다. 오후 9시 50분경에 500여 명의 시위대는 종합시장 앞에서 '최루탄을 쏘지 마세요'라는 현수막을 든 초등학생 7~8명을 선두로 계속 시위를 했고, 800여 명으로 늘어난 시위대는 오후 10시경 성남시청 앞에서 경찰 페퍼포그차를 넘어뜨리기도 했다.

19일에는 오후 6시 30분경에는 경원대, 명지대, 외국어대, 경희대 학생 등 4개 대학 1,000여 명이 성남시 신흥2동 삼영전자 앞까지 진출했다. 이들은 밤 11시 10분경 성남시청 앞에서 시민 5,000여 명과 합세해 태평동 중앙파출소 신흥3동 파출소 등을 점거하는 등 새벽 5시까지 가두시위를 벌였다.

18일까지 서울의 집회에 집중했던 안양에서는 19일부터 본격적으로 지역 시위가 개최되었다. 6월민주항쟁 초기 안양에서 큰 규모의 시위가 없자 경찰 병력이 전부 서울로 차출되던 상황에서 시위는 성공적으로 전개될 수 있었다. 이날 집회는 노동운동 그룹이 시위 준비에 주도적으로 참여했는데 현장선동자와 동원인원 수가 사전에 결정되어 당사자들에게 전달되는 방식이었다. 밤 8시 50분부터 20일 새벽 3시까지 6시간 동안 서울농대, 성균관대, 감리교신학대, 대림공전 학생과 노동자 등 1,000여 명이 안양시 안양1동 조흥은행 앞 중앙로를 점거해 연좌농성을 벌였다. 학생들은 이날 밤 11시 30분경 중앙로 벽산상가 앞에 세워둔 경찰 수송차량인 삼영운수 소속 시내버스에 화염병을 던져 버스를 불태우기도 했다. 이날 시위대는 '조국의 자주화와 민주주의를 위해 투쟁하는 노동자 일동' 명의의 유인물을 살포하기도 했다. 이날 안양에서 열린 시위는 안양권 노동운동 그룹이 공동으로 준비하여 개최한 집회였다는 점이 특징적이다. 네 개의 노동운동 그룹이 사전 모임을 통해 집회를 준비해 대규모 집회를 주도했다. 그밖에 안산에서는 천주교 수원교구 서부지역 신부 20여 명과 신도, 학생 등 800여 명이 19일 오후 8시 원곡동 원곡성당에서 민주회복을 위한 정의 평화 기원미사를 가진 뒤 오후 8시 25분부터 성당에서 1.5km가량 떨어진 나성플라자호텔까지 촛불을 들고 침묵행진을 했다.

국본은 강경론과 신중론의 갈등 속에 22일까지 정부반응을 기다려보고, 4·13조치 철회 등 민주적 조치가 없으면 23일에 26일 평화대행진 계획을 공표하기로 합의하면서 시위는 소강상태에 들어갔다. 그러나 일부 지역에서는 산발적인 시위가 이어졌는데 수원에서는 22일 저녁 7시 10분경, 인계동 외환은행 수원지점 앞에서 200여 명 규모로 시위를 시작해 밤 10시 10분경 수원역 광장 앞에서 500여 명 규모로 확장되었다. 이들은 경찰을 향해 화염병 50여 개를 던지는 등 수원에서 있었던 시위 중 가장 격렬한 모습을 보였다. 또 성남에서는 이날 오후 3시 20분경 단대동 신구전문대학생 200여 명이 '조기방학 거부', '부상 학생 전면 보상', '호헌철폐' 등을 내걸고 교내에서 시위를 벌였다.

6월 23일에는 국본이 전국적으로 '민주헌법쟁취를 위한 국민평화대행진'을 실시하겠다고 발표한 데 따라 시위 규모가 다시 확대되었다. 특히 안양에서는 수원지역의 경기대와 한신대 학생들이 주도한 시위가 대규모로 전개됐다. 안양의 19일 시위와는 달리 노동운동 그룹과는 사전 논의 없이 추진된 시위였다. 학생들의 연합시위 장소로 안양이 선택된 것은 보수성이 강했던 수원에 비해 상대적으로 시민들의 호응이 좋았기 때문이었다. 이날 학생들은 안양시장을 돌면서 동참자를 모았고 시위가 시작되자 한 줄로 서서 본 백화점 앞 대로를 차단하면서 집회를 시작하였다. 한신대와 경기대 학생 2백여 명과 시민 1만여 명이 참여한 가운데 대중정치집회의 형식을 가졌으며 밤 10시경 경찰의 최루탄 발사로 해산되기까지 비폭력 기조를 유지했다. 일부 노동자들이 폭력시위를 요구했으나 거부당했고 학생들의 퇴각 후 노동자들은 자발적으로 시위를 이어갔다. 25일에는 용인·

성남지역 총학생회연합(이하 '용성총련') 호헌철폐 및 군부독재 타도 학생협의회 공동의장인 한국외대 용인캠퍼스 영어과 4년생 이재용이 성남 경원대에서 경찰의 학내 침탈 소식을 듣고 급히 몸을 피하다가 학교 앞에서 교통사고로 안타까운 죽음을 맞이하기도 했다.

6월 24일 전두환과 김영삼의 영수회담이 실패하고 나서 26일 개최된 평화대행진부터 29일의 6·29선언까지는 6월민주항쟁의 마지막인 세 번째 단계에 해당한다. 전국 34개 시와 4개 군에서 100만여 명의 시민들이 참여한 가운데 전개된 26일의 시위는 이제 막다른 골목에 내몰린 전두환 독재정권에 대한 마지막 타격이 되어 6·29선언으로 이어졌다.

6·26국민평화대행진을 앞두고 전두환 정권은 경찰 5만 6,000여 명을 24곳의 평화대행진 예상 도시에 배치했다. 전국에서 일제 검문검색을 실시했지만 경찰의 원천봉쇄 방침에도 불구하고 100여 만 명의 시민과 학생이 시위에 참여했다. 26일 수원에서는 오후 8시경 북수동성당 앞 소화초등학교 운동장에서 36명의 신부와 2천여 명의 신도들이 바닥에 신문지를 깔고 '우리의 소원은 민주'라는 노래를 부르며 '정의와 평화를 위한 미사'를 시작했다. 시위 중인 학생들이 합세해서 한때 3천여 명으로 시위대가 불어났다. 기도회를 마친 신부, 수녀들이 앞장서고 7천여 명의 군중이 그 뒤를 따라 수원역으로 행진했다. 밤 11시에는 1만여 명의 시민이 수원역 광장을 메우고 집회를 가졌다. 한편, 8시 30분경 경기도청 입구에 모인 8백여 명의 시위대는 '최루탄을 쏘지 마라', '수원시민 동참하라'라는 구호를 외치며 평화대행진을 진행했다. 성남에서는 성남지역 교회연합을 중심으로 종합시장 일대에서 저녁 9시부터 촛불대행진을 진행했다. 대학생과 시민 등 3천여 명이 오후 8시경 신흥동 인하병원 앞에서 1시간 동안 성남지역 교회연합 주최의 나라를 위한 기도회를 가진 뒤 9시부터 종합시장까지 2km를 행진했다. 행진 도중 연도의 시민들이 합세, 대열이 순식간에 1만여 명으로 불

6 · 26 국민평화대행진(1987.06.26)
(민주화운동기념사업회 오픈아카이브즈 00711817. 원출처: 경향신문)

어나자 경찰은 최루탄을 무더기로 발사했다. 흩어진 시위대 중 6천여 명은 시청, 성호시장 등 곳곳에서 새벽까지 산발적인 시위를 벌였다. 안양에서는 수원대생을 비롯해 수원과 안양 지역 대학생과 노동자, 시민 등 4천여 명이 26일 오후 8시부터 안양시내 계동 중앙로 등에서 시위를 시작해 27일 새벽 4시경까지 격렬한 시위를 벌였다. 이 때 시위대가 안양서를 기습해 서장관사가 화염병에 의해 불에 타고 시청, 민정당사, 노동부 안양출장소 건물이 투석으로 파손됐다. 이날 안양경찰서와 민정당사가 불에 탔는데 전국적으로는 남대문경찰서를 비롯해 경찰서와 파출소 29개소, 경찰차량 20대, 익산시청과 천안시청 등 4개의 시청, 민정당사 4개소, 마산의 88선전탑 등이 불에 타거나 파손되었고, 경찰 573명이 부상당한 것으로 발표되었다. 경찰은 이날 서울에서 2,139명, 전국에서 3,467명을 연행했다.

26일에 있은 전국적인 대규모 시위에 고무된 국본은 27일 상임공동대표 회의를 갖고 "현 정부는 이제 국민의 뜻에 승복, 새 헌법에 의한 정부이양 일정을 구체적으로 밝히라."고 요구했다. 이날 오후와 밤에도 대구, 부산, 광주, 청주, 인천에서 격렬한 시위가 벌어졌으며 28일에도 시위는 계속되었다. 이에 전두환과 신군부는 6월민주항쟁에 굴복해 민정당 대표 노태우의 명의로 직선제 개헌과 시국사범의 석방 등을 담은 8개 항으로 된 6·29 선언을 발표했다. 그리고 노태우의 6·29선언에 대해 각계가 환영의 뜻을 표하면서 6월민주항쟁은 막을 내리게 되었다.

제3절 공개적 대중운동의 성장 및 7·8·9월 노동자대투쟁과 당국의 탄압

노태우 민정당 대표의 6·29 선언으로 일단락 된 경기도의 6월민주항쟁은 학생뿐 아니라 노동자와 도시빈민층이 대거 참여한 가운데 조직적이고도 대중적으로 전개되었다는 점에서 큰 의의를 갖는다. 6월민주항쟁 시기의 각계각층의 이 같은 참여는 6·29 선언으로 대폭 열린 민주화 공간에서 공개적인 대중운동단체의 결성과 각 부문운동의 성장으로 이어졌다. 그러나 이런 가운데 1987년 하반기에 전개된 7·8·9 노동자대투쟁의 경우 민주노조 결성을 가속화하고 지노협 건설의 토대를 마련하였으나 정권의 대대적인 탄압에 직면해야 했다.

6월민주항쟁 이후 결성된 대중운동단체로 손꼽을 수 있는 것은 민주통일민중운동연합(이하 '민통련')이다. 경기도에서는 경기북부 민통련과 경기남부 민통련이 각각 1987년 8월과 10월에 결성되었다. 1985년 3월 29일에 결성된 민통련은 이후 각 시도별 결성이 이어져 1980년대 중반 민주화 운동의 구심 역할을 했으나 경기도에서는 민주화 이후에나 결성될 수 있었다는 점에서 차이를 갖는다. 이것은 서울에 인접해 있다는 지리적 특성상 지역 활동가들이 중앙의 단체와 밀접한 관련을 맺고 있었기 때문에 별도의 광역 단위의 연대체의 결성이 그만큼 늦어졌던 것으로 볼 수 있다. 또한 도 전체가 환의 모양으로 권역별 사회경제적 차이가 큰 데 따라 민통련의 경우 도 전체를 대표하는 단일한 기구 대신 북부와 남부 권역에 각각 하나씩 결성되었는데 이 같은 모습은 이후 전국연합의 지역연합에서도 확인할 수 있다.

우선 경기북부 민통련은 1987년 8월 29일 천주교 의정부 2동 성당에서 창립대회와 시국강연회를 가졌다. 시국강연의 주제는 "민주화와 민족자주

경기북부 민통련 발기인대회
(민주화운동기념사업회 오픈아카이브즈 00743509. 원출처: 박용수)

통일을 향한 과제"였고 연사는 문익환, 계훈제, 백기완이었다. 경기북부 민통련은 창립대회 문건을 통해 "말 한 마디 제대로 못하고 주인 노릇 한 번 바르게 하지 못한 채 살아온 우리 고장 사람들과 더불어 참된 민주화와 통일을 향한 운동을 지속적으로 전개하기 위해 잠자고 있던 우리 지역에 경기북부 민통련의 깃발을 드높이게 되었음"을 천명하였다. 이어 "서울 주변에 있으면서도 낙후될 대로 낙후된 우리 고장에서부터 손에 손 맞잡고 떨쳐 일어나 민주화·인간화·자주화에 대한 포기할 수 없는 믿음으로 그 승리를 끈질기게 확신하면서 우리 스스로 민주화를 쟁취하고 통일을 향한 디딤돌을 만들자"고 선언하였다. 경기북부 민통련은 지역에서부터 민주화와 통일을 위한 운동의 초석을 만들고자 하는 의지를 표출했으며, 의정부와, 동두천, 구리, 남양주, 파주, 고양, 양주, 포천을 아우르는 지역을 포괄하는 민통련의 지역 조직이었다.

경기남부 민통련은 경기북부보다 약 두 달 뒤인 10월에 결성되었다. 경기남부 민통련은 수원과 성남, 안양, 안산, 부천, 시흥, 평택 등을 포괄하는 조직으로 통일과 민주주의, 군부독재의 악법 철폐, 노동자의 권리 쟁취와 빈민 생존권 투쟁 등의 사업을 전개했다. 하지만 지역 민통련이 갖고 있는 지역운동 조직으로서의 한계도 존재하고 있어 실질적으로는 서울과 부산, 광주 등지를 제외하고는 활발한 활동을 전개하는 데 있어 어려움도 있었다.

민통련과 같은 전국 조직의 경기지부가 결성되기도 했지만 지역 자생적인 운동단체 결성도 속속 이어졌다. 여러 부문운동 중에 가장 빠른 움직임을 보인 것은 문화운동 분야였다. 6월민주항쟁을 거치면서 문화운동패의 활동가들이 지역 차원의 시위에 적극적으로 결합하였고 6·29 선언 이후 민주화의 열기 속에 지역문화운동의 통합을 모색하기 시작했다. 수원에서는 1987년 11월 28일 수원민주문화운동연합이 창립하고 민족문화의 확립을 통해 민주주의 실현과 민족통일에 기여할 것을 선언했다.

1987년 9월 27일 전국교사협의회(이하 '전교협')가 창립해 기존의 Y교협 지방조직을 근간으로 시·도 교사협의회를 구성해 나감에 따라 경인교사협의회(이하 '경기교협')도 창립했다. 전교협이 상층단위의 조직 활성화에 중점을 두고 사업을 전개하는 동안, 단위학교 현장에서는 평교사들이 자발적으로 필요성에 의하여 평교사협의회(이하 '평교협')를 조직해 나갔다. 경기교협은 창립 이듬해 11월 13일까지 22개 시·군에서 지역교협을 결성했고 평교사협의회도 1987년 6월 27일 화성군 오산여종고를 시작으로 1988년 말까지 22개 학교에 결성됐다.

한편 1987년 하반기 석 달 간 전개된 7·8·9월의 노동자대투쟁에는 안양과 성남 지역 노동자들이 주도적으로 참여하였다. 두 지역 모두 6월민주항쟁 기간 노동자들의 참여가 두드러졌는데 이를 발판으로 민주화 이후 공개적인 조직활동을 강화하고 대중 동원에 나설 수 있었다. 안양은 6월민주항쟁 기간 중인 19일 집회를 지역노동운동그룹이 결합해 준비했으며 성남의 경우 노동운동 세력이 주도를 하지는 않았지만 대규모 시위에 지역 노동자들이 누구보다 적극적으로 참여한 바 있다. 노동자대투쟁의 지역별 양상은 성남의 경우 6월민주항쟁의 연장선상에서 민주노조 설립과 노동현장의 민주화를 위한 투쟁이 전개되었으며 안양에서는 1986년 공동임투 경험을 기반으로 비합법 점거농성과 철야농성이 거세게 전개되었다. 또 임대공장 등 영세기업이 밀집한 부천 지역에서는 우성밀러가 투쟁의 포문을 열었다.

한편 노동자대투쟁에 대한 당국의 반격이 집중된 곳은 성남지역이었다. 성남에서는 대투쟁 기간 동안 50여 개의 사업장에서 생존권 요구 싸움이 있었고 15개 정도의 민주노조가 결성되었다. 그러나 9월에 들어서면서 민주노조는 회사와 경찰, 언론 등의 악선전과 대대적인 탄압으로 하루에 4~5명이 구속되는 사태가 연이어졌다. 9월 7일 화성실업 안희태(홍익대 경제과 4년 휴학) 등을 공문서 위조혐의로 구속시킨 데 이어 다음 날 보원무역,

조찬숙(경희대 행정과 3년 휴학) 등이 국가보안법위반혐의로 구속됐다. 9월 9일에는 변재완 영진산업 노조 쟁의차장이 구속 과정에서 폭행당해 크게 다쳤으며 O.P.C의 김두영은 출근길에 8명의 대공과 형사에 의해 강제 연행되어 만남의 집과의 관계를 집중 조사받았다. 합법적인 노조활동에 대한 탄압도 극심했는데 노사 합의로 임금협상을 타결한 에이스 노조의 경우 민·형사상 책임을 묻지 않기로 한 합의를 어기고 경찰이 2명을 연행해갔으며 어용노조 결성에 항의하는 조합원 박춘흥과 이학헌이 폭행당하기도 했다. 또 영진산업 노조는 9월 14일경 경찰이 들이닥쳐 8월 28일 이석규 열사 장례식 참가 경위와 전국 해고자집회 참가 경위, 지역의 민주단체와의 관계를 집중 추궁하며 민주단체와 타 조합과의 관계를 갖지 않을 것을 각서로 요구하기도 했다.

10월 2일에는 성남지역 노동현장에서 활동하던 38명을 대상으로 성남지역 '민족해방인민민주주의노선 현장활동가 그룹 사건'을 조작발표하고 10명을 구속하는 일이 발생했다. 노동현장에 위장침입해 노동자들을 좌경의식화시켜 프롤레타리아 혁명을 일으키려 했다는 이유로 지도총책임이었던 서울대 출신의 임규영과 엔엘 노선 조직지도책 윤영주 등이 구속됐다. 그러나 이 사건에는 이미 9월 8일에 발표된 '남로당 재건기도사건'의 관련자들도 포함돼 있어 경찰이 하나의 사건을 여러 개로 나눠 발표함으로써 공적을 부풀렸다는 비난을 사기도 했다. 또 같은 날 성남경찰서는 근로자 포섭 및 좌경의식화학습을 이유로 '다산보임재건파' 등의 조직에서 대졸 위장취업근로자 5명과 노사분규현장 주도 근로자 10명 구속했다고 발표했다. 이 일로 에이스가구에 위장취업한 근로자들을 상대로 좌경의식화 교육 등을 시켜온 혐의로 김영주(27, 중앙대 토목과 3년 제적)와 '다산보임재건파' 성남지역지도부 고성범(28, 국민대 무역과 졸) 등 5명이 국가보안법위반혐의로 구속되고 6명이 수배됐다.

제2장 노태우 정권 전반기 민주화운동

제1절 공안통치와 민주화운동세력의 대응(1988~1990년)

1. 여소야대와 5공 청산 투쟁

1987년 12월에 치러진 대선에서 야권의 단일화 실패로 민주정의당의 노태우 후보가 제13대 대통령으로 당선되었지만 이듬해 치러진 제13대 국회의원총선거에서는 민주정의당이 총 299석 중 125석을 얻는 것에 그쳐 헌정사상 최초로 여소야대 국면이 시작됐다. 노태우 정권은 분출하는 민주화 요구를 억누르기 위해 공안정국을 조성하는 한편 1990년 초 3당 합당을 통해 국면 전환을 모색하였다. 이 기간은 크게 세 단계로 나눌 수 있는데 첫 번째 단계는 여소야대 국면을 가져온 13대 총선(1988. 4. 26) 이후부터 문익환 목사의 방북사건(1989. 3. 25)까지의 시기로, 공안통치를 통한 반격의 배경시기에 해당된다. 이 기간에는 6월민주항쟁의 승리에 따른 민주화 분위기의 상승과 여소야대 국면으로 각 부문에서 민주화에 대한 요구가 터져 나왔다. 또 직선제는 쟁취했지만 민주화운동 진영의 숙원이었던 정권교체에는 실패하면서 대선 직후부터 경기지역에서는 군부정권에 반대하는 시위가 이어졌으며 1988년 하반기부터는 국회의 5공청산 청문회에 발맞춰 전두환·이순자 구속투쟁이 전개됐다.

1988년 2월 10일 수원과 경기북부 9개 지역에서 시, 군 양축농민들이 '쇠고기 수입 저지 결의대회'를 개최하여 수원을 비롯해 의정부, 가평, 양평군 등 4개 지역에서 2천여 명이 모여 가두시위를 벌였다. 2월 21일과 24일에는 학생들의 군부독재 타도 시위가 격렬하게 벌어졌다. 2월 21일 성남시에서는 학생들이 태평2동 중앙파출소에 화염병을 던지고 군부독재타도 시위를 벌였다. 24일에는 청년 4~5명이 수원역 사거리에 설치된 15미터 높이의 대통령 취임 기념탑에 화염병을 던져 기념탑을 전소시키기도 했다.

4월에는 경희대 수원캠퍼스와 서울농대생 2천여 명이 11일 '전방입소 거부대회'와 '김상진 군 13주기 추모제'를 각각 가진 뒤 격렬한 시위를 벌였다. 경희대 수원캠퍼스 학생 1,500여 명은 이날 교내 잔디밭 앞에 연좌해 '전방입소 거부' 등의 구호를 외치다 교문 밖으로 진출을 시도해 최루탄을 쏘는 경찰과 대치하다 자진 해산했다. 서울농대생 6백여 명도 교내 강당 앞에 모여 '김상진 군 13주기 추모제'를 갖고 시위를 벌이다 교문 밖으로 진출을 시도하며 경찰과 대치했다. 이 과정에서 학생 6명이 경찰에 연행됐고 이중 3명이 집시법 위반으로 구속되기도 했다. 4월 18일에는 수원과 화성에서 청년들이 민정당 선거사무실에 화염병을 투척하거나 민정당 화성지구당 위원장 등의 차량 유리를 부수기도 했다. 4월 19일에는 각 대학에서 4·19기념행사가 개최되었다. 이날 경기와 인천지역 14개 대학에서 4·19기념 추모제 등의 행사가 열렸고 명지대 용인캠퍼스, 강남사회복지대, 한양대 안산캠퍼스, 경원대, 성균관대 등의 대학에서 격렬한 시위가 있었다. 4월 20일 민주헌법쟁취국민운동 경기본부는 4월 19일의 대동잔치를 원천봉쇄한 수원경찰서의 폭력을 규탄하는 성명서를 발표했다. 21일에는 성대, 한신대, 명지대 등 경기지역 7개대생이 성균관대에 모여 '경기지역 학생연합건설 추진위원회' 1차 실천대회를 열었다. 다음날 22일에는 총선투쟁대책위원회 실천대회가 서울대에서 열렸다. 서울농대생 4백여 명이 22일 교내 강당 앞 광장에 모여 '총선투쟁대책위원회 1차 실천대회'를 갖고 '군부독재 타도하자' 등의 플래카드를 앞세우고 시위를 벌였다. 민주헌법쟁취국민운동 경기본부 소속 목사와 시민 등은 이날 종로타자학원 3층 건물옥상에 모여 농성을 벌였다.

5월에도 도내 대학가에서 통일, 반미, 반독재 시위가 잇따라 있었다. 5월 20일에는 한신대생들이 수원민정당사를 습격하는 사건이 있었다. 이들은 '광주학살원흉처단', '군부독재지원미국반대', '통일논의보장' 등을 요구했다. 특히 이날은 경기지역 11개 대학 학생들이 성균관대에서 '광주학살원흉처단공동투쟁위원회' 발대식을 한 날이기도 했다. 대학생들의 시위는 민정당사를 공격하거나 지속적인 거리집회로 이어졌다.

9월 들어서는 시위 도중 학생이 경찰의 직격 최루탄에 맞아 뇌수술을 하는 사건이 발생했다. 9월 7일 오후 3시 30분께 경기도 용인군 기흥읍 경희대 수원캠퍼스 후문 입구에서 용인·성남지역 조국통일 특별위원장 신두섭 씨가 시위 도중 경찰이 쏜 최루탄에 머리를 정면으로 맞아 왼쪽 뒷머리에 최루탄 파편이 박혀 뇌수술을 받았다. 이날 신 씨는 오후 1시 경희대 수원캠퍼스 공대 앞 통일관장에서 열린 '전두환, 이순자 부부 구속과 평화협정 체결을 위한 특위발족식'에 용인·성남지역 조통특위원장 자격으로 참석해 지지연설을 한 후 학생 2백여 명과 거리 시위에 나섰다가 사고를 당했다. 다음날 8일 경희대 학생 5백여 명이 오후 3시께 '전두환부부 구속 촉구 및 신두섭 학우 최루탄 부상 진상보고대회'를 마치고 거리로 나와 시위를 하던 중 이를 저지하기 위해 경찰이 쏜 최루탄 조각에 맞아 윤종환, 진병권 등이 부상을 입었다. 이날 수원, 용인 등 도내에서는 한신대, 경희대, 신구전문대, 아주대 등 모두 10여 개 대학에서 2천여 명의 학생들이

전두환 부부 구속과 최루탄 폭력 추방을 요구하며 시위를 벌였다. 9일에
는 민주헌법쟁취국민운동 경기수원본부 등 수원지역 6개 재야단체의 성명
이 발표되었다. 이들은 성명을 통해 "경찰이 평화구역 내에서 전 씨 부부
구속수사를 외치던 신 씨에게 5m 뒤에서 직격 최루탄을 쏴 죽음 직전까지
이르게 한 것은 반민주적, 반민족적 만행"이라고 주장했다. 이들은 내무부
장관 즉각 파면, 경기도 국장과 용인서장 즉각 처벌, 신 씨에 대한 치료와
보상 이행 등 6개 항을 요구했다.(『한겨레신문』, 1988년 9월 8~10일)

10월 2일 88서울올림픽이 폐막하고 국회 국정감사가 시작되면서부터는
전두환·이순자 구속 요구 투쟁이 본격화되었다. 대학생들은 대중적 호응
이 약한 남북학생회담 개최 투쟁을 일단 접고 '전·이 구속처벌'을 새로운
운동 목표로 설정하고 투쟁을 전개했다. 전국적으로 '광주학살·5공비리
원흉처단투쟁', '전·이 구속처벌투쟁'이 전개되는 가운데 각 대학에서는
10월 하순까지 '광주학살·5공비리 주범 전두환·이순자 구속처벌 특별위
원회'를 속속 결성했다.(민주화운동기념사업회, 2010, 442쪽)

11월부터는 시민궐기대회가 전국적으로 개최되는 가운데 11월 3일 학생
의 날을 맞아 3만여 명의 학생과 시민이 전국 각 도시에서 전두환·이순자
구속처벌을 요구하며 밤늦게까지 격렬한 시위를 벌였다. 한신대, 경기대,
아주대 등 경기도내 14개 대학생 2천3백여 명은 이날 오후 1시께 각 학교
별로 학생의 날 기념식과 출정식을 갖고 거리 시위에 나섰다. 한신대생
150여 명은 저녁 8시 30분께 수원경찰서 앞에서 전두환 구속과 전날 연행
된 12명의 학생 석방을 요구하며 연좌시위를 벌이다 경찰의 곤봉과 방패
에 맞아 50여 명이 다치고 33명이 붙들렸다.

시민궐기대회 이후 11월 21일의 미문화원 타격투쟁, 11월 26일의 서울 가
락동 민정당 연수원 점거농성이 있었지만 국회 광주청문회가 개최된 가운
데 투쟁의 기세는 더 이상 높아지지 않았다. 특히 이 기간에는 11월 13일의

'노동법 개정을 위한 전국노동자대회', 11월 16일의 '제5·6공화국 재개발비리만행 폭로규탄 및 깡패철거 결사저지 결의대회', 11월 17일의 '농축산물 수입개방 저지 및 제값받기 전국농민대회' 등이 열려 전·이 구속처벌투쟁의 저변을 확대시켰다.(한국기독교사회문제연구원 편, 1988, 51~52쪽; 민주화운동기념사업회, 2010, 444쪽) 한편 1988년 내내 노태우 정권을 몰아부친 민주화운동 진영은 이듬해 1월 21일 전국민족민주운동연합(이하 '전민련')을 출범시켰고, 분열된 민족민주운동세력은 하나로 묶이게 되었다.

2. 문익환·임수경 방북과 통일운동

1989년 3월 25일 문익환 목사의 방북 시점부터 임수경이 귀국한 8월 15일까지는 공안합동수사본부(이하 '공안합수부')가 설치되어 일련의 방북사건을 총괄 지휘한 때로 본격적인 공안통치기에 해당한다.

전민련 상임고문인 문익환 목사가 북한 조국평화통일위원회의 초청을 받아 1989년 3월 25일부터 4월 3일까지 북한을 방문하자 정부의 대응은 신속하고도 단호했다. 4월 3일 공안합수부를 설치해 방북사건뿐 아니라 통일운동과 관련된 모든 재야운동단체에 대한 전면적 조사에 착수했다. 또 서경원 의원 방북사건(1989. 6. 27)과 임수경 평양축전 방북사건(1989. 6. 30)이 연이어 발생하면서 공안합수부의 권한과 기능은 점차 확대되어갔다. 공안합수부는 문 목사 방북사건을 계기로 이재오(전민련 조국통일위원장)와 이부영(전민련 공동의장) 등 재야인사 수십 명을 구속하고, 임수경 방북사건을 빌미로 학생운동 지도부 63명을 검거하고 19명을 구속하는 등 민주화운동에 대한 전면적인 탄압에 나섰다.

이 시기 경기지역에서는 4월 2일에 수원지역 대학생 간부들이 중앙대 안성캠퍼스에서 결의대회를 열었다. 또한 이들의 주도로 4월 4일 민중민주운동 탄압분쇄 및 노태우 퇴진을 위한 수원지역 5만 학도 실천결의대회를 갖고 격렬한 시위를 벌였다. 4월 19일엔 경기남부민련 산하 수원, 안양등 16개 재야단체 회원들이 '연행 민주노동운동가 즉각 석방', '탈법 합수부즉각 해체' 등을 요구하며 철야농성을 벌였다. 경인지역 21개 대학생 5천여 명은 이날 일제히 4·19 기념행사와 노태우정권 퇴진대회를 갖고 격렬한 교내시위를 벌였다. 이들 각 대학 총학생회는 문익환 목사 방북 이후정부 당국의 재야운동권에 대한 강경대응에 맞서 4·19를 기점으로 장외투쟁을 가속화했다. 성남에서는 성남민주화운동청년연합회준비위원회 소속 2백여 명이 4·19 기념 및 민중운동시민궐기대회를 갖고 문목사 석방과노동운동탄압 중지 등을 요구하며 집회를 가졌다. 시위에 대한 노태우정부의 강경한 대응은 안양에서 여실히 드러났다. 4월 4일부터 재단비리 척결 등을 내세우며 농성을 이끌던 안양예고 학생회장을 고등학생 신분임에도 불구하고 폭력행위 등 처벌에 관한 법률위반 혐의로 4월 21일에 구속한것이 그 단적인 예라 할 수 있다.

6월 26일에는 민족자주평화통일중앙회의(이하 '민자통') 대변인으로 활동했던 성남 신구전문대 원예학과의 김준기 교수가 구속됐다. 월간 '농민'의발행인이기도 한 김 교수가 성남에서 지역사회발전연구소, 평화운동실천협회 등 산하단체를 결성해 이적활동을 벌여왔다는 혐의였다.(『한겨레신문』, 1989년 6월 29일) 이 일로 성남에서는 성남노동자민주투쟁연합(이하 '성민노련') 연성만 의장도 함께 구속되는 등 노동운동계까지 파장이 미쳤다.

6월 30일에는 용성총련 소속 한국외대 용인캠퍼스 불어과 4년 임수경(평축준비위원회 정책기획실장)이 제13차 세계청년학생축전 전국대학생대표자협의회에 전대협 대표로 참석하기 위해 북한에 입국하면서 관련 학생들에 대한 대대적인 검거가 시작됐다. 7월 2일 용인경찰서는 한국외대 용인캠퍼스 학생회관 등에 대한 압수수색영장을 발부받아 전경 5백여 명을 동원해 수색을 실시하고 시위용품 830점을 압수했다.(『한겨레신문』, 1989년 7월 2일) 7월 14일에는 전대협 2기 부의장이자 한국외대 용인캠퍼스 총학생회장인 정형주가 국가보안법위반 등 혐의로 구속됐으며 8월 13일에는 수배중인 같은 학교 김태민(인도네시아어과 3년)이 경찰에 연행되던 중 수갑을 찬 채 달아나다 담에서 떨어져 중상을 입은 일이 뒤늦게 밝혀지기도 했다.(『동아일보』, 1989년 8월 18일)

임수경의 평양방문사건과 관련한 당국의 탄압은 용인에만 그치지 않았다. 수원경찰서는 7월 4일 교회주보에 평양축전을 찬양하는 글을 실었다는 명목으로 수원 EYC 의장 김승중과 한건희 등 3명을 연행하고 아리랑감리교회 주보 발행인인 서정문 전도사를 수배 후 구속했으며, 평양축전엽서를 대학가에 배포한 아주대학교 학생을 8월 4일에 구속했다. 8월 24일에는 성남경찰서가 대학 일제수색을 벌였다. 이들은 이 과정에서 경원대와 신구전문대를 수색해 경원대 총학생회 부회장 등 48명을 연행했다.

방북했던 임수경이 문규현 신부와 함께 판문점을 통해 남한으로 입국할 즈음에는 중앙대 안성캠퍼스 총학생회장 이내창이 변사체로 발견되었다고 보도되면서 파문이 일었다.(『한겨레신문』, 1989년 8월 16일) 89년 봄 중앙대학교 예술대학생 차일환과 화가 홍성담 등이 그린 걸개그림 '민족해방운동사'를 빌미로 '홍성담·차일환 간첩사건'을 조작한 공안당국이 중앙대 총학생회를 집중조사하면서 빚어진 일이었다. 사망 전날인 8월 14일 오전 이내창은 학교에서 신원이 밝혀지지 않은 젊은 남녀의 방문을 받았고 저녁에 수원 서울농대에서 있은 수원지역대학생대표자협의회에 참석한 뒤 일행과 헤어졌다. 여수 여객터미널의 15일 승선신고서에는 안기부 직원이 함께 탑승한 것으로 나왔으며 유림해수욕장이 있는 서도로 건너가기 위해 뱃나룻배에 승선한 사실까지 확인되었다.(『오마이뉴스』, 2009년 8월 10일)

중앙대생들은 대책위를 구성해 이내창 씨와 동행한 것으로 추정되는 남

이내창 열사 장례식(1989.10.06)
(민주화운동기념사업회 오픈아카이브즈 00745739. 원출처: 박용수)

녀 2명이 나타나고 있지 않은 점, 사체의 콧잔등과 양 눈 부위에 안경의 충격에 의한 것으로 보이는 상처가 있는 점, 이내창이 8월 15일 총장면담, 수원지구 대학생대표자협의회 8·15경축대회, 16일 안성캠퍼스 총학생회 운영위원회 등에 참석할 예정이었던 점 등을 의문점으로 들어 타살익사라 주장하며 3차례에 걸쳐 교내외 시위를 벌였다. 중앙대 하경근 총장은 9월 7일 이 사건 관련 담화문을 발표하고 철저하고 과학적인 사인규명을 촉구했다.(『한겨레신문』, 1989년 9월 8일) 한편 전국적으로도 진상 규명을 요구하는 시위가 대대적으로 전개되었지만 현재까지 의문사로 남아있다.

공안통치가 본격적으로 가동됐던 이 시기에는 노동운동에 대한 탄압도 이전보다 훨씬 거세졌다. 이 가운데 성남 덕진양행 노조위원장 김윤기 씨가 노사협의 결렬에 항의하며 분신자살하는 일이 발생했다. 5일 성남노동조합협의회, 학생, 노동자, 재야단체 등으로 구성된 '덕진양행사태수습 임시대책위원회' 주도로 추모제를 갖고 현대자동차 성남영업소에 화염병을 투척하는 등 격렬한 시위를 벌였다. 8일에는 추모대회에 참석했던 최성곤 씨가 시위 도중 직격 최루탄에 맞아 부상을 입고 병원에서 뇌수술을 받았다. 하루 뒤인 9일에는 김 위원장의 장례식에 참석하려던 사람들이 장례식이 연기돼 성남시청 앞까지 평화대행진을 벌이려 하자 경찰이 최루탄을 쐈는데 신구전문대 앞 동네 골목 안 복덕방에 있던 손순복 씨가 직격 최루탄에 맞아 중상을 입기도 했다.(『한겨레신문』, 1989년 4월 20일) 이와는 별개로 4월 13일 부천지역의 재야운동단체 간부들이 구속된 데 이어 4월 16일 새벽부터 수원지검 공안합수반은 수원, 안양, 안산, 용인 등 경기지역 노동상담소와 청년회 등 7개 재야단체에 대한 압수수색을 벌이는 한편 안양 노동상담소장 정금채 씨 등 20여 명을 연행했다. 각종 자료와 유인물 150여 종 1만여 장과 책, 시위용품과 사무용품 등도 압수했다. 공안합수반은 연행자 가운데 정금채 씨를 비롯해 조영표 안양 우리자리회 간사, 박승

호 반월공단 노동상담소 간사, 이동일 기흥청년회 사무국장, 박종균 삼성
해고자실천위원회 상담역, 조철우 수원 노동상담소 간사, 이장호, 박공우,
한규봉 씨 등 9명을 노동쟁의조정법 위반 혐의로 입건했다.

3. 3당 합당 반대시위와 반미투쟁의 고조

공안통치의 마지막 단계는 공안합수부가 해체되고 1989년 가을부터 3당
합당이 발표된 1990년 1월까지의 기간으로 여야 간의 물밑협상이 진행되
면서 공안정국이 소강상태에 접어드는 때이다. 이 시기에는 수원과 성남
을 중심으로 공안통치 분쇄투쟁과 5월 28일 결성된 전교조 사수투쟁이 이
어졌으며 노태우 대통령의 미국순방계획과 관련해 반미시위도 고조됐다.

1989년 9월 7일 개학하고 첫 번째 집회는 용성총련의 주도로 이뤄졌다.
경원대 민주광장에서 5백여 명이 참가한 가운데 '임수경 씨 사법처리 반대
및 전교조 사수를 위한 4만학도 결의대회'를 갖고 교문 밖 진출을 시도했
다. 10월 13일에는 전국 20개 대학에서 반미시위를 개최하고 내정간섭 중
지를 촉구하는 가운데 반미구국결사대 소속 대학생 6명이 미대사관저를
점거농성하는 일이 발생했다. 여기에는 한국신학대 신학과 4년생 이대준
과 한신대 반미투쟁위원장 이낙균 등이 포함되어 있었다. 14일에는 경원
대에서 경원대와 한국외대 용인캠퍼스, 강남사회복지대 등 용성총련 소속
대학생들 2백여 명이 참가한 가운데 '노태우 매국방미 규탄 및 공안통치
분쇄를 위한 결의대회'를 개최했다. 학생들은 집회 과정에서 그레그 주한
미대사의 허수아비에 성조기를 둘러 불태웠으며 경찰은 최루탄을 쏘며 교
내로 진입해 학생 35명을 무차별 구타하고 연행하는 등 1백11명을 연행했
다.(『한겨레신문』, 1989년 10월 15일)

이즈음 학내 문제로 연일 소요가 있었던 경기대에서는 최선만(영문 2

년), 김진두(중문 3년) 등의 학생 9명이 화염병 투척 혐의로 19일 연행됐으며(『경향신문』, 1989년 10월 19일), 23일에는 한국외대 용인캠퍼스 총학생회장 윤원석(경제 4년)이 특수공무집행방해 등의 혐의로 구속됐다.(『한겨레신문』, 1989년 10월 24일) 또 경기대에서는 대학교수협의회 소속 교수 85명이 학원민주화를 요구하며 26일부터 11월 1일까지 강의 거부를 결의한 데 이어 11월 7일 학생 500여 명은 교수 직위해제조치에 항의해 시위를 벌였다.

11월 16일에는 한신대에서 권고사직한 정운영 교수의 복직을 요구하는 학생들의 시위가 격렬해지자 무기한 휴업령을 내렸다. 이에 학생 1천여 명은 본관으로 몰려가 휴업 철회를 요구하며 농성했고 2백여 명은 교정에 모닥불을 피우고 철야농성을 벌였다.(『동아일보』, 1989년 11월 17일) 24일에는 서울농대에서 서울농대와 수원대, 한신대, 한양대 학생 1백20여 명이 26일 연세대에서 개최되는 민중대회를 위한 수원시민학생대회를 개최(『경향신문』, 1989년 11월 25일)했고, 12월 20일에는 경기대 학생 1백여 명이 교내 도서관 앞 광장에서 전대협 의장 임종석과 경기대 학자투쟁위원장 권금택의 연행을 규탄하며 격렬한 시위를 벌였다.

1989년 하반기에는 조직사건을 통한 노동운동 탄압도 빈번했다. 9월 12일 치안본부는 안양민주노동자일동그룹(이하 '안양PD그룹') 사건을 발표하고 이기동, 이성호, 김학원, 김대영, 이숙희 등을 구속했다. 11월 14일 정부당국이 운동권의 집단행동에 대한 강력 대처를 천명하고서는 노조 활동가에 대한 일대검거가 자행됐다. 수원지검과 경기도경은 23일 경기남부노련 안양지구협의회와 안산지구협의회 등 안양과 안산 지역의 노동단체 5곳을 압수수색해 6명을 구속하는 한편 유인물 6천여 점을 압수했다. 또 안산 노동자의 집, 노동자의 집 부설 노동사랑 등 4개 단체 사무실을 수색해 신양금속 전 노조사무장 김진수 등 16명을 연행하기도 했다.(『한겨레신문』,

1989년 11월 24일) 이에 대한 항의로 경기남부노동조합연합 산하 6개 업체 노조가 89년 11월 28일 경찰의 노동단체 수사에 반발해 일제히 1일간 동맹 파업을 벌였다.

3당 합당이 발표된 1990년 1월 22일에는 수원 성균관대학교에서 전국노동조합협의회 창립대회가 열렸다. 이날 대회에 경찰이 투입되어 노동자와 학생 등 141명이 연행되었고 안양 다우전자 노조위원장 등 43명을 불구속 입건했다. 1월 25일에는 3당 합당에 항의해 민주당 수원 을 지구당 위원장이 단식투쟁에 돌입했으며 2월 24일과 25일에는 수원, 안양, 성남 등 곳곳에서 재야단체들의 3당통합분쇄결의대회 등 대규모 집회와 시위가 있었다. 3당 합당에 반대하는 시위는 지속되었는데 3월 28일에는 성남시에서 대학생들이 3당 합당을 규탄하며 파출소에 화염병을 투척하는 일도 있었다. 4월 4일에는 수원지역대학생대표자협의회(이하 '수대협') 소속 대학생들이 성균관대에 모여 '학원민주화 쟁취와 민자당 분쇄를 위한 결의대회'를 열고 거리로 진출해 경찰과 투석전을 벌였다. 용성총련 대학생들은 4월 17일 경희대에 모여 민자당 창당예정일인 5월 9일까지를 반민자당 투쟁기간으로 설정하고 격렬한 시위를 벌였다. 4월 19일에는 아주대, 경기대 등 경기도 내 25개 대 학생 1만여 명이 4·19기념식과 마라톤 등 다채로운 교내 행사를 갖고 거리시위를 벌였다. 19일 오후 부천역 광장에서는 대학생 2백여 명이 민자당 해체 등의 구호를 외치며 10여 분 동안 기습시위를 벌이다 경찰에 의해 강제 해산됐다. 4월 28일에 있은 현대중공업 파업에 대한 공권력 투입에 항의하는 집회와 시위도 계속되었다. 같은 날 군포시 현대자동차 영업소에 20대 청년 10여 명이 화염병을 투척했고, 대학생 40여 명이 수원 고등동 고등파출소에 화염병을 투척하고 유인물을 뿌리고 달아났다.

4월 27일 시흥에서는 민족통일민주주의노동자동맹사건이 터졌다. 치안본부는 "1989년 10월 경기 시흥군 소래읍에서 민중민주주의혁명론에 따라 민중정권 수립을 강령으로 한 '민족통일민주주의노동자동맹'이라는 이적 단체를 조직한 뒤 '노동자의 깃발'이란 기관지를 26호까지 발행하면서 경인지역 노동자들을 상대로 의식화 작업을 통해 사회주의 혁명을 기도해 온 혐의로 박윤배, 김태진 등 14명을 구속했다"고 발표했다.

　1990년 5월 1일 노동절에는 전노협을 중심으로 한국전쟁 이후 40년 만에 처음으로 전국 총파업이 감행되었다. 성남노련과 전노협 산하의 부노협, 경기남부노련 소속 노조들이 파업에 동참했으며 수원, 부천, 성남 등에서 지역 대학생들과 연합해 KBS와 현대중공업의 공권력 투입을 항의하며 격렬한 가두시위를 벌였다. 경기대, 중앙대, 성균관대 등의 대학생들은 경기대에서 수대협 4기 발대식 및 노동절 기념대회를 갖고 분규 사업장 강제진압에 항의하는 대규모 가두시위를 벌였고 경희대 수원캠퍼스 대학생 2백여 명도 노동절 기념식 및 민자당 결사저지 실천대회를 가진 뒤 가두시위에 나섰다. 또 외대, 명지대, 경원대, 항공대 등 6개 대 학생들도 각각 노동절 관련 집회를 갖고 연대가두시위에 참여했다. 이날 시위대는 파출소와 노동부 사무소, 민자당 사무실 등에 화염병을 투척했다. 서울농대에서 경기남부노련 주최로 열릴 예정이던 노동절 기념 노동운동탄압분쇄 및 민중생존권 쟁취를 위한 경기남부 노동자대회가 경찰의 원천봉쇄로 무산되자 노동자, 학생 등 수백 명이 수원시 인계동 외환은행 앞길과 매산로 상업은행 앞길에 모여 기습 가두시위를 벌였다.

　민자당 창당일을 하루 앞둔 5월 8일에는 경인지역 대학생들이 동맹휴업을 결의했다. 경기대, 경희대 등 도내 7개 대학생 3천여 명이 민자당 창당을 규탄하는 내용의 교내집회를 열고 민자당 창당일인 9일에 동맹휴업을 결의했다. 이에 앞서 7일 경기도내 항공대, 외대 용인캠퍼스, 성심여대 등 4개 대학에서 민자당 창당 규탄집회가 열렸고 이들도 9일 동맹휴업을 결의했다. 이날 성남에서는 노동부 성남지방 사무소에 화염병이 투척되었고 수원과 평택에서는 민자당 창당을 비난하는 내용의 경기남부노련 등 도내 8개 재야단체, 구국의 투혼 수원지역대학생대표자협의회 명의로 된 유인물 수천 장이 주택가 등에 뿌려졌다.

5월 9일에는 민자당 전당대회를 규탄하는 대규모 시위가 있었다. 민자당 전당대회가 열린 이날 오후 경기 인천 대학가와 도심지 등에서는 대규모 시위가 밤늦도록 벌어져 경찰과 시위대 간의 격렬한 충돌이 있었다. 이날 시위는 87년 6·29선언 이후 최대 규모였으며 경인지역에서 대학생, 노동자, 시민 등 모두 1만여 명이 참여한 것으로 경찰은 추정했다. 수원지역도 이날 오후 7시 경기남부민련 등 재야단체와 한신대 등 5개대생 학생, 노동자 1천여 명이 수원역 관장에 모여 '민자당창당 규탄대회'를 강행하려 했으나 경찰의 원천봉쇄로 무산되자 자정까지 역전, 남문, 북문에서 화염병과 돌을 던지며 기습시위를 벌였다. 성남지역은 이날 학생과 노동자 1,500여 명이 도심지에서 산발시위를 벌였다. 안양지역 노동자 2백여 명과 수대협 소속 성대생 등 4백여 명도 이날 오후 7시쯤 안양에서 극렬한 시위를 벌였다. 안산지역 시위대 3백여 명은 나성호텔 앞에서, 부천지역 시위대 5백여 명은 부천 북부역 광장 등지에서 각각 산발시위를 가졌다. 이에 앞서 경기대, 아주대, 인하대 등 경인지역 20개 대학 학생 7천여 명이 오후 1시쯤부터 각각 교내에서 현대중공업과 KBS 공권력 투입과 민자당 창당을 규탄하는 집회를 가진 뒤 교문 밖으로 진출을 시도해 저지하는 경찰과 투석전을 벌였다. 민자당 규탄시위는 10일까지 이어져 수원, 성남, 안성, 평택 등지에서 학생들이 파출소를 점거하는 등 격렬한 시위를 벌였다.

경찰의 공권력은 사업장과 민주단체, 대학을 가리지 않았다. 5월 11일에는 파업 5일째를 맞고 있던 부천 유성기업에 공권력을 투입해 노조위원장과 노동자 156명을 연행했다. 12일에는 수원대 총학생회장이 집시법 위반

혐의로 구속되었고 13일 오전에는 성균관대 자연과학캠퍼스 학생회관과 성남 신구전문대, 평택의 한국야쿠르트유업에 공권력이 투입되어 압수수색을 실시했다. 이에 수대협은 5월 15일 아주대에서 학원침탈 사례보고 집회를 갖고 정부를 비판했다. 하지만 경찰은 16일에도 안양 대한신학교에 공권력을 투입해 시위용품을 압수했다. 17일에는 항공대에 경찰이 난입해 시위학생에게 폭력을 휘두르고 유리창 등 기물을 파손하기도 했다. 경찰의 대학 난입은 23일 성심여대, 30일 한양대, 수원대, 6월 6일 성균관대, 6월 7일 신흥전문대 등 도내 대학 곳곳으로 이어졌다. 한편 성남 대유공전 건축과 2학년 신장호가 5월 19일 '광주 성지 순례와 전대협 제4기 출범식' 참가를 위해 광주로 가던 중 장성에서 검문을 피하다 열차에서 추락하여 운명하는 일도 있었다. 또 5월 20일에는 조선대에서 열린 '광주 항쟁계승 및 노동운동 탄압하는 민자당 분쇄 전국노동자대회'에 참가한 한국기독노동자총연맹 수원지부(이하 '수원기노련') 사무국장 조대관이 백골단이 던진 돌에 맞아 실명했다. 이 일이 있은 뒤 경찰은 수원기노련 활동가들을 광범위하게 사찰하기 시작했고 이듬해 말 사찰 사실이 알려졌다.

8월 말 안산 반월공단에서는 금강공업노동자 집단분신 유발사건이 발생해 지역 전체에서 연대투쟁을 전개했다. 8월 30일 금강공업 정문에서 농성하던 80여 조합원을 전경 131명이 진입하는 과정에서 신나에 불이 붙어 박성호 노조 부위원장과 원태조 후생복지부장이 숨지는 참사가 일어났다. 다음 날 안산지역 민중교회연합, 경기노련 안산지구협의회 등이 임시대책위원회 구성, 고천시흥병원에서 500여 명이 참가한 가운데 규탄대회를 가졌고 평민당에서 진상조사단을 꾸리고 기독교대책위원회가 구성되는 등 전국적으로도 연대했다.

한편 2학기 들어서도 민자당 반대시위가 이어졌다. 9월 20일 수원과 성남에서는 수대협과 용성총련 산하 16개 대학의 학생들이 민자당 타도와 내각제 개헌 저지 등을 외치면서 대규모 가두시위를 벌였고, 9월 22일 성남에서는 민자당 일당독재분쇄 및 민중기본권쟁취를 위한 성남 시민대회가 개최됐다.

제2절 전국민족민주운동연합의 결성과 청년운동의 성장

노태우 정권 전반부에 해당하는 1988년에서 1990년 사이에는 공안통치의 위협 속에서도 6월민주항쟁에서 이어진 민주화 열기 속에 전국적인 민족, 민주 세력의 통합조직으로 전국민족민주운동연합(이하 '전민련')이 창립하는가 하면 청년운동단체들이 속속 결성돼 지역 운동에 새로운 바람을 불어넣었다.

1987년 제13대 대통령 선거와 1988년 제13대 총선을 거치면서 극심한 갈등과 분열을 겪었던 민족민주운동단체들은 1989년 1월 21일 전민련이 발족하면서 하나로 묶일 수 있게 되었다. 전민련은 서울 등 전국 12개 지역단체와 노동자 · 농민 등 8개 부문단체, 200여 개별단체 등을 망라한 해방 이후 최대 규모의 민족민주운동단체로 1970년대 명망가 위주 운동의 한계를 극복하고 민중진영의 참여를 크게 확대했다. 자주 · 민주 · 통일을 목표로 내세운 전민련은 5공청산운동, 광주학살책임자처단투쟁 반민주악법개폐투쟁, 조국통일촉진투쟁 등을 전개했으며 경기도에서는 경기남부와 경기북부에서 각각 전민련 지부가 결성되었다.

경기남부 민족민주운동연합은 1989년 3월 12일 서울농대 학생회관에서 창립대회를 갖고 활동을 개시했다. 의장에는 서정용 경기남부 민통련 의장이 선출되었으며 부의장에는 김영근 수원노동상담소장, 김쾌상 수원민주문화운동연합 회장, 정금채 안양노동상담소장이 각각 선출되었다.[33) 3

월 26일과 4월 16일에는 안양지부와 수원지부가 결성되었으며 노태우 정권퇴진을 위한 공동투쟁본부 결성(3월 19일), 화성군 고온리 미공군 폭격 연습장 이전 요구 및 피해보상 투쟁에 대한 실태조사(3월 15일 ~ 4월 3일) 등의 사업과 함께 노동 부문에 대한 연대사업을 전개했다. 3월 말에서 4월 초 사이에는 현대중공업의 노동자 탄압 관련한 각종 농성 및 성명에 참가해 선전전을 벌이는가 하면 명화사 강제해산 및 불법연행에 항의해 안양 경찰서 방문투쟁을 전개하기도 했다. 4월 3일 성남 덕진양행 노동자 김윤기의 분신 후에는 분향소를 설치하고 현지조사와 추모·규탄대회를 개최했으며 4월 9일에는 현대중공업 노조탄압 규탄 및 89임투완전승리쟁취결의대회에 참가했다. 그밖에도 노동운동 부문의 여러 집회에 적극 결합하는 한편 일일찻집 운영 등을 통해 구속자와 가족을 위한 지원활동을 지역별로 전개했다. 또 5월 13일 전민련의 광주참배 및 제1차 국민대회에 참가하는 등 전국적 차원의 집회에도 조직적으로 인원을 동원하였다.[34]

3월 28일 구리시 꽃길예식장에서 창립대회를 개최한 경기북부 민족민주운동연합에는 경기동부지역 민주시민운동협의회, 원진레이온 직업병 피해자가족협의회, 상계동 철거민 협의회, 구리노동상담소, 동부지역 크리닝 노동조합, 구리노점상연합회, 용진 소식, 파주민주화실천협의회, 가평민주시민협의회(준비위), 양평주민운동협의회(준비위) 등 10개 단체가 참여했다.[35] 공동의장으로 김오일, 임성헌, 박수천이 선출됐으며 분과위원장으로는 노동 박무영, 인권 이재수, 사회민생 소희선, 문화 구궁관이 선출되었다.[36]

1980년대 말에는 전민련과 같은 전국적 규모의 민주화운동조직이 출범

---

33) 민주화운동기념사업회 오픈아카이브즈, 00177995.
34) 민주화운동기념사업회 오픈아카이브즈, 00303583.
35) 민주화운동기념사업회 오픈아카이브즈, 00177239.
36) 민주화운동기념사업회 오픈아카이브즈, 00177953.

하는 것 외에도 지역별 청년운동이 속속 결성되었다. 1970년대 학생운동을 하다 1980년 5·17조치로 학원에서 쫓겨나거나 졸업한 학생운동권을 중심으로 1983년 9월 30일 민주화운동청년연합(이하 '민청련')이 결성되었다. 두꺼비를 조직의 상징물로 한 민청련은 이후 이론과 실천 양쪽에서 민주화운동의 주도적인 역할을 수행했다. 민청련은 6월민주항쟁을 거치면서 조직적으로도 크게 성장하여 1987년 10월 동서울과 북서울 민청련이 결성되었고 이듬해부터는 경기 지역에도 민청련 지역 지부 건설이 시작되었다.

경기지역의 민청련 지부 건설은 안양에서 가장 먼저 시작됐다. 1988년 3월 창립한 안양민주화운동청년연합(이하 '안민청')은 지역 청년대중의 조직화와 이익 대변을 활동방향으로 천명하고 창립 직후인 3월 25일 발생한 비산동 '그린힐 봉제공장 화재참사 지역공동대책위'에 뛰어들어 안민청사무실을 대책위 본부로 쓰면서 첫 활동을 시작했다. 이어 4월에는 태흥택시 구사대 폭력 규탄집회에 참여하고 15일부터는 4·26총선에 적극 대처하기 위해 안양지역대학생연합준비위 등과 함께 안양지역 반민정당 총선대책위를 구성했다. 5월에는 '광주항쟁 계승 문화제'를 지역 문화단체들과 함께 준비하면서 이를 정례화하는 데 기여했고 그밖에 안양전자 위장이전 철회투쟁 등 지역 노동운동에 동참했다.[37]

성남민주화운동청년연합(이하 '성민청')은 1988년 9월 3일 창립했다. 5월 초 성남에 거주하는 민청련 회원과 지역 활동가가 중심이 되어 지부 결성을 논의하고 6월 29일 광명전기 노동운동 탄압분쇄 궐기대회에 참가했다. 이어 7월부터는 고려피혁 등 지역 내 노조에 대한 지원활동을 벌이는 한편 용성총련과 연계해 통일운동에도 동참했다. 성민청은 7월 9일 준비위가 발족하고 두 달 뒤인 9월 3일 창립대회를 가졌다. 위원장에는 허정남이

---

37) 민주화운동기념사업회 오픈아카이브즈, 00529215.

선출됐으며 지역 내 청년대중의 의식화와 조직화, 조국의 자주화, 민주화, 통일운동을 활동목표로 내걸었다.[38]

수원은 일찍부터 민청련 준비위 활동이 시작됐으나 단체 창립은 1990년에 가서야 이뤄졌다. 1988년 초 조직된 수원민주화운동청년연합(이하 '수민청') 준비위원회는 1989년 7~8월 중 창립을 목표로 지역 노동운동 지원활동을 벌였다. 1980년 1월 20일 원일판지 파업투쟁 지지방문을 시작으로 란토르코리아 파업투쟁 지지방문과 삼성그룹 해고자 복직실천위원회 지원 연대사업을 벌였다. 그밖에 고온리 미군 사격장 이전 투쟁, 노태우 불신임 투쟁과 민중생존권 투쟁에 동참했다.[39] 수민청은 2년간의 준비 과정을 통해 1990년 1월 13일 비로소 창립대회를 가졌으며 민청련 부의장으로 병중에 있던 김병곤이 창립에 크게 기여했음을 창립선언문을 통해 밝혔다.[40]

민청련 지역 지부 외에도 지역청년조직으로 수원사랑민주청년회, 안양사랑청년회, 안성사랑청년회 등이 발족했다. 1986년 3월부터 모임을 가져온 지역청년들이 제13대 대통령 공정선거 감시단 활동을 계기로 상설조직을 구상한 결과였다. 이 가운데 수원사랑민주청년회는 1988년 3월 9일 준비위원회를 발족하고 4월 2일 서울농대 대강당에서 창립대회를 가졌다. '역사와 겨레 앞에 바로 서는 자랑스러운 수원사랑민주청년회'를 기치로 내걸었으며 3월 23일 『수원청년』 창간호를 발행했다.

시흥에서는 복음자리공동체의 신명호가 '작은자리' 운영을 맡으면서 청년들의 모임이 활성화되었다. 이 시기부터 청년회를 중심으로 지역의 노동자들과 적극적으로 결합하여 지역운동을 전개하였다. 이 시기 작은자리에서는 다양한 프로그램들이 운영되었다. 1986년 시작된 한울야학, 사랑방 개

---

38) 민주화운동기념사업회 오픈아카이브즈, 00529185.
39) 민주화운동기념사업회 오픈아카이브즈, 00210332.
40) 민주화운동기념사업회 오픈아카이브즈, 00200146.

설(1987년), 기타반·소리반, 독서토론반 및 시사토론반, 문화활동 및 전시회, 노동자 및 해고자 상담, 경로잔치, 성탄 및 연말 주민잔치 등이 청년들의 활동을 통해 이루어졌다. 한울야학은 활동가와 청년들이 지역 공장 노동자들을 위해 개설한 것으로, 야학의 교사는 대부분 외부에서 노동운동을 했거나 노동운동에 관심 있는 이들이 담당하였다. 1986년부터 1년 정도 운영되었을 뿐이지만 그 성과는 적지 않았다. 야학교사 출신이 작은자리 실무자로 일하게 되었으며, 야학의 경험은 작은자리가 노동자들을 위한 공간으로서 상담 등의 프로그램을 진행하게 된 기반이 되었다. 전체적으로 이 시기는 복음자리를 비롯한 3개 공동체 주민들, 특히 청년들이 중심이 되어 여러 가지 프로그램을 시행한 것이 특징이다. 야학, 한울림청년회, 사랑방 등이 모두 청년들에 의해 주도되었으며, 이 활동들의 실무는 작은자리 실무자들이 담당하였다. 따라서 이 시기는 작은자리가 독립된 프로그램 운영센터라기보다는 공동체 속에서 그 공동체를 활성화시키는 데 중요한 한 부분을 담당하였다고 평가할 수 있다.(『시흥시사』 4, 361~363쪽)

민청련 회원이 대중적으로 확산되면서 민청련의 성격도 초기의 선진적 활동가 위주의 조직에서 청년 대중조직으로 변하기 시작했다. 한편 6월민주항쟁 이후 대중운동이 발전하면서 전국적으로 대중적인 청년단체들이 자생적으로 생겨나기 시작했다. 1988년 9월 나라사랑청년회를 필두로 부산, 광주, 대전 등에서 청년단체들이 결성되었다. 성남에서는 성남시대학생연합회(이하 '성대련')의 후신으로 1987년 성남시학우회연합(이하 '성학연')을 발족해 1990년 '터사랑청년회'로 이름을 바꾸었으며 1988년 1월 '성남청년회'가 결성됐다. 터사랑이 지역 출신 청년들의 모임이라면 성남청년회는 두 가지 흐름이 합쳐져 만들어졌다. 하나는 평화민주당 외곽 조직인 평화민주통일연구회(이하 '평민연') 쪽이고 다른 하나는 터사랑과 같은 지역 청년들의 결합이었는데 이 때문에 성남청년회는 터사랑에 비해 민주당 정서

가 강했다. 터사랑은 수정구를, 성남청
년회는 중원구를 기반으로 활동했으며,
그 밖의 청년단체로는 이해학 목사의
주민교회를 중심으로 하는 성남 EYC가
있었다. 또 용인에서는 1989년 2월 8일
기흥청년회가 결성된 데 이어 9월 15일
에는 용인민주청년회가 결성되었으며
그밖에 하남 등 경기동부 지역에서 지
역청년회들이 잇달아 조직되었다.

터사랑 창간호(1990.11.25)
(민주화운동기념사업회 오픈아카이브즈
00392229)

　그 밖의 지역에서는 민청련 지부보
다는 지역 독자적인 청년 조직이 결성
됐다. 1953년부터 활동하던 지역 친목
모임인 동두천시대학생회가 1980년대
들어 민주화운동에 참여하기 시작했으며 1988년에는 포천 일동청년회와 구
리 해누리민주청년회가 결성됐다. 해누리민주청년회는 연 1회 청년문화제
를 개최했으며 원진레이온, 이원산업투쟁을 적극 지원했다.

　한편 지역 청년단체들의 결성이 이어지면서 1989년 1월 19일 민청련이
중심이 되어 전국청년단체대표자협의회(이하 '전청대협')가 창립되었다.
1992년 2월 23일 전청대협은 '한국민주청년단체협의회'로 개편되었고, 민
청련은 발전적 해체를 하였다.

제3절 민중생존권운동의 조직 및 성장

　이 시기에는 반독재민주화투쟁 속에 주목받지 못하던 민중 부문도 조직

적인 저항을 하기 시작했다. 경기도에서 민중 부문의 운동이 활발하게 전
개된 곳은 1971년 광주대단지 사건을 계기로 일찍부터 종교단체의 빈민운
동이 시작된 성남에서였다. 도시빈민 밀집지역인 성남에서는 노점상과 일
용노동자를 중심으로 생존권 투쟁이 전국 최초로 조직되었으며 세입자들
의 주거권쟁취투쟁도 본격화되었다.

　1987년 4월 태동한 성남시노점상총연합회(이하 '성노련')[41]는 이 시기에
활동을 강화하면서 두 차례에 걸쳐 해체되는 시련을 맞았다. 출범 직후부
터 전국노점상연합과 보조를 맞춰온 성노련은 올림픽 기간 동안의 대대적
인 탄압에 맞서 투쟁한 데 이어 국민의 여론을 환기시키며 지부 단위 활동
을 강화해나갔다. 1988년 6월과 최초의 대중집회라 할 수 있는 노점상 생
존권수호 결의대회가 성균관대에서 열렸으며 7월 고려대에서 열린 집회에
도 조직적으로 참가했다. 올림픽이 끝나고 11월 성남시 차원의 탄압이 재
개되자, 경원대에서 성남 노점상생존권 수호 결의대회를 갖고 시가행진을
벌였다. 그 결과 단속 유보와 연합회 인정, 피해보상 지급을 관철시켜냈으
나 조직 및 정책적 과제가 제기되기도 했다. 1989년 7~8월의 대탄압 시기
에는 다른 지역에 비해 상대적으로 탄압의 강도는 낮았지만 노점상연합회
를 관변화시키려는 분열공작이 더 큰 문제로 다가왔다. 결국 성남시의
파괴공작과 내부분열을 막지 못해 89년 9월 1차 성노련은 해체되고 만다.
그러나 1990년 6월말 성남시가 노점일소 대책의 하나로 모란상설시장 유
치 및 복개천 입주계획을 발표된 뒤 노점상연합의 재건이 모색되어 8월경

---

[41] 성남 지역의 노점상운동은 1986년 아시안게임 개최시기를 전후하여 모란장을 당분간
폐쇄하라는 행정지시가 내려지면서 이상락 등을 중심으로 움트기 시작했다. "모란시장
폐쇄사건"을 신호로 노점상 단속이 진행되자 지역 내 노점상들은 당국의 비인도적 처사
에 분개하여 집단적 대응을 모색했다. 한편 이보다 앞서 1985년 말부터 성호시장 주변
노점상인들은 '노점상 자율정화추진위원회'를 구성하고 친목과 권익신장을 도모하고자
했다. 이러한 상조회 성격의 맹아적 조직을 바탕으로 1987년 4월 성남시노점상총연합회가
결성되었고, 그해 11월에 결성된 전국노점상연합회에도 적극 참여하게 된다.

성남지역 노점상연합회 재건 및 철거반대 대책위원회 결성대회를 개최했다. 성노련은 모란시장 이전과 강제철거 중지를 요구하였으나 성남시는 10월 말 단대천 고수부지 입주추첨을 강제로 실시하고, 이에 반발하는 연합회 간부를 구속하는 것으로 대응했다. 이에 성노련은 입주의 전제조건으로 제반시설설치, 보관소 확보, 2교대 영업권 철회 등을 요구하고 쇠사슬 싸움으로 강제철거에 맞섰으나 조직 정비가 이뤄지지 않은 상황에서 효과적으로 대응할 수 없었다. 이로 인해 간부들이 수배되었고, 1990년 12월 중순 회장이 구속됨으로써, 2차 노점상연합도 실질적으로 와해되고 말았다.(민주화운동기념사업회, 2006)

성남에서는 일용직 노동자들에 의한 건설노조운동도 다른 곳보다 일찍이 시작되었는데 경기도 내 대표적인 새벽인력시장이 수정구 태평고개에서 열렸기 때문이다. 이곳은 성남시와 광주·하남 지역의 건설일용노동자 200~300명이 이용하는 곳으로 1970~80년대 중동 건설경기를 타고 일을 했던 사람들이 많다. 정치인들이 선거 때마다 한 번씩 들르는 것으로도 유명하며 도지사나 대통령 후보들도 가끔 찾는 곳이다. 이 같은 여건에 따라 성남은 1986년 여름 전국에서 최초로 일용노동자들의 조직인 성남인력센터가 이태영 등을 중심으로 100여 명이 참가한 가운데 시작되었다. 1년여 뒤인 1987년 12월에는 최초의 일용노조라 할 수 있는 성남복정일용노동조합이 정식으로 출범했는데 김병량 당시 성남시장이 복정동 인력시장 인근 버스대기소 건물에 노조 사무실을 내어주기도 했다. 성남복정일용노동조합을 토대로 하여 1988년 말 서울건설노동조합이 결성됐다.(임미리, 2014, 188쪽)[42]

성남에서는 또 1990년 3월 4일 분당 세입자대책본부가 결성돼 활동하는

---

[42] 1999년 전국건설산업노동조합연맹, 2007년 전국건설노동조합으로 발전했다. 성남 일용 노조운동의 핵심이었던 이태영은 전국건설노조 3대 위원장을 지냈다.

등 주거생활권 확보를 위한 운동도 활발하게 전개되었다. 1989년 5월 4일 분당신도시개발이 발표된 직후 원주민과 세입자들로 대책위원회를 구성한 뒤 이듬해 대책본부를 출범시켰다. 대책본부는 6월 5일 토지개발공사를 방문해 요구사항을 제시했으나 협상이 결렬되어 전면투쟁을 개시했다. 6월 11일 세입자 1,800여 명이 토개공 성남사업단 앞에서 집회를 갖던 중 경찰에게 강제해산 당했으나 12일에는 주민 500여 명이 성남시청 앞에서 규탄시위를 갖고 야탑동의 지방도로를 점거하여 전경과 대치해 100여 명이 연행됐다. 19일에서 23일 사이에는 초등교육과정에 있는 세입자 자녀들의 등교거부투쟁이 전개되면서 6월 말 전체 세입자들에게 임대아파트 입주권을 교부하겠다고 공고했다. 그러나 2,700여 가구 중 500여 가구만 남고 개별적 이사 이주가 시작되었으며 토지개발공사의 분열책으로 200여 가구가 추가 이주했다. 투쟁은 다음 해에도 계속되어 1991년 5월 31일 대대적인 시청 농성을 전개한 결과 6월 1일 2년 동안 시유지를 불하임대하여 가이주단지를 조성하겠다는 약속을 받아냈다. 이후 용인 지역과 연대하여 6월 14일 성남, 용인 주거권 쟁취 결의대회를 가졌으며 7월 22일에는 분당 세입자 대책본부를 성남시내에 개소하고 8월 19일 가이주단지 기공식을 가졌다.(민주화운동기념사업회, 2006)

　분당 지역뿐 아니라 성남시 곳곳에서 철거에 반대하는 세입자 투쟁이 전개되었고 그 가운데 1990년 5월 17일 은행동 철거민 이원기가 목을 매고 사망하는 일도 일어났다. 이원기는 은행2동에서 사글세방을 전전하다 가족이 많다는 이유 하나로 강제로 쫓겨나다시피 하여 오갈 데 없는 막연한 상황에서 1987년 3월경 은행2동 시유지에 군용 텐트를 치고 전기도 없이 거주하였다. 그러던 중 수차례 철거 위협을 받은 뒤 자녀들을 위해 직접 만든 산속의 놀이터 그네 기둥에 전선으로 목을 매고 사망했다. 이원기는 이웃 주민 민선기 앞으로 처와 자식을 부탁한다는 내용의 유서를 남기고,

13통 통장 앞으로는 '어려운 주민들인 만큼 철거를 막아달라'는 내용을 남겼다.(민족민주열사·희생자 추모(기념)단체 연대회의 홈페이지)

제3장 노태우 정권 하반기 민주화운동

제1절 1991년 5월투쟁

1. 강경대 사망사건과 분신정국(1991. 4. 26~5. 8)

경찰의 무리한 진압으로 명지대생 강경대 타살사건이 발생한 4월 26일부터 투쟁지도부가 명동성당에서 완전히 철수하는 6월 29일까지 60여 일에 걸쳐 대대적인 투쟁이 전개되었다. 이 시기는 강경대 사망 직후인 5월 1일부터 22일까지 8명이 분신자살한 데서 치사·분신정국[43]이라 불리다가 이후 5월투쟁이라는 용어가 주로 사용되었다. 이 기간에 분신자살한 사람은 김영균(5. 1), 천세용(5. 3), 김기설(5. 8), 윤용하(5. 11), 이정순(5. 18), 차태권(5. 18), 김철수(5. 18), 정상순(5. 22)이며 이 중 천세용, 김기설, 윤용하는 성남에 연고를 두고 있었다. 5월 6일 안양구치소에 수감되어 안양병원에서 치료를 받던 중 변사체로 발견된 한진중공업 노조위원장 박창

---

[43] 1991년 5월 당시 일간신문들은 당시 정국에 대해 각기 다른 용어들을 사용했다. 경향신문은 '치사정국'과 '분신정국'을 함께 사용했으며 조선일보와 중앙일보는 '치사정국', 동아일보는 '치사·분신정국', 1992년부터는 '분신정국'이란 표현을 쓰기 시작했다. 한겨레신문은 '타살정국'이라고 했다.

수도 가족이 성남에 거주하고 있었다.

5월투쟁의 첫 번째 시기는 강경대가 사망한 4월 26일부터 박승희(전남대), 김영균(안동대), 천세용(경원대), 세 학생과 사회운동가 김기설이 분신한 5월 8일까지의 기간이다. 이 시기는 길게는 1989년 공안정국과 1990년 3당 합당을 통한 여대야소 정국의 창출 이후부터, 가깝게는 1991년 상반기 노태우 정권의 탄압에 의한 반독재민주화운동 진영의 침체와 수세적 상황이 강경대 사망사건을 계기로 공세로 전환되는 시기이다. 강경대 사망 바로 다음 날인 4월 27일 '고 강경대 열사 폭력살인 규탄 및 공안통치 종식을 위한 범국민대책회의'가 결성된 것을 시작으로 전국적으로 20여만 명이 참여한 5·4살인규탄집회에 이르기까지 연일 대규모 집회·시위가 이어졌다.

이 시기 경기도에서는 먼저 4월 29일 아주대, 서울농대 등 10개 대학 7천여 명의 학생들이 오후 1시쯤부터 각 대학 캠퍼스에서 '강경대 추모식 및 규탄대회'를 갖고 거리진출을 시도했으며 밤늦게까지 시내 곳곳에서 '경대를 살려내라, 폭력정권 물러가라'는 구호를 외치며 시위를 지속했다. 4월 30일에는 수대협 소속 대학생 수천 명이 오후 8시 40분쯤 안양시에서 공안 통치종식을 요구하며 연좌시위를 벌였다. 인천과 부천지역 대학생 천여 명도 '강경대 추모식 및 규탄대회'를 개최했다. 오산 한신대학교 교수 36명은 이날 오후 강경대군 사망사건과 관련한 항의성명을 발표하고 이날부터 강군의 추모기간인 4일까지 한신대 수원캠퍼스 연구동에서 철야농성에 들어가기로 했다. 한편 이날 노재봉 국무총리는 강경대군 사망과 관련하여 대국민 사과발언을 하기도 했다.

5월 1일에 열린 노동절 기념식에서도 강경대군 사망사건에 대한 규탄이 이어졌다. 수원, 안양 등 32개 노조가 가입된 경기남부지역 임금인상투쟁본부는 1일 세계노동절 102주년을 맞아 오후 1시 30분부터 수원시 아주대 교내 노천극장에서 학생들과 함께 세계노동절기념문화제를 가졌다. 이날 행사에서 경기남부노련은 강경대군 사망사건을 규탄하고 노학, 재야단체 연대투쟁을 표명했다. 기념행사 후 이들은 수원역까지 평화행진을 벌였다. 중앙대 안성캠퍼스, 서울농대, 경원대, 성심여대 등 경기지역 6개 대학 학생 1천여 명도 교내에서 노동절 기념식과 고 강경대 열사 폭력살인 규탄대회를 가졌다.

5월 3일에는 한신대, 성균관대 자연과학캠퍼스, 부천전문대, 서울신학대 등 4개 대 학생 1천5백여 명이 오후 2시경 거리에서 '노 정권 퇴진과 폭력 경찰 살인규탄대회'를 가졌다. 한신대생 6백여 명은 교내 5월계단에서 이 학교 교수들의 강경대 타살사건 항의농성을 지지하는 범 한신인대동제를 갖고 교수와 학생, 교직원 모두가 하나가 돼 현 정권 퇴진운동을 벌여나가 기로 결의하기도 했다.

같은 날 경원대에서 분신 사건이 있었다. 3일 오후 3시 20분쯤 성남 경원대에서 천세용이 분신을 시도한 후 응급치료를 받았으나 끝내 사망하고 말았다. 천세용은 "6천 경원인 단결하여 노태우정권 타도하자"는 구호를 외치며 몸에 불을 붙인 채 뛰어내려 한강성심병원을 거쳐 세브란스병원으로 옮겨졌으나 분신 7시간여 만에 숨졌다. 분신장소에 남긴 노트에는 "노태우정권과 독점자본가들이 1천만 노동자와 4천만 민중 형제들을 착취, 수탈하고 저항이 있는 곳마다 광포한 탄압을 휘두르는 동안 과연 무엇을 했습니까? 떨쳐 일어납시다. 슬픔과 분노를 그 자체로 끝낼 것이 아니라면 정치권력에 맞서 정면투쟁, 정면돌파해 나갑시다."라고 쓰여 있었다. 성남지역 재야단체 대표 등 16명으로 구성된 '성남대표자연석회의'와 경원대를 비롯한 외대 용인캠퍼스, 신구전문대 등 용성총련 소속 9개 대학 총학생회는 이날 '천세용 학우 분신 비상대책위원회'를 결성했다.(『한겨레신문』, 1991년 5월 4일) 천세용의 시신이 안치된 신촌 세브란스 병원 영안실 앞에

천세용 열사 장례식(1991.05.09)
(민주화운동기념사업회 오픈아카이브즈 00727278. 원출처: 경향신문)

는 쇠파이프 등으로 무장한 경원대생 시신사수대가 주변을 지키며 '천세용 열사의 죽음을 헛되게 하지 말자'는 투쟁구호를 외쳤다.

5월 4일 오후에는 수원, 성남, 안양, 인천 등에서 8천여 명이 참가한 가운데 '백골단 해체와 공안통치 종식을 위한 범국민대회'가 열렸다. 이날 오후 3시 경기남부국민연합 수원시지부 주최로 수원역전에서 열린 집회는 3천여 명의 시민과 학생들이 시가행진을 했다. 이날 시가행진과 남문에서의 2차 집회를 마친 8시까지는 경찰과의 충돌 없이 평화적으로 진행되었다. 경원대 천세용의 분신추모가 있었던 성남집회 역시 격렬한 충돌 없이 평화적인 시위로 끝났다. 성남지역 시민, 노동자, 학생 등 4천여 명이 오후 3시부터 성남시청 앞 도로에서 시민궐기대회를 가진 뒤 시청 앞 왕복 6차선 도로를 완전 점거한 채 3시간여 동안 연좌농성을 벌였다. 경원대생 1천 2백여 명은 오후 1시 교내 민주광장에서 '천세용 열사 정신 계승 및 노태우정권 타도를 위한 성남시민대회 출정식'을 갖고 성남시청 앞 시민대회에 합류했다. 안양에서는 오후 6시 30분부터 안양역 광장에서 국민연합 안양지부 산하단체 회원과 대학생 등 5백여 명이 대회를 갖고 거리시위를 벌였다.

5월 6일에는 경원대 교수 50여 명이 시국성명을 발표하고 "학생들의 거듭된 희생은 생명을 내던지는 항의의 외침에도 전혀 반성할 줄 모르는 정권의 속성에 기인한다"며 공안통치의 폐기, 노 대통령의 사과, 내각의 총사퇴, 백골단 해체, 집회와 시위의 전면 보장 등을 요구했다. 부천에서도 부천시의회 의원 3명을 포함한 종교, 의료, 법조, 노동계 인사 50명이 중구 소사동 전교조 부천지회 사무실에서 강경대 타살에 항의하며 밤샘농성에 들어갔다.(『한겨레신문』, 1991년 5월 7일)

같은 날 안양에서는 한진중공업 박창수 노조위원장이 안양병원에서 변사체로 발견되는 사건이 발생했다. 복역 중이던 노조위원장이 머리에 상처를 입고 병원에서 치료를 받던 중 병원 옥상에 올라가 투신자살한 것이다. 이 사건으로 한진중공업 노조, 전노협, 연대회의, 전국업종노동조합회의, 전국노운협, 전국노동단체연합 준비위원회 등 6개 단체가 '고 박창수 위원장 옥중 살인 규탄 및 노동운동 탄압 분쇄를 위한 전국노동자 대책위원회'를 결성하게 되었다.

5월 7일에는 경기도경이 시신을 탈취하는 사건이 발생했다. 경찰 8개 중대 1천2백 명이 영안실 주변을 에워싸고 흩어진 노동자와 학생들의 접근을 막은 뒤 영안실 안 분향소의 벽을 부수고 들어가 끝까지 영안실 안에 남아 저항하던 유족, 노동자, 학생 등 30여 명을 강제로 끌어내고 부검에 들어갔다. 격렬한 저항 과정에서 대학생 박충훈이 머리에 일곱 바늘을 꿰매는 상처를 입는가 하면 서노협 쟁의부장 김정근이 강제연행 중 백골단 20여 명에게 뭇매를 맞아 온몸에 타박상을 입는 등 노동자와 학생 20여 명이 다쳤다. 경찰의 강제부검 실시가 전해지자 서울과 수원 등지에서 합류한 노동자와 학생 1천여 명이 오후 4시께부터 벽산쇼핑 앞 8차선 도로를 점거한 채 최루탄을 쏘며 진압하는 경찰에 돌과 화염병을 던지며 격렬한 시위를 벌였다.(『한겨레신문』, 1991년 5월 8일) 고 박창수 노조위원장 옥중살인 규탄 및 노동운동 탄압 분쇄 투쟁 과정에는 수원과 안양 등의 지역 문화운동단체들도 활발하게 참여했다. 안양문화운동연합, 수원노동미술연구소, 수원미술인협의회, 서울노동미술위원회 등에서 영정과 만장, 깃발, 상징물 등의 제작에 참여했고 이즈음부터 각종 집회·시위에서 문화운동단체들의 역할이 커지기 시작했다.

5월 8일에는 강경대 사망사건과 천세용 분신자살에 항의해 5월 동맹휴업을 결의하기 위한 도내 대학들의 집회가 각 대학에서 일제히 열린 가운데 김기설의 분식 소식이 알려졌다. 같은 날 "폭력살인 만행 노태우 정권 타도하자"는 구호를 외치고 서강대에서 분신한 김기설은 성남 민청련 회원으로 활동하다 1990년부터 전민련 사회부장으로 일했다. 김기설의 죽음은 이후 유서대필 의혹을 불러일으키면서 지배세력이 '분신 배후설'로 5월투쟁을 호도하는 데 이용됐다. 지배세력이 유독 김기설의 자살에서 유서대필 의혹을 제기한 것은 그가 다수의 사회운동가들과 달리 대졸이 아니었기 때문인 것으로 보인다.(임미리, 2016, 79쪽)

2. 반정부시위의 지속과 민중운동진영의 조직적 참여(1991. 5. 9~5. 18)

네 명의 분신자살자가 나온 직후인 5월 9일에서 5·18 항쟁 발생일인 18일까지는 연일 대규모의 반정부시위가 전국적으로 계속되는 가운데 민중운동진영이 조직적으로 참여했다. 5월 9일 '민자당 해체와 공안통치 종식을 위한 범국민결의대회'는 전국적으로 42개 시·군에서 30여만 명이 참여한 6공 이후 최대 규모의 조직적 시위였다. 이날 시위에는 전교조 교사 2만 5,000명이 조직적으로 참여하는가 하면 전노협의 경우 소속 98개 노조 4만 4,000명은 시한부 파업을, 360개 노조 18만 명은 점심시간 집회와 잔업거부를 하는 등 458개 노조 22만 명이 집회에 참여한 것으로 알려졌다.(민주화운동기념사업회, 2010, 468쪽)

경기도에서도 5월 9일 성남시청 앞에서 성남지역 시민대회가 열렸다. 시민들이 시위대에 빵과 음료수 등을 건네주기도 했으며 중고생 20여 명이 '성남을 사랑하는 중고등학생' 깃발을 들고 "참교육을 말살하는 노태우정권 타도하자"는 구호를 외치며 집회에 합류해 큰 박수를 받았다. 성남지역 노동자들도 각 단위노조 깃발을 들고 합류했다. 안양에서는 안양역 광장에서 열릴 예정이던 대회가 경찰의 원천봉쇄로 무산되자 노동자와 학생, 시민 등 2만여 명이 오후 7시경부터 한진중공업 노조위원장 박창수의 주검이 안치된 안양병원 근처 본백화점 앞길로 진출해 거리시위를 벌였다. 부천에서는 대회장을 부천시민회관에서 부천역 광장으로 옮겨 7천여 명이 대회를 가진 뒤 부천시청 앞까지 평화행진을 하고 거리시위를 벌였다.

5월 10일에는 전교조 경기지부가 주최한 '폭력정권규탄 및 교육자치를 위한 교사전진대회'가 각 지회 사무실에서 열렸다. 교사들은 이날 성명서에서 '강군치사사건과 잇따른 청년분신은 반민주적인 독재정권에서 비롯됐으며 우리 교사들은 더 이상 제자들의 죽음을 지켜볼 수 없다'면서 현정권 퇴진, 민주세력 탄압중지, 교육자치제 보장, 해직교사 복직 등을 요구했다.

5월 11일에는 안양에서 박창수 위원장 옥중살인 규탄과 노동운동 탄압분쇄를 위한 노동자대회가 열렸다. 성남에서는 중원구 상대원시장 앞길에서 8백여 명이 참가한 가운데 대회를 열고 약 2km를 평화행진한 뒤 스스로 해산했다. 같은 날 전남대에서는 성남피혁 노동자 윤용하가 "누가 분신을 배후조종한단 말인가."[44]라며 분신 배후설을 부정하는 글을 남기고 분신자살했다. 윤용하는 어려서부터 중국집 배달원, 가방공장과 성남의 피혁공장 공원 등의 노동일을 했고[45] 분신 당시에는 중풍을 앓고 있는 부친을 수발하며 중졸 검정고시를 준비 중이었으며[46] 1989년 초 학출 활동가를 만나 서울민주화직장청년연합의 풍물강습반에서 활동했다.[47]

5월 13일에는 전대협 구국결사대 소속 서울대·연세대·서강대 등 7개 대학 47명의 학생들이 민자당 중앙당사를 점거하고 농성에 돌입했다. 같은 날 성남에서는 학내문제로 분규를 겪고 있는 신구전문대에 경찰 300여 명을 투입해 59명을 연행하고 시위용품 455점을 수거해갔다. 14일에는 시

---

44) 『한겨레신문』, 1991년 5월 11일, 「분신 배후조종' 비난 유서」

45) 추모연대(http://www.yolsa.org), 열사의 삶.

46) 『동아일보』, 1991년 5월 11일, 「근로자 분신 重態(중태)」

47) 추모연대(http://www.yolsa.org), 열사의 삶.

위를 주도한 도내 6개 대학 총학생회 간부 12명에 대한 사전영장을 발부하고 검거에 나서기 시작했다.

5월 14일로 예정되었던 강경대 장례식은 경찰의 저지로 무산되고 16일 중앙대 안성캠퍼스에서는 '광주항쟁계승과 현 정권 타도를 위한 결의대회'가 열려 경찰과 격렬한 투석전을 벌이다 해산했다. 같은 날 안양지역 학생과 재야단체 인사 등 3백여 명은 안양병원 앞에서 '한진중공업 박창수 노조위원장 투신자살 규탄대회'를 갖고 사인규명을 요구하며 시위를 벌이다 해산했다.

5월 17일에는 국민연합 수원시 지부장 도영호 씨 등 수원지역 재야단체원 20여 명이 공안 통치 종식을 요구하며 농성을 벌였다. 이날 경기도 내에선 아주대, 경기대, 한신대 등 수대협 소속 대학을 포함해 5천여 명의 학생들이 '광주항쟁계승 및 공안 통치종식 결의대회'를 가졌다.

5월 18일에는 5·18국민대회와 강경대 장례식이 전국 81개 시·군에서 40만 여명의 학생·노동자·농민·재야·정당 등 각계각층의 참여 속에 개최됐다. 5월투쟁 기간 가장 많은 인원이 시위에 참가했는데 노동자 9만여 명의 파업과 함께 시·군 단위에서 농민의 참여가 이루어졌으며, 전교조·전노협·여성단체연합·예술인 등 각계각층의 시국선언과 서명운동이 잇따랐다. 이날 수원, 성남, 부천, 안양 등지에서는 국민연합 주관으로 '5·18국민대회'가 일제히 열렸다. 국민연합 안양, 안산, 경기남부지역본부 등 13개 재야단체 소속 노동자와 학생 3천여 명은 오후 7시부터 안양시 벽산쇼핑 앞 도로를 점거하고 '5·18 광주항쟁 계승 및 고 박창수 위원장 옥중살인 규탄 제2차 국민대회'를 갖고 안양시청까지 가두시위를 벌였다. 시위대는 오후 11시 20분쯤 제지하는 경찰과 격렬한 도심의 공방을 벌이다 다음날 새벽 1시쯤 해산했다. 부천지역 학생과 노동자 1천5백여 명도 오후 2시부터 부천시 중구 부천역 광장에서 '폭력정권 퇴진을 위한 2차 시민 결

의대회'를 갖고 1킬로가량 떨어진 부천시청 앞까지 평화적 행진을 한 뒤
오후 7시쯤부터 이곳에서 연좌농성을 벌이며 '시국토론회'를 가진 뒤 해산
했다.

3. 정원식 총리서리 밀가루 달걀 투척사건과 5월투쟁의 퇴조(1991. 5. 25~ 6. 29)

5·18대회 이후 범국민대책회의가 상설연대기구로 재편되고 명동성당
으로 투쟁의 중심을 옮기면서 5월투쟁은 새로운 국면에 접어들었다. 5월
18일부터 투쟁지도부가 명동성당에서 철수하는 6월 29일까지는 5월투쟁
의 마지막 단계로 강기훈 유서대필 사건과 함께 정원식 총리서리 계란투
척사건이 벌어지면서 도덕성에 상처를 입고 투쟁이 급격히 퇴조하는 시기
이다.

5월 18일을 전후하여 범국민대책회의는 '공안통치 분쇄와 민주정부 수
립을 위한 범국민대책회의'로 명칭을 변경하고, 10대 강령을 내걸고 명동
성당 농성투쟁에 돌입하였다. 5월 20일 새벽 광주에서 권창수가 경찰의 곤
봉에 맞아 의식불명 상태로 병원에 실려 간 뒤 5월 25일에는 성균관대 학
생 김귀정이 질식사하는 사건이 발생했다. '공안통치 민생파탄 노태우정
권 퇴진 제3차 국민대회'가 전국에서 17만여 명이 참여한 가운데 개최된
날이었다.

경기도에서는 수원, 성남, 안양 3곳에서 열릴 예정이던 국민대회가 경찰
의 원천봉쇄로 무산되었고 성남과 안양지역 대학생과 노동자들은 도심에
서 산발적인 시위를 벌이다 해산했다. 안양지역 노동자와 학생은 이날 오
후 7시 10분부터 안양시 안양병원 앞에서 고 박창수 위원장 옥중사망사건
사인규명 및 현정권 퇴진 구호를 외치며 시위를 벌이다 해산됐다. 성남에

서도 4시 30분쯤 성남시청 앞 광장에서 열기로 했던 국민대회가 경찰의 원천봉쇄로 무산되자 종합시장 앞과 인하병원 앞 단대사거리 등지에서 숨바꼭질 시위를 벌였다. 이날 경기지역 교사들의 2차 시국선언이 있었다. 경기지역 1백2개 초중고교 현직 교사 2백65명이 지난 8일에 이어 두 번째로 시국성명서를 발표했다. 이들은 이날 성명서에서 전교조 탄압의 주역이며 공안통치의 장본인인 정원식 전 문교부장관의 총리임명에 반대한다는 입장을 밝혔다.

6월 들어서는 정부의 이데올로기 공세로 힘을 잃어가는 속에서도 지역적으로 산발적인 투쟁이 이어졌다. 8일 제5차 국민대회가 전국적으로 개최됐지만 참가자는 대폭 줄어들었다. 경기도에서는 수원, 안양, 성남 등 도내 3개 지역 학생, 노동자, 시민 등 2천5백여 명이 8일 하오 6시쯤 각 지역별로 국민대회를 가질 예정이었으나 경찰의 원천봉쇄로 무산되자 도심에서 산발적인 시위를 벌였다.(『경향신문』, 1991년 6월 9일) 6월 10일에는 6·10항쟁 계승 및 민주정권수립 범국민대회가 열릴 예정이었으나 이 역시 경찰의 원천봉쇄로 무산되었다. 15일에는 한진중공업노조원 3백여 명이 박창수 위원장의 사인 규명을 요구하며 수원지검에서 농성했다. 6월 2일 박창수 사망 사건에 안기부의 개입이 없었다는 검찰 발표 이후 본격적인 첫 집회였다. 또 6월 18일 오후 안양에서는 '고 박창수 위원장 사인 진상규명과 노태우정권 퇴진'을 요구하는 대학생과 노동자 2백5십여 명의 시위가 개최되기도 했다.

6월 20일 광역선거가 치러져 민자당이 압승을 거둔 이후에는 공권력의 민중운동 탄압이 더욱 노골적으로 진행되었다. 6월 22일 안산에서는 삼양금속 노조의 장기파업 해결과 지역 노사문제에 대한 대책을 논의하기 위한 관계기관대책회의에 안기부와 기무사 요원이 참석한 사실이 알려졌다. 노동계에서는 "노동운동에 대한 대탄압의 신호탄"이라고 주장했지만 큰 파장을 일으키지는 못했다. 6월 23일 새벽 인천 부평경찰서는 '유령노조 해체'와 '민주노조 인정'을 요구하며 130여 명의 노동자가 43일째 농성을 벌이고 있던 동서식품에 경찰 1천여 명을 투입해 농성노동자를 연행·해산하는 일이 벌어졌다. 인천시와 관할구청이 동서식품에 설립된 유령노조를 확인하고도 방치한 데서 비롯된 일이었다. 또한 평택경찰서는 6월 24일 동영알루미늄 농성 노조원들을 해산시키는 과정에서 무리한 진압작전을 펴 노조원과 경찰 50여 명이 크게 다치는 사태까지 생겼다.(『한겨레신문』, 1991년 6월 27일)

6월 29일과 30일에는 박창수 위원장의 장례식이 55일 만에 치러져 안양과 부산에서 노제가 진행됐다. 29일은 '제6차 국민대회'가 열릴 예정이었지만 경찰의 원천봉쇄로 무산되었으며 이날을 끝으로 범국민대책회의는 명동성당에서의 농성투쟁을 해제했다.

제2절 전국연합의 출범과 통일운동 및 선거투쟁

1991년 5월투쟁이 실패로 막을 내리면서 민족민주운동 진영의 주축인 전민련의 조직역량이 크게 약화되면서 발전적으로 해체하고 민주주의민족통일전국연합(이하 '전국연합')이 새롭게 출범하여 이후 민족민주운동의 주축이 되었다. 전민련이 해체되고 1991년 12월 12일 결성된 전국연합은 27개의 재야 민주화 운동단체가 참가한 해방 이후 최대 연합조직이었고 민통련이나 전민련과는 달리 대중조직이 주도했다는 점이 특징이었다. 경기도에서는 1991년 12월 11일 경기남부연합 창립대회가 열렸다. 경기남부연합에는 경기남부지역노동조합연합(이하 '경기노련'), 전국교직원노조경기지부, 수원지역대학생대표자협의회(이하 '수대협') 등 연합조직들이 참여했다. 경기남부연합은 창립 이듬해인 1992년 1월 초부터 시작된 총선 후보 논의 과정의 진통으로 조직 정비와 대중투쟁이 한동안 방치되기도 했다. 안산지부에서 노운협의 박승호, 장용렬이 전국연합 독자후보로 출마하겠다는 의사를 보임에 따른 것으로 안산지역뿐 아니라 경기남부연합 중앙집행부 전체가 논쟁에 휘말렸다. 사태는 전국연합 중앙위원회가 안산지부에 노동자 단일후보를 내기로 결정하고 안산지부가 동의하는 것으로 종결되었다.[48] 경기남부연합은 같은 해 5월 4일부터 기관지『경기남부』를 발행해 선전 및 조직활동의 수단으로 삼기도 했다.[49] 한편 경기남부연합 중 성남연합을 위시한 용인·광주·하남·이천·여주 지역은 1997년 경기동부연합으로 전환했다.

민주주의 민족통일 경기남부연합

경기남부 창간준비호(1992.05.04)
민주화운동기념사업회 오픈아카이브즈
00420074

경기북부연합은 1992년 2월 9일에 결성되었다. 경기북부연합은 부문별 연합조직이 참여한 경기남부연합과는 달리 단일조직들의 연합체였다. 노동단체로는 덕계노동자사랑방, 구리노동상담소, 의정부노동상담소, 일꾼노동교실이 참가했으며, 포천군농민회와 연천군농민회(준) 등 농민단체, 동두천민주시민회, 포천군주민회 등 시민단체, 해누리민주청년회, 동두천시대학생회 등 청년단체와 전교조

경기지부(동두천, 양주, 구리, 미금, 남양주, 포천, 연천, 의정부, 고양, 파주)와 구민교회 김거성 목사가 개인 자격으로 참가했다. 대의원대회는 45명으로 구성했으며 초대 의장에는 박태규가 선출되었다.[50] 경기북부연합은 1992년 7월경 사무국장 김인수가 1년 전 발생한 신성통상 등 노조 관련 활동에 대해 '제3자 개입'을 이유로 기소된 뒤 폭행 및 기물파손죄로 구속되는 등 당국의 탄압을 겪어야 했다.[51]

5월투쟁 이후 전국연합이 출범과 함께 맞은 노태우 정권 하반기 운동의 특징은 통일운동의 확대와 선거투쟁이라고 할 수 있다. 이 시기 학생운동 역량이 서울 소재 대학들은 서울대를 필두로 하여 민족해방(NL) 계열의 압도적인 우위에 균열이 생기기 시작했다. 그러나 전대협 의장단을 비롯해 경기도를 포함한 지방의 주요 대학들은 여전히 NL 계가 총학생회를 장악하고 있었고 1990년 11월 20일 조국통일범민족연합(이하 '범민련')의 결성에 힘입어 통일운동은 더욱 강화될 수 있었다. 이와 함께 1992년에는 3월 24일 제14대 국회의원총선거와 12월 18일의 제14대 대통령선거를 맞아 총선투쟁과 공정선거감시운동이 전개되었다. 또 11월에는 윤금이 피살 사건을 계기로 반미투쟁이 강력하게 전개되었다.

우선 이 시기의 통일운동은 1990년 8월 15일 남과 북에서 각각 진행되었던 범민족대회와 연계해 전개되었다. 1990년 8월 15일 1차 범민족대회가 치러진 뒤 베를린에서 범민련이 결성되면서 매년 남, 북, 해외 3자연대 방식으로 서울, 평양, 베를린, 세 곳에서 범민족대회를 동시 개최하기로 했다. 이에 1991년 8월 12일 경찰의 원천봉쇄 속에서 '제2차 범민족대회'가 서울 경희대에서 개막식을 갖고 18일까지 7일 간의 일정에 들어갔다. 이날 한국외국어대 용인캠퍼스, 경원대 등 용인·성남지역 대학생과 전대협 중

---

50) 민주화운동기념사업회 오픈아카이브즈, 001580550.
51) 민주화운동기념사업회 오픈아카이브즈, 00053819.

앙 통일선봉대 학생 4백여 명은 성남시 수정구 태평동 시청 앞 길에서 "비핵군축 조국은 통일로"라는 구호를 외치며 7시 30분경부터 9시 정도까지 도로를 점거한 채 농성을 벌이다 스스로 해산했다.(『한겨레신문』, 1991년 8월 13일)

이듬해인 1992년 8월 13일부터는 '제3차 범민족대회'가 서울 중앙대에서 5일 일정으로 개최되었다. 8월 초부터 전국 곳곳에서 사전집회가 있었으며 경기도에서는 8월 6일 경기남부 범민족대회추진본부 회원들과 수원지구 대학생대표자협의회 소속 대학생 등 1백여 명이 중앙대 안성교정에서 경기남부지역 통일선봉대 발대식을 가졌다. 이날 발대식에 참가한 학생들은 오후 9시 30분경 경기도 송탄시 신장동 주한미7공군사령부 정문 앞에서 용산 미군기지 평택이전 반대와 주한미군 철수를 요구하며 30분 남짓 농성을 벌이다 자진해산했다.(『한겨레신문』, 1992년 8월 7일)

1992년 봄의 총선 투쟁은 범민주계 단일후보 출마전략과 맞물려 전개되었다. 경기남부지역의 민주후보로는 민주주의 민족통일 경기남부연합(상임의장 김쾌상) 차원에서 민주당 시흥·군포지구당 위원장인 제정구를 지명했다.(『한겨레신문』, 1992년 3월 6일) 그밖에는 학생과 노동자를 중심으로 선거참여운동, 공명선거운동이 전개됐다.

1992년 3월 19일 경희대 학생 400여 명이 신갈리 신갈쇼핑 앞 인도에서 공명선거 거리캠페인을 벌이다 경찰의 무차별 진압하는 과정에서 학생들이 크게 다치는 일이 발생했다. 이 대학 부총학생회장 이성일 씨가 경찰이 휘두른 방패에 윗머리를 얻어맞아 20바늘을 꿰매는 등 학생 3명이 크게 다쳤다. 이날 학생들은 오후 2시 30분경 교내 체육과학관 앞 광장에서 2천여 명이 참가한 가운데 총학생회 출범식을 마치고 신갈로 나와 '청년학도들에 대한 선거참여 호소문'과 공명선거 촉구 유인물 5백여 장을 시민들에게 나눠주던 중이었다. 한편, 학생 2백여 명은 이날 밤 교내 예술대 소극장

에 모여 경찰의 폭력행위에 대한 용인서장의 사과와 치료비 보상, 평화시
위 보장 등을 요구하며 밤샘농성을 벌였다.

같은 날 한국노총 성남지역본부, 성남지구 노조총연합, 전국택시노련
경기동부직할사무소 등 경기도 성남지역 3개 노조연합체 산하 88개 노조
는 노조활동을 탄압하는 후보에게는 표를 찍지 않기로 결의했다. 이들 노
조는 이날 '3·24총선 이렇게 참여합시다'라는 제목의 성명을 내어 "이번
총선 결과는 올해 임금투쟁과 노조활동, 노동운동의 발전 등에 큰 영향을
끼칠 것"이라며 "노동운동과 관련해 수많은 동지들이 차가운 감옥 속에 있
는 만큼 노동자의 권리를 찾기 위해서라도 노조를 탄압하는 후보는 찍지
말자"고 밝혔다. 이와 함께 이들 노조는 "이번 선거에서 투표를 포기하는
것은 굴종의 삶을 살겠다는 노예선언"이라며 조합원들의 투표참여를 촉구
했다.(『한겨레신문』, 1992년 3월 20일)

제14대 총선이 299석 중 149석을 얻는 것으로 끝난 뒤 5월 9일에는 박창
수 열사 1주기 추모집회가 안양에서 열렸다. 경기남부지역 노동조합연합
과 수원지역대학생대표자협의회 등 경기남부연합 소속 노동자와 학생, 시
민 등 2천5백여 명은 5월 9일 오후 5시경 안양시 대신대 강당에서 '총액임
금제 저지 및 92 임투승리와 고 박창수 열사 1주년 추모대회'를 가졌다.
이들은 이날 오후 추모대회를 마치고 부산 노동자 문예창작단의 추모공연
을 관람한 뒤 대신대에서 벽산쇼핑을 거쳐 안양병원까지 거리시위를 벌였
다. 이들은 이날 오후 9시 30분경 안양병원 앞에서 30여 분 동안 추모집회
를 가진 뒤 스스로 해산했다. 이들은 결의문을 통해 "고 박창수 위원장이
안기부 공작에 의해 살해되었음에도 1년이 지난 지금까지 여전히 사인 진
상이 은폐된 채 노동자에 대한 탄압은 가중되고 있다. 박창수 열사의 정신
을 계승해 노동운동을 탄압하는 노태우 정권에 맞서 싸워 나가자"고 결의
했다.(『한겨레신문』, 1992년 5월 10일)

5월 19일에는 민자당 대통령 후보를 선출하는 전당대회가 열리면서 본격적인 대선투쟁에 접어들었다. 이날 수원, 성남, 부천 등지에서 대학생과 시민 등 2천여 명이 모인 가운데 반민자당 집회를 갖고 밤늦도록 도심지 시위를 벌였다. 수원지역 학생, 노동자 등 1천여 명은 이날 오후 7시 30분부터 수원시 매실로 수원역 앞을 점거하고 '민자당 재집권 저지 및 민주정부수립을 위한 국민대회'를 가졌다. 이후 9시부터는 남문까지 평화 시가행진을 벌인 뒤 자진해산했다. 이날 성남지역 대학생 등 7백여 명은 같은 시각 성남시청 앞에서 대회를 열고 민자당 규탄궐기 연좌농성을 벌이다 종합시장, 중원구 상대원공단에 이르는 8km의 인도를 따라 도보를 실시한 후 10시 쯤 자진해산했다.

민주대개혁과 민주정부 수립을 위한 국민회의(이하 '국민회의')가 전국적으로 조직되는 가운데 경기도에서는 10월 27일 약 200여 명이 참석한 가운데 안성지역 국민회의가 결성되었다. 공동의장에는 김진황, 최종권, 한관택, 손광덕 등이 선임됐다. 11월 3일에는 안양·군포지역에서 권영종, 박길룡, 신동섭 등을 공동의장으로 해서 시민회의가 결성되었다. 수원에서는 장용환을 의장으로 해서 약 120여 명이 참석해 수원지역회의를 결성했다. 안산은 허춘중, 이건우 등을 의장단으로 해 11월 13일에 안산지역 시민회의를 결성했다. 11월 14일에는 약 4백여 명이 참석한 가운데 국민회의 경기남부본부가 결성되었다. 성남본부도 역시 같은 날 결성되었다. 경기북부 국민회의는 11월 19일에 약 250여 명이 참석한 가운데 박태규를 의장으로 해 결성되었다. 20일에는 올바른 주권실현을 위한 경기북부 용인 시민모임이, 22일에는 송탄·평택 주민회의가 결성되었고, 28일에는 국민회의 고양·파주지부, 구리·미금·남양주 국민회의가 결성을 완료했다.

11월 중순부터는 공정선거운동이 전개됐다. 11월 21일 수원, 광명, 부천을 비롯한 도내 10개 시·군 공명선거실천시민운동협의회가 공명선거를 다짐하고 선거참여를 호소하는 결의대회와 캠페인을 전개했다. 수원시에서는 21일 오후 성공회 교동성당에서 1백여 명이 참석한 가운데 '공명선거실천수원시민결의대회'를 갖고 깨끗한 선거문화 정착과 선거참여에 앞장설 것을 다짐했다. 이날 참가자들은 대회를 마친 뒤 뉴코아백화점까지 가두캠페인을 전개, 전단과 스티커 등을 시민들에게 배포하며 공명선거를 실천해 줄 것을 호소했다. 평택지역 공선협은 이날 오전 10시 평택시 YMCA 강당에서 30여 명의 회원이 참석한 가운데 시민 모임 출범식 및 부정선거고발창구 개소식을 갖고 가두 캠페인을 벌였다. 수원 공선협은 이후 전국택시노련 경기지부와 공동 캠페인을 벌이면서 수원지역 택시 1천4백여 대에스티커를 부착하는 등 다양한 공명선거 캠페인을 전개했다.

12월 5일에는 공명선거 운동단체와 경찰이 충돌하는 사건도 있었다. 5일 오후 8시쯤 용성총련 학생, 시민 등 5백여 명이 공정선거 캠페인 명목으로 집회를 하다 풍물패의 북, 꽹과리 등을 경찰이 압수하자 성남경찰서로 몰려와 저지하는 경찰과 충돌해 13명이 부상을 당했다.

1992년 대통령선거는 민족민주운동단체들의 이와 같은 활동에도 불구하고 민자당의 김영삼 후보가 대통령에 당선되면서 1987년 6월민주항쟁 이후 두 번째로 정권 교체에 실패하는 결과를 맞게 되었다.

대선투쟁이 본격화할 무렵인 11월 초에는 동두천 기지촌의 여종업원 윤금이 씨가 미군 병사에 의해 잔혹하게 살해된 사건이 알려지면서 사회의 공분을 샀다. 11월 3일 동두천 제단체가 성명서를 발표했고 동두천 택시노조는 미군 승차거부운동을 시작했다. 5일에는 50여 개 사회단체가 참여해 공동대책위원회가 구성되었으며 7일 동두천 시민들의 제1차 규탄대회를 시작으로 전국 곳곳에서 규탄대회가 열렸다. 29일에는 경기지역총학생회연합이 명동성당 일대에서 가두선전전을 벌이는 등 경기도 소재 대학의 참여가 두드러졌으며 12월 4일부터는 범국민서명운동이 전개됐다. 최종적으로 가족들에게 총 4억 5천2백만 원을 국가 배상했으며 살인범인 케네스 리 마클은 1994년 4월 상고심에서 15년형이 확정된 뒤 2006년 8월 가석방 돼 미국으로 출국했다. 한편 이 일을 계기로 1993년 10월 '주한미군범죄근 절운동본부'가 정식 발족하였다.

한편 1987년 6월민주항쟁 직후 건설돼 이후 학생운동을 이끈 전대협이 노태우 정권의 폐막과 함께 그 소임을 다하고 1993년 4월 한국대학총학생 회연합(이하 '한총련')이 새롭게 출범했다. 한총련은 생활·학문·투쟁의 공동체라는 노선을 설정하는 한편 자주·민주·통일의 기치 하에 범청학 련 남측 본부 역할을 자임하며 통일운동을 강화해나갔다. 전국연합의 지 역조직으로 경기남부연합과 경기북부연합이 결성됐던 것과 달리 한총련 의 경기도 지역조직으로는 경기남부총련과 용성총련이 있었다. 경기북부 의 경우 대학이 적어 별도의 연합조직이 결성되지는 않았다. 경기남부총 련이 전대협 시절 수대협이 전화한 것이라면 용성총련은 전대협 시절부터 같은 이름을 사용했으며 1989년 여름 임수경의 방북 기사에서도 용성총련 소속으로 보도되었다. 경기남부총련에는 수원대, 성균관대 수원캠퍼스, 서울농대, 아주대, 중앙대 안성캠퍼스, 한신대, 한양대 안산캠퍼스, 협성대 등 9개 대학이 속해 있었고 수대협 시절부터 '전문대 사업국'을 설치해 수 원전문대, 수원여자전문대, 동남전문대, 오산전문대, 장안전문대 등 지역 내 5개 전문대의 총학생회 사업을 '지도'했다.[52] 또 용성총련에는 경원대, 한국외대 용인캠퍼스, 경희대 수원캠퍼스 등 9개 대학이 속해 있었다. 경 기남부총련과 용성총련은 1994년 인천·부천지역총학생회연합(이하 '인부 총련')과 결합해 경기인천지역총학생회연합(이하 '경인총련')으로 바뀌었다.

---

[52] 민주화운동기념사업회 오픈아카이브즈, 00032683.

제3절 시민사회운동의 성장

1987년 민주화의 영향으로 시민사회 부문이 크게 성장하면서 1990년을 전후하여 시민사회운동이 태동하기 시작했다. 또 각 부문운동의 성과를 바탕으로 '지역의 민주화'를 고민하고 실천하려는 초보적인 움직임이 싹트기 시작했으며 지방자치제 실시와 함께 생활세계에 대한 관심이 지역운동의 한 부문으로 싹트기 시작했다.

수원에서는 수원 YMCA와 수원 YWCA가 1968년과 1969년에 각각 창립했으며 1980년대 민주화운동 과정에서 1984년 수원 EYC, 1987년 흥사단 수원지부와 수원민중문화운동연합이 창립해 활동하였다. 1987년 민주화 이후에는 이들 단체가 민중운동과 계급운동의 성격을 덜고 중산층 생활운동을 지향해 나가는 가운데 1989년 3월 수원여성회와 수원사랑민주청년회가 창립했다. 이어 1990년 5월 수원가정법률상담소, 1992년 8월 다산인권센터, 1993년 1월 수원경제정의실천연합, 1994년 5월 수원환경운동센터, 같은 해 9월 수원여성의전화, 1995년 9월 수원시민광장, 그리고 수원인간교육실현학부모연대가 차례로 창립했다. 수원 지역 시민사회단체들은 공정선거와 환경문제를 중심으로 연대활동을 전개했으며 1992년부터 '어린이날 기념행사'를 공동으로 개최한 데 이어 1995년부터는 '수원시민통일한마당'과 '지구의 날 기념행사'를 함께 진행했다.(『수원시사』 8, 2014, 401~403쪽)

수원 지역 시민운동가들은 지역사회 발전을 위해 민주화운동이나 시민운동 출신이 정치권에 진출해야 한다고 생각했지만 시민운동단체 이름으로 직접 후보를 내거나 지지선언을 하는 것에는 부정적인 입장이 주를 이뤘다. 이런 가운데 수원교도소 이전 및 구치소 설립반대운동을 펼쳐온 주민 지도자 이수연을 1991년 6월 21일 치러진 지방의회의원 선거에서 수원시의회 의원으로 당선시키는 데 크게 기여하였다. 그러나 이후 수원시의회 의정활동에서 단체들과 이수연 의원 간의 협력은 원활하게 이뤄지지는 못했다. 또 수원시 행정 및 의정감시활동을 펼치기 위해 1991년 지방선거 이후 수원시의회 행정사무감사와 의정 모니터링 활동을 진행하였다.(『수원시사』8, 2014, 404~405쪽)

성남의 경우 최초의 시민사회단체는 1981년 창립한 성남 YMCA라고 할 수 있다. 당시는 반독재 민주화운동에서 기독교 관련 조직이 권력기구로부터 방패막이 역할을 할 때였기 때문에 기독교인뿐만 아니라 성남 지역 대부분의 활동가들이 성남 YMCA 결성에 참여하였다. 활동 분야도 다양해서 노동 운동가, 야학 활동가 등 여러 분야의 활동가들이 참여했으며 초대 이사장으로 광주대단지 중앙대책위원회 위원장을 역임했던 박진하를 선출했다. 성남 YMCA는 창립 2~3년 만에 청년 회원 수만 300명에 달할 정도로 급속히 성장하여 성남에서 전국대회가 개최될 정도였다. 그러나 민주화운동 이후 지역운동에서 급속히 이탈하여 중산층 시민운동을 지향하면서 초창기 이사로 참여했던 하동근 등 활동가 다수가 방향을 전환하게 된다.(『성남시사』7, 2014, 198쪽)

여성 부문으로 성남 YWCA(1988. 1)와 성남여성의전화(1994. 12), 성남 함께하는 주부모임(1996)이 창립하였다. 또 환경 부문에서는 분당환경시민의모임(1994. 12), 소비자운동 부문에서는 성남소비자시민모임(소비자문제를 연구하는 시민모임 성남지부, 1988. 4)과 주민소비자생활협동조합(1993. 1) 등이 창립되었다. 지방자치제도의 본격적인 실시를 맞아 생겨난 단체 가운데 가장 주목할 만한 것은 1995년 설립된 성남시민모임이다. 성남시민모임은 지역 사회운동의 방향 전환을 고민하던 1970~80년대 운동가들이 대거 참여하면서 조직되었다. 민주화운동과 노동운동, 빈민운동 진영에서 활동했던 30~40대를 중심으로 새로운 지역 운동의 필요성을 제기하면서 만들어진 성남시민모임은 기독교 단체나 전국 단체의 성남지부가

아닌 성남 지역만의 종합 시민사회단체의 출발이라 할 수 있다.(『성남시
사』, 2014, 19~200쪽) 성남시민모임은 1995년 출범과 함께 남부저유소 성남
분당 건설반대 투쟁을 성남과 인근 용인지역 등 제 시민사회단체들과 연
대하는 투쟁을 벌이기도 하였다.

안양은 1967년 창립한 안양청년회의소를 출발로 하여 1974년 전·진·
상 사회교육센터, 1985년 안양시 여성단체협의회가 창립했다. 또 1986년과
1989년에는 기독교계의 종합시민사회단체로 안양 YWCA, 안양 YMCA가 창
립해 민주화 이후 시민사회 부문으로 활동영역을 넓혀갔다. 1980년대 전
반에 민중지향적 노동교육을 목표로 설립된 장내동성당의 근로자회관과
노동상담소 그리고 민중교회와 같은 종교단체와 안양사랑청년회, 안양일
하는청년들 등의 청년·노동단체도 활동을 이어나갔다. 1990년대 들어서
는 '군포시민의 모임'이 본격적인 시민운동을 표방하며 창립했으며 1993년
경실련 지역지부로 안양·의왕경실련 등이 창립했다. 안양·의왕경실련은
이후 우루과이라운드 재협상 촉구 및 우리농업·농촌살리기 시민캠페인,
군포시 쓰레기 소각장 문제 해결을 위한 시민토론회, 박달우회고가도로
교각붕괴 사고 관련 감사원 감사청구 등의 활동을 벌여나갔다.(『안양시사』
4, 2008, 167~175쪽)

1991년에는 도의원에 출마한 이성섭 후보가 전국에서 가장 오염된 안양
천을 되살리겠다는 공약을 발표함으로써 안양의 환경문제가 정치사회문
제로 발전하는 계기가 되었다. 환경 부문 시민사회단체로 1992년 경기환
경문제연구소, 1993년 경기녹색환경실천회, 1994년 물사랑실천운동 안양
시협의회가 잇달아 창립했고 이후 안양천 살리기 운동을 비롯해 수암천
복개반대운동, 만안구 도심공원 조성운동, 쓰레기 문제 해결을 위한 시민
운동, 인덕원 TKP 송유관 기름유출 대응 활동, 제2경인연결 민자고속도로
건설반대운동 등이 전개됐다.(『안양시사』 4, 2008, 497~509쪽)

부천은 1970년대 말 석왕사청년회, 새롬교회, 하나교회 등이 설립돼 노동청년들을 대상으로 지역사업을 전개했으며 1982년 부천 YMCA가 설립해 본격적인 시민운동을 전개했다. 초기에는 대학생, 청년들 중심으로 활동하다가 1985년 이후 어린이·유아 교육이 정착됐고 1986년에는 중부, 동부, 북부센터가 설치됐다. 1987년부터 시민대학을 열고 졸업생들을 중심으로 시민회를 조직했으며 이때부터 활동해온 '사랑의 Y형제단' 단원들은 이후 경인지역 노동운동에 활발하게 참여했다. 이때까지 YMCA를 제외한 단체들은 민주화운동과 분리해 독자적인 시민운동을 전개하지 못했다. 그러던 중 1991년 지방자치선거를 맞아 각 분야에서 활동하던 강영석, 김일섭, 오강열, 최순영 등이 부천시의회 의원으로 당선되면서 부천의 시민운동은 본격적으로 분화·발전하게 되었다.(『부천시사』 4, 96~97쪽)

안산은 대부분의 사회운동이 노동운동에서 출발했기 때문에 시민사회운동 역시 노동운동과 밀접한 관계 속에 전개됐다. 1986년 원곡성당의 노동사목, 밀알교회의 노동자 상담이 개시된 것에 이어 1987년 안산노동상담소, 1988년 반월공단노동상담소, 1989년 안산노동교육연구소와 밝은자리가 설립됐다. 노동운동과 거리를 둔 단체들은 1990년대 들어서야 만들어지기 시작했으며 대개 전국적인 단체의 지역지부였다. 1992년 9월 소비자문제시민의모임 안산지부, 1993년 7월 안산경실련, 1994년 안산그린스카웃, 1995년 1월 안산 YMCA, 1996년 10월 안산환경운동연합이 각각 창립해 활동을 전개했다.(『안산시사』 3, 2011, 582~585쪽)

경기북부 지역은 북한과 인접해 있다는 지리적 특성상 시민사회단체가 쉽게 뿌리내리지 못했다. 이 가운데 동두천시대학생회가 1980년대 들어 성격 변화를 겪으면서 1985년 신천의 어류 집단폐사 문제와 관련해 신천보존대책협의회(이하 '신보협')의 결성을 주도했는데 이것이 민주화운동과는 거리를 둔 독자적인 시민운동의 첫 사건이라 할 수 있다. 양주에서 발원한 신천은 양주, 포천, 동두천의 나염공장에서 흘러나온 폐수로 오염이 심각했는데 1984년 11월 어류가 집단 폐사하는 등 식수 문제가 제기됐다. 신보협이 공해문제연구소가 함께 무비카메라로 오염 상황을 촬영하는 한편 동민회에서 비용을 대고 새마을운동본부에서 유인물을 제작해 지역에 유인물을 배포하고 마당극 공연을 통해 주민들의 호응을 얻어냈다. 활동 결과 중앙정부로부터 차집관거 예산을 획득하고 한탄강을 취수원으로 보호 지정할 수 있었다. 신보협은 이후 동두천민주시민회로 발전하면서 사실상 동두천 시민사회운동의 기틀을 마련했다고 할 수 있다. 동두천민주시민회는 1990년 7월 창립돼 금요한마당, 침술반, 이담산악회를 상설 운영하면서 월 1회 회보를 발행했다. 또 1988년부터 활동하던 일동청년회가 1992년 포천군주민회로 명칭을 바꾸고 풍물반을 운영하는 한편 공정선거운동과 기타 지역운동을 전개했다.

고양에서는 1988년 7월 창립한 고양시민회가 1993년 '금정굴사건 진상규명위원회'를 발족해 국가에 의한 민간인 학살에 대한 진상규명 활동을 개시했다. 금정굴 사건은 고양경찰서장의 지휘 아래 1950년 10월 9일부터 31일까지 고양 지역과 파주 일부 지역에서 거주하던 153명 이상의 주민들이 부역혐의자 및 부역혐의자의 가족이라는 이유로 경찰관들에 의해 금정굴에서 불법적으로 집단 총살당한 사건이다. 이 사건은 1993년 고양시민회에 의해 처음으로 알려졌으며 1995년 유골 발굴이

고양 금정굴 양민학살 사건 진상보고서
(민주화운동기념사업회 오픈아카이브즈
00165878)

시작되면서 세상에 널리 알려졌다.(고양시민회, 2009, 80~104쪽) [53]

---

[53] 이후 2007년 6월 26일 진실화해를위한과거사정리위원회에서 고양 금정굴 사건에 대한
진실규명결정을 내리게 되었다. 금정굴 문제를 공식적으로 제기한 지 14년 만의 일이었다.

제4장 1987년 이후 경기지역 민주화운동의 특징과 의의

경기도에서 1987년 6월민주항쟁은 학생운동과 노동운동 부문이 조직적으로 결합했을 뿐 아니라 도시빈민들도 대거 참여한 가운데 전개됐다. 이같은 특성은 이후 민주화운동에도 큰 영향을 미쳤다. 노태우 정권 출범 이후 지노협 활동이 활발했던 성남과 안양, 부천, 안산 등을 중심으로 노조 탄압이 가해지는 속에 해당 노조뿐 아니라 지역 내 민주단체들이 합세해 저항했다. 또 5공 청산운동, 노태우 정권 퇴진 운동, 반민자당 투쟁 등 이어진 투쟁에서도 노학연대를 넘어 지역 내 민주단체나 인근 지역의 단체들이 연대하는 모습을 지속적으로 보였다. 이 같은 특성을 바탕으로 1987년 민주화 이행 이후 경기도 민주화운동의 특성을 살펴보면 다음과 같다.

첫째, 학생운동의 경우 민족민주 계열이 지속적으로 우위를 점했다는 것이다. 이것은 한국외대 용인캠퍼스 총학생회장 정형주가 전대협 2대 의장을 역임한 사실에서도 알 수 있는 데 노태우 정권 출범 직후 전개된 통일운동 과정에서 경기도 학생운동은 두 번의 계기를 통해 전국적인 주목을 받았다. 첫 번째는 한국외대 용인캠퍼스 학생 임수경이 남한 학생운동을 대표해 평양에서 열린 범민족대회에 참여한 사건으로 민족민주 계열

학생운동의 조직적 성장을 불러왔을 뿐 아니라 여타 부문운동에도 큰 영향을 미치는 계기가 되었다. 두 번째는 홍성담·차일환 간첩사건과 관련해 중앙대 안성캠퍼스 총학생회장 이내창이 변사체로 발견된 사건이다. 이를 계기로 전국적인 진상 규명 요구 시위가 대대적으로 전개되었지만 현재까지 의문사로 남아있다.

둘째, 권역별 특성이 전국적인 단체의 지역 지부 건설 과정에서 뚜렷하게 나타났다는 것이다. 1985년 출범한 민통련이 1987년과 1988년 경기북부와 경기남부 민통련이 각각 발족한 데 이어 전민련과 전국연합도 경기북부와 경기남부가 독자적으로 조직을 결성했다. 또 전국연합의 경우 성남과 용인을 중심으로 하는 경기동부 지역이 경기남부연합에서 분리해나가 경기동부연합을 발족시키기도 했다. 청년운동의 경우에는 경기남부가 각 지역별로 민청련 지부를 결성한 데 반해 경기북부는 중앙 단체와 별도로 독자적인 청년단체를 조직하는 모습을 보였다.

셋째, 1991년 5월투쟁 기간 전국적으로 가장 많은 분신자살자가 발생한 것은 물론 전후 시기에도 다른 지역에 비해 상대적으로 많은 저항적 자살이 있었다. 5월투쟁 기간 분신한 8명 중 천세용(경원대), 김기설(성남민청련), 윤용하(성남피혁), 3명이 성남에 연고를 갖고 있었으며 이 기간 외에도 1988년 최윤범(성남 고려피혁)과 이문철(의정부 대원여객), 1989년 김윤기(성남 덕진양행)와 이종대(광명 기아산업), 1990년 이원기(철거민, 성남 은행동)와 안산 금강공업의 박성호·원태조 등이 노태우 정권 하에서 스스로 목숨을 끊었다. 경기도 민주화운동 과정에서 많은 자살자가 나온 것은 민주화 이행 이후 노태우 정권의 노동자 탄압이 지노협 활동이 활발한 지역을 중심으로 이뤄졌다는 데서 일부 이유를 찾을 수 있다.

넷째, 시민사회운동의 성장 과정에서 민중운동과 계급운동의 성격이 다른 지역에 비해 상대적으로 강하게 나타났다. 민주화 이행 이후 사회변혁에 대한 요구가 줄어들면서 중산층 생활운동을 지향하는 시민사회운동이 전개되기 시작했다. 그러나 경기도에서는 노동운동과 도시빈민운동의 오랜 전통 속에 성남과 안산 등 일부 지역을 중심으로 민중운동 및 계급운동의 속성을 유지하며 시기별 정치투쟁에 적극적으로 결합하는 경우가 많았다.

제5부

부문별 민주화운동

제1장 노동운동

제1절 전국외국기관노동조합과 1960년대의 노동운동

경기도의 산업화 과정은 서울시의 팽창 속에 서울 소재의 사업체들이 이전하면서 이루어졌다는 것과 중소기업의 비중이 상대적으로 높다는 특징을 갖는다. 그러나 1960년대는 이 같은 성격의 산업화가 본격화되기 이전으로 당시 경기도 노동운동은 주한미군의 외국기관노조(이하 '외기노조')[54]의 투쟁이 많은 비중을 차지하였다. 외기노조의 투쟁은 주로 경기북부 지역에 집중됐는데 이것은 군사분계선이 지나가는 접경지역의 특성에 따라 미군의 주둔이 많았기 때문이다. 외기노조의 대표적인 투쟁으로

---

[54] 외기노조는 1959년 11월 8일에 결성된 미군에 고용된 근로자들의 조직인 전국미군종업원 노조연맹(미군노련)에 뿌리를 두고 있다. 미군노련은 서울, 인천, 부평, 파주, 동두천 지구의 미군종업원노조 지도자들이 전국 미군종업원을 하나의 조직으로 묶음으로써 주한미군사령부와 대등한 교섭력을 갖는 강력한 노조가 될 수 있다고 보아 창설하였다. 그러나 미군노련은 5·16군사쿠데타 이후 해산령으로 해산되었다가 법률 제672호에 의하여 1961년 8월 23일에 전국외국기관종업원노동조합으로 재출발했으며, 1962년 6월의 대의원대회에서 노조 명칭을 간소화하여 전국외국기관노동조합(외기노조)으로 변경하였다. 1969년에는 18개 지부, 339개 분회에 조합원수가 39,460명에 달하여 자동차노조와 섬유노조에 이어 노총 산하 조합원수 3위의 큰 조합으로 발전하였다.(한국노동연구원, 1989, 137쪽)

1965년 말 KSC(미군 한국인 노무단) 지부의 쟁의와 파주지부 문산 공병대 분회(이하 '문공분회') 투쟁을 들 수 있다.

의정부에 소재한 KSC 지부는 1965년 2월 5일 노조를 결성하였고 5천 명의 조합원이 가입한 상태에서 경기도지사로부터 노조설립 신고증까지 교부받았다. 그럼에도 미군 측이 노조를 인정할 수 없다고 강변하며 노조 간부를 해고하고 노조 측의 요구를 거부하자 노조에서는 파업을 결의하였다. 노조인정과 상여금 200% 지급, 퇴직금 누진제 적용, 해고된 노조간부의 복직 등의 요구를 내걸고 11월 12~13일 파업 찬반투표를 한 결과 95.1%의 찬성으로 가결되었다. 한편 KSC 지부의 파업에 호응하여 외기노조 서울지부, 의정부 지부도 동정파업을 결의하는 등 확산 조짐을 보이자 정부와 미군 측이 교섭을 벌인 끝에 단식농성투쟁을 하던 KSC 노동자들의 노동기본권 인정, 임금과 퇴직금 제도의 개선을 받아들임으로써 쟁의를 성공적으로 끝낼 수 있었다.

파주지부 문공분회의 투쟁은 미군 측의 민족적 편견과 열악한 노동조건을 개선하려는 노조에 대해 미군 측이 노조 불인정과 무지막지한 탄압을 자행한데서 비롯되었다. 1965년 12월 10일 몸이 아파 작업하기가 어렵다는 노동자 김상묵에게 미군 감독관 섭제트는 "45구경 권총으로 너의 두부를 쏘면 아프지도 않고 깨끗할 것 아니냐'고 폭언을 하였다. 평상시에도 미군들은 "너희들은 조상 때부터 더러운 논물을 먹었지만 우리는 소독된 물을 먹는 문화인이다"라는 등 차별적이고 모욕적인 언사를 서슴지 않았다. 미군의 이 같은 행태에 대한 진정서도 수차례 제출됐지만(『중앙일보』, 1966년 2월 7일) 묵살되었다. 노동자 7백여 명이 근무하는 곳에 화장실은 1개만 사용하게 한다거나 샤워시설이 전혀 없는 작업장에서 기술공에게까지 시멘트 하역작업을 강요하는 등 노동자들을 혹사하는 일이 비일비재하였다. 문공분회는 1965년 11월 이후 4차례의 노사협의를 갖고 작업조건의 개선을 요구하였으나 미군 측은 번번이 약속을 이행하지 않았고 1966년 2월 3일에는 노사협의 개최마저 거부한 채 조합원 2명을 절도혐의로 정직처분을 내리고 외기노조 파주지부장 강주원에게도 해고통보를 하였다.

이런 상황에서 1966년 2월 5일 노동자 8백여 명이 정상출근하여 부당해고 철회를 요구하며 평화적인 시위와 농성을 벌이자 미군 헌병 32명이 완전 무장하고 방독 마스크에 착검을 한 상태에서 최루탄을 발사하고 대검으로 노동자들의 등을 찔러 9명의 조합원들이 중경상을 입었다. 영외로 쫓겨난 조합원들이 논바닥에 집결해 결사투쟁을 다짐하고 파업을 계속 전개하였다. 이 소식을 전해들은 외기노조 본조는 문산 공병대 분회 파업의 적극 지원을 결의하고 미8군사령관의 공식 사과, 지부장 외 2명의 즉각 복직, 가해 헌병과 명령 책임자의 엄단, 피해조합원에 대한 완전 보상 등을

미 헌병들에 축출된 요구조건을 내걸고 영내에서 연좌데모를 하던
미제2보병사단 지원시설 공병대에 종사하는 8백여 명의 외기노조(1966.02.09)
(민주화운동기념사업회 오픈아카이브즈 00709956. 원출처: 경향신문.)

미8군사령관에게 요구하고 이 요구가 단시일 내에 관철되지 않을 시 전국적인 실력투쟁을 전개하겠다고 천명하였다. 사태가 확산되자 경기도 경찰국장과 파주경찰서장이 노조 측에 진정을 촉구하는 한편 미군이 노조투쟁위원회와 협상에 나서도록 중재에 나섰다. 교섭은 철야회의 끝에 8일 새벽 3시에 마무리 되었는데 해고 노동자 복직, 감독관 교체, 화장실 설치 등을 쟁취하였다. 이러한 투쟁은 한미행정협정의 조속한 체결과 협정 내용에 한국인 노동자의 법적 지위와 권익보호를 포함시키는 것을 국가적 과제로 남겼다.

1966년 7월 9일 대한민국에서의 주한미군의 법적인 지위를 규정한 한미행정협정(SOFA, Status of Forces Agreement)이 1953년 10월에 체결된 「대한민국과 미합중국 간의 상호방위조약」을 근거로 체결되었다. 한미행정협정 즉 SOFA는 31개 조항의 본문과 부속문서인 '합의의사록'과 '합의의사록에 관한 양해사항'으로 구성되어 있으며 '한국인 고용원의 우선 고용 및 가족구성원의 취업에 관한 양해각서' 및 '환경보호에 관한 특별양해각서' 와 '시설과 구역 및 대한민국에서의 합중국군대의 지위에 관한 합동위원회 합의사항'이 포함되어 있다.

1967년 2월 9일 한미행정협정이 발효되고 이어서 2월 23일 '한국과 미합중국 간의 한국노무'(KSC)의 지위에 관한 협정이 체결된 뒤에도 외기노조 파업투쟁은 꺾이지 않았다. KSC협정은 한국정부가 노무자를 고용해 미군에 파견하는 간접고용제를 채택하고 외기노조의 노동3권을 크게 제한했지만 1967년 4월에는 외기노조가 최초로 전국규모 파업에 들어가는 등 노동자 투쟁이 줄을 이었다. 외기노조의 이 같은 투쟁은 다른 업종의 권익 투쟁에 큰 영향을 미쳤는데 1960년대 의정부 소재 영종여객, 평안운수의 노조 설립 사례가 여기에 해당한다.

이 시기에 주한미군에 고용된 한국인 노동자들의 쟁의뿐만 아니라 외국

자본을 상대로 한 쟁의가 많았다. 미국계 기업인 부천 오크전자에서 1968년 7월 26일 노조가 결성되자 회사 측에서는 노조를 인정하지 않고 분회장을 부당 해고하였다. 이에 맞서 노조가 파업을 결의하고 투쟁 수위를 높이자 회사 측은 갑자기 태도를 바꾸어 회사를 홍콩으로 옮기겠다고 발표하였다. 폐업을 하게 된 배경은 여러 가지 특혜에도 불구하고 사업 전망이 어둡고 생산비용이 많이 들기 때문이었다.

한편 안양에서는 1969년 태평방직과 금성방직을 중심으로 임금인상과 근로조건 개선 요구를 내걸고 면방 총파업이 있었으며 동양나일론, 삼풍섬유, 유유산업 등에서 노조결성 투쟁으로 노동조합이 설립되었고 금성전선, 삼화왕관, 경원제지 등 금속과 화학 사업장 등에도 결성되었지만 민주노조 운동의 성격은 갖지 못하였다. 이는 1970년대 노동운동으로 연결되는 주요한 사건들이었다.

제2절 안양·성남지역의 공업화와 1970년대의 노동운동

1970년대 한국 노동운동은 1970년 11월 13일 노동자 전태일의 분신과 이를 계기로 전개된 민주노조운동을 특징으로 한다. 그러나 1970년대 민주노조운동은 서울과 인천 중심으로만 전개되고 경기 전역으로 확산되지는 못하였다. 경기 지역에도 여러 공장이 있었고 대기업에는 노동조합도 더러 있었지만 민주노조 운동과는 거리가 멀었다. 그러나 유신체제의 폭압 속에서도 서서히 민주노조의 기틀을 다지며 1980년대를 준비하는 지역이 있었으며 대표적으로 안양과 성남을 들 수 있다.

안양지역은 서울의 영등포, 구로 등 공업지역과 인접해 있는데다가 경부 축에 속해 있어서 입지 조건이 상대적으로 좋았던 탓에 일찍부터 공업화가 진행되었다. 1960년대에 약 3,000여 명의 인원을 거느린 금성방직을 비롯하여 태평방직, 삼덕제지, 한국특수제지, 한일나이론(이후 동양나일론), 금성전선, 동아제약, 삼풍섬유, 동일방직, 금성통신 등 국내 굴지의 기업들이 자리를 잡기 시작하여 공업도시로서의 면모를 보여 나갔다. 1970년대 들어 안양은 정부의 중화학공업에 힘입어 1972년 64개이던 업체가 1970년대 후반에는 350여 개 업체로, 1971년에 10만 명이던 인구가 1979년에는 20만 명으로 늘어났다.

1974년에는 안양의 대농 출신이었던 박종근은 섬유노조의 부위원장으로 당선돼 활동하였는데 당시 섬유노조 위원장은 동일방직 탄압으로 악명 높은 김영태였다. 이와 함께 동일방직 등 1970년대 대표적인 민주노조에서 운동하다 해고된 노동자들이 안양의 사업장에 취업해 활동하다 다시 해고당하는 등[55] 민주노조 운동의 싹이 여러 곳에서 움트기 시작하였다.

1970년대 안양지역 노동운동에서 가장 큰 역할을 한 기관은 1969년 가톨릭에서 설립한 안양근로자회관으로 직간접적인 영향을 주었다. 안양근로자회관에는 1970년대 초반부터 노동자 모임이 만들어져 1972년부터는 기숙생들이 주체가 되어 교회 안의 젊은 노동자들이 그리스도의 눈으로 노동현실을 개선하자는 취지를 갖고 활동을 하였다. 1975년부터는 경기지역 노동자들을 대상으로 노동 상담을 시작했는데 1975년에만 상담 건수가 400여 건이 되었다. 1970년대 후반에는 탈춤반이 만들어져 활동하기도 하였고 노동법 강좌도 시작하였다.[56] 그러나 만남의 집이 성남지역 노동운

---

[55] 인천의 동일방직에서 1978년 4월 1일자로 대규모로 해고당한 여성 노동자들이 블랙리스트에 의해 가는 곳 마다 해고를 당하고 인천에서는 취업할 곳이 없어서 안양으로 와서 취업을 하지만 짧게는 보름 길게는 두어 달 만에 해고를 당하였다. 동일방직 출신 강동례는 1979년 8월 신발공장인 군포의 삼양통상에서 해고를 당하였으며 문현란 등 6~7명은 안양 대농에서 집단으로 해고당하였다. 유동우는 1978년 인천에서 안양으로 와 삼양통상에 입사하였다가 1979년 중반에 블랙리스트에 의해 신분이 드러나 해고되었다.(이시정, 2007, 52~53 · 58쪽)

동의 구심 역할을 했던데 비해 안양근로자회관은 기숙사 운영 등 복지기관의 성격에 치중하면서 지역 활동가들을 측면에서 지원하거나 활동공간을 제공하는 등 보조적인 역할에 머물렀다.

1970년대 말에는 지역 차원의 노동자 소모임이 조직돼 노동자 교육 및 의식화 사업을 전개했다. 1978년 대한전선 계열사인 대한마루콘(이후 대우전자 부품으로 바뀜)의 조사통계부장이었던 양규헌은 대한전선 노조 기획실에 상근하던 신금호를 통해 1978년, 1979년 소모임에 참가하였다. 당시 소모임 회원들은 소속 사업장을 비밀로 하였고 김민기의 노래를 배우기도 하였다. 1978년, 1979년경에는 전태일 열사 추모식을 간현 휴게소 근처에서 열었는데 동일방직, 원풍, 롬코리아 등 민주노조 활동가 40~50명이 참석했다. 또한 유동우는 삼양통상에 노조를 만들기 위해 공을 들였는데 당시 섬유노조 교선 부장이던 김승호 등과 교류하며 노동자들과 소모임을 운영하며 교육 프로그램을 진행했다.(이시정, 2007, 54쪽, 양규헌, 유동우 증언)

성남지역 노동운동은 성남 공단의 형성사와 밀접한 관련을 맺고 있다. 성남공단의 조성은 1960년대 말부터 진행된 광주대단지의 조성과 1971년에 발생한 광주대단지 사건과 맥을 같이한다.

1971년에 폭발한 광주 대단지 사건은 성남지역 운동사를 넘어서 1970년대 한국사회의 모순을 적나라하게 드러낸 대표적인 사건이다. 광주대단지 조성과 함께 입안되어 있던 신흥동 소재의 1, 2공단은 사건 이후 1972년과 1974년 두 차례에 걸쳐서 확장 계획이 이뤄지고 1976년에는 공단 내 122개

---

56) 『어느 돌맹이의 외침』을 쓴 삼원섬유 분회장이었던 유동우는 1979년부터 럭키화학 부녀부장이었던 박순희를 통해 안양근로자회관과 접촉하기 시작하였다. 그는 탈춤을 노동현장에 접목시키는 데 앞장섰는데 동일방직에서부터 탈춤강습을 시작하였고 1979년에는 안양근로자회관에서 탈춤강습을 시작하였으며 곧이어 노동법 강좌도 시작하였다. 근로자회관이 생기고 나서 회관의 교육 프로그램의 성격을 변화시킨 것이다.(이시정, 2007, 55쪽)

업체가 유치되는 등 불과 5년 만에 세 배에 달하는 성장을 가져왔다. 또 1976년 말에는 광주군과 경계하고 있는 상대원동에 광주대단지 사건으로 입안된 제3단지가 완공되면서 서울 성수동의 공장들이 대거 이전해 왔다.

당시 성남공단의 특징은 첫째 노동집약적이며 경공업 중심의 소비재생산을 주로 하는 중소규모 업체가 대부분이었고 둘째, 여성노동자 비율이 타 지역에 비해 상대적으로 매우 높았다. 기업주 측에서 남성에 비해 상대적으로 임금이 낮은 여성 노동력을 선호했을 뿐 아니라 성남 지역 내에 두텁게 존재하는 도시빈민층의 여성들이 취업전선에 뛰어들어 경제활동을 하였기 때문이었다. 마지막으로는 주거지역 내에서도 상당수의 제조업체가 분포하고 있었다는 점인데 지하실이라든가 건물을 임대하여 공장을 운영하는 경우가 많았다. 이 같은 구조적인 문제들은 노동운동의 발생에 유리한 환경으로 작용했는데[57] 연도별 성남지역 업체 수는 다음과 같다.

〈표 5-1〉 연도별 성남지역 업체 수

연도	1968	1971	1972	1973	1974	1975	1976	1981	1983
업체수	46	48	49	72	91	120	122	175	176

자료: 『성남시지』, 1984.

성남의 노동운동은 1978년 '만남의 집'이 설립돼 노동자들을 지원하면서 노동운동이 본격적으로 성장하기 시작했다. 만남의 집은 베네딕트수도회의 소피아 수녀가 『페다고지』를 쓴 파울로 프레이리에게 영향을 받아 노동사목을 위해 설립한 곳이다. 소피아 수녀는 만남의 집을 설립하기 이전에 필리핀 소피아 대학에서 사회학을 공부하고 귀국해 노동자들 스스로 문제를 해결할 수 있도록 돕는 '인간개발 교육 프로그램'을 만들었다. 1박

---

[57] 위의 내용은 「성남지역실태와 노동운동」(한국기독교사회문제연구원, 1985년, 민중사)의 분석이다.

2일로 기획된 이 프로그램은 다른 교육 내용과는 교육 방법이 차별화된 새로운 형태여서 당시 노동자들 사이에서는 이해하기 쉽고 재미있다는 평가를 받았으며 호응도 높았다. 설립 당시 만남의 집은 1970년대 민주노조를 지원한 도시산업선교회나 가톨릭노동청년회(JOC)와 비슷한 위상을 가졌으나 지역 내 영향력은 훨씬 컸으며 이후 성남지역 노동운동은 이곳 출신들이 주도하게 되었다.

제3절 1980년대 초중반기의 경기지역 노동운동

1. 학출 활동가의 현장 투신 및 노동상담소 활동

1980년 광주항쟁 이후 학생운동은 1970년대 제도개선운동에서 벗어나 변혁운동의 전망을 갖게 되었다. 이에 따라 공장활동(이하 '공활')을 하거나 노동야학을 하는 경우가 많아졌으며 노동현장에서 안정적인 수입과 위치를 확보하기 위해 직업훈련소에서 기술을 배우고 용접, 선반, 열관리, 냉동 기능사 등 자격증을 취득하기도 하였다.

학생운동 출신 활동가(이하 '학출')들의 노동현장 투신을 '존재 이전'이라고도 표현하였는데 세계적으로 유례를 찾기 힘들 정도로 많은 학생들이 노동현장에 들어가 노동자 교육 및 조직 활동을 전개했다.[58] 1983년 말 자

---

[58] 1980년대 학생운동 출신들이 어느 정도 노동현장에 투신했는지 그 수치를 정확히 알기 어렵다. 1987년을 전후로 인천지역에 약 1천여 명 부천 지역에 약 200여 명(송호근, 1991, 352쪽) 1980년 5·17 이후 1983년 대학 자율화조치 이전까지 제적당한 1,363명 중 상당수가 노동현장에 참여해 1987년까지 경인지역에서 활동하였다고도 하며(『신동아』 6월호, 1989), 또 1985년 한해만 학생운동가들이 노동현장에 투신한 수가 699명이라는 기록도 있다.(『부천상의소식』, 1986) 전국적으로는 약 1만여 명 정도에 이를 것으로 추산하기도 하였다.(『월간중앙』 4월호, 1989)(이상 유경순, 2015, 182~183) 노동현장에 투신한 학생운동 출신 1만 명 설에 대해서는 성공회대 한홍구 교수도 같은 견해를 보였는데

율화조치 이전에는 주로 대학에서 제적된 학생들이 개별적으로 노동현장에 들어갔으며 이후부터는 학생운동 소그룹을 통해 조직적이고 집단적인 현장 투신이 이뤄지기 시작하였다. 서울 소재 대학에서 시작한 이러한 운동은 학생운동이 대중화되면서 전국적으로 확산되었지만 초기에는 구로 성수 등 서울 지역의 공단지역과 부천 인천 등 경인지역에 주로 투신하였다. 또 부평 주안 동인천 등 경인지역의 학출 노동자 수가 많아지면서는 경기 남부 지역으로 투신하는 그룹들이 생겨나기 시작하였다. 경인지역에서 시작한 현장 투신은 성남과 안양, 그리고 반월공단이 있는 안산으로 점차 확대되어 갔으며 활동 공간은 주로 중소 제조업공장이었다. 열악한 근로조건으로 인해 중소기업의 경우 더욱 폭발적인 노동운동이 가능할 것으로 생각했기 때문이다.

　부천지역 학출 활동가 제1호는 1981년 9월에 경원세기에 취업한 장민석이다. 1982년 6월에는 같은 회사에 김명원이 일용직으로 입사했다. 이후 1983~84년에는 신한일전기에 김영환, 이상훈, 장근주, 반도기계에 신명직, 동양피스톤에 권선준, 동양에레베이터에 권오광, 경원세기에 김종욱을 비롯해 많은 학출활동가들이 노동현장에 뛰어들었다. 이 시기에 김명원은 경원세기 동료들과 고생하는 사람들이 서로 돕는 모임(이하 '고서돕')이라는 친목회를 조직해 일용직의 미지급 수당을 받기 위한 서명을 받고 진정서를 제출했으며 장민석은 1983년 대의원, 1984년 노조 기획부장, 1985년 교육선전부장을 맡으면서 3월 초 노동조합 회보를 창간하고 4월에는 점심시간을 이용하여 2주에 걸쳐 전체 조합원에 대한 부서별 교육을 처음으로 실시하

2011년 여름 담소를 나누는 자리에서 이와 같은 흐름은 세계 역사에 비추어도 특기할만한 일이며 한국 역사를 바꾸는 중요한 바탕이 되었다고 하였다. 경기지역 일원에도 부천을 비롯하여 안양 안산 수원 평택 성남 등에 수백 명의 학생 출신 활동가들이 들어가 활동을 하기 시작하였다. 경기지역 전체적으로 노동현장을 거쳐간 활동가들이 1천 명은 족히 될 것으로 추산된다.

안양노동상담소 현판식 장면(1985.06.22)
(민주화운동기념사업회 오픈아카이브즈 00700466. 원출처: 박용수)

는 등 현장에서 꾸준히 활동을 이어갔다. 이에 조합원들의 노동조합에 대한 관심과 참여가 서서히 형성되기 시작했다. 이러한 경험과 잠재력은 1986년에 이어 1987년 8월 경원세기 어용노조 민주화 투쟁의 커다란 동력이 되었다.

1986년에는 학생 출신들이 팀을 짜서 부천 지역의 여러 노동현장에 조직적으로 대거 진출하였다. 남성제화, 삼영정밀, 원방, 세라아트, 한국피코, 풍정산업, 대흥기계, 낫소, 대하기계, 우성밀러, 국제, 범우전자 등에 수많은 활동가들이 투신했으며 남성제화 등 여러 사업장에서 점심시간을 이용하여 사내 식당에서 임금인상투쟁을 벌이는 등 다양한 활동을 전개하였다. 특히 (주)성신에 취업했던 권인숙은 1986년 7월에 부천경찰서 문귀동 형사에게 성고문을 받아 인권침해로 큰 문제가 되었다. 당시 군부독재

정권이 얼마나 인권을 무시했는지를 보여주는 사건이었다.

안양지역은 1984년부터 만도기계, 금성전선, 범양냉방, 한국제지, 삼양통상 등에 학생운동 출신들이 조직적이고 집단적으로 진입하였다. 1984년부터 본격화된 학생운동 출신의 안양지역 진입은 1985년 들어서부터는 이전 준비 훈련을 거쳐 더욱 폭넓게 진행되었고 1980년대 후반 내내 들고 나기를 거듭하였다. 전체 숫자로 따지면 수백 명에 가까웠다.

초기에는 캠퍼스별로 집단적인 노동운동 투신이 이루어졌고 1985년 후반으로 들어가면서 노선별로 조직적인 진입이 이루어지기 시작하였다. 1984년 8월경에는 외국어대 출신들 7~8명이 집단적으로 들어와 현장이전 준비활동을 시작하였으며 성균관대의 경우 81학번 13명이 4개 팀으로 구성되어 1984년 10월경 안양으로 들어왔는데 79학번이나 80학번 등을 포함하면 1984년 하반기에만 30여 명이 노동현장에 들어왔다. 이외에도 동국대 서울대 이화여대 등 캠퍼스별 또는 서클별로 집단 이전하였으며 학생운동이 활성화되고 있던 서울의 거의 모든 대학의 학생운동 출신들이 적게는 수 명에서 많게는 수십 명 단위로 현장에 투신하였다. 1985년 상반기부터는 사전 학습 등 이전준비 훈련 등을 거쳐 본격적으로 현장에 진입하기 시작하였는데 여러 명의 학출들이 한 현장에서 만나는 일도 있었다.

안산 반월공단은 1977년 3월에 착공되어 1979년부터 입주를 시작했지만, 공단기반시설 미비, 높은 공장부지 가격, 불경기 등으로 인해 초기에는 입주업체가 많지 않았으나 제대로 가동이 된 시점은 1984년경부터였다, 이때부터 학출들이 공단으로 들어오기 시작하였는데 주로 서울대와 고려대 출신들이 많았으며 안양·성남 등지에서 활동하다가 들어온 경우도 상당수 있었다.

학출들이 공단에 들어와 노동생활을 하던 방식은 개별적인 경우도 있었지만 대개 소규모의 '현장이전 팀'을 꾸려서 진행하였다. 그러나 노동운동에 대한 정부의 감시와 탄압으로 인해 학출들은 쉽게 정착하지 못하고 자주 '물갈이'되었다. 군사 독재정권에 의한 검거와 구속은 주로 자취방을 불법으로 수색하여 이적표현물이나 여타 건수를 잡아 용공으로 몰았고 이에 신변의 위협을 느낀 학출들이 활동 공간을 떠나는 경우가 많았다.

해고나 구속·수배로 학출 활동가들의 현장 활동이 어려워지면서 현장 밖에서 노동자 투쟁을 지원·지도하기 위한 방안으로 1985년 6월 25일 전국 최초로 안양에서 노동상담소가 문을 열었다. 석수동 근처의 반지하에서 시작한 안양노동상담소는 초대 소장인 송운학이 자택을 팔아 전세금을 마련했다. 안양노동상담소의 개소에 놀란 안양경찰서는 집 계약을 취소하라고 주인을 압박하였으며, 7월 9일에는 상담소 회보인 『안양노동소식』 2,000부 전량을 경찰이 압수하고 간사 1명을 불법적으로 연행하였다. 이런 가운데 집주인 아들과 친구들 3~4명이 행패를 부리며 급기야 똥을 퍼와 방바닥, 책상 등에 퍼붓고 송운학 소장의 얼굴에 바르는 만행을 저질렀다. 이와 관련해 전태일기념사업회에서 7월 28일 규탄대회를 열기로 했으나 경찰은 당일 대회에서 사회를 보기로 하고 유인물을 가지고 가던 송운학을 연행하였고 상담소 앞에서 천막농성을 한 것, 폭력규탄대회 등을 위한 회의 참석에 당일 안양시내에서 있었던 학생들의 화염병 기습시위 배후조종을 덧붙여 집시법 위반으로 구속시켰다. 송운학 소장이 구속된 후 만도 기계에서 해고당했던 정금채가 뒤이어 소장을 맡았다.(이시정, 2007, 64~65쪽)

안양노동상담소는 온갖 탄압에도 불구하고 지역 노동운동의 산실로 자리매김하여 이후 노조결성과 임금인상 투쟁이 활성화되는 데 공헌하였다. 안양노동상담소 다음으로 한무리노동상담소[59]가 있었다. 안양지역에서

[59] 한무리 노동상담소는 86년 한무리교회 내에 설립된 상담소로 이창수, 송용미, 최경화 등이 실무자로 활동하였다.

이외에도 부천, 안산, 수원 등지에서도 노동상담소와 노동문화 단체들이
설립되어 노동운동을 지원하는 활동을 하였다.

2. 노동조합 결성과 생존권 투쟁

1980년에서 1983년까지 임금가이드라인 정책과 직간접적인 행정지도를
통해 민간부문의 임금인상이 억제되는 등 강압적 노동통제정책이 시행됐
으나 1984년 유화국면 이후 누적된 불만이 표출되기 시작하였다. 전국적
으로는 1984년 한 해 동안 총 113건의 노동자투쟁이 일어났으며 이 중 임금
인상 요구가 65%를 차지했다. 1984년 9월 말까지 212개의 노조가 결성됐으며
5월에서 9월까지만 167개의 신규노조가 결성됐다. 이중 택시운수사업 노
조가 146개였으며 나머지 66개 중 서울, 부천, 안양 등 수도권의 신규노조
가 30개를 차지했다.(유경순, 2015, 234쪽) 이 시기 노동조합 결성투쟁은
학출활동가나 1970년대 민주노조 출신인 노동자 출신(약칭 '노출')활동가가
주도하는 일이 많았다.

안양에서는 학출활동가들이 중심이 되어 근로조건 개선투쟁을 전개했
다. 1985년에 기아자동차 부품 업체인 70여 명 규모의 화천프레스에 활동
가들이 입사하기 시작하였다. 이시정, 이용복, 곽현석(본명 이주하), 김무
영(본명 김대영) 등 학생출신 활동가들과 노동자출신 활동가인 김종주 등
이 모여 6, 7월부터 현장에서 부서별 친목 모임을 만들고 술자리와 야유회
를 통해 조직력을 강화해 나갔다. 1985년 10월 10일 '화천프레스 근로조건
개선투쟁위원회'를 결성하고 다음 날인 11일 연월차 수당 지급, 달력 빨간
날 유급 휴무, 지각 3회 이상이면 결근처리 부당 등 근로기준법 준수와 식
사의 질 개선과 식사비 사측 전액 부담 등의 요구조건을 내걸고 파업에
들어갔다. 이틀간의 파업 끝에 회사 측은 16개 항 전체를 수용한다는 합의

서를 작성하여 파업투쟁은 승리로 마감하였다. 그러나 회사 측은 이후 반격을 하여 1986년에 들어 모든 활동가들을 해고하였다.(이시정, 84~86쪽)

안양은 서울이나 인천에 비해 신원조회 과정이 덜 까다로웠지만 1985년 대우자동차 파업 투쟁, 구로 동맹 파업 등을 거치면서 통제가 강화되기 시작하였다. 학출들이 주도한 화천프레스 파업투쟁이 전개된 1985년 10월 투쟁 후부터는 안양 지역 중소 사업장에서 본격적으로 학출 색출 작업이 진행되어 활동이나 투쟁 과정이 아닌 신원조회 과정에서 신분이 발각되기도 하였다. 소위 위장취업자는 1986년 10월 말 전국적으로 373개 업체에서 699명이 적발되었을 정도로 광범위하게 분포되어 있었는데 한 회사에서 여러 명의 학출들끼리 만나는 경우도 심심찮게 있었다. 여학생의 경우 전자업체나 섬유업체에 취업하였는데 보통 15~17세에 입사하는 다른 여성노동자에 비해 나이가 많아서 동생이나 동생친구의 이름으로 입사한 경우가 많았다.

이와 함께 삼양통상, TND, 대한제작소, 대왕제지, 오뚜기식품 등 여러 현장에서 노조 결성투쟁이 일어났다. 삼양통상은 나이키를 생산하는 신발 제조 업체로 1978년 당시 1,400명의 노동자를 고용한 대기업이었다. 유동우, 임석순, 박용훈 등이 모여 유동우의 자취방에서 노조결성을 위해 1년 6개월에 걸쳐 모임을 갖고 준비를 하였으며 유동우의 소개로 김승호 섬유노조 교육선전부장과도 만났다. 상급단체를 화학노조로 하여 1979년 10월 안양근로자회관에서 노조를 결성하였다. 하지만 화학노조에서 인준증을 내주지 않아 노조원 10여 명이 화학노조 위원장 사무실을 점거하고 이틀에 걸쳐 농성을 하면서 인준증을 요구하자 반장들로 구성된 유령노조의 존재를 확인해 주었고 이에 삼양통상 노조에서는 화학노조 위원장을 압박하면서 유령노조를 무효화할 것을 요구하는 한편 섬유노조의 인준증을 받기 위해 섬유노조 지도부와도 싸웠지만 인준증이 나오지 않았다. 노조는

1980년 초 3일간 300여 명이 참여하여 파업을 전개하였다. 회사 측에서는 폭력배를 동원하여 파업을 무너뜨렸고 임석순은 경찰에 연행되어 인천 대공분실에 끌려가 이틀 동안 집중 구타를 당한 뒤 해고되었다.

TND 노동조합은 1980년 5월 13일 설립되었다. 본사가 도쿄에 있는 녹음기 부품을 제조하는 일본계 회사였다. 한국 TND는 1975년 4월 군포시 당정동에 자본금 1억 4,000만 원, 종업원 140명으로 출발했는데 자본금은 국내 51%, 일본 49% 출자 방식이었지만 원재료와 기술은 100% 일본에 의존하였다.

대한전선 계열사인 대한제작소에서는 1980년 11월 노조결성 준비위원회를 7명으로 구성하여 규약에서는 임원단을 직선으로 선출하도록 규정하고 1981년 1월 31일 노조를 결성하였다. 조합원 217명이 직접 선출해 초대 위원장으로 한기태가 당선되었다. 전직원이 기능공인 대한 제작소는 모기업인 대한전선보다 근로조건이 열악한 데 대한 불만이 팽배하여 노조를 결성하게 되었다. 당시 전두환 정권의 폭압 속에서도 민주지향의 노조가 결성될 수 있었던 것은 대한제작소의 특수조건 때문이었다. 회사 측에서는 노조 지도부를 해고시키고 싶었지만 수출 클레임에 의해 해고시킬 시점이 아니었고 기계조립에 탁월한 기술공인 한기태를 자를 수 없었던 조건이 맞물려 노조를 지켜낼 수 있었다. 노조가 결성되자 1981년부터 짧게는 1주, 길게는 2주 정도 임단투 때마다 파업하며 임금인상을 위해 노력하였다.

군포시에 있는 대왕제지는 사장을 비롯한 경영관리진이 친인척들로 구성되어 전근대적인 노무관리로 노동자들의 불만이 높았다. 이에 1984년 7월 24일 노조를 결성하자 회사는 위원장 박남홍과 노조 지도위원 진장근을 해고시켰다. 경기지노위에서 복직명령을 내렸지만 회사 측은 이마저 거부하고 노조는 총회를 열어 즉각 복직, 부당노동행위 중지, 노조사무실과 전임 인정, 중식 제공, 상여금 등을 요구하고 9월 23일부터 준법투쟁에 들어가기로 결의하였다. 9월 20일에는 사장 조카인 두현표가 노조 조직부장 홍현식을 폭행하여 전치 5주 상해의 상처를 입히고 난동을 부리자 이에 격분한 박남홍은 손가락을 깨물어 "노동조합을 지키겠습니다"라는 혈서를 써서 조합원들의 단결을 촉구하고 화학연맹에 그 혈서를 제출하여 강력한 지원을 요청하였다. 9월 23, 24일 조합원들은 단체행동에 돌입했고 화학노조는 안양에 내려와 관계기관의 입회하에 해결을 시도하여 노조의 요구가 대부분 수용되어 마무리되었다.

1985년 3월 31일 안양시 평촌동 오뚜기식품 노동자 38명은 노동조합을 결성하고 화학연맹에 가입하였다. 회사 측은 이를 알고 밤 10시에 간부 사원과 영업 사원을 중심으로 어용 노조를 만들어 전국연합노련으로부터 인준증을 받고 민주노조를 파괴하려 하였고 안양시청도 회사 편을 들어 어용노조에 신고필증을 내 주려 하였다. 4월 10일 민주노조 측은 회사 측에 노조 인정을 요구했으나 불응하자 위원장 등 민주노조원 150명이 점심 거부와 잔업 거부로 맞섰다. 이에 노동부가 중재하여 4월 13일 저녁 7시에 양쪽 조합원 21명씩 42명이 모여 다시 설립 총회를 가져 임원들을 선출하고 상급단체 가맹은 다음에 결정하기로 하였다. 4월 19일 안양시청에서 노조 설립 신고필증이 나왔지만 이후 회사 측에서는 노조 무력화 공작을 계속하였다.

성남에서는 상대적으로 노출 활동가들의 활약상이 돋보였다. 대표적으로 오길성, 장현자, 정인숙을 들 수 있다. 오길성은 1978년 부평의 반도상사에 입사하여 노조활동을 한 전력이 있었으며 1980년 강제 정리해고를 당한 후 성남으로 이주하여 만남의 집에서 교육을 받은 순수 노출활동가였다. 역시 같은 반도상사 노동조합 지부장을 하였던 장현자는 1981년부터 성남 지역에 들어와 만남의 집에서 자원봉사 활동을 하였으며 이후 성남에서 노동운동의 연장선상에서 어린이집을 만들고 탁아 보육운동을 이끌었다. 또 정인숙은 1971년에 설립된 청계피복노조 여성부장으로 활동했고 1974년 가톨릭노동청년회 전국회장을 역임한 노출 활동가였다. 1984년에는 노동자 블랙리스트가 지역별로 작성돼 학출노동자나 선진노동자의 취업을 막거나 해고하는 수단으로 이용되었는데 6월 27일 소예산업에 다니다가 블랙리스트에 올라 해고되었다. 이후 만남의 집에 상근자로 활동하며 상대적으로 노동운동을 잘 아는 정인숙이 주로 노동자들을 모집하는 역할을 하고 소피아 수녀가 교육을 담당하였다.

1984년 8월 7일 성남 라이프제화에서 노동조합이 결성되었는데 이는 성남 최초의 민주노조였다. 라이프제화는 성남공단에 위치한 구두제조 회사로 라이프 재벌의 계열 기업 가운데 하나였다. 라이프 재벌의 또 다른 계열 기업인 라이프 주택이 장영자 어음사기 사건에 말려들어 300억 원에 달하는 막대한 금액을 떼여 기업 재무구조가 취약해지고 그 후 계속 고전을 면치 못하게 되자 계열사였던 라이프제화에도 경영상의 고충이 전가되어 임금인상이 안 되고 상여금도 제대로 받지 못하는 실정이 되었다. 당시 임금은 남녀 초임이 일당 2,900원, 남자 군필자 초임이 일당 3,000원에 불과하여 같은 구두제조회사 가운데에서도 낮은 편이며 임금 인상도 일률 인상이나 정액 인상이 아닌 차등인상을 하여 노동자들의 불만을 사 왔다. 월차 생리휴가는 수당으로 대신 나왔고 연차휴가는 아예 없었으며 먼지가 많이 나고 화공약품을 다룸에도 유해수당도 받지 못하고 있었다. 노동강도가 센 편이었지만 사측에서는 노동자들에게 인격적인 대우보다는 마치 기계와 같이 취급하는 등 강압적인 노사관계를 유지하였다. 특히 1984년 7월 21일 회사 측은 경영실적이 부진하다는 이유로 관례상 지급해왔던 하기 휴가시의 상여금 50%를 주지 못하겠다고 발표하면서 노동자들의 불만을 야기하였다. 7월 24일에는 라이프제화 판매장에서 발견된 불량품을 모아두었다가 이것을 전 사원에게 변상시키기로 발표하여 생산직 노동자들은 불량품 변상 명목으로 월급에서 최저 3,000원에서 최고 20,000원까지 공제 당하게 되었다. 이것은 당시 노동자들에게는 엄청난 부담이어서 라이프제화 노동조합을 결성하는 배경이 되었다. 특히 이러한 임금 체불과 생산직 차별에 항의한 노동자 5명이 해고당하자 해고 노동자들의 복직 운동 과정에서 민주노조를 결성하였다.

라이프제화 노동조합이 결성된 84년은 성남지역 노동운동의 한 획을 긋는 시기였다. 이후 협진화섬 노동조합 결성을 시작으로 여러 기업에서 노동조합이 만들어지게 되었다. 대영 타이어의 경우 체불임금 쟁취 투쟁이 자연발생적이면서도 폭발적으로 일어나 요구안을 관철하는 최초의 쟁의였다. 즉 회사 측은 장기간 임금을 체불하면서 7월 23일 일방적으로 폐업을 선언하였다. 이에 격분한 노동자 600여 명은 농성 시위로 대응하여 3일 만에 요구안을 관철시켰다. 샤니케익, 콘티식품 등 식품 업체들에선 여성노동자들이 노동조건 개선을 위해 노력하다 해고되자 복직투쟁이 전개되기도 하였다.

협진화섬 노조는 1984년 12월 15일 80여 근로자들이 모여 노동조합 결성 대회를 가졌다. 노동조합이라는 이야기만 나와도 불온시 하는 회사 측의 눈총을 피해 비밀리에 가질 수밖에 없었던 결성 대회였지만 전 노동자의 3분의 1이 넘는 인원이 참가하였다. 이는 협진화섬의 근로 조건이 열악한 상태에 있었다는 점과, 근로자들이 노조 결성을 열렬히 원하고 있었다는 사실을 입증시켜 주었다. 지역 노동운동 활성화에 크게 기여한 협진화섬 노조는 이후 미지급 추석 보너스, 임금 지불 정상화 등 일상 투쟁으로 단결력을 보였다. 그러나 전체 노동운동에 대한 탄압의 형태가 대학 출신 노동자와 일반 노동자를 분리시키고 노조원과 비노조원을 이간질하는 교묘한 방법을 사용하여 학생 출신 노동자가 개입되어 불순하다고 악선전하여 강제탈퇴를 강요하고 해고조치를 하는 등 직접적인 탄압을 가해 220명이던 사원이 120명으로 줄었다. 결국 협진노조는 회사에 의한 매수, 협박, 회유 등으로 폭력적인 임시 총회 이후 어용화되었다. 그러나 어용화 이후에도 열성 노조원들은 협진노조 민주화 추진위원회를 결성하여 불법 총회를 통한 어용화를 사내에 폭로하고 소식지 '횃불'을 통한 선전활동을 활발히 전개함으로써 단위 사업장 문제를 지역 문제화 하는 데 큰 역할을 하였다.

협진노조 어용화 이후 상일가구, 조광피혁, 광성화학, 광명전기 등에서 불과 두 달 만에 파격적인 신규 노조 결성 붐이 일어났다. 이들 신규노조 결성 역시 대부분 학생 출신 활동가와 결합된 형태로 나타나 신규노조를 조직할 역량과 경험이 부족한 활동가들에 의해 지도됨으로써 학출 활동가들에 대한 전면적인 대량 해고 조처가 있자 노조 자체가 급격히 활동력을 상실하고 조직을 운영하기 어려운 노조로 전락해 버렸다.

이 시기에 있어서 탄압의 유형은 첫째 학출 노동자의 대량해고 조치, 둘째 노조원과 비노조원 사이의 갈등을 유발하여 노동자끼리 싸우도록 유도하고 셋째 노동부, 경찰, 산별노동조합 연맹이 연합한 어용화, 노조 파괴 등으로 나타났다. 특히 위장취업자라는 이름으로 해고를 남발하였는데 이는 학출 현장 활동가들이 양적으로 증가되었음을 보여주는 것이었으며 노학 연대의 가능성을 보여주었다.

상일가구, 광성고무, 광명(전기), 광성(화학), 동원광학 등 5개 사업장에서 해고된 학생출신 노동자들이 연대싸움의 필요성을 인식하여 성남노동자생존권확보투쟁위원회(이하 '생투위')가 결성되었다. "생존권 확보 투쟁의 선봉에 서자"라는 성명서를 내며 시작한 생투위는 그간 빈약했던 선전 선동 활동을 강화하여 생투위가 단위 사업장 문제에 적극 동참함으로써 지역 운동의 활성화에 크게 기여하였다. 생투위는 단위 사업장 문제를 지역 문제로 제기하여 성남 지역 노동운동에 획기적인 발전을 가져 온 계기가 되었다.

한편 학출활동가의 노동현장 투신이나 기타 변혁운동의 영향과 거리를 둔 채 자생적인 생존권투쟁의 결과로 노동조합이 결성된 부문은 대표적으로 택시운수노조를 들 수 있다.

　1984년은 단위사업체별로 진행되던 택시노동자들의 투쟁이 전국적으로 확산되었던 때이다. 시작은 대구 5·25 투쟁이었다. 소규모 지입차주들에 의해 운영되던 회사택시들의 하절기 사납금 인하를 앞두고 대구 택시노동자들의 조직적인 투쟁이 시작돼 대구시내의 교통이 완전히 마비될 정도가 됐다. 투쟁은 구미, 인천, 부산, 서울 등 전국으로 확산됐다. 1984년 5월 말 전국 2,002개 택시업체 중 423개의 업체에 노조가 결성돼 전체 27.6%의 조직률을 보였다.(『경향신문』, 1984년 7월 4일) 대구 시위의 영향으로 대구뿐만 아니라 전국적으로 많은 택시사업장에 노조가 결성되었고 이와 함께 택시노동운동도 점차 체계화되기 시작했다.

　경기도내 택시운수노동자들도 노동조합 결성에 나서 7월 13일 성남의 성아운수에서 택시노조가 결성되었다. 8월 13일에는 성신운수와 동두천의 중앙택시에서 노조가 결성되었으며 8월 16일에는 성남 대중산운에서 노조 결성식을 가졌다. 안양에서는 1985년 5월 23일 영진교통을 비롯, 삼양, 태광, 성진운수 등에서 노조를 설립했다. 그러나 외부와 연계 없이 자생적인 생존권 투쟁의 결과로 결성된 택시노조들은 회사 측의 회유와 탄압에 쉽게 무너지기도 했다. 영진교통의 경우 노조결성 직후부터 입고시간을 새벽2시로 제한하는 한편 노조사무장을 부당해고하고 조합장과 조합간부 3명을 복장위반, 입고시간 위반 등의 터무니없는 구실로 승무 정지시키는가 하면 어용기사를 동원, 노조분열을 획책하였다. 태광운수와 성진운수에서는 조합장을 돈으로 매수, 노조를 해산시켰고 다른 노조들도 회사의 압력에 의해 힘을 잃어갔다. 영진노조는 노조를 지키기 위한 수단으로 택시업주의 탈세사실을 당국에 신고했으나 세무서에서는 전혀 모르는 사실이라고 시치미를 뗐고 경찰과 시 당국은 이 문제는 안양 전 택시업주와 관계된 정책차원의 문제라며 '건드리면 재미없다'고 협박하였다. 이 투쟁 이후 영진교통의 주경중 위원장 등 파업 주동자 모두가 해고를 당하고 어용노조가 만들어졌다.

3. 해고 · 구속에 맞선 연대투쟁과 정치적 노동운동의 대두

1984년부터 활성화된 민주노조운동은 1985년까지 상승곡선을 이어갔지만 기업별 조합주의의 한계와 까다로운 설립 요건, 그리고 정부와 회사 측의 노골적인 탄압에 의해 대부분 실패로 끝나고 말았다. 신규노조결성도 어려웠지만 유지는 더욱 어려워 핵심노동자에 대한 회사 측과 정부의 강경 대응으로 해고자와 구속자가 양산되었다. 또한 학출 활동가에 대한 수색과 해고가 잇달았으며 개별 노조에 대한 탄압도 거세어졌다. 이에 대해 학생운동 그룹과 종교단체들은 공동으로 맞서며 탄압에 저항하였다.

1985년 봄, 대우자동차 부평공장에서 파업 투쟁이 일어난 후 이 사건으로 소위 위장취업자라는 말이 처음으로 언론에 드러나기 시작했다. 같은 해 구로지역 연대 파업 투쟁이 벌어지고 나서는 수도권 지역 사업장에 대한 학생 출신 노동자 색출 작업이 진행되었다. 노동현장에서 위장취업자로 의심되는 사람들을 미행했고 부천지역에서는 신한일전기, 반도기계, 동양피스톤, 동양에레베이터 등에서 색출 작업에 걸린 학출 활동가들이 일부 현장 노동자들과 함께 해고되었으며(『부천시사』 4, 141쪽), 반도기계에서는 1984년 10월 22일 산재로 사망한 노동자의 유가족이 사인 규명을 요구하며 농성을 벌이기도 하였다.(민주화운동기념사업회, 2006)

안양에서도 여러 사업장에서 해고자들이 양산되기 시작하였는데 그중 만도기계, 한국제지, 금성전선 중기공장 해고자들이 만도소식, 한울타리, 샛별 등의 소식지를 만들어 배포하였다. 이 소식지들을 출근시간에 정문 앞에서 배포하기도 하고 현장 내의 활동가들을 통해 은밀하게 배포하기도 하였다. 이들 소식지는 교육지로서의 역할도 수행하였다.(이시정, 73~75쪽)

수원에서는 1985년 5월 1일 지역 내 단체들이 주최한 수원 최초의 노동절 행사가 수원 광교산에서 노동자, 학생, 청년 등 60여 명이 모인 가운데 치러졌다. 노동절 기념식 후에 풍물놀이와 함께 향후 연대 방안을 모색했고 이후 노동 현실에 대한 강연회 등을 개최하였다. 5월 20일에는 목회자를 중심으로 KNCC수원지역인권위원회(위원장 윤기석 목사)를 창립해 각종 인권예배, 기도회 등을 개최했으며 7월 14일에서 8월 30일까지는 톰보이 부당해고 반대 불매운동을 전개하며 수시로 매장을 방문해 항의공문을 전달하는 한편 시민들에게 유인물을 배포했다. 또 9월경 삼성전자 노동자 복영호 사건 때는 삼성전자를 방문해 직접 항의하기도 했다.[60]

성남에서는 1984년 12월 결성된 협진화섬 노조에 대한 탄압과 이에 대한 지역사회의 공동대응이 파장을 불러일으켰다. 1985년 4월 4일 성남공단의 근로자들은 퇴근길에 다수의 전투경찰과 가스차, 철망차 등을 목격했다. 협진화섬 노조 간부들을 폭행하는 데 동원된 것이었다. 협진화섬 노조 탄압 사건이 알려지자 곧바로 지역 안팎에서 연대투쟁에 나섰다. 4월 12일에는 서울대, 고려대를 비롯해 학생 250여 명이 성남 종합시장 앞에서 협진노조 탄압 중지를 요구하며 횃불 시위를 벌였다.(민주화운동기념사업회 연구소 편, 2006) 이날 시위 중 학생들이 던진 횃불에 성남경찰서 소속 타이탄트럭이 불타기도 했다.(『동아일보』, 1985년 4월 13일) 하반기 들어 8월 8일에 결성된 성남생투위는 '경제주의적 오류를 극복하고 노동 대중의 정치의식을 고양하고 단위 사업장의 문제를 지역화시키는 선전 활동'을 지향하였다. 생투위는 『성남노동소식』을 발간하는 등 홍보와 집회, 시위 등 지역 수준의 연대 투쟁 활동을 꾸준히 진행하였다. 이런 노력에도 불구하고 광성화학, 신생, 광명전기 등에서 1985년 하반기의 쟁의들은 대체로 그다지 성공적이지 못하였다.(한국기독교사회문제연구원, 1986b, 118~121쪽)

[60] 복영호는 1984년 9월 3일 삼성전자에 입사해 음향사업부에 근무하던 중 1985년 7월 13일 강릉 AS센터로 부당전보당했다.(『6월항쟁을 기록하다』, 삼성전자로부터 부당전배를 당한 근로자 복영호의 글과 진정서, 청원서, 민주화운동기념사업회 오픈아카이브즈)

안산에서는 1986년부터 밀알교회, 반월교회, 안산노동교회, 성빛교회 등의 민중교회가 하나 둘씩 생기면서 노동자들에 대한 지원활동을 해 나가자 공안세력은 종교인들조차 가리지 않고 무차별 탄압을 자행하였다. 1986년 12월에 이들 민중교회에서 목회를 하고 있던 목사와 전도사들을 구속한 이른바 안산 목회자 사건이 일어났는데 연행하는 과정에 멍석말이를 하는 등 물리적인 고문과 폭력을 자행하여 물의를 일으켰다. 반월공단에 위치한 원곡성당 가톨릭노동청년회(JOC) 소속 회원들이 소모임을 가지다가 반월노동사목을 개소하였는데 이는 안산에서 최초로 합법적으로 만들어진 노동운동 지원 단체였다. 그러나 반월노동사목 활동은 곧바로 경찰의 요주의 대상이 되었고 12월에는 광명경찰서에서 원곡성당을 전경들로 에워싸고 한문교실에 다니던 교사와 학생을 강제로 연행해 폭행·고문한 사건이 발생하였다. 2명이 구속당했으며 태평양물산, 계양전기, 한국전장, 동부금속, 동광제작소 등에서 10여 명의 노동자들이 해고를 당하였다.

이에 한국교회사회선교협의회는 광명경찰서 서장에게 폭력사태를 항의하고 가해자 처벌을 요구하는 항의서를 전달했다.[61] 1987년 1월 10일에 경찰 치안본부는 안산지역 노동자 해방투쟁위원회 사건(이하 '노해투 사건')으로 11명을 검거하고 20명을 수배하였다고 발표하였다. 100여 명이 연루된 조직 사건으로 검거된 11명 중에는 반월공단 노동자 권익투쟁위원회, 노동자생존권 투쟁위원회, 반월공단 통일협의회 소속된 학출 활동가와 안산선교협의회 소속 2명의 목회자가 있었는데 노동운동을 지원하는 단체를 색깔론 공세를 펴 용공으로 몰아 탄압한 사례라고 할 수 있다.(민주화운동기념사업회, 2006, 156~157쪽) 공안당국의 계속된 탄압으로 많은 활동가들이 지역을 떠나기도 하였지만 노동 현장으로 파고드는 과정은 계속되었고 안

---

61) 가톨릭노동사목전국협의회, 「반월공단의 선교활동 탄압과 노동자 폭행의 실상을 알립니다」, 1986. 3. 10. 민주화운동기념사업회 오픈아카이브즈.

산 노동운동의 뿌리를 형성해 나가게 되었다.

한편 노동운동에 대한 탄압은 거꾸로 노동운동에 대한 외부 종교기관의 관심과 지원을 강화하는 한편 현장 활동가들의 연대와 정치운동이 대두하는 계기가 되었다. 대표적으로 성남에서는 '만남의 집'과 '주민교회'가 구속 노동자들에 대한 지원을 위해 노동부와 경찰서 항의 방문, 노동자를 위한 기도회 등을 지속적으로 개최했으며, 활동가들과 선진노동자들을 중심으로 정치적 노동운동단체가 결성되기 시작하였다.

학출 활동가들을 중심으로 다양한 써클들이 만들어져 활동을 하는 가운데 제헌의회 그룹(CA)은 안양지역 노동3권 쟁취투쟁위원회 명의로『단결과 전진』이라는 정치신문을 만들어 배포하였다.[62] 1986년 8월 10일 경 8·15를 앞두고 안양지역 현장 활동가들이 모여 당면 정세에 대한 인식을 공유하고 노동자 연대를 강화하기 위해 비공개 집회를 개최했다. 여러 정파에서 약 100여 명이 참가했는데 보안상의 이유로 안양지역과는 떨어진 수원 용주사 옆 그린파크에서 진행하였다. 집회에서는 정치연설과 함께 촌극도 진행했는데 공동행사의 기조와 달리 제헌의회 그룹에서 정치선동을 하는 탓에 논란이 야기되기도 했다.

경수지역 노동자연합(이하 '경수노련')은 가을부터 안산·안양·수원 지역에 있는 자파 조직을 아우르며 모임을 갖기 시작하다가 1987년 6월민주항쟁 이후 열린 공간에서 조직 명칭을 공개하였다.[63] 경수노련은 반월공단

[62] 단결과 전진은 김철수, 김옥수, 이현배, 곽욱탁 등이 주도하여 만들었으며 매회 약 3,000부씩 찍어 배포하였으며 11호까지 발행하였다.(이시정, 2007, 78쪽)

[63] 경수노련은 안산과 안양 수원에 조직이 걸쳐있어서 경수노련이라고 하였다. 김승호의 주도하에 건설되었으며 노동자 대중의 정치조직을 표방하였다. 1991년 3월 14일 경기도경은 경수노련을 노동운동을 배후에서 조종한 이적단체로 규정하고 탄압하였다. 당시 구속자는 이용석, 김진훈, 장기영, 김태연, 김창숙, 현미경이며 수배자는 김승호, 이찬배, 이장호, 조상수, 박승호, 김영곤, 국철희, 송수근, 강구웅 등 주요 간부들이었다. 경수노련은 전국노동운동단체협의회 결성과 초기 운영에서 그리고 지역노조의 연대운동에서 상당한 영향력을 행사하였다.

노동상담소, 수원 노동상담소 등의 상담소를 통해 노조활동을 지원 지도
하고 안산의 밝은자리, 안양의 우리자리, 수원의 늘푸른자리 등의 문화공
간을 통해 노동자 풍물패 등 다양한 노동문화 운동을 지원하였다.

1986년경부터 세력이 확장된 민족해방 민중민주주의(NLPDR) 노선 중
NL 그룹은 비공개 비합법운동을 전개하였으며 통칭 A그룹으로 불리다가
나중에 안양지역 노동자회의 주축이 되었다.[64]

수원에서는 한국기독노동자 수원지역연맹(이하 '수기노')이 창립되어 수원
지역 노동운동과 전선운동의 핵심역할을 하는 단체로 자리매김 되었다.[65]

안산에서는 안산민주노동자연맹(이하 '안산노련' 또는 '안민노련')[66], 한
벗노동자회[67] 등의 정치적 노동운동 단체들이 출현하였다.

성남에서는 성남지역 노동자회(이하 '성노회')가 결성되어 활동하였으며
부천에서는 인천지역과 연계되어 인천부천지역 민주노동자회(이하 '인부
노회')에 가담한 활동가 조직이 있는 등 각 지역에서 정치적 노동운동 단
체들이 활약하였다. 또 소위 석탑계열의 노동운동 단체[68]들이 존재했는데

---

[64] A 그룹은 1984년부터 현장 활동가들 간에 모이기 시작한 조직으로 당시 안양에서 가장
큰 정치적 노동운동 단체로 성장하였다. 공안 당국의 탄압으로 조직 사건이 일어날 수
있어서 일부러 이름을 짓지 않았다. 김현덕(총괄), 노세극(교육), 정성희(조직), 최창남
(문화 연대)등이 지도부를 맡아 운영하였으며 독자적 역량으로 가두시위를 전개하고 선
전물을 배포하는 등의 활동을 하였다. 1988년 8월 안양지역 노동자회(안노회)로 조직을
전화 발전시켰다. 안노회는 회보를 발간하고 노조운동 지원, 통일사업 등을 하였다. 정
성희, 김종주 등이 조직을 이끌었다.

[65] 한국기독노동자 수원지역연맹(수기노)은 1987년 9월에 창립하였는데 NL계열의 단체였
다. 1994년에 수원민주노동자회(이하 '수민노회')로 이름을 바꾸었다. 초기부터 의장 역
할은 도영호가 하였으며 삼성전자 해고투쟁을 한 이상호, 유제운, 노광표, 권미숙, 박태
순 등이 주요 간부로 활동을 하였다.

[66] 안산민주노동자연맹은 노동현장으로 이전해 온 고려대 학생운동 출신 활동가들이 추축
이 된 조직으로 PD 계열이었다. 노조활동 지원 단체로 '노동자의 집' 문화공간으로 '노
동사랑'을 운영하였다. 조직의 대표는 전성이었다.

[67] 1988년부터 반월노동사목, 안산노동상담소와 연계를 맺고 활동한 NL계열의 노동운동
활동가와 선진노동자들이 주축이 되어 조직결성을 하였다. 창립은 1992년이었다.

[68] 장명국 씨의 노선을 따르는 흐름으로 그가 쓴 『노동법해설』이 석탑출판사에서 발간되

이들은 안산노동교육연구소(이하 '노교연', 이후 중소기업 노동문제연구소로 변경)와 오산 근로자회관 등이 있었다. 정치적 노동운동 단체들은 초기에는 노동운동단체협의회(이하 '노운협')로 모였으나 이후 정치적 입장과 노선에 따라 분별 정립하는 양상을 보였다. 정치적 노동운동단체들은 노동조합을 활성화하고 노동운동의 수준을 한 단계 높이는 데 기여했으나 노동조합 간의 분열과 반목을 불러일으키는 원인이 되기도 하였다.

정치적 노동운동 단체들은 서로 간에 형성된 네트워크를 통해서 정치적 요구를 내건 거리 투쟁을 전개하기도 하였다. 안양의 경우 1986년 아시안게임 마지막 날인 10월 4일 저녁 퇴근 시간에 안양지역 최초로 노동자 가두시위를 하였다. 약 300명이 경수대로 상의 포도원 앞 도로를 점거하여 아시안게임 반대, 독재타도 등을 외치며 장시간 시위를 하였다. 지역의 대부분 활동가들과 선진 노동자들이 참가한 공동투쟁이었으며 이듬해 6월민주항쟁에서 노동자들 중심의 가두 투쟁을 예고하는 투쟁이었다. 그러나 이 투쟁으로 27명이나 되는 다수의 구속자를 양산하였다.

제4절 1987년 6월민주항쟁과 7 · 8 · 9월 노동자 대투쟁

1. 6월민주항쟁과 노동운동

1987년 6월의 민주항쟁 기간 동안 노동자들도 조직적으로 결합했으며 노동자들이 시위를 주도한 대표적인 지역으로는 안양과 성남을 들 수 있다. 1987년 이전, 안양 지역 활동가들은 새벽 시간을 이용해 노동자 거주 지

어 이러한 이름이 붙었다. NL계열로 분류되지만 노총 민주화론을 주장하여 민주노조운동의 독자성을 강조한 흐름과는 다른 입장에 선 것으로 인식되어졌다. 한국노총 사업장에도 영향을 미쳤으며 전선운동 참여에는 소극적이었다.

역을 중심으로 많은 유인물을 배포했고 이로 인해 구속자가 발생하기도 하였다. 안양지역 노동자들의 시위 참여가 본격화된 것은 박종철 군의 사망 때부터였다. 2월 7일 박종철 군 국민추도대회, 3월 3일 박종철 49제와 고문추방 국민대행진 등에 적극 결합하였으며 서울에서 열린 집회에도 조직적으로 참여하였다. 4 · 13 호헌조치 이후 5월 27일 민주헌법쟁취국민운동본부가 발족되고 나서는 서울뿐 아니라 지방의 중소 도시에서도 집회와 시위가 잇달았는데 안양에서는 6월 19일, 23일, 26일에 대규모 집회가 열렸다. 19일 집회는 안양권 4개 노동운동 그룹이 공동으로 준비하여 개최했는데 안양 1번가와 삼원극장 앞 인도에서 산발적으로 "호헌철폐, 독재타도"라는 구호를 외치다가 군중이 모이자 차도로 몰려 나갔다. 그 과정에서 시위대 한 명이 경찰에 연행되자 군중 속에서 한 사람이 뛰쳐나와 경찰을 가격했고 끌려가던 시위대원이 도망쳐 나오자 숨죽이며 지켜보고 있던 군중들이 '와!' 하는 함성과 함께 박수를 치고 몰려 나와 도로를 점거하였다. 당시 안양 지역 경찰은 다수가 서울로 차출된 상황이었으며 시위대들은 새벽 4시까지 삼원극장 앞에서 안양경찰서까지 3km 정도 되는 거리를 행진하며 시위를 이어갔는데 길가에 정차된 차량에서 휘발유를 뽑아 화염병을 만들기도 했다.

6월 23일엔 대학생이 주도하는 시위가 있었고 6월 26일에 다시 노동자 주최로 대규모 집회가 열렸다. 이 때 안양시장에서 모여 집회 대오를 꾸린 후 만 명 이상이 안양경찰서 쪽으로 행진하여 전국에서 유일하게 경찰서에 화염병을 투척해 경찰서 앞마당까지 화염병이 떨어지는 사태로 발전하였다. 역전 파출소는 화염병에 완전히 불에 탔고 안양역에서 경찰서까지 노동자와 시민들로 뒤덮였다. 곳곳에서 노동자들이 시위하고 전두환 정권의 부당성과 광주항쟁에 관해 연설하며 민주정부 수립을 외쳤다.

노동운동 세력이 주도가 된 안양과 달리 1971년 광주대단지 사건 이후

운동 역량을 지속적으로 축적해가고 있던 성남은 노동운동 세력뿐만 아니라 학생과 종교인, 지역주민들이 고루 참여한 가운데 시위가 전개되었다. 1987년 6월 10일 오후 7시경 인하병원 앞에서 고문살인 은폐규탄 및 호헌철폐 시민대회는 예상을 뒤엎고 3만여 명의 시민이 운집한 가운데 열렸다. 이후 6월 17일에는 4만여 명이 참여하였으며 6월 19일과 20일, 26일에도 격렬한 시위가 연일 계속되었다. 노동자들도 대거 시위대열에 참여하여 '노동 3권 보장' '저임금 박살' 등의 구호가 많이 나왔으며 이런 구호가 외쳐질 때마다 주변 시민들의 환호와 박수를 받았다.(성남6월항쟁20년기념사업추진위원회, 2007, 33쪽)

2. 1987년 7·8·9월 노동자 대투쟁과 민주노조운동의 고양

1987년 노동자 대투쟁은 한국 노동운동의 일대 고양기였다. 이러한 흐름은 1989년까지 이어졌고 1990년 민주노조 운동의 새 지평을 연 전국노동조합협의회(이하 '전노협')로 이어졌다. 이 시기를 주요 지역별로 살펴보면 다음과 같다.

우선 성남 지역의 경우 1987년 6월민주항쟁의 연장선상에서 민주노조 설립과 노동현장의 민주화를 위한 투쟁이 전개되었다. 6·29 선언이 발표되던 당일 성남지역 26개 전 택시회사 노동자 200여 명이 '임금인상'과 '완전월급제'를 주장하며 가두시위에 돌입하였다. 이 투쟁은 7월 2일 임금교섭이 공동으로 타결될 때까지 계속되면서 지역노동운동의 분위기를 고무시켰다.

7월 7일에는 동양특수기공(주)에서 노동조합 결성이 시도되었지만, 회사 측의 완강한 저지로 실패하였고, 7월 9일에는 성아운수에서 44명의 노동자가 노조 창립총회를 갖고 설립신고서를 관할 시청에 접수했으나 설립

신고 직전에 24명이 서명한 노조설립 신고서가 접수되었다는 이유로 접수를 거부당했다. 이에 노조 측이 총 36대 중 26대가 운행을 거부하고 농성투쟁에 돌입하자 7월 10일 성남시청에서 양쪽의 신고서를 모두 접수하는 일도 벌어졌다.

제조업 노동자들의 본격적인 투쟁은 7월 18일 성남2공단에 소재해 '리바이스' 제품을 생산하던 서우산업 노동자들의 보너스 쟁취투쟁에서 시작했다. 서우산업은 노동자가 1,000여 명에 이르는 대규모 공장으로 7월 16일 하기휴가에 따른 제헌절 대체근무가 발표되자 저녁에 40여 명의 노동자들이 모여 '서우 근로조건 개선위원회'를 결성하고, '하기휴가 보너스 1만 원 지급', '대치근무 거부'를 결의했다. 7월 18일에는 출근길에 결의문을 배포한 뒤 운동장에 모여 파업농성에 돌입하였다. 이에 회사 측은 이날 무성의한 태도로 교섭에 임하며 20일에는 핵심 노동자를 매수하여 내부분열을 시도했다. 그러나 7월 21일, 30여 명의 노동자들이 서울 섬유노련 회관으로 찾아가 노조 설립신고를 하였고 강경책이 오히려 사태를 악화시킨다고 판단한 회사 측이 22일 적극적인 협상에 나섬으로써 농성은 마무리되었다. 타결내용은 첫째, 휴가상여금 30% 지급, 둘째, 하기휴가 유급처리, 셋째, 대치근무는 특근처리, 넷째, 기타 노동조건의 개선 등으로 7월 27일 노동조합 설립신고증을 교부받아 노동조합의 합법성을 쟁취할 수 있었다.

서우산업의 승리는 그때까지 침묵을 지키고 있던 성남지역 노동자들의 투쟁에 불을 댕겨 7월 26일 동화통상, 7월 27일 영진산업의 투쟁으로 이어졌다. 공장 내 파업에서 시작한 농성은 도로점거 시위로 확산됐으며, 요구내용은 보너스 인상에서 임금 인상으로 발전해 갔다. 이어 8월 12일에는 (주)보원 노동자들이 일당 1,200원 인상, 보너스 600% 지급을 요구하며 파업농성에 들어갔으며 이때부터 성남지역에서는 하루 2건~5건 가량의 노동자 농성이 발생했다.

8월 14일부터 13일 간 전개된 에이스침대 및 리오의 300여 노동자 파업 농성과 8월 17일 오리엔트 노동자투쟁은 성남지역 노동자투쟁을 선도하는 쌍두마차 역할을 했다. 상대원의 성남 제3공단에 소재한 에이스침대와 리오가구는 상시 고용이 500여 명과 300여 명에 이르는 대규모 사업장이었다. 8월 14일 노동자 500여 명이 '임금인상 2,600원', '보너스 600% 지급', '위생수당 3만 원 지급' 등 16개 항을 요구하며 농성에 돌입하고 '에이스, 리오 임금인상 투쟁위원회'를 구성했다. 8월 15일에는 농성중인 노동자들이 자체적으로 '민족해방 기념식'을 거행했으며, 8월 18일에는 파업농성을 분쇄하기 위해 담장을 넘어 공격해오던 경찰들을 자력으로 격퇴하였다. 노동자들은 현장을 완전히 장악하고 정문출입을 통제하는 등 이전 투쟁에서는 볼 수 없었던 철저한 파업규율을 보여 주었으며 여러 사업장이 연대해 가두시위를 벌여 나가는 한편 투쟁사업장인 샤니, 오리엔트, 보원 노동자들에 대한 지지성명서를 발표하기도 했다. 또 8월 18일 가두시위에서는 노동자들이 자신의 몸과 전경의 발에 신나를 부어 전경들을 물러나게 했으며 8월 21일에는 어용노조 결성 시도에 항의하던 노동자 3명이 칼에 찔려 입원하게 되자 지게차를 몰고 대원파출소로 몰려가는 일도 벌어졌다. 이에 성남경찰서 정보과장으로부터 연행노동자 전원을 인계받았으며 여세를 몰아 민주노조를 결성한 뒤 회사 측과 '일당 1,200원 인상', '상여금 400% 지급', '중식 무료제공', '동하복 지급' 등을 합의하고 투쟁을 종료했다.

8월 17일에는 투쟁 분위기에 고무된 오리엔트 노동자들이 파업농성에 돌입했다. 1,200여 명의 노동자 대부분이 파업농성에 가담했으며 서울 성수동 본사로 통근차를 몰고 가 노동자 300여 명을 가세시키기도 했다. 이들은 '일당 1,500원 인상', '보너스 600% 지급', '노조결성의 자유보장', '공휴일 휴무', '토요일 오전근무 준수' 등 16개 요구조건을 내걸고 '오리엔트 민주노조 결성 준비위원회'를 결성했으며 농성침탈에 대비해 30여 명의 경비조를 배치했다. 8월 18일, 회사 전무와 교섭이 있었으나 결렬되었으며 농성노동자들 전원이 참여하여 민주노조를 결성하였다. 이날 에이스침대와 리오가구 노동자 300여 명과 오리엔트 노동자 300여 명이 합세해 가두시위를 전개했다. 8월 19일, 오리엔트 노동자 700여 명이 11시부터 오후 1시까지 신구전문대에서 570번 종점을 거쳐, 공단본부, 샤니, 동양정밀까지 가두시위를 벌였고, 21일에도 동일한 가두시위를 전개했다. 날로 노동자들의 투쟁이 고조되자 회사 측은 굴복하고 26일부터 교섭에 들어옴으로써, 27일 새벽 0시 40분 '일당 1,000원 인상', '보너스 600% 지급' 등 18개항에 합의하고 투쟁을 마감했다.

한편 이 시기에 새롭게 민주노조가 결성된 사업장은 서우, 영진산업, 동화통상, 보원, 일동제관, 에이스, 리오, 오리엔트, 안건사, 라이프제화, 월드아트, 반포산업, 봉명산업 등 12개 업체에 달했다.(『전노협백서』)

안양 지역에서는 1986년에 공동임투를 전개했던 창화공업과 한선사가 중심이 되었다. 한선사는 골판지 생산 업체로서 100여 명의 노동자가 근무하고 있었는데 1987년 3월 24일 노동조합 간부 5명이 불법 납치 감금당하는 사건이 발생했다. 3월 21일 37명이 모여 노동조합을 결성하고 노조설립 신고서를 안양시청에 제출했으나 시청에서는 신고필증을 내 주지 않았으며 경찰은 노조 간부 5명을 연행했다가 하루 만에 석방했고 회사 측은 가족들에게 연락하여 사표를 쓰도록 강요하여 6명을 퇴직시켰고 조합원들에겐 노조 탈퇴를 강요했다. 한선사 노동자들은 이러한 탄압에도 아랑곳하지 않고 가입대상 70명 가운데 60명이 노조에 가입하였으며 점심시간 20분에 대한 체불임금을 받아내었고 여러 활동을 담은 조합소식지를 발행하였다.

창화공업은 학출 활동가를 중심으로 한 3개월여의 준비 끝에 1987년 5월 파업에 돌입했다. 곧 경찰이 출동했고 파업 대오는 맨 위층 식당으로

올라가 식당과 옥상을 점거하고 현수막 2개를 내 걸고 바리케이트를 설치
했다. 여섯 시간 가량 대치하다 오후 2시경 회사 측에서 협상 제안을 하고
임금 인상, 수당 신설, 노조 결성 인정 등의 요구를 수락하였다. 그러나 파
업 대오가 승리를 만끽하며 길거리로 나오자 경찰이 농성 대오 70명을 고
스란히 연행하였고 노동자들을 상대로 조사하여 신원이 드러난 학출과 비
학출 노동자들을 구분한 후 학출 3명을 구속하였다.

1987년 5월 말 후지카 대원의 군포 공장에서도 하룻밤에 걸친 파업 투쟁
이 있었으며 삼화왕관에서는 노조결성에 앞장선 노동자 3명을 해고하고
갖은 회유와 협박으로 노조를 해산하는 일이 발생했다. 또 금성전선 군포
중기 공장은 사무직 400명, 현장 노동자 1,200명이 근무하는 대기업이었다.
군포 중기공장 1,200명 전원이 6월 1일 12시, 본관 건물 앞 광장에 모여 저
녁 식사 시간을 잔업 시간에 포함시키라는 등의 요구 조건을 내 걸고 파업
농성을 벌여 저녁 8시 30분에 요구사항을 관철시켰다.

6월 26일에는 서울과 안양을 오가는 안남운수 버스 기사 50여 명이 회사
의 상습적인 임금체불과 단체 협약 불이행, 어용노조 조합장 퇴진을 요구
하며 새벽 3시부터 차량운행을 거부하며 안양 소재 사내에서 농성을 벌였
다. 부녀자 20명도 참여한 이날 농성에서 기사들은 체불임금 지급, 사고
시 권고사직 철회, 단체협약 준수, 현 집행부 및 임원 퇴진 등의 9개항의
요구조건에 전면 합의를 얻어내는 승리를 쟁취했다.

1987년 7·8·9월에 안양지역에 있는 대부분의 사업장에서 파업이 진행
되는 가운데 7월에는 금영택시, 혜성공업, 삼원교통, 한국제지, 태광산업 등
5개 사업장이 투쟁을 벌였다. 8월에는 삼덕제지, 대우중공업, 부전공업, 만
도기계, 서진산업, 경원제지, 금성전선 안양공장, 금성전선 군포공장, 동창
제지, 건설화학, 삼화전공, 신한애자, 유신중전기, 국제전선, 뉴욕제과, 동
일방직, 삼풍, 오뚜기, 농심, 대한전선, 창화, 우신심지, 선창하드보드, 신라

명과, 신성전공, 신화화학, 대창그랜드, 코롬방제과, 대림콘크리트, 오아시스레코드, 풍강금속, 동양섬유, 유일산업, 다우전자, 화성전자, 아세아레미콘, 안남운수, 부강교통, (주)화진정, 안양전자, 에너콘, 대양금속, 금성전동, 동양나일론, 대한제작소, 19개 택시회사 등 64개 사업장에서 투쟁이 벌어졌다. 9월에는 유한킴벌리, 화천프레스 등의 사업장에서 투쟁이 이어졌다.

합법적인 투쟁을 진행한 사업장은 한 군데도 없었고 점거농성, 철야 농성이 기본이었고 금성전선, 만도기계, 대한전선 등 대기업 노조를 빼고는 가두투쟁이 없었지만 사업장 차원에서는 매우 전투적인 양상을 보였다. 유형별로는 노조결성 투쟁, 어용노조 퇴진을 요구하는 노조 민주화 투쟁, 구사대 폭력 사업장, 2차 파업 사업장, 가족 참여 사업장 등으로 나눌 수 있는데 임금인상 또는 재인상 요구가 가장 많았고 다음으로 어용노조 퇴진이 많았다. 반장 직선제를 요구하기도 했고 악덕관리자를 해고해 달라거나 해고자 복직, 노동시간 단축을 요구하기도 했다. 당시 안양노동상담소를 비롯한 외부 단체들의 파업농성 지원이 이어졌는데 경수노련은 투쟁 소식지를 배포했으며 일부 비합법 그룹은 익명으로 투쟁 소식지를 배포했다.

노동자대투쟁이 최고조로 치닫던 8월 20일에는 정부가 합동수사본부를 각 지검에 설치하면서 안양에서도 8월 22일부터 노동자 연행과 구속이 이어졌다. 금성전선 중기 공장에서는 91명이 연행되어 3자 개입과 집시법 위반으로 3명이 구속되고 10여 명이 불구속 입건되었다. 신우사, 화성전자, 부전공업, 대양금속, 유신중전기 등의 사업장에서 학출 활동가 약 15명이 구속되었다.

한편 개별 사업장의 파업농성뿐 아니라 지역 단위 총파업투쟁과 연대투쟁도 활발하게 전개됐다. 안양 지역 택시 사업장들이 총파업 투쟁을 벌였으며 8월 28일 한국제지 파업 현장에서 열린 이석규 열사 추모대회는 안양 지역 최초로 노동자들이 주체가 되어 연대한 집회였다. 또 금성전선, 만도

기계, 대한전선 등 대기업에서는 6월민주항쟁에서 얻은 가두시위 경험을 이어 받아 가두투쟁을 전개하기도 하였다. 그러나 창화공업, 오아시스레코드, 화성전자, 코롬방제과, 삼화전공, 금성중기, 서진산업 등의 사업장에서는 회사 측의 사주를 받아 구사대가 결성되었고 노동자들은 이에 맞서 격렬하게 싸웠다.

대규모 공장이 거의 없고 임대공장 등 영세기업이 밀집한 부천 지역에서 투쟁의 포문을 연 것은 7월 27일 우성밀러의 투쟁이었다. 우성밀러의 노동자들은 상여금을 전혀 받아본 적이 없고, 노동자들이 '개밥'이라 부르던 회사식당의 밥을 먹고 식중독이 발생하는 등 열악한 근무환경에 시달리고 있었다. 이에 '식사질 개선'과 '상여금 200%'를 요구하며 파업투쟁에 돌입하여 6일 만에 승리를 쟁취했다.

우성밀러 투쟁 이후 약 2주간의 소강상태가 지난 뒤 8월 중순부터 부천 노동자들의 투쟁이 활화산처럼 폭발했다. 8월 11일, 경원세기와 원방, 8월 12일에는 동양에레베이터, 14일에는 화창, 미창, 제영, 남성제화가, 17일에는 대흥, 영창, 한국스파이서, 대평, 시대전기 등이, 18일에는 새서울, 연합전선이, 24일에는 우진전자, 25일 삼령정밀, 8월 말에는 엘리건스, 신한일전기 등 약 30여 개의 사업장에서 파업이 전개되었고 65개에 이르는 신규 노조가 결성되었다. 투쟁의 양상도 격렬해서 대부분 회사점거가 기본이었으며 경원세기의 경우 고속도로를 점거하고 원방에서는 소수가 옥상점거 농성을 벌이기도 했다.

9월 들어서는 정권의 폭력, 회유, 협박 등이 노골화되었는데 이에 맞서 '새서울산업'은 민주당사에서 16일간이나 농성투쟁을 전개했다. 새서울산업의 민주당사 투쟁은 소득 없이 끝났지만 이를 계기로 탄압에 대한 공동대응이 필요하다는 공감대가 신규노조들 사이에서 확산되었다. 그러나 한국노총 부천시협의회는 성명서 발표조차도 기피했으며 11월 초 발생한 '원방'의 파업농성은 '한국노총 부천시협'에 대한 기대를 접고 신규노조를 중심으로 새로운 연대를 모색하는 본격적인 계기가 되었다. 지역의 37개(인천 14개) 사업장이 공동 성명서를 발표하고 지원투쟁을 전개하였으며 이를 계기로 15개 사업장을 중심으로 '연대사업 추진위원회'가 결성되었다. 여기서는 각 부서장들 간의 모임을 조직하여 상호 정보교환과 투쟁, 상담 그리고 탄압에 대한 공동대처 등 초보적인 연대활동을 수행하였다.(『전노협백서 Ⅰ』, 338~339쪽)

3. 노조 역량 축적과 지노협의 결성

1987년 7·8·9월 노동자대투쟁 기간 동안 민주노조가 대거 결성되고 단위노조의 역량이 강화되면서 노조 간 연대체계에 대한 모색이 시작되었다. 한국노총에 대한 신뢰가 바닥에 떨어진 가운데 1988년 임단투가 만료될 즈음 '전국 노동법 개정 투쟁본부'가 구성되었지만 이와는 별개로 지역 내 노조들 간의 연대조직의 필요성도 높아져 갔다. 정권의 탄압에 맞서 공동으로 대응해야 한다는 현실적인 요구도 있었지만 임금인상과 단협투쟁을 준비하면서 서로 간에 정보교환과 지원의 필요성이 자연스럽게 형성되었기 때문이었다. 여러 노조 간의 연대조직은 개별 노조의 역량을 강화시킴과 동시에 노동운동의 지평을 넓히는 역할을 하였다.

안양 지역은 1988년에 접어들면서 1987년 대투쟁 이전부터 어용노조 아래 있었던 사업장들과 1987년 대투쟁에서 결성된 노조 가운데 회사 측의 집요한 회유에 넘어가는 경우가 많았다. 금성전선에서는 뿌리 깊은 어용노조에 맞서 1985년부터 노조 민주화 투쟁을 전개하고 있었으며 만도기계 노조는 1987년 대투쟁을 이끌었던 지도부가 투쟁 이후 사퇴하고 새로 등장한 2대 집행부는 어용적 성격이 강하였다. 한국제지도 민주노조 활동을 통제하려 했던 집행부를 불신임하고 새로운 민주집행부를 세웠다. 범양냉방의 경우에 8명의 활동가를 집단으로 해고시켰고 동양나일론은 노조민주화 투쟁 과정에서 당시 지부장이 민주파 대의원들을 감금하고 대형 식칼두 자루를 들고 폭력적으로 대응하기도 했다.

신우사는 노동자 수 700여 명이 가죽제품을 만드는 회사였는데 노조를 결성해 임금인상과 근로조건 개선을 요구하며 파업 투쟁을 조직화하였다. 삼협정기는 100% 일본자본 직접 투자 회사로 소형 모터를 조립하는 450명의 노동자가 근무하고 있었는데 1988년 노동자 23명이 노동조합을 결성하고 단체교섭 와중에 회사 측에서 일방적으로 교섭을 중단하고 직장폐쇄를 감행하였다. 이에 대해 노동자들은 추석 휴가 1주일을 앞 둔 시기라 야만적 행동이라고 규정하고 투쟁을 결의했다. 직장폐쇄에 맞선 37일 간의 농성 끝에 농성 기간 중 임금 100% 지급, 파업 경비 100% 변상, 폭력 행위자의 사과 각서 제출, 피해자 치료 및 보상, 조인 후 유급휴가 1일 보장 등의 약속을 받고 투쟁을 마무리했다.

1988년 3월 25일 안양시 비산동 그린힐 봉제공장에서 화재가 발생하여 22명의 노동자들이 사망하는 사건이 발생했다. 삽시간에 번진 불로 30평의 공간을 합판으로 막아 만든 8칸의 기숙사 방에서 잠을 자던 14세에서 26세까지의 여성 노동자 28명이 출입구 쪽으로 몰려나왔으나 철제 셔터문을 밖에서 잠가둔 바람에 참변을 당한 것이다. 이 사건을 접하고 안양지역의 여러 단체가 연대하여 사건의 진상 규명과 보상을 위한 투쟁을 전개하였다.

1988년 5월에는 안양전자 위장 이전 투쟁이 전개되었다. 안양전자는 자동차 도난경보기를 만드는 회사로 87년 8월에 노동조합을 결성하고 130여 명의 생산직 가운데 82명이 조합원으로 가입되어 있었다. 5월 17일 회사 측이 노조와 협의 없이 오산으로 일방적으로 공장을 이전하겠다고 발표하자 6월 30일 노조에서는 회사에 항의 공문을 발송하고 노동부 안양 사무소에 쟁의 발생을 신고했다. 그러나 6월 24일 회사 측이 오산으로 공장 이전을 강행했고 이에 노조 측은 6월 30일 작업을 중단하고 농성에 들어갔다. 오후 8시 30분 안양전자 투쟁을 지원하러 나온 다우노조 조합원과 시민 등 200여 명이 위장이전 철회 촉구대회를 개최하고 100여 명의 노동자가 철야로 농성했다. 이후 안양시장과의 면담, 노동부 안양사무소장, 안양 경찰서 정보 과장 등과 합의 하에 중재안을 마련해 7월 20일 협상이 타결됐다.

안양전자 투쟁은 안양지역 노동운동의 발전과정에서 획기적인 사건으로 안양전자 투쟁에 결합한 여러 노조들은 이후에 경기남부지역노동조합연합(이하 '경기노련')으로 발전하였다. 1988년 1월부터 경기남부 임금인상대책위원회를 구성해 공동 임투 준비에 들어간 안양 지역 민주노조 대표들은 안양전자 투쟁의 승리 직후인 7월 22일 경기남부 차원의 연대조직을 건설하기로 결의하고 전체 추진위 대표로 경원제지 임석순을 선출하였다. 7월 27일에 17개 노조가 참여한 가운데 경기노협 안양지부 추진위 1차 전체 회의가 진행되었고 8월 17일에 2차 안양지부 추진위 전체 회의를 열고 의장단을 구성하였다. 12월에 TND 노조를 위한 연대투쟁이 시작되었고 이 투쟁에서 승리를 쟁취한 여세를 몰아 12월 28일 안양역 앞 원앙예식장에서 경기노련이 결성되었다. 이후 1989년 1월 17일에는 안양·군포·의왕 지부 대의원대회를 갖고 지부 의장단을 선출하고 지역 조직을 정식으로 갖추었다.

경기노련 결성 이후 첫 번째 대규모 연대는 1989년 2월 28일 금성전선 군포공장 노동자들의 파업투쟁에서 이뤄졌다. 금성전선 노조민주화 투쟁의 중심이었던 군포 공장 노조는 1988년 11월 26일 20년 만에 처음으로 직선집행부가 등장했고 위원장에는 1987년 파업투쟁을 주도했던 김상호가 선출됐다. 새로운 집행부는 단체 협약을 갱신하기 위하여 12월 13일 단체교섭에 들어갔으나 회사 측의 외면으로 1989년 2월 20일부터 전면 파업에 돌입하였다. 2월 28일 저녁 7시 중기 공장에서 금성전선 3개 지부 약 2,000여 명과 지역노조원 2,500명 등 약 5,000여 명의 노동자가 집회를 가졌다. 3,000여 명의 경찰이 동원되었지만 집회 참가자들의 투쟁 열기는 이들을 능가하였다. 집회가 끝나고 밤 9시부터 횃불시위가 시작되었다. 경찰과 격렬한 몸싸움이 벌어지고 최루탄이 발사되어 19명의 부상자가 발생한 가운데 경찰의 봉쇄를 뚫고 밤 10시 30분경 안양 공장에 집결하였다.

경기노련은 전국적인 연대투쟁에도 적극 참여하였다. 1989년 3월 30일 현대중공업 노동자들이 공권력에 의해 강제 해산 당하자 60여 명의 경기노련 노조간부들이 이튿날 민주당 안양지구당사(당시 위원장 이인제) 점거 농성에 들어갔다. 4월 1일에는 농성을 해제하면서 이인제 사무실 도로변에서 600여 명이 참가하여 현대중공업 노동자 탄압 규탄 대회를 열고 행진하던 중 경찰과 충돌하여 다수가 부상당하고 연행되었다.

1989년 4월 16일 오후 5시경 경기도 공안 합수부는 안양 우리자리를 피습하여 간사 조영표 등 5명을 연행하고 4월 17일 새벽 3시에는 안양노동상담소 소장인 정금채를 자택에서 연행하는 등 30여 명의 노동운동가를 연행하였다. 이 사건으로 8명이 구속되고 경기노련의 핵심 간부들이 수배되었다. 경기 남부 지역의 노동운동 탄압 소식을 접한 전국민족민주운동연합(이하 '전민련') 산하의 경기남부민련에서는 경기남부 지역 제 민주단체 노동운동 탄압 대책 위원회를 구성하여 투쟁을 결의하였다.

임석순 경기노련 의장은 전노협 건설을 위해 전국순회를 다니다 1989년 8월 30일 경찰에 연행되었고 당일 안양역에서는 안양 전자 TND 노조 탄압 분쇄 결의대회가 2,000여 명이 참여하여 진행되고 있었다. 9월 7일 수원역에서 열린 '경기노련 임석순 의장 구속 규탄 및 구속 동지 석방 투쟁 결의대회'에 2,500여 명이 참여하였고 집회가 끝난 뒤 수원 시내에서 격렬한 가두시위를 전개하였다. 11월 12일에는 전국노동자대회가 원천봉쇄 되었으나 5,000여 명이 관악산을 넘어 행사 예정지인 서울대 대회에 참가했고 원천 봉쇄에 항의하여 동대문, 신세계 등에서 격렬한 가두시위를 전개했다. 이 시위로 경기노련 800여 명 중 200여 명이 연행되었다. 11월 23일 경기노련 안양군포의왕지구 사무실과 노동운동지원단체에 공권력이 난입하여 20여 명을 연행했고 그 중 6명을 구속하였다. 이후 12월 3일에는 파업중이던 TND에 공권력이 난입하여 위원장 김분종을 구속하였다.

경기노련은 창립 당시 안양지구 14개 노조, 안산지구 10개 노조, 수원지구 8개 노조 등 총 32개 노조 8,000여 명이 참가하였는데 가입노조 현황은 〈표 5-2〉와 같다.

〈표 5-2〉 1988년 경기노련 창립당시 지구별 가입노조(단위: 개, 명)

	노조 수	조합원 수
안양지구	14	3,000
수원지구	8	3,000
안산지구	10	2,000

자료 :『전노협백서 Ⅰ』, 422쪽.

안산 지역의 경우 소규모 사업장들이 많아 1987년 노동자대투쟁의 파고가 이후 1988년 1989년까지 지속화되는 경향을 보였다. 1987년에는 덕부진흥, 부원금속 등 10여 개 안팎의 노조들이 설립되었고 이들 노조들 간에 1988년 임대위를 조직해 조직적으로 임투를 준비했다. 또 삼양금속, 동양고압고무 등의 파업투쟁이 일어나 장기간 진행되었으며 7월에 있은 신광염직 노조 사수 투쟁은 안산 최초로 전투적 연대투쟁이 전개됐다. 비록 이 투쟁에서는 승리하지 못했으나 가을에 발생한 한정화학, 한국코인, 삼목강업, 서해공업 등의 파업투쟁에서 연이어 승리하고 노동법개정 전국노동자 등반대회와 11월 13일 연세대에서 있은 전국노동자대회에 대거 참여하면서 지역 분위기도 활기를 띠게 되었다. 이후 연대활동에 적극적인 일부 노조들이 안양 수원지역과 더불어 12월 28일 경기노련을 창립하고 산하 조직인 안산지구협의회를 구성하였다.

안산지역의 노동조합 결성 추세를 보면 1987년 7월 이전에는 불과 10여 개에 불과하였는데 1988년에는 150개로 1989년에는 약 260여 개로 늘어났다. 이 중 경기노련에 가입된 노조는 24개로 10%에도 채 미치지 못했으며 한국노총 안산지부에 가입된 노조는 118개로 상대적으로 훨씬 많았다. 그러나 양쪽 어디에도 가입하지 않은 중간노조들이 많았다.

1989년 임투 시기에는 매일 2~3개의 신규노조가 설립될 정도로 많았는데 노조 설립 직후 곧 바로 파업에 돌입하면서 임금 인상 투쟁을 하는 곳이 많았다. 특히 반월공단의 600블록에 속한 노조들 간의 연대투쟁이 돋보였는데 유한전자금속, 동인전기, 한일정공, 남성기계 등 근처에 있는 노조끼리 뭉쳐서 공동투쟁을 수행하였다. 이는 곧 대우공업, 동원산업, 전한실업, 아진프라스틱 등이 있는 10블록 내 신규노조들의 공동투쟁에 영향을 주었다. 그러나 동원산업과 기영산업이 공권력에 의해 무너지면서 투쟁 동력의 약화를 가져오고 4월 16일에는 안산지구협의회와 반월공단 노동상담소에, 4월 27일에는 유한전자금속에 각기 공권력을 투입하여 노조를 와해시키고 간부를 구속시키는 등 탄압을 가해 분위기가 위축되기도 하였으나 서해공업, 신창전기, 조선무약, 풍산전기, 삼영케불 등에서 파업 투쟁이 일어나 분위기를 반전시켰다.

안산을 거점으로 하는 정치적 노동운동 조직인 경수노련과 안산노련은 각기 노동자들을 위한 상담과 노조 결성 지원과 교육 등의 사업을 벌여나가는 합법 공간으로 '반월공단 노동상담소'와 '노동자의 집'을 운영하는 외에 '밝은자리'와 '노동사랑'이라는 문화공간도 각기 따로 운영하며 서로 세력화 경쟁을 하였다. 이러한 경쟁이 지나쳐 대중운동의 분열로까지 나타나는 폐단을 보이기도 하였는데 1989년 임투과정에서 나타났다.

1989년 공동임금 투쟁을 앞두고 경기노련 안산지구협의회의 임금인상 투쟁본부(이하 '임투본')와 임금인상 및 민주노조 건설을 위한 안산 노동자 공동실천위원회(이하 '공실위')로 분리되어 임투를 수행한 결과 심각한 분열상을 보여주어 주변 노동자들에게 혼란과 실망을 안겨주었다. 이후 탄압에 대한 공동대책 활동과 밑으로부터의 통합요구의 제기, 그리고 더 이상 지탱할 명분과 역량이 없어져 7월 2일 통합을 하게 되었다.

통합은 새로운 분위기를 조성시켜 7월 14일 통합 보고대회에서는 800여 명이 참가하여 안산역에서 집회 후 라성호텔 앞까지 가두 행진을 하기도 하였다. 11월 23일에는 안산지구협 수석 부위원장인 우진제관 위원장 등 두 사람을 구속시키고 안양에서도 4사람이 구속되자 탄압에 항의하여 경기노련 차원에서 총파업을 하기로 하였다. 11월 28일 총파업 투쟁은 경기노련이 역량과 지도력을 시험받는 계기였는데 경기남부 차원에서는 30개 노조 3,000여 조합원이 참여하였고 안산에서는 15개 노조가 참여하였다. (노세극, 129~135쪽)

성남 지역에서는 노동자 대투쟁 이후 신규 노조를 중심으로 결성된 지역노조협의회(이하 '지노협')인 성남지역노동조합협의회(이하 '성노협')(〈표 5-3〉)와 한국노총 산하 성남시지구협의회(이하 '성남시협') 소속 노조들이 통합해 성남노련을 건설하면서 지역노동조합운동의 새로운 전형을 창출했다.

1988년 6월 29일 성노협과 성남시협 통합의 단초가 되는 '광명전기 노동탄압 분쇄를 위한 결의대회'가 28개 노동조합 주최로 700여 명의 조합원이 참가한 가운데 개최되었다. 이후 성노협과 성남시협은 여러 차례 공동 활동을 전개하게 되고 성남시협 의장 선거에 나온 송길수 OPC 위원장은 성노협과의 통합을 공약으로 내 걸고 의장에 당선되었다. 11월 6일 성남시협과 성노협 공동 주최로 열린 제1회 성남 노동자 체육대회에 약 6,000여 명의 노동자가 참가했으며 11월 13일, 연세대에서 열린 전국노동자대회에도 공동으로 참가했다. 이어 11월 26일 성남에서 열린 성노협 주최의 노동법 개정 촉구대회에 성남시협이 적극 참여함으로써 두 단체 간에 서로의 사업에 참여하는 것이 관례화되었다. 12월에는 양 협의회 내에 각각 5인씩으로 구성된 통합추진위원회가 만들어졌으나 양 협의회가 하나로 뭉쳐야 한다는 대원칙에는 동의했지만 구체적인 방법에 대해서는 의견이 모아지지 않다가 1989년 1월 29일 전국금속노련 주최의 임금인상투쟁전진대회에 성남시협과 성노협 노조의 대표들이 많이 참여함으로써 통합의 발판이 마련되었다. 특히 2월 28일, 성남시협에서 유명무실하던 대의원 대회를 처음으로 소집하여 새로운 임원진을 선출하고 89년도 사업계획을 결의하면서 주요한 내용인 통합추진 활동을 임원진에게 위임하였다. 임원단은 성남시협과 성노협을 발전적으로 해체하고 성남노동자 전체를 하나로 묶을 단일조직을 건설한다는 합의점을 이끌어내었고 이를 토대로 3월 15일 10,000여 명이 모인 임투 전진대회에서 통합 결의문을 채택하였다. 4월 28일 통합대의원대회를 치른 후 5월 1일 6,000여 조합원이 모인 자리에서 성남노련 결성식을 치러졌고 이로써 성남의 10만 노동자 가운데 조직된 18,000여 명의 조합원들을 하나의 조직으로 묶을 수 있게 되었다.

성남노련은 한국노총의 비민주성, 반노동자성에 반대해서 설립된 지노협인 성노협과 한국노총 산하 성남시협이 노총의 깃발을 내리고 통합을 이뤄낸 첫 사례였다. 출범 당시 80여 개 노조가 가입해 지노협으로는 비교적 큰 규모였고 노동운동계와 언론의 커다란 주목을 받으며 화려하게 출범했으나 같은 이유로 결성 직후부터 전국의 지노협 중 가장 혹독한 탄압과 와해공작을 당해야 했다.

성남노련은 결성대회를 전후로 오길성 수석부의장, 이기원 사무처장이 구속되고 송길수 의장이 수배된데 이어 정책실장, 사무국장, 여성부장 등이 구속되면서 집행부 없는 노련이 되고 말았다. 또 결성 이틀 뒤인 5월 3일 31개 일부 노조 대표자들이 모여 성남지구협의회(의장 김재동 샤니 위원장)를 결성하고 '노총 깃발 아래로 결집'을 결의하면서 성남지역의 노동조합은 또 다시 둘로 분열되고 말았다. 다음 해인 1990년 10월 출범한 노련 2기 집행부(의장 오길성)가 출범해 조직을 복원하고 활동을 강화했지만 성남노련에 집중된 정권의 탄압, 성남공단의 현실적 축소, 성남노련 소속 노동조합의 휴폐업과 이전, 노동자 수의 자연감소 등으로 조직이 크게 약화되어 1992년에는 25개 노조, 3,500명의 조직원이 남아 있었다.

〈표 5-3〉 1988년 성남지역노동조합협의회 창립당시 참가노조(단위: 명)

노조이름	결성일	대표자	종업원 수	조합원 (남. 여)	대의원	생산품목	연합 단체
고려기업	1988. 3. 26	전병근	70	45(23. 22)	3	앨범	화학
광명전기	1985.	장명숙	120	120(50. 70)	4	형광등갓	금속
덕천산업	1988. 7. 5	이수형	60	40(36. 4)	3	드릴	금속
봉명산업	1987. 8. 21	라병득	80	62(62. 0)	3	보일러, 모터	금속
반포산업	1987. 8. 24	지희화	320	290	6	텐트	섬유
오리엔트	1987. 8. 18	지한규	1,200	920(460. 460)	13	시계	금속
에이스침대	1987. 8. 24	박춘홍	444	197(152. 45)	4	침대	화학
리오가구	1987. 8. 24	박광진		224(154. 70)	5	가구	화학
옥산봉제	1988. 1. 4	이정란	70	30(6. 24)	3	옷	섬유
영문구	1988. 2. 24	박준훈	130	103(40. 60)	3	앨범	화학
영림기업	1988. 5. 31	정영상	80	26(8. 18)	3	자켓	섬유
제화공	1988. 4. 10	오길성	3,000	130(80. 50)	3	구두	섬유
한일라켓	1987. 9.	최낙구	380	330(130. 200)	6	라켓, 공	화학
풍국산업	1988. 4. 1	최종필	400	360(100. 260)	6	가방	화학
(주)해성	1988. 4. 6	지상돈	202	150(20. 120)	4	주사기	화학
한국벨트	1988. 5. 18	김학규	95	95(95. 0)	3	고무벨트	화학
항진	1988. 4. 20	김원중	100	60(25. 35)	3	자동차부품	금속
스타	1988. 6. 15	이경호	90	79(40. 50)	3	형광등전구	금속
합계				18개 노조 3,261명			

자료 : 『전노협백서 I 』, 428쪽.

부천 지역에서는 1988년에 들어 부천노동법률상담소, 부천민중교육연구소[69] 등이 개설돼 노조 지원활동을 강화하면서 단위노조 사업장의 연대를 모색한 결과 부천지역 노동조합협의회가 결성됐다.

1988년의 노동자 투쟁은 역곡에 있는 금산전자의 여성노동자들이 첫 투쟁의 포문을 연 이후 유한전자, 대아, 한국엔지니어링, 건화상사, 범우전자, 성문실업, 삼원공업, 삼근물산, 서울알루미늄, 지역금속노조, 화인보원 등으로 이어졌다. 여기에 위장폐업으로 인해 대호전자가 노조결성 후 불과 한 달 만인 4월에 장기간의 위장폐업 철폐 투쟁에 들어갔고 8월에 들어서는 원방, 범우 등 일부노조가 장기 투쟁에 돌입하여 부천 전 지역이 연일 투쟁 분위기에 휩싸여 있었다. 대호, 범우, 성문 등이 여성 사업장인 관계로 남성 조합원들이 밤에 규찰을 서 주던 것이 체계를 갖추게 되면서 이후 모든 사업장에 파업 투쟁이 벌어지면 지역규찰대가 상주하게 되었다. 이처럼 고양된 분위기 속에서 1988년 상반기 투쟁이 9월까지 계속되었고 무려 89개의 신규노조가 결성되었다.

한편 이 시기 중소 영세 업체가 많은 부천 지역의 특성을 반영해 부천지역금속노동조합을 결성했다. 이는 서울의 청계피복노조, 인쇄노조, 제화노조 등 5개의 지역노조가 신고필증을 받아 합법성을 쟁취한 데 힘입어 지역노조로서 금속노조를 6월 22일 7개 회사, 30명이 참석하여 부천지역금속노조 준비위원회를 결성하였고 준비위는 두 차례의 발기인 총회를 거쳐 7월 6일 6개 회사, 32명의 조합원이 참석한 가운데 부천 지역 금속노동조합 결성식을 갖게 되었다.

이즈음 부천지역 노조의 연대조직 건설에 대한 전망은 두 가지로 나뉘었는데 부금노련준비위를 주장했던 그룹은 노총과 적절한 역할 분담 아래

---

[69] 이외에도 부천에서는 부천노동문제연구소, 한길 노동연구소, 부천노동자회관 등의 노동운동 지원 기관들이 뒤이어 설립되어 활동하였다.

관악산 정상 부근에서 노조탄압 반대 구호를 외치는 부천지역 노동조합 회원들(1989.03.10)
(민주화운동기념사업회 오픈아카이브즈 00708736. 원출처: 박용수)

쟁의 대책위원회를 구성할 것을 주장했던 반면에 다른 의견은 노총과 별도로 임금인상 대책위원회를 구성하여 공동임투에 나서자는 주장이 있었다. 결국 1989년 임투의 성과를 바탕으로 지노협을 결성하는 데 합의해 2월에 부천지역 임금인상 투쟁본부를 결성하고 본부장에는 신광전자 위원장 한경석이 맡는 것으로 하였다.

　1989년 부천 지역에서는 유진상사, 한양정공, 유신정밀, 한국코베아, 로켓트보일러, 로렌스시계, 영경전자, 흥양, 공성통신, 대준물산, 미도어패럴, 성화정밀, 진양화장품, 대경, 우일, 선일, 대흥로크, 우신전기, 극동스프링쿨러, 한일초음파 등 수많은 노조들이 파업 투쟁을 벌였으며 지역 규찰대가 정착해 파업 사업장에 상주함으로써 사측의 구사대 난입은 엄두도 내지 못할 분위기였다. 이러한 압도적인 힘의 우위를 바탕으로 1989년 한

해 동안 123개의 신규 노조가 결성되었고 기존 노조들도 임투를 성공적으로 수행할 수 있었다.

이와 함께 당시 전국적으로 쟁점이 되었던 현대중공업 노조 탄압에 대한 규탄과 임투승리의 결의를 다지기 위해 4월 9일 성심여자대학교에서 집회를 열기로 하였으나 경찰의 집회 원천봉쇄 방침에 맞서 노동자들이 부천역에서 집회장소까지 행진하며 거리 시위와 투석전을 벌였다. 이 투쟁으로 의장인 한경석과 상황실장 임동석이 구속되자 부천지역 노동자 500여 명이 모여 구속자 석방촉구대회를 개최하고 가두투쟁을 전개하였으며 이후 총 49개 노조, 조합원 500여 명이 참여하는 부천 지역 최초의 총파업 투쟁으로 이어졌다.

총파업투쟁이 진행되는 가운데 대흥로크와 우일 등에 공권력을 투입하여 파업 투쟁을 해산하고 간부들을 전격 구속하였다. 이에 맞서 노동자들은 당시 외국자본 철수 문제로 치열하게 싸우고 있던 한국피코에서 1,500명이 참석한 가운데 '외국자본 부당철수 저지 및 노동운동 탄압 분쇄 부천노동자 결의대회'를 개최하였다. 5월 1일에는 약 3,000명이 참석한 가운데 '세계노동절 100주년 기념대회'를 개최하고 12일에는 파업 중이던 8개의 노조가 임금인상 및 민주노조 사수 공동투쟁위원회를 결성하였고 18일에는 파업 중이던 반도스포츠에서 원천봉쇄를 뚫고 들어온 700여 명의 노동자가 구속자석방 및 임투 완전승리 쟁취 결의대회를 개최하면서 임금 인상과 파업 투쟁의 승리를 위해 연대하였다.

이러한 일련의 연대투쟁을 기반으로 7월 22일에는 총 42개 노조 조합원 4,000여 명이 참여한 가운데 부천지역노동조합협의회(이하 '부노협')가 결성되었다.(〈표 5-4〉) 7월 24일에는 부천공업전문대학 운동장에서 부노협 창립보고대회가 열렸는데 소속 노동조합에서 두 시간씩의 총회 시간을 보고대회에 할당함으로써 2,000여 조합원이 참석했다. 한편 부노협 준비 소위

의 북부지구 대표였던 경원세기 노조는 대의원 대회 결과 부노협 참여가
무산됐는데 이후 부금노련 준비위의 후신인 부천지역 금속사무소가 설립
돼 한국노총으로 흡수되는 결과로 이어졌다. 경원세기의 이탈은 부노협에
게 큰 역량 손실을 가져왔으나 이후 다른 노조들과 함께 한국노총 부천시
지부 집행부를 장악함으로써 공동투쟁의 발판을 놓기도 했다.

〈표 5-4〉 1989년 부천지역노동조합협의회 참여노조(단위: 명)

노조이름	대표자	조합원수	노조이름	대표자	조합원수
낫소	김명철	300	대아	박득률	75
우일	오신근	157	한국금속	박병천	82
일신전기	이기영	100	한국엔지니어링	이해병	44
한일초음파	서광원	61	금산전자	장정임	61
동양에레베이터	양용진	500	영본시몬스	조홍준	36
한국신광전자	한경석	74	한국피코	유점순	151
화인보원	김용국	150	흥양교역	박미경	285
로켓트보일러	정명국	129	삼령정밀	임한철	85
연경전자	양승칠	62	우신전기	금진현	30
풍원전자	유병옥	100	풍림화학	이연호	103
공성통신	김순덕	212	대준물산	조원근	150
대윤전자	윤원구	203	대현공업	김정태	39
대흥기계	최창호	303	미도어패럴	이경호	93
반석산업	석종승	30	범우전자	김병훈	70
보영인쇄	임윤택	28	삼근물산	윤석인	97
성문실업	장은숙	24	성화정밀	양동선	30
아륙전기	조용택	32	유신정밀	민상기	62
진양화장품	박현자	120	친화금속	정승목	90
세라아트본조	전말진	154	세라아트지부	이원림	75
로렌스시계	윤중헌	60	아산기업	김대환	19
연합기업	방기웅	36	한국아크	한기택	28
지역노조	김일섭	500	합계	43개 노조	5,117명

자료 : 『전노협백서 Ⅰ』, 427~428쪽.

1987년 노동자 대투쟁 시기 수원지역에서는 한일합섬, 성일운수(택시), 태평양화학, 새생활보일러 등의 사업장에서 농성이 전개되었다. 그러나 수원에서는 대표 사업장인 삼성전자에서 노동자들을 일상적으로 감시하고 탄압하는 상황이어서 산하 납품 업체에도 영향을 미쳐 전반적으로 위축된 분위기가 지배하였다. 그럼에도 무소불위의 힘을 가진 삼성에서 노동자들의 투쟁은 그치지 않았다. 삼성전자의 노동자인 이상호는 노동자 대투쟁 기간 중 관리자의 폭언에 맞서 투쟁을 하여 사과를 받아냈다. 이를 계기로 회사 측에서는 1988년 3월 10일 아무 연고도 없는 대구로 발령을 내자 이를 거부한 이상호에게 노조를 만들려고 했고 한국기독노동자 수원지역연맹(이하 '수기노') 사무실에 갔다는 이유로 해고를 하였다. 삼성전자에서는 1989년 노조설립을 시도했으나 이장호 등 다수 노동자가 해고, 구속되며 실패하였으며 이후 삼성전자에서 해고된 사람들끼리 모여 삼성전자단지 복직실천위원회를 꾸려『삼성노동자 소식』이라는 유인물을 13호까지 발간하였다. 삼성전관에서는 1988년부터 1992년까지 4차례에 걸친 노동조합 결성투쟁이 있었다. 비록 노사협의회 활성화와 핵심 노동자 강제사직이라는 회유와 탄압으로 귀결되었으나 삼성이 결코 노동운동의 무풍지대가 아님을 보여주었다. 삼성에서 노동탄압이 지속되는 중에도 수원지역 중소사업장에서는 노조결성과 노동자들 간의 연대투쟁이 활성화되었다. 한국광전자, 새생활보일러, 한일전장, 퍼시픽콘트롤즈, 란토르코리아(용인), 아주파이프, 천지산업 등에서 투쟁이 일어나고 노조가 결성되었으며 노동조합들 간에 지원투쟁이 결실을 맺어 연대의식이 높아졌으며 1988년 11월 24일 경기남부지역 노동조합연합(이하 '경기노련') 추진위원회 수원지구협의회가 결성되었다.(『수원시사 8』, 372~374쪽)

경기노련은 1988년 12월 28일 안양, 수원, 안산의 32개 노조 8,000여 명을 대표하는 78명의 대의원들이 모여 창립[70]하였는데 결성과정에서 이견이 있었다. 3개 지구협의회의 독자성을 어느 정도까지 인정할 것이며 조직의 성격을 연합체로 할 것인가? 협의체로 할 것인가? 등이 쟁점이 되었다. 여러 논란 끝에 각 지구의 독자적인 활동과 운영을 인정하되 전 지역적 연대를 강화해 나가기로 하고 조직의 성격은 협의회적 수준을 인정하되 연합적 성격을 강화해 나가기로 하여 '연합'의 명칭을 사용하기로 하였다.

평택지역은 1986년 7월 경동보일러에서 점심시간을 이용해 노조 결성을 하려 하였으나 이러한 낌새를 눈치 챘는지 경찰서 형사들이 들이닥치자 노동자들이 진입을 막고 곧바로 농성에 들어가 작업환경 개선, 조기출근 폐지 등을 요구하였다. 요구 조건은 타결을 보았지만 노조 결성으로까지 이어지지 못하였다. 71) 1987년 대투쟁 시기에는 금성사 평택공장 노동자 2,000여 명이 임금인상을 요구하며 8월 13일부터 농성을 벌였으며 23일 회사 측과 합의가 결렬되자 1,000여 명은 24일 경부고속도로를 점거하며 임금 30% 인상, 어용노조 퇴진 등을 요구하며 시위를 벌이기도 하였다. 또한 같은 해 7월 31일에는 쌍용자동차에 노조가 창립되었다. 그러나 쌍용자동차 노조는 1993년 배범식 3대 노조 위원장 집행부가 출범하면서 비로소 민주노조로서 위상을 갖게 되었다. 쌍용자동차 노조는 이후 완성차 노조들인 현대와 기아 등에 영향을 주어 자동차산업 노동조합 연맹이 결성되는

---

70) 경기노련 창립시 의장은 경원제지 노동조합 임석순 위원장이, 사무처장은 대우전자부품노조 양규헌 위원장이 선출되었다. 둘 다 안양지구협의회 소속 노조들인데 초기에는 안양지구협의회가 경기남부지역 노동운동의 중심 역할을 하였다. 이후 양규헌은 92년에 임석순 후임으로 경기노련 의장이 되었으며 전국노동조합협의회(이하 '전노협') 수석 부위원장과 위원장을 하였다.

71) 경동보일러에서 투쟁을 준비하고 주도한 이는 1984년 인천 진도에서 해고당하여 평택으로 이전한 채한석이었다. 그는 결국 해고당하자 1988년 3월 2일 평택지역노동상담소를 설립하여 지역 노동운동지원에 나섰다. 경동보일러 출신들이 평택지역 노동운동에 주요한 역할을 하였는데 몇몇은 쌍용자동차에 들어가 노조 민주화에도 기여를 하였으며 노조 간부가 되기도 하였다. 대표적인 이는 쌍용자동차 노조 5대 위원장을 한 유만종이다.

데 견인차 역할을 하였다.

광명지역에 소재한 기아자동차 소하리 공장에서는 끈질긴 투쟁 끝에 민주노조로 간 경우이다. 기아자동차의 전신인 기아산업은 1960년에 노조가 설립되었다. 1987년 1988년 투쟁 끝에 노조 위원장 직선제를 쟁취하여 해고자들이 추천한 허관무 위원장 집행부가 출범하였으나 1990년 6월 27일 위원장이 임금협상을 조합원의 의견을 무시하고 단독으로 합의하곤 몰래 사라진 사태에 직면하여 6,000여 명의 조합원들이 허관무 위원장이 체결한 임금교섭 무효 단체협약 즉각 이행 등의 요구를 내걸고 무기한 파업 농성을 하였다. 7월 1일 임금교섭 체결은 차기 집행부와 하고 파업 기간 중 기본급 및 생계비 부족분 지급, 해고자 복직 우선적 협의 외 체불임금 지급, 파업 사태에 대한 민형사상 책임 배제 등의 합의 사항에 서명하고 파업을 종료하였지만 회사 측은 일방적으로 파기하였고 사복경찰들이 들이닥쳐 수십 명을 연행해가 이 중 주동자 10여 명이 구속되고 60여 명이 수배되는 등 상황이 악화되었다, 기아자동차는 이후 장기간의 투쟁 끝에 1994년에 민주노조 집행부를 세우고 한국노총을 탈퇴하였으며 자동차노련에 가입하였다.

1987년 노동자 대투쟁 이후 노동운동이 고양되자 경기북부지역에도 민주노조 운동의 흐름이 형성되기 시작하였다. 구리 남양주 지역에서는 구리 노동상담소[72]가 1988년 7월 23일 원진레이온 직업병 피해자 가족협의회(이하 '원가협') 결성을 제안하고 주로 원진레이온 직업병 문제를 사회적으로 이슈화하는 데 기여하였다. 1988년 5월에 의정부 노동상담소가 개소되어 활동을 시작하게 되어 노동자들을 상담교육하게 되자 아진산업을 필두로 보암산업, 보성섬유, 삼화정밀 등 노동조합이 하나둘씩 만들어지게

---

[72] 구리노동상담소는 1988년에 설립되었고 박무영, 백현종 등이 중심이 되어 활동을 하였다. 원진레이온 직업병문제 외에도 연예인노조와 모델노조를 설립 지원하기도 하였다.

되었다. 아진산업(위원장 황민원, 사무장 현철민)은 염색공장으로 노조를 결성하고 파업투쟁을 하는 과정에서 위원장과 사무장이 구속되기도 하였다. 1989년 10월에는 덕계노동자사랑방이 개소되어 북부지역 노동운동이 활성화하는 데 일조를 하였다. 경기북부 지역의 노동운동에 지대한 영향을 미친 의정부 노동상담소와 덕계노동자 사랑방 73)은 이후 경기북부노동정책연구소로 통합되었다.

경기북부지역은 외기노조 산하 노조들이 여전히 자리 잡고 있었는데 1990년 10월 1일부터 신원기경 등 9개 업체에 소속된 노동자들이 또 다른 용역 업체인 한국경보가 덤핑으로 용역 계약한 사실이 알려지자 일제히 파업에 들어갔다.(『한겨레신문』, 1990년 10월 20일) 예전에는 직영을 하다가 외주를 주면서 용역 회사들끼리 서로 경쟁하는 시스템을 만들어 놓아 인건비를 떨어뜨리며 입찰을 하게 되어 생활급에 턱없이 모자라는 임금을 받게 된 것이었기 때문에 조합원들의 불만이 높았다. 10월 1일부터 파업은 3개월 간 지속되었는데 파업기간 중의 투쟁 과정에서 조합원들이 가두 행진할 때 최루탄을 난사하고 의정부 경찰서에 끌려가 구타당하고 하룻밤을 자고 나오기도 하였다. 한국 경찰로부터의 탄압과 폭행만이 아니었다. 파업 투쟁 과정에서 미군들과도 마찰이 있었는데 정문을 밀고 들어가는 와중에 위병소가 깨지자 미군들이 5파운드 곡괭이를 들고 나와 폭행을 가하기도 하고 심지어 탱크를 몰고 나와 김춘자라는 한 여성 조합원이 부상을

---

73) 의정부노동상담소는 1988년 5월에 개소하였으며 경기북부 민통련 사무실 일부를 빌려서 사용하였다. 목영대, 김태희 등이 중심이 되어 초창기 의정부지역 제조업 중심의 민주노조활동을 지원 하였으며 1989년 5월에 소장인 목영대는 제3자 개입금지로 구속되기도 하였다. 덕계노동자사랑방은 1989년 10월에 개소하였으며 노무사였던 김헌정 등이 중심이 되어 활동하였다. 이후 의정부 시청 소속 환경미화원들을 조직하는 것을 계기로 여타 지자체에 속한 환경미화원, 준설원들을 조직하기 시작하여 경기도 전역을 대상으로 하는 경기도노조로 발전시키고 다시 전국을 대상으로 하는 민주연합노조로 조직을 한단계 더 발전시켜 나아갔다. 이 두 단체 외에도 노동자 지원 단체로 의정부에 일꾼노동교실이 있었다.

입기도 하였다. 다행히 경기북부 노동자들과 전대협 소속 학생들이 연대
투쟁을 해주었고 재야단체의 지원을 받기도 하였다. 또한 PD수첩에서 보
도를 해주는 등 여러 언론사에서 보도를 해주어 긴 파업투쟁 끝에 임금인
상은 하지 못했지만 덤핑용역은 막을 수 있었다. 학생들과의 연대투쟁에
서는 조재영 조합원이 구속되었다.[74]

경기북부지역에서도 민주노조들이 생기기 시작하였는데 북두(스피커
제조 전자회사), 보암산업, 삼화정밀(자동차부품회사), 성모병원 의정부의
료원 등 4개 노조가 있었으며 전노협 시기에는 서노협 북부지구협의회 소
속으로 있다가 민주노총이 출범하면서 경기북부지구협의회로 자리 잡게
되었다. 이 외에도 여성 사업장인 신성통상, 동양트랜스, 광성운수, 금강
운수, 양주상운 등 의정부 양주 동두천 일원의 택시 조합 등에서 노조 설
립과 파업투쟁이 이어졌다.

제5절 1990년대의 노동운동

1. 전국노동조합협의회의 결성과 민주노조운동의 성장

1987년 노동자 대투쟁 이후 민주노조 결성 및 투쟁 과정에서 기존의 한
국노총을 대신하는 새로운 상급단체의 필요성이 제기되었다. 이에 따라

---

74) 이상의 진술은 당시 신원기경 노조 위원장으로 있었던 최해근 씨의 진술에 기초한 것인
데 그가 노조위원장으로서 파업을 주도하며 투쟁을 이끌고 가자 경찰서 보안과에서는
"미군이 노동자를 착취한다. 북한과 뭐가 다른가?"라는 연설의 한 대목을 문제 삼아 북
한 동조세력으로 몰아 국가보안법으로 구속시키려 하였다. 그의 부친이 일제 말에 독립
운동을 하다가 옥살이를 하였으며 한국전쟁 때 국군으로 참전하여 전사하였다고 한다.
그 기록을 보여주며 독립운동 유가족이며 동시에 전몰군경 유족이라고 하여 구속을 면
하였다고 한다. 그는 2010년 7월부터 6년째 전몰군경유족회 회장을 하고 있었다.

민주노조를 중심으로 결성된 지역노동조합협의회(이하 '지노협')를 기반으로 1990년 1월 22일 전국노동조합협의회(이하 '전노협')를 창립하였다. 이날 전노협은 창립선언문에서 노동기본권의 쟁취, 비민주시대의 청산 등을 자신들의 과제로 선언하였다. 창립대회는 원래 서울대에서 열릴 예정이었으나 경찰의 원천봉쇄로 성균관대 수원캠퍼스로 옮겨 치러졌으며 창립대회 직후 130여 명의 노동조합 관계자들이 연행되었다. 경기도에서는 안양지역 대의원으로 참석한 다우전자 위원장 이영희가 구속됐으며 결성식 하루 전인 22일에는 부천 지노협 소속 노동자와 대학생 4백여 명이 전노협 결성 제지에 항의해 부천 중앙극장 앞 도로에 모여 시위를 벌이기도 했다.

전노협 결성식이 치러지던 날 민정, 민주, 공화 3당이 전격적으로 통합해 출범한 민자당은 전노협을 불법단체로 규정하고 대대적인 탄압에 나섰다. 이 때문에 전노협은 가입 한 달 만에 137개의 노조가 탈퇴했는데 성남의 세운자동차정비 등 9개, 안양의 대한제작소 등 5개, 안산의 우신제관 등 8개 노조가 탈퇴했다.(『경향신문』, 1990년 2월 26일) 그러나 전노협 탄압과 민자당 합당을 규탄하는 시위도 격렬하게 일어나 2월 24일 안양에서는 노동자, 대학생, 시민 등 250여 명이 중앙로 일대에서 기습적인 시위를 벌였으며 25일에는 수원 역전에서 가두시위가 벌어졌다.

노태우 정권의 탄압은 정권이 끝날 때까지 계속되었는데 전노협 사업장을 대상으로 업무조사, 노조 전임자 임금 불지급, 공권력 투입, 지도부 구속 수배 등 갖은 방법을 동원하여 와해 공작을 펼쳤다. 그럼에도 경기지역 민주노조들은 단위노조 사업장의 민주화투쟁이 크게 진척되는가 하면 일부 지노협들도 괄목한 만한 성과를 거두었는데 대표적으로는 성남노련을 들 수 있다.

성남지역노동조합총연합(이하 '성남노련')은 창립 이후 1990년, 1991년 이후, 두 번의 임투를 치러내면서 전국 지노협 사상 처음으로 '노동자 대중이 주체가 되는 임투'라는 기치를 걸고 분임토의를 도입하여 조합원의 자주적 참여를 이끌어내기 위해 노력했다. 성남노련의 임투 결과 1990년에 14.4%, 91년에 18.7% 임금이 인상되었는데 이는 정부의 한 자리 수 임금인상 억제선을 무너뜨렸을 뿐만 아니라 이 과정에서 훼손된 조직을 상당히 복원하였다. 정부는 1988년부터 1991년까지 약 4년 동안 1,539명을 구속할 정도로 노동운동을 탄압하였는데 이 기간 중 성남지역에서 총 96명이 구속되었고 대부분 성남노련 소속 조합원과 간부들이었다. 이 같은 탄압 때문에 정부와 자본의 노동운동 탄압을 분쇄하기 위한 활동은 성남노련의 일상 활동 대부분을 차지하였다. 성남노련은 창립 직후부터 전개된 성남노련 임원 구출 투쟁, 삼영전자의 공권력 침탈에 항의한 지역 집회, 9월 전교조 사수투쟁, 11월 10일 전국노동자대회를 전후로 벌어진 전노협 건설, 노동악법 철폐, 노동운동 탄압 분쇄 투쟁 등이 있었고 이러한 투쟁들은 1990년에 이어 1991년에도 서명운동과 지역집회, 전국대회 등으로 계속되었다. 또 1990년에는 단병호 위원장 구출 투쟁 및 서명운동, 현대중공업 공권력 투입 항의 투쟁 및 항의 농성, 11월의 전국 노동자 대회와 1991년의 대우조선 및 대기업 연대회의 침탈에 항의한 투쟁, 박창수 열사 살인규탄 투쟁, 11월의 노동법 개악투쟁 등을 전개하였다. 성남노련은 노동운동뿐만 아니라 지역의 여러 민주단체들과의 연대활동에도 적극 나서 1990년의 5.9 반민자당 투쟁과 1991년 5월투쟁, 지자체 선거에 대한 공동대응, 1991년 12월의 성남시민 송년한마당 등을 함께 하였다.

부노협은 1990년 벽두인 1월 6일 파업 중인 금산전자와 부성산업에 공권력이 투입됐을 때만 해도 소속 노조들의 적극적인 대응을 이끌어내지 못했으나 전노협 창립대회를 준비하면서 전열을 가다듬었다. 지역 노조들의 임투를 공동으로 대응하는 것은 물론 정치투쟁에도 적극적인 참여를 이끌어 냈다. 4월 11일 한국피코 노동조합 주최의 '양키의 사기철수 저지

투쟁'출정식에 부노협과 부천지역 금속사무소가 공동으로 참여했고 4월 18일에는 영화 '파업전야' 상영의 원천봉쇄에 항의해 200여 노동자가 풍림화학에 집결하여 규탄대회를 갖고 부천역까지 평화행진을 벌였다. 5월 1일 세계 노동절 101주년 부천노동자대회의 집회 장소로 예정된 부천공업전문대학을 경찰이 원천 봉쇄하였을 때는 분노한 노동자들이 가두투쟁을 전개하여 파출소 두 곳을 타격하고 전경차 한 대를 전소시켰다. 이에 춘의 파출소에서 칼빈 소총 5발을 발포하기도 했는데 이처럼 고양된 분위기는 5월 3일과 4일 20개 노조가 참여하는 총파업 투쟁으로 이어졌다.

학출들의 각축장이라고 할 수 있던 안산에서는 지역 노동운동단체들이 이념적으로 분화되는 과정을 겪었다. 경수노련과 안산노련의 양대 조직이 활동하고 있는 가운데 두 조직에 비판적인 입장을 견지하고 있던 활동가들과 선진노동자 그룹이 나서서 1992년에 한벗노동자회라는 새로운 조직을 만들었다. 안산노련은 사회주의 진영이 몰락하자 노동운동을 청산하고 시민운동으로 전향하여 경실련으로 합류하였다.

2. 경기지역 노동열사들 그리고 금강공업 분신투쟁과 박창수 위원장 장례 투쟁

성남에서 활동했던 야학출신 노동자 김종태는 1970년대 중반부터 사회현실과 노동현실에 눈을 뜨게 되고 노동운동에 투신하기로 결의하였으나 1980년 광주학살에 대한 분노를 참지 못하여 1980년 6월 9일 방위병 차림으로 이화여대 앞 노상에서 비상계엄 해제와 노동3권 보장을 외치며 분신 운명하였다. 당시 그의 나이 22세였다. 1987년 노동자대투쟁 이후에는 정권과 자본의 탄압이 가속화되면서 노동자들이 죽음으로써 항거하는 일이 많아졌다. 1988년 6월 27일에는 대원여객에서 버스 운전을 하던 운수노동자인 이문철 씨가 연장근로수당 지급을 요구하며 운행을 거부하자 회사측은 승무를 거부한다는 이유로 해고시켰다. 이에 격분하여 분신을 감행하여 결국 운명하였다. 성남에서는 1988년 4월 5일과 1989년 4월 3일 각각 고려피혁과 덕진양행의 노조위원장이었던 최윤범과 김윤기가 파업농성 과정에서 분신자살했고 광명에서는 1989년 7월 3일 기아산업 노조 대의원 이종대가 민주노조 건설과 해고 반대를 외치며 분신자살했다. 성균관대 출신 노동운동가인 최동은 줄곧 부천지역에서 노동운동을 하였는데 인천 부천지역 민주노동자회 사건에 연루되어 구속되었다가 집행유예로 나와서 고문 후유증으로 정상적인 생활을 하지 못한 상태에서 서울 한양대학교에 가서 분신자살하였고 한신대 출신 노동운동가인 박태순은 수원지역에서 주로 활동하였는데 1992년 8월 29일 시흥 전철역에서 의문의 죽음을 당하였다.

노동자들이 투쟁과정에서 죽임을 당하거나 자살할 경우 후속투쟁이 이어졌는데 투쟁의 격렬함은 물론 지역노동운동에 커다란 영향을 주었던 경우로는 1990년 8월 30일 금강공업 노동자 박성호와 원태조의 분신자살 후 이어진 투쟁을 들 수 있다.

금강공업은 건축공구인 타워리프트를 생산하는 업체로 1979년에 설립되어 1989년에 안산으로 이전했다. 잔업수당을 포함한 일일 평균임금이 11,000원 정도이며, 거의 매일을 반강제적인 잔업을 해야 했다. 산재 또한 빈번히 발생해 노동부로부터 '산재다발업체'로 인식돼 있었다. 이러한 열악한 노동조건을 개선하기 위해, 금강공업 노동자들은 8월 10일 저녁 원곡공원에 모여 노조를 결성했다. 그 뒤 회사 측은 다방면으로 노조를 압박해왔지만 교섭은 계속됐다. 그러던 중 회사는 교섭일로 예정된 8월 31일 하루 전에 휴업조치를 하고 공권력 투입을 요청했다.[75]

8월 30일의 사건은 회사 정문에서 기계반출을 막기 위해 조합원 80여 명이 농성하는 과정에서 회사 안은 구사대가, 회사 앞 도로에는 경찰이 완전 포위한 채 좁혀오는 상황에서 발생했다. 전경 1개 중대 1백여 명이 투입되자 노조 부위원장 박성호가 생수통에 담겨있던 시너 일부를 몸에 붓고 경찰 진입을 막으려 했으나 경찰이 시너가 든 생수통을 빼앗으려 했고 이에 라이터를 켜 불을 붙였다. 불은 시너를 함께 붓고 옆에 서있던 노조 후생부장 원태조에게 옮겨 붙었으며 시너를 붓지 않고 있던 다른 노조원들과 불을 끄려던 노동자에게도 옮겨 붙었으나 생명에는 지장이 없었다.[76]

사건이 발생한 날 신속하게 임시대책위(경기남부)가 구성되고 다음날 정식으로 경기남부공동대책위가 꾸려졌다. 9월 5일 한양대 안산캠퍼스에서 열린 규탄 집회에는 경기남부 운동 역사상 유례없이 2천여 명이 모였다. 그러나 기독교대책위원회가 구성된 12일, 박성호의 사망 소식이 전해지면서 벌어진 가두시위에서 경찰관 1명이 사망하면서 상황은 역전됐다. 다음날부터 안산지역 노동단체와 민주단체에 대한 대대적 탄압이 진행돼 노조위원장을 중심으로 8명이 구속되고 8명이 수배됐다. 10월 8일 조합원들이 회사에 출근하면서 투쟁을 계속하기로 결의한 가운데 노조위원장 선거를 실시해 농성에 주도적으로 참여한 조합원이 위원장에 당선되면서 마무리됐다.[77]

박성호·원태조의 분신투쟁이 있은 다음 해인 1991년 5월에는 한진중공업 박창수 위원장의 장례투쟁이 전개됐다. 박창수 위원장 장례투쟁은 전국 규모로 전개된 노동자투쟁 중 안양 지역이 중심이 되었던 최초의 사건으로 지역 내 모든 민주적 사회단체가 결속하는 계기가 되었다.

장례투쟁은 1991년 5월 6일 한진중공업 박창수 위원장이 안양교도소에서

---

75) 민주화운동기념사업회, 앞의 책(2006), 634쪽.
76) 「노동자 2명 분신」, 『한겨레신문』, 1990년 8월 31일.
77) 민주화운동기념사업회, 앞의 책(2006), 635~637쪽.

변사체로 발견된 직후 곧바로 시작되었다. 안양지역을 비롯한 경기남부지역의 노동조합과 노동단체들은 신속하게 공동대응에 나서 비상연락망을 가동하여 소속 조합원과 단체 회원들이 안양병원으로 속속 집결하게 되었다. 5월 7일 새벽, 안양병원 영안실로 백골단을 앞세운 1,000여 명의 경찰이 시신탈취에 나서자 병원에 모여 있던 노동자들과 단체 회원들이 박창수 위원장의 시신을 사수하기 위해 치열한 투쟁을 하였다. 그러나 대거 연행되었고 영안실 벽을 허물고 진입한 백골단에게 시신을 탈취당하였다.

'고 박창수 위원장 옥중 살인 규탄 및 노동운동 탄압 분쇄를 위한 전국 노동자 대책위원회'가 구성되고 곧이어 경기남부 대책위도 구성되었다. 경기남부 대책회의는 지역의 모든 단체들이 총망라되었고 장례투쟁까지 두 달 여에 걸쳐 경기남부 지역, 특히 안양지역의 모든 역량이 총집결해 헌신적으로 활동했다. 매일 병원 영안실 앞 집회를 진행했고 안양지역에 대한 대대적인 선전 작업, 분향소 설치, 조문 투쟁, 밤샘 규찰, 조합원 및 시민 상대로 한 모금운동 등을 주도적으로 전개했다.

'박창수 위원장 옥중 살인 규탄 투쟁'으로 5월 한 달 동안에만 24명이 구속되고 경기노련 의장 등 7명에게 사전 구속 영장이 발부되었다. 6월 8일 제5차 국민대회에서도 4명이 구속되는 등 구속 수배자가 속출했다. 이런 가운데 6월 29일 장례식이 진행되었다.

3. 원진레이온과 산재노동운동의 전개

1988년 7월 '문송면 수은 중독 사망 사건'[78]이 사회적으로 크게 문제가 되면서 산업재해(산재)와 직업병도 노동운동의 차원에서 다뤄지기 시작했

[78] 문송면은 야간학교를 다니면서 영등포의 온도계 제조회사 협성계공을 다니던 15세 노동자로 취업 두 달이 못 돼서 수은과 시너에 중독돼 7월 2일 숨졌다.

다. 경기도의 경우 노동환경이 열악한 중소규모 공장을 중심으로 산재 및 직업병 환자들이 다수 발생했으며 남양주시에 소재한 원진레이온의 투쟁은 각계 전문가의 참여 속에 회사의 폐업을 이끌어내면서 산재노동운동의 새 장을 열었다.

　원진레이온은 1988년 7월 문송면 사건의 영향으로 원진레이온 직업병 피해자 가족협의회(이하 '원가협')가 결성되어 원진레이온 노동자의 산재 여부에 대한 진상조사를 실시했다. 그 결과 1989년 8월에 1차로 29명, 1993년 8월에는 257명이 직업병 판정을 받았다. 원진레이온 사태가 급진전하게 된 것은 김봉환이 사망하면서부터다. 1991년 1월 5일 검사대기중이던 김봉환이 사망하면서 회사 정문 앞에서 직업병 인정을 요구하며 유가족이 137일 간 농성을 했다. 김봉환은 5월 21일 마침내 노동부로부터 산재 인정

원진레이온 직업병사망 규탄집회(1991.01.13)
(민주화운동기념사업회 오픈아카이브즈 00709422. 원출처: 박용수)

을 받았다. 1993년 5월 23일에는 원진레이온 노동자 고정자가 목을 매 자살하는 일이 발생했다. 고정자는 1991년 8월 노사합의로 실시한 역학조사 결과 직업병인 이황화탄소 중독증세로 나타나 집에서 요양·치료 중이었다.[79] 하지만 그때까지 원진레이온의 노동자들은 산재 인정을 제대로 받지 못하는 것은 물론 심지어 1986년에는 노동부가 회사 측에 250만 시간 무재해기록증을 발급해주기도 했다.[80] 고정자의 죽음까지 원진레이온에서 이황화탄소 중독으로 숨진 근로자는 모두 15명으로 이중 정신분열 증세가 수반돼 자살한 노동자는 고정자를 포함해 2명이다.[81] 고정자의 자살 일주일 전인 1993년 5월 16일 원진레이온에서는 회사 측의 일방적인 휴업 발표가 있었다. 7월에는 정부 차원에서 원진레이온의 폐업을 결정했고, 1994년 원진직업병피해자협회가 결성돼 이후 투쟁을 이끌었다. 1999년 6월에는 마침내 구리시에 설립한 원진노동자건강센터가 세워지면서 기나긴 산재 투쟁이 매듭지어졌다.[82]

학출들이 노동현장에서 일을 하다가 산재를 입는 경우도 많았는데 사망에 이르는 경우도 있었다. 1990년 4월 4일 한신대 경영학과 4학년생이던 강민호(85학번)가 반월공단 소재 대봉전선에서 생산직 노동자로 입사해 일하던 중 연선기에 휘말려 사망하는 사고가 발생하였다. 강민호는 86년 건국대 애학투 사건으로 징역2년 집행유예 2년, 그리고 1987년 12월 구로구청 사건으로 징역 2년을 선고 받고 이듬해 개천절 특사로 석방된 경력이 있는 학생운동가였다. 이 사고는 당시 노동현장으로 가는 학출들의 흐름이 식지 않았음과 함께 학생 출신들도 일반 노동자들과 마찬가지로 산

79) 『한겨레신문』, 「원진레이온 14년 근무 40대 여성노동자 직업병 시달리다 자살」, 1993년 5월 25일.
80) 『한겨레신문』, 「원진레이온 산재로 8명 사망」, 1988년 8월 6일.
81) 『동아일보』, 「源進(원진)근로자 또 자살」, 1993년 5월 25일.
82) 『한겨레신문』, 「원진레이온 사태 일지」, 1997년 4월 23일.

재의 희생자가 될 수 있음을 보여주었다. 강민호처럼 사망까진 이르진 않았더라도 경기지역에서 현장에서 다쳐 손목이 절단되거나 손가락이 잘린 학출 활동가들이 상당수 있었다. 반월시화공단을 끼고 있어서 산재가 빈번하게 발생했던 안산에선 안산지역 산재 노동자를 중심으로 안산 산업재해 노동자회라는 조직이 만들어져 활동하기도 하였으며 이후 경기남부 산업 안전 보건 연구회[83]라는 조직이 결성되어 산재추방 운동을 전개하기도 하였다.

4. 민주노총의 출범과 노동운동의 대중적 발전

1990년 창립된 전노협은 600여 개의 노조와 20만 명의 조합원, 14개의 지역노조협의회와 3개의 업종협의회로 이루어진 조직이었다. 이는 명실상부한 노동진영의 대표조직으로 자임하였지만 대체로 중소기업 중심의 노조로 이루어진 한계가 있었다. 경기지역도 예외가 아니었다. 정권으로부터 지속적인 탄압을 받아 조직력이 일정정도 약화되어 전국 업종노동조합회의(이하 '업종 회의')와 민주화된 대기업 노조들과의 연대 사업의 필요성이 대두되었다. 1990년 11월에는 노동자대회를 업종회의와 공동으로 주최하였고 1991년 하반기에는 한국 정부의 ILO 가입을 계기로 하여 ILO 기본 조약 비준과 노동법 개정을 위한 전국 노동자 공동대책위원회(이하 'ILO 공대위') 라는 한시적 공동투쟁 기구를 만들어 변화된 정세에 대응하고 노동조합간의 연대와 단결을 도모하였다.

경기지역에서도 1991년 노동법 개정 투쟁에 초점을 맞추고 각 지구 및

---

83) 경기남부 산업안전 보건연구회는 안산을 중심으로 경기남부지역으로 활동영역을 넓혔다. 김병연, 최석민 등 산재를 입고 장애가 발생한 학출 활동가들에 의해 조직되었으며 노동과 건강연구회와 연계성을 가지고 움직였다.

단위 사업장별로 노동교실을 통해 노동법 개정 투쟁 교육을 하였으며 10월 10일에는 안양, 안산, 수원 등의 경기남부 지역 노동조합 연합 3개 지구 노조 대표자와 노동운동 단체 대표 150여 명이 안양과 수원에서는 민주당사에서 안산에서는 민중당사에서 철야 농성을 진행하였다.

1992년에는 '총액임금제 분쇄 대책위원회'를 꾸리고 새로운 임금정책에 맞섰으며 '노동법 개정과 민주 대개혁을 위한 노동운동단체 공동실천위원회'를 결성하였다. 1992년 총액임금제 분쇄를 위한 전국적 투쟁전선이 형성되지 못한 상황에서 부천지역 3사의 부노협 소속의 대흥기계 노조, 동양에레베이터 노조와 한국노총 부천시지부 소속의 경원세기 노조 등 3개 노조가 당면한 상황과 과제에 대한 공동인식을 갖고 철저히 준비하여 준법투쟁과 6월 1일부터 3일간의 시한부파업을 하며 총액임금제 분쇄를 위한 공동투쟁을 하여 승리하였다. 3사 공동투쟁은 민주노조 총단결과 산별로 가는 공동투쟁의 모범을 보였다는 평가를 받았으며 전국적으로 여러 사업장에 영향을 미쳤다.(『전노협백서 Ⅴ』, 319쪽)

어용노총 해체, 탈퇴 투쟁과 함께 임금인상 투쟁을 집중적으로 전개해 나갔다. 이를 위해 1993년 6월 1일 전국노동조합대표자회의(이하 '전노대')가 구성되었다. 전노대는 전노협을 비롯해서 업종회의, 그리고 현대그룹 노동조합 총연맹(이하 '현총련')과 대우그룹 노동조합협의회(이하 '대노협')등이 주축이 되어 발족하였다. 1994년에 들어서서는 상반기 철도노동자들의 연대투쟁과 한국통신 노동조합의 민주화, 조폐공사 노조의 파업투쟁 등이 이어져 공공부문의 민주노조 운동의 가능성을 열었다. 11월 14일에는 142개 노조 21만 조합원을 포괄하는 공공부문 노조 대표자회의를 결성하였다.

이러한 배경을 바탕으로 1994년 11월 13일 전국민주노동조합총연맹 준비위원회가 출범하게 되었다. 1995년 경기노련은 금속산업연대회의, 화학산업연대회의, 안양 민주택시노조협의회, 병원노련 경기지부 등을 결집하여 '임금인상과 노동법 개정을 위한 공동투쟁본부'(이하 '경기 공투본')를 구성하였다. 그동안 노동운동의 성과를 바탕으로 1995년 11월 11일 업종, 지역, 그룹의 866개 노조가 참여하고 41만여 명의 조합원의 조직으로 전국민주노동조합총연맹(이하 '민주노총')이 창립하였다.(『수원시사 8』, 381~382쪽)

그러나 경기남부지역은 1995년 민주노총 건설을 둘러싸고 치열한 논쟁이 전개되었다. 특히 안산에서 더욱 치열하였는데 안산지역노동조합대표자회의(이하 '안노대')는 전노협 해소와 민주노총 합류를 주장한 반면에 노동운동단체협의회(이하 '노운협' 즉 '경수노련')와 가까운 노동조합들은 전노협의 존속을 주장하며 전노협 해산에 반대하고 경기남부 민주노총을 결성하였다. 이와 달리 안노대에 참여했던 단체들은 민주노총 경기남부협의회와 민주노총 안산지구협을 따로 결성하였다. 사실상 민주노총 조직이두 개로 분열된 양상을 보이자 이에 민주노총 본부는 민주노총 경기남부협의회를 공식조직으로 인정하였다. 경기남부 민주노총은 99년 해산 논의를 시작해서 2001년에 발전적으로 해소된다.(『수원시사 8』, 382쪽)

우여곡절은 있었지만 민주노총의 등장은 경기지역의 민주노조 운동의역량을 한층 높이고 대중적 지평을 열어나갔다.

제6절 경기지역 노동운동의 특징과 의의

노동운동은 학생운동과 더불어 민주화 운동의 양대 축이라고 할 수 있다. 학생들이 직접적인 대정부투쟁을 했다고 한다면 노동운동은 대정부투쟁을 하지 않은 것은 아니나 '인간답게 살아보자!'는 차원에서 임금이나 근로조건 개선 나아가 노동법 개정 등 임금인상과 제도개선 투쟁에 주력하였다. 경기지역의 노동운동도 1980~90년대를 거치면서 노동의 인간화와 현장의 민주화에 나름대로 기여하였다.

경기지역의 노동운동은 한국 전체 노동운동과 상호관련 속에 영향을 주고받으면서 성장했다. 그러나 서울을 중심에 둔 지리적 특성과 함께 사회경제적 특성으로 인해 다른 지역 노동운동과는 큰 차이를 갖고 있는데 경기지역 민주노동운동의 특징 몇 가지를 꼽는다면 다음과 같다.

첫째, 초기에는 학생운동 출신자들의 현장 투신이 많이 이루어졌으며 주로는 서울에서 대학을 나온 학생운동권 출신들이 유입되어 운동을 촉발했다. 서울의 구로나 성수지역 그리고 인천의 부평이나 주안 부천 등 경인지역으로 먼저 유입이 되었고 이후 경기남부 지역으로 이전되는 경향이 있었다. 이는 전략적 지휘부가 부재하였지만 전반적인 분위기를 보고 자체적인 판단을 한 결과였다. 단위 학교 중심으로 이전되었는데 캠퍼스별로 조직을 만드는 경향이 있었으며 이후 정치적 지향에 따라 지역을 기반으로 노동운동 단체를 만드는 경향이 있었다. 경기지역에 투신한 학출 활동가들은 초기에 현장에서 헌신적인 활동을 하며 자생적 분출이 약한 척박한 노동운동의 밭을 일구는 작업을 하였으며 노동운동의 불길이 일어나도록 불씨 또는 촉매 역할을 한 것은 높이 평가되어야 할 것이다. 또한 학출 활동가들은 현장 바깥에서 노동상담소 등 단체나 지원 기관에서 교육 상담 연대활동을 하며 노동조합이 자기 조직을 꾸려 나가기에도 급급한 유아기 상태에 있을 때 그 빈자리를 메꾸어주는 훌륭한 소임을 다하였다. 이러한 점은 노동운동이 활성화되도록 역할한 것임은 부정할 수 없는 사실이다. 그러나 정파 조직을 만들어 정파 간의 건강한 노선 투쟁이 아니라 패권 다툼을 하며 자기 영향력 안에 있는 노조와 노동자들을 부추겨 대중운동을 갈라놓는 등 갈등과 대립을 불러일으키며 분열의 요인으로 작용하기도 하였다.

둘째, 경기남부와 경기북부가 독자적인 흐름을 가지는 속에 노조 간의 연대도 권역별로 진행되었다. 안양, 안산, 수원, 평택 등은 다함께 경기노련에 속해 있었지만, 대규모 집회나 큰 투쟁은 함께 하더라도 일상적인 연대활동은 소권역을 중심으로 진행했다. 일상적 연대의 경우, 안양과 군포 권역, 반월 시화공단을 중심으로 시흥의 정왕권을 포함하는 안산 권역, 오산과 화성을 포함하는 수원 권역, 평택과 안성 권역 등 생활권이 같은 소권역을 중심으로 이뤄졌다. 연대투쟁의 내용으로는 임금임상 공투본을 통한 임금인상투쟁, 노조탄압분쇄투쟁, 노동법개정투쟁 등이 있다. 성남과 부천 역시도 독자적인 생활권역을 형성한 가운데 연대사업도 지역 완결적으로 진행됐다. 성남의 경우 지역 내 여러 사회단체와의 연대 속에 한국노총 산하 사업장까지 흡수하여 지노협이 건설됐고 부천은 일부 대사업장이 한국노총에 들어가 노총 민주화를 주도하며 전노협 소속 노조들과 연대했다. 한편 안양 안산 수원 등 경기남부 지역은 처음부터 한국노총과는 선을 긋고 출발했는데 이러한 차이는 지역 실정이 반영된 결과이기도 하지만 운동 주체들의 입장과 의지가 작용한 측면도 있다.

셋째, 기아자동차나 쌍용자동차처럼 이미 노조가 결성되어 오랜 기간 투쟁하여 결국 민주노조로 바꾸고 지역의 맏형 노릇을 하는 경우도 있지만 대기업 보다는 중소기업에서 치열한 운동이 전개되었다. 경기노련이나 성남노련, 부노협 등의 소속 노조의 면면을 보면 대부분이 중소기업 사업장임을 알 수 있다. 그렇다면 중소기업 노조가 안고 있는 현실을 반영하여 대기업과는 다른 중소기업 나름의 운동방식이 제출되었어야 했는데 그렇지 못한 것이 한계로 지적된다. 전투적 노조주의 입장에서 운동을 전개한 경우가 많았는데 현장 상황의 열악함도 반영되어 격렬한 운동이 표출되었지만 많은 사업장의 노조들이 조직을 보전하지 못하고 투쟁 속에 사라져 갔다.

넷째, 국내 최대 재벌인 삼성을 공략하지 못한 것도 한계로 지적될 수 있다. 특히 경기남부 지역은 삼성재벌의 주력 기업들인 삼성반도체와 삼성전기 등이 있을 뿐만 아니라 삼성에 납품하는 수많은 하청업체들이 있다. 삼성의 무노조 벽을 넘지 못한 것은 지역 노동운동을 넘어서 우리나라 전체 노동운동의 한계라고 할 수 있다.

마지막으로, 경기도 내에 대학 설립이 많아진데다 1990년대 초반까지는 학생운동이 활발하게 전개되어 노학 연대 투쟁이 활성화되었으며 학생들은 방학 중 공장 활동을 하기도 하고 학생운동을 정리하고 현장으로 투신하는 과정으로 이어지기도 하였다. 집단적이고 조직적인 이전이 진행되어 활동가 재생산구조를 만들어내기도 하였다.

제2장 농민운동

제1절 경기도 농민운동의 태동과 성장

1. 사회경제적 상황과 농민운동의 발아

1960~70년대 박정희 정권이 추진한 1, 2, 3차의 경제개발 5개년계획 정책의 결과, 경제성장율은 연평균 10.1%인데 비해 1차 산업은 4.5%에 불과하였으며, 제4차 경제개발계획(77년~81년) 기간에는 경제성장률도 점차 낮아져 1980년에는 5.2%로 하락하였다. 산업은 1971년의 27.0%에서 1976년에는 23.8%로 악화되었고, 70년 말 현재 농업인구는 1,442만 명으로 전체 인구의 44.7%였으며, 농가호수는 248만 3천으로 전체 가구의 42.4%이었다.

1960년대와 대비해 절대농가 인구는 21만 명으로 늘어난데 반해 전체인구 중 농업인구 비율은 57%에서 12.3% 감소하였다. 1960년 이후 10년 간 농가인구 중 250만 명 이상, 농가호수 60만호 이상이 농업에서 탈농하여 도시로 집중하고 도시빈민층으로 전락한 것이다. 또 1971년 이후에는 저임금을 유지하기 위한 저 농산물 가격정책의 강행과 과다한 외국농산물이 수입으로 매년 평균 4~50만 명이라는 극심한 이농 탈농현상이 빚어졌다.

경기도에서는 서울특별시의 지리적 확대로 농가인구가 1967년 162만 명에서 1979년 121만 명으로 감소했다. 또 농가호수도 1966년 26만 호(가구당 6명), 79년 23.8만 호(가구당 4명), 1981년엔 22.6만 호로 급격한 감소현상을 보였다. 경지면적 역시 1966년 29.38만 정보에서, 1973년 30만 정보로 약간 늘어난 현상을 보였으나 1979년엔 23.6만 정보로 급격히 감소하였다.(경기도. 홈페이지 통계 DB)

당시 경기도 농업은 농가소득증대 사업의 하나로 서울근교농업에 채소 작목이 도입되고 축산장려 정책으로 복합영농으로 전환되기 시작하였다. 그러나 서울 근교 낙농 및 양돈업 등 축산은 종래의 국내 자급 사료 중심에서 외국 수입 사료에 의존하는 종속형 축산에 지나지 않았다. 이러한 현실에서 자주적 농민운동의 성장은 기대하기 어려웠으며 경기도 농민운동은 목가적인 농촌계몽운동 수준에 머물렀다. 미군정 치하의 4-H구락부운동이 경기도 각 마을 단위로 이식되어 1960년대 초까지 농촌계몽운동 차원으로 전개됐으나 5·16 군사 쿠데타 이후 국가재건최고회의의 국민재건운동으로 흡수·편입된 채 관제운동화 되고 말았다. 또 새마을운동의 전개로 명칭이 새마을4-H회로 바뀌면서 새마을운동의 중심세력으로 변질되었고 경기도 내 4천개가 넘는 조직과 함께 남녀 농촌지도자도 11,800여 명에 이르렀다.(경기도 통계자료)

그러나 이러한 상황에서도 1960년대 후반 일부 선진적 농촌지도자들이 협업농장을 개척해 운영하는 등 다양한 형태의 자주적인 농민운동이 표출하기 시작하였다. 대표적인 것으로는 화성의 발안협업농장이 있는데 4-H 출신의 자원지도자였던 이건우, 조한규 등이 중심이 되어 일본 야마시가이(산안회)이념에 따라 개척한 협업농장이다.

2. 가톨릭농민회의 설립과 농민운동의 성장

1960년대 후반부터 다양한 농촌운동과정을 통해 성장한 소수의 농촌활동가와 농촌지도자 조직을 기반으로 일부 의식화된 농민운동 세력이 잉태되기 시작했다. 그러나 본격적인 농민운동은 가톨릭농민회가 태동하면서 시작되었다고 할 수 있다. 1964년 가톨릭노동청년회(JOC)가 가톨릭농촌청년회(JAC)를 설립하고, 1972년 4월 6일과 7일 한국가톨릭농민회(이하 '한국가농')가 왜관 분도 피정의 집에서 창립했다. 이어 1973년 7월 17~18일 안양 가톨릭노동복지회관에서 가톨릭농민회 경기연합회(이하 '경기가농')가 창립하면서 경기도의 농민운동도 본격화되었다.

가톨릭농민회 경기도연합회는 한국가톨릭농민회 창립 후 전국 최초의 지역 단위 연합회였으며 가톨릭 수원교구와 인천교구를 포괄하였으며 지역 참가조직은 인천교구 김포(걸포리), 수원교구의 화성, 발안, 안성, 미양 등이었다. 창립준비 위원장은 가톨릭신학대 학생인 조원규 신부(농촌사목연구회 회장)이었으며, 초대 창립회장은 김준기(미카엘), 부회장 김포 유만종이 선임되고 초대 총무로는 김태웅이 실무역할을 1년간 맡아 활동하다가 1974년부터는 황영순이 담당하였다. 그리고 1976년 2대 회장으로 반월 이건우(요한), 1978년부터 3대 회장은 오익선(시몬) 선임되어 활동을 하였고, 1977년까지 황영순이 계속 총무 역할을 맡아 활동하다가 1978년 민경학(여주), 1979년부터 이정찬(1979~1981)이 맡아 일하였다.

한국가농의 초기 운동의 방향과 중점 활동 기조는 농촌의 민주화. 농업의 협동화. 농민의 의식화였다. 먼저 농촌 농업 농민문제에 대한 기본 인식과 이해를 높이기 위한 농민 의식화 교육을 하는 한편 교육자를 중심으로 가농 회원을 조직화했으며 당면한 농촌 농업 농민문제에 대한 인식을 기초로 지역 단위 또는 광역단위로 권익실현을 위한 실천활동을 펼쳤다.

당시 천주교 교회 안팎 사회의 시대적 사회적 요청이며 요구인 사회정의 실현투쟁에 참여한 것이다.

주요활동으로는 교육사업으로 지역농민회 조직 및 의식화 교육이 주요하게 다루어졌다. 교육장소로는 1977년 1월 발안 천주교농민교육원에서 세미나와 교육회를 개최하였다. 지역 조직활동으로는 화성, 안성, 김포, 여주(75), 양주, 고양, 서울 등 가농 지역조직 강화와 지역협의회 활동을 통하여 일정의 성과를 거두기도 했다. 1978년 12월 안성 미양면 갈전리 가농 조직을 준비하고 1979년 2월 8~10일 전국본부교육에 참여 후 갈전리 가농(분회장 김창기, 총무 이세찬, 경기도 최초 분회)을 창립했다.

가농 회원 및 교육 참여자를 중심으로 농업문제의 본질이며 핵심과제인 토지(농지)소유문제와 농산물가격문제에 대한 기본인식을 높이고 당면한 농촌 농업 농민문제를 농민 스스로 해결할 수 있는 구체적인 농민운동의 실천과제를 도출하고 마을 그리고 지역단위에서 실천방법과 실천활동을 모색하고 실천 활동을 전개한 것이다.

당시 농업농민문제의 중심으로 등장한 농지임차관계 조사사업을 1974년 2월~8월에 실시하고 농지임차관계실태조사사업 1975년 8월 연구보고대회[84]를 가졌다. 그 외 쌀 생산비 조사사업[85]과 1977년 11월 21~22일 "추

---

84) 이 조사에서는 전국 62개 군 70개 부락 4,554농가가 참여하였고 소작농은 전농가의 29.1%, 소작지는 전체의 16.4%, 소작료는 소작농의 79%가 50% 지불하고 있었다.

85) 생산비조사사업은 두차례 나누어 실시하였는데 1975년 10월 28일 제1차 쌀 생산비조사사업 실시하고 1975년 11월 20일 쌀생산비조사 보고대회를 가졌다. 정부 추곡수매가. 19,500원(생산비 가마당 통일벼 28,727원 일반벼 32,614원에 비해 통일벼는 9,227원 일반벼는 13,114원 손해)

1976년 2월~11월 제2차 쌀 생산비를 조사하고 10월 25~26일에는 가농창립 10주년 기념대회 및 쌀 생산비 보고대회를 가졌다. 이후 1977년 10월에 77년 산 추곡수매에 대한 건의문 채택 및 우리의 주장 발표했다.

정부수매가 건의 : 통일벼 32,221원, 일반벼 35,589원(추곡수매가는 지난해보다 19% 인상한 23,200원이었는데, 생산비 조사결과는 통일벼 9,021원, 일반벼 12,389원 낮은 값으로 나타났다.)

수감사제 및 쌀생산비조사 보고대회를 가졌으며 협동조합운동[86]에도 박차를 가했다. 협동조합 운동은 상대적으로 농민들이 접근하기 용이한 신용협동조합의 신설이나 참여로 폭을 넓혀나가는 방식이었다.

1972년 8월 농촌신용협동조합 지도자 연수를 시발로 농협민주화운동의 시동을 걸었다. 5·16군사정권이 결행한 농협조합장 임명제 간접선거를 강제한 임시조치법 폐지와 농협 강제출자 거부운동과 농민을 위한 농민에 의한 농민의 협동조합을 지향하는 농협민주화운동을 전개하였다. 신용협동조합운동은 농협 민주화 투쟁을 하는 한편 지역마을 조직 단위에서 신용협동조합운동과 자발 자주적인 농자재 및 농산물 공동 구·판매사업 등 농업의 협동화운동을 전개하였다.

실천적 권익 쟁취 활동으로 1976년 "농민의 절실한 문제에 답하자"는 구호 아래 쌀 생산비 보장을 위한 정부를 상대로 추곡수매가 인상투쟁을 전국적으로 펼치는 한편 1970년대 후반에는 정부의 강제농정 철폐와 농협민주화운동을 전개한 것이다. 그리고 지역 단위로 부당 농지세부과문제로 을류농지세 폐지운동과 농지개량(수리)조합의 수세폐지투쟁을 성공적으로 일구어냈다.

1977~79년 10월 26일 기간은 정부정책으로 중화학공업 정책을 강력하게 추진하는 시기이며, 그에 따라 농업 정책은 타 산업에 비한 농업의 불이익론에 근거한 비교우위론을 내세우며 그에 입각한 농산물 과잉 수입조치와 농업의 희생정책을 편 시기이다. 이에 농촌 농민은 1978년 78만, 1979년엔 65만 명이 이농한 것이다.

이에 가농은 1975년, 1976년 쌀 생산비 보장운동과 1977~79년 추수감사제 및 농민대회, 쌀 생산비보장 및 쌀값(정부 추곡수매가 인상)투쟁 그리

---

[86] 경기지역에 최초로 반월신용협동조합(1977년, 초대이사장 이건우)을 창립하였고, 이어서 발안신용협동조합(1978년, 초대 창립이사장 오익선)을 창립하였다.

고 농협 임시조치법 폐기를 내세운 농협민주화운동을 통한 농민권익을 실현하는 운동을 전개하였다.[87]

그리고 1978년 말~79년 초에는 통일벼 계통 강제보급에 따른 노풍벼 피해조사를 실시하고, 1980년 유신 벼, 노풍 벼 등 신품종 피해 보상운동, 1980년 3월에는 강제농정 철폐투쟁(성명서 발표), 을류 농지세 및 수세폐지운동도 전개하였다.

그 일환으로 1980년 4월 11일, 민주농정실현을 위한 전국농민대회를 대전에서 개최하였고 이어서 4월 17일 몇 개의 농민운동단체와 연대하여 "헌법 및 농림 법령공청회"를 공동 개최하였다.

3. 가톨릭농촌부녀자회의 결성과 여성농민운동의 성장

1960~70년대 농촌 부녀자들의 활동은 농촌지도기관이 주도한 농촌생활개선구락부 활동과 정부 주도의 새마을부녀회는 정부시책에 순응하는 관제 활동의 성격을 벗어나지 못하고 있었다. 전국가톨릭농민회에서도 여성회원들이 참여 하였으나 독자적인 여성활동을 하기에는 그 조직적 역량이나 실무역량이 미약하였다. 이러한 가운데 경기도에서는 가톨릭 수원교구를 중심으로 가톨릭농촌부녀자회가 1977년 결성되고 이후 현 전국여성농민회총연합의 전신인 전국여성농민 위원회가 탄생하는 등 전국여성농민운동의 발상지로서 한국여성농민운동을 이끌었다.

경기도 여성농민운동의 출발이라 할 수 있는 가농부녀자회는 서울 상계동 원터어린이집 활동가들에 의해 시작됐다. 원터어린이집은 상계동 난민

---

[87] 1978년 경기연합회 농민대회는 성당 밖에서 집회가 어려워 추수감사제라는 형식을 빌려 여주성당에서 거행, 1부 미사, 2부 농민대회, 3부 뒷풀이, 이런 형식으로 농민대회를 했는데 이후 여주성당에서는 2부행사를 없애고 매년 추수감사제를 하고 있고 이를 보고 다른 성당에서도 매년 추수감사제를 지내는 성당이 많아졌다.

촌의 이농부녀자들의 자녀교육을 위한 기관으로 가톨릭농민회 전국본부 실무자로 활동했던 엄영애와 서울 상계동에서 비닐하우스 농사를 짓던 김영자가 가톨릭농촌부녀운동을 펼치기로 뜻을 같이하면서 시작됐다. 엄영애는 가농 활동을 그만둔 뒤 수원교구 여주본당 배문환 신부의 지원으로 여주 흥천공소 여성신자를 대상으로 교육활동을 하던 중이었다. 원터어린이집을 공동운영하던 김영자와 엄영애는 이후 어린이집 교사인 김경자, 류영신 등과 함께 수원교구를 중심으로 가톨릭여성농민 교육과 조직화 운동을 전개하였다.

이들은 1976년 9월 1~2일, 수원교구 발안 가톨릭농촌사회지도자교육원에서 제1차 농촌여성지도자 세미나를 개최한 뒤 지역의 농촌여성지도자들과 함께 제2차 교육회와 세미나를 12월에 개최하기로 하고 세미나 준비위원회를 구성했다. 이 과정에서 남성농민과 별개로 농촌부녀들의 문제가 존재하며 이의 해결을 위해서는 농촌부녀자 교육 및 여성지도자 양성이 필요하다는 데 뜻을 모았다. 이에 따라 1977년 1월 3일, 발안 천주교 농민교육원에서 제1회 농촌부녀자 교육회에 이어서 1977년 1월 14일, 제2차 교육회를 개최하고, 가톨릭농촌부녀자회를 수원교구를 중심으로 창립해 여성농민들의 정치적, 경제적, 사회적 문화적 지위향상과 권익실현을 위해 강고한 활동과 지속적인 농촌부녀자 활동을 전개 할 수 있게 되었다. 가톨릭농촌부녀회는 창립 후 수원교구 김남수 주교의 배려로 한국가톨릭농촌부녀회 사무실을 수원교구청 교육원에 마련했다.

초대회장으로는 김영자(아네스)가 선출돼 "농촌 여성운동을 그리스도의 가르침을 따라 사랑과 겸손을 바탕으로 가정의 평화와 이웃사랑을 실천하는 농촌 여성운동이라고 전제하고. 농촌여성의 자각과 활동을 통해 농촌여성들의 정치, 사회, 경제, 문화적 지위향상을 도모하는 것이 농촌 여성 자신의 몫임을 강조하며 모든 인간을 자유롭고 평등하게 창조하신 하느님의 뜻을 실현하자."(『평협회보』제2호, 1978년 1월 28일)고 했으며, "여성도 인간이다.", "농촌 여성운동이란 농업문제와 여성문제를 동시에 해결할 수 있는 능력을 갖추도록 농촌 여성 스스로가 능력을 기루고 힘을 모아 서 총체적 운동에 대등하게 참여하는 것"[88]이라고 선언하였다.

부회장에는 박춘자(소피아, 수원) 실무활동가로 총무에 엄영애(수원, 엘리사벳)가 선임되고, 함께 참여한 초기 활동가들은 감사 임봉재(76, 거제 협동조합 교도원, 1978년 1월 설치된 전국가농 여성위 담당) 외 류영신·정해화 그리고 각 도 대표로 구성된 이사로 경남 한찬희(거제), 전남 이종녀(무안), 전북 이준희, 경기 김신자, 서울 김경자가 선출됐다. 그밖에 지역 회원으로는 박남식, 박성자, 송희자, 강영희, 고재준, 김창순, 한봉희 등 30여 명이었다. 그리고 실무 활동가로는 김경자, 박성자, 고은실, 허훈순, 류영신 등이 전국적인 조직 확대와 교육활동을 펼쳤다.

1979년 2월 26~28일 개최된 제3차 정기 총회 및 연수회에서 지도신부로 추대된 김영배 신부의 개회 미사에 이은 총회에서 임원을 개선하고 회장(2대)으로 임봉재, 부회장 이준희 회원이 새로 선임되었다.

창립 첫해 사업계획과 활동목표는 본부 및 지역단위 부락과 공소를 중심으로 농촌여성교육을 추진하고 지역조직 확대와 부락에 공동 내지 협동 사업을 통하여 회원 자질 향상을 도모하고, 농촌 여성의 지위와 삶의 환경 개선에 중점을 두었다. 1978년 2월 24~26일에 개최된 제2차 정기총회에서는 농촌여성 실태파악과 전국 및 지역의 공소를 중심으로 신심강화 활동과 교육사업을 강화하는 데 주력하였다. 1979년 2월 26~28일, 대의원 총회 및 연수회를 겸한 제3차 정기총회에서는 회장에 임봉재(마산교구), 부회장에 이준희(전주교구)가 선출되고 전국 8개 교구를 대상으로 부락 공동활

---

[88] 『농촌부녀』 14호(1979. 1. 20); 가톨릭 여성회 소개(1979. 3. 1 수원교구 사목지); 『한국여성농민운동사』, 439~456쪽.

동을 통한 조직 강화와 교육을 통한 회원 자주 능력개발과 역량강화, 농민문제 농촌여성문제 분석을 통한 여성회원 의식화를 주요 목표로 하였다. 1981년 1월 19~21일 제5차 정기총회에서 제3대 회장으로 김영자, 부회장 한봉희가 피선되고 향후 중점 사업으로 전국 단위 및 부락단위 활동을 강화하고 지원하기로 하는 한편 부락공동학습 및 공소 단위 신앙생활과 마을 건강사업을 진작하는 데 역점을 두기로 설정 계획하였다.

중점 사업 방향은 농촌 여성 비중의 증대에 따른 사회적 관심과 지원의 확대. 그리고 농촌여성 스스로의 자각과 노력을 통한 농촌여성운동의 발전으로 요약할 수 있다. 우선 교육사업으로는 부락단위 강습회. 토론회 학습회 교육활동에 중점을 두고 농촌 부녀자들의 정신적 지주세우기에 중점을 둔 학술세미나 및 농촌 여성지도자 교육 등 농촌여성 의식화교육 등을 하였다. 연구조사사업도 병행해 농촌 여성의 건강과 영양, 여성교육문제, 농촌사회구조와 농촌여성의 지위향상문제 등 농촌여성문제 해결을 위한 실태조사와 연구활동을 통해 농촌여성운동의 방향을 수립했다. 또 농촌여성의 과중한 농업노동과 비능률적 생활구조로 과중한 가사노동, 부실한 산후조리와 영양섭취로 높은 질병문제, 의료시설 미비와 진료기회문제, 남존여비사상. 가부장적 인습 등 농촌여성 실태조사 및 연구활동도 진행했다. 그밖에 홍보지『농촌부녀』를 통해 농촌여성의 지위향상과 지역사회 발전을 위한 교리교육을 강화하며 행복한 가정만들기 운동을 하였다.

조직활동은 초기엔 수원교구를 중심으로 진행됐으나 점차 전국적 조직 확대를 주도하는 방향으로 삼아 춘천, 전주, 광주, 대구교구 등 지역교구 단위로 확대해 나갔다. 초기에는 수원교구 내 여주 본당 소속 공소인 여주 안금(신점용 회장)과 흥천공소(민경학)에 농촌여성과 신앙생활을 주 내용으로 교육을 하는 한편 가톨릭 농촌여성활동을 진작하는 조직화에 집중하였다. 이후 지역을 넓혀 전북 무안의 일로공소와 부안 도총리, 안동교구

소속 구담마을 가곡동, 강원도 원성군, 춘성군 광판 공소, 충북 청원군 옥산, 영동군 안정리 등 1979년까지 25회의 교육을 실시하였으며, 1980년 한 해에도 경기 화성 발안지역에 3개 공소, 사창공소(1980. 2. 21) 행정리와 지월리(1980. 3. 14)를 위시해서 전북 전남지역으로까지 확대하였다. 그 외 대외 유관단체 외의 연대활동도 하여 이화여대 여성연구소의 농촌여성교육 1~3차(1978. 12~1980. 1)까지 진행하였다.

제2절 1980년대 경기도 농민운동의 발전

1. 농민운동의 대중화와 지역별 확산

1980년대 경기도 농민운동은 초기 가농, 기농 등 종교단체의 농민운동 조직과 소수의 선진적인 농민들이 주체가 되는 운동에서 후기로 가면서 사회 전체의 민주화 진전과 농민대중의 의식 고양에 따라 대중화의 길로 들어서게 되면서 농민운동의 통일에 대한 요구가 높아졌다. 농축산물 수입 개방으로 농민운동의 지평이 민족적 차원으로 발전하기도 했다.

이 시기 농촌사회는 도시산업화의 주요 기반으로 활용되면서 공동체가 급속도로 붕괴했고 도시자본의 유입으로 임차농이 1981년 46.4%에서 1985년 53.8%로 증가하였다. 투기자본의 토지잠식과 외국농축산물 수입 개방으로 농업경제의 최후 보루와도 같았던 복합영농마저 몰락해 빚더미(1985년 호당 300만 원 이상)로 자살하는 농민이 속출했다. 또 1980년 노풍피해로 인한 대흉작을 빌미로 한 과다한 미국쌀 수입으로 전체 농민들이 큰 피해를 입었으며 1984년 새마을운동본부(본부장 전경환)에 의한 수입소 파동은 이후 소몰이투쟁의 주요 배경이 되었다.

이 시기 경기도의 농민운동은 1970년대 말에 조직화된 남양주 덕소, 안성 갈전리, 화성 발안, 반월, 여주, 일산, 김포 등지를 중심으로 전개되고 있었다. 그러나 1980년 초 가농에 대한 용공좌경 매도 및 회원 탈퇴 압박 등 정치적 탄압을 겪으며 조직활동이 위축되는 상황을 맞게 되었으며 특히 1981년 이정찬 총무의 귀농 이후 도 단위 실무자의 공백으로 경기지역의 조직관리가 제대로 이루어지지 않았다. 이에 가농 전국본부는 정성헌 조직부장으로 하여금 경기도 총무를 대행토록 하고 1982년 안성 갈전리 성당에서 추수감사제를 개최하며 이를 계기로 조직 활성화를 도모하고자 하였다. 또 1983년에는 가농경기연합회 신임 총무로 유영훈을 선임하고 조직 활성화에 힘을 기울었다.

지역별로는 안성군 갈전리 지역이 1980년대에 안성, 이후에는 경기도 전체 농민운동을 이끄는 견인차 역할을 담당하였다. 안성 갈전리 지역은 마을 안에 성당이 설립되어 있는 전형적인 신앙, 생활공동체로서 2~30대 초반의 다수의 청년 농민들이 가농 조직을 통해 튼튼하게 성장하였다. 안성 지역에는 분회 확대를 통해 군협의가 결성되었으며 이후 장호원, 이천 지역으로 확대해 나갔다. 또 화성 지역[89]은 마도면 고모리 분회를 중심으로 조직을 확대, 남양면 청원리 분회, 송산면 쌍정리 분회, 우정면 화산리, 조암 분회 등을 결성하였다.

일산지역은 원거리의 지리적 불리함에도 이영문, 이영심 등 일부 뜻있는 청년 농민을 중심으로 '밤까시 분회'를 결성, 조직을 유지하고 있었으며 화성지역은 이 땅의 농민운동과 생활협동운동의 선구자인 반월의 고 이건우 회장과 발안의 오익선 회장의 오랜 활동으로 이 지역 농민운동의 저변이 넓게 형성되어 있었다.(유영훈 구술)

---

89) 화성지역은 마도면 고모리의 김종호 회장, 우정면의 문부근, 문석 두 부자 회원의 헌신적인 노력으로 분회를 결성했다.

여주지역은 1976년 전국최초의 군단위 가농협의회가 창립되어 활발한 활동과 조직 면모를 갖추고 활동해 왔다. 소입식자금 상환거부운동(1985년), 부당수세 거부운동(1987년) 등의 활동을 했다. 그러나 정권의 탄압과 각개 격파에 밀려 조직 자체가 움직일 수 없는 상황이 되었다. 민경학 회장의 회고에 의하면 정보과 형사가 찾아와 가족의 일신에 대해서 참을 수 없는 압박을 가했지만 굴복하지 않았다고 한다. 그러나 정권의 탄압은 각개격파를 통해 수많은 분회 회원들이 탈퇴를 하는 등 실제 조직이 와해된 상황이었다. 민경학, 백규현 등이 중심적으로 활동했다.(민경학 구술)

1987년 이후에는 경기도 각 지역에서 농민권익운동이 일어나 이후 농민회준비위원회가 속속 결성 되었다. 여주는 1988년 수세거부대책위를 결성하였고 가농의 활동이 활발했던 안성은 1990년에 가서야 군 농민회 준비모임이 이루어진다. 김포지역은 1987년 민주쟁취국민운동 김포군지부가 1988년 김포자주농우회 결성에 결정적 역할을 하게 된다. 평택은 도두리 토지투쟁에 결합한 농민들과 아산만권 수리답 농민들의 수세거부투쟁을 통해 88년 농민회준비위원회(위원장 전장웅)를 결성하기에 이른다. 그 외 화성과 포천, 이천, 연천 등이 농민의 자주적 결사체들이 준비되고 있었다.(『전농경기도연맹 농민운동 10년사』, 40쪽)

경기도는 서울을 중심으로 하는 환구조라는 지리적 특성상 다른 지역에 비해 농민운동의 주객관적 조건이 열악한 가운데에도 1980년대 초부터 중반까지는 안성군과 화성군을 중심으로 나름대로 활발한 활동을 이어나가며 농협민주화, 소 값 피해 보상, 수입개방저지투쟁 등 전국단위 과제실천에 적극 동참하였다. 그리고 1980년대 후반에 가서는 경기남부 민통련(서정용 회장, 경기남부 민통련의장), 민주쟁취국민운동 경기도본부 결성에 농민운동 부문이 주도적으로 참여하면서 전체 민주화운동에서 기여하였다.

2. 쌀 생산비 보장투쟁과 기타 지역별 투쟁

1980년 10월 가농이 자체 쌀 생산비조사를 통한 '추곡수매에 대한 대정부건의'를 지속적으로 정부의 저농산물 가격정책에 항의하면서 쌀 생산비 보장투쟁이 전국적으로 확산되었다. 경기도에서는 안성군농민회가 벼 포대에서 빼내는 검사용 벼 일명 삭대미 500g에 대해 시정할 것을 요구하는 등 추곡수매가 인상투쟁을 전개하였다. 일명 삭대미 투쟁은 벼 수매 당시 가마로 되어 있는 벼를 매상할 때 삭대로 질러서 나오는 벼를 농민들에게 돌려주지 않고 감사원이 착복한 것에 대하여 부당함을 알리고 농민에게 환원한 투쟁이다. 하루 종일 삭대질을 하면 벼 2~3가마가 나오는데 검사원이 그것을 수매해서 술을 마셨던 일은 비일비재하였다. 삭대미 투쟁은 1984년 던지실분회 문준호 회원이 가장 먼저 제기하여 투쟁을 하였고, 던지실분회에서 하다 보니 안성시협의회 차원에서 안성 전체로 확대하여 투쟁을 전개하여 나갔다. 이 투쟁은 안성에서 시작하여 전국으로 확대되어 승리한 투쟁이다. 그 외에도 쌀 포대 원가 문제도 제기해서 성공을 거두었다.

1979년에서 1980년 사이 미양면에서는 수입소 분양 사기사건이 발생했다. 당시 정부에서는 농축산물 수입정책을 시행해 농민들에게 수입소를 분양했는데 분양금만 받고 농민들에게 소를 분양하주지 않은 사건이다. 수입소 입식 주체는 남양만에 있는 활빈교회 목사 김진홍이었는데 갈전리 농민들이 중심이 되어 분양금 반환투쟁이 전개됐다. 농민들은 서울 기독교회관 5층 사무실을 점거하여 분양금 사기사건의 전말을 공개하고 김진홍 목사를 안성경찰서에 넘겼다. 결국 농민들은 사과와 함께 분양금을 돌려받는 것으로 사건은 마무리되었다.(『안성카농30년사』, 43쪽)

이와 함께 들머리 투쟁도 전개되었다. 벼 수매가 끝난 뒤 창고에 벼를 입고시키는 과정에서 농민들이 함께 일을 하였는데 이것을 들머리라고 불렀다. 추수 기간에 일손이 모자란 농민들에게는 매우 큰 부담이었다. 이에 가농 안성군협의회 회원들이 수매원들에게 부당성을 제기해 시정하게 된 투쟁이다.(『안성가농30년사』, 44쪽)

1974년에 처음으로 제기됐던 농지세제 시정활동도 본격화됐다. 1974년 농지임차관계 실태조사 결과 1970년대 한국농업의 근본적 문제가 영세소농경영과 소작농에 있음이 확인된 뒤 가농을 중심으로 땅, 쌀값, 농협 문제를 중심으로 농업과 농민 문제를 본격적으로 제기하기 시작했다. 농지세제 시정활동은 이것의 연장선상에서 당시 농지세에 부과되던 갑류 농지세와 을류 농지세의 부당한 세금부과의 불합리, 불공평성을 개선하려는 일련의 노력이었다.[90) 우선 미곡에 부과되는 갑류 농지세의 경우 기초공제액이 1982년 115만 원인데 비해 도시 근로자비 종합소득세 기초공제액은 290만 원이었다. 세금 부과의 불공평성이 극명히 드러나는 사안으로 갑류 농지세의 경우 세금부과의 대상이 과표 대상 소득금액이 아니라 수입금액이었다.[91) 또한 종합소득세의 경우 배우자, 부양가족, 장애자, 의료교육비 등 각종 공제가 있으나 갑류 농지세의 경우 공제가 전혀 없다는게 문제가 되었다. 이에 가농은 1982년부터 농업세제 시정활동을 추진하면서 농지세 법령시정을 운동 목표로 설정하고 각 연합회별로 지역을 선정하여 집중적으로 조사활동을 전개하였다. 당시 50여 개 지역에서 을류 작물 생산비 조사, 벼 생산비 조사 등을 실시하여 소득금액 자진신고와 이의신청 활동, 부당세제의 시정을 위한 여론 조성과 건의활동 등을 추진하였다.

90) 당시 농지세는 대상에 따라 갑류와 을류로 구분되었는데 벼를 생산하는 농지에 부과된 농지세를 갑류 농지세였고, 벼 이외에 대통령령으로 정하는 특수작물을 생산하는 농지에 부과되는 것이 을류 농지세였다.
91) 수입금액에서 기초공제액을 빼고 남은 금액 즉 과표에서 15만 원까지 5%, 15만~30만 원 초과 10%등 세율에서 구조가 3단계까지 6%, 180만~250만 원까지 8%, 250만~350만 원 10% 등 6~55%까지 16단계로 나누어 과세했다.

(『가톨릭농민회 30년사』, 101쪽)

1983년 8월 1일부터는 전국적으로 '농협조합장 직선제 실시 100만인 서명운동'을 전개해나갔다. 경기도는 천주교 수원교구청에서 교구 내 전 성당에 서명운동안내문과 서명용지를 배부하였다. 당시 우편검열과 사전봉쇄를 피하기 위해 가농회원들이 각 성당을 직접 발로 뛰며 서명운동을 전개하였으나 보수적인 교회 분위기에 큰 어려움을 겪기도 했다.

1987년에는 평택의 도두리 토지투쟁이 재개되었다. 1963년 시작된 도두리 토지투쟁은 1981년 가서야 2차 법정싸움이 다시 시작되었으나 이마저도 저지당하고 말았다. 그러다 1987년 사회 민주화의 분위기를 타고 농민들의 자발적인 정치투쟁으로 발전했다. 11월 17일 경찰의 국도 봉쇄를 피해 온양, 천안 등을 경유한 농민들이 농약병을 품고 상경해 대양학원 이사장 사택인 애지헌을 점거하고 철야 농성에 들어갔다. 이 투쟁에는 노인들을 주축으로 도두리 농민 100여 명이 함께했다. 이들의 요구는 "농민들이 개간한 37만 9천 평을 완전히 농민에게 소유권 이전하라" "19년간 소작료 12억 원 반환하라" 등 호소문을 학생들에게 나눠주고 학교본관 등에서 연좌시위를 하였다.(『전농경기도연맹 농민운동 10년사』, 35쪽)

1988년 9월 16일 양주 광적면 석우리 덕도리 일대 농민들이 파종한 흥농종묘의 배추품종이 바이러스에 감염돼 패농한 사건이다. 이들 농민들은 흥농종묘의 무책임한 자세에 분노 전국의 농민들에게 알리고 함께 투쟁했다.(『전농경기도연맹 농민운동 10년사』, 35쪽)

3. 농민회 와해를 위한 당국의 탄압

1980년 5월 이후 군부독재정권의 폭압통치하에서 농민운동과 전체 민주화운동에 대한 탄압과 감시가 강화되었다. 1985년 안성에서는 가농 지역협의회의 모체와도 같은 갈전리분회를 와해시키기 위한 군청에서의 회유가 시작되었다. 오세용, 이영철 회원을 군청으로 불러들여 1억 원의 조건을 걸고 농민회 활동을 중단할 것을 요구하였으나 거부당했다. 하지만 이 일이 있고나서 돈을 목적으로 한 갈전리 주민들이 다투어 농민회 가입하겠다고 하는 등 파장이 일었다. 또 농민회 회원을 탈퇴시키거나 활동을 중단케 할 경우 공무원과 경찰의 승진을 보장해주었기 때문에 일사적인 감시 속에 회원들은 상시적으로 회유와 협박에 시달려야 했다.(『안성가농30년사』, 46쪽)

1987년 3월 13일 아산에서는 농민 오한섭의 1주기 추모제 참석자들이 테러를 당하는 일이 발생했다. 영농후계자였던 오한섭은 한 해 전인 1986년 3월 11일 소값 폭락으로 빚을 지고 자살했다. 당시 인주면 공세리 천주교회에서 열린 추모제에는 7백여 명이 참가해 농가부채 탕감을 요구하며 가두시위를 벌이고 오룡천주교회에서 농성했다.

공세리 천주교회에서 열린 1주기 추모제에는 전국에서 300여 명의 회원들이 참가했다. 공권력 투입은 추모행렬이 묘소 참배를 위해 성당을 나왔을 때 이뤄졌으며 회원들이 개별적으로 참배한 뒤에는 뒤늦게 귀가하는 농민들을 대상으로 테러가 가해졌다. 인주지서 앞에서 버스를 기다리던 중 봉고차와 승용차에서 뛰어나온 30대 7~8명의 괴한들이 안성가농 회원 이영철(경기도연합회 상임위원)에게 쇠몽둥이로 무차별 구타를 하였으며 함께 있던 유병훈, 강성덕(이상 안성연합회), 오상근(충북연합회 총무)가 항의하자 이어서 폭행하였다. 또 이영철이 피가 흐르는 눈을 감싸며 실신하는 것을 보고 강성덕 회원이 "눈알이 튀어나왔다"고 소리치자 괴한들은 이영철을 봉고차에 싣고 달아났다.

현장을 목격한 주민으로부터 연락을 받고 달려간 50여 명의 회원은 인주지서로 몰려가 이영철의 소재파악과 범인검거를 요구하며 기동경찰대 100여 명과 대치했다. 납치된 이영철은 충남 연기군 전동 인근에서 괴한들로부터 풀려나 온양경찰서로 인계됐으며 농민회원들은 조치원에서 범인을 검거했다는 소식을 듣고 온양경찰서로 몰려가 이영철을 인도받아 나왔다. 이후 가농 전국본부와 지역 회원들은 이 사건을 계획적인 테러 사건으로 보고 각계 종교계 및 유관단체들과 연대해 진상규명과 피해자 보상을 요구하고 1주일 간 농성투쟁을 진행했다. 이 사건 이후 6월민주항쟁의 민주화 열기 속에 농민회원들이 테러 당하는 사건들은 사라졌다.(『안성가농30년사』, 48쪽)

1987년 7월 17일에는 안성군 미양면의 농민회원 권영규가 양지마을 자신의 축사에서 농약을 마시고 자살하는 일이 벌어졌다. 당시는 성심여대 학생들이 미양면 역전리로 농촌봉사활동을 나왔을 때였다. 권영규는 관공서의 압력에도 불구하고 자신의 집을 숙소로 내주기로 했으나 결국 취소

농민 권영규의 죽음에 항의하는 안성농협 앞 시위 전경(1986.07.20)
(민주화운동기념사업회 오픈아카이브즈 00701020, 원출처: 박용수)

할 수밖에 없었고 이후 학생들이 같은 농민회원인 최중현 회원 집 옥상에 천막을 치고 지내는 것을 보며 자괴감과 스트레스에 시달렸던 것으로 알려졌다. 권영규의 자살이 있자 가농 회원들은 구포동성당(현 안성성당)에 모여 진상규명과 책임자처벌을 요구하며 농성에 돌입하였다. 낮에는 가두시위를 통해 홍보활동을 벌였고, 밤에는 회원들이 모여 대책을 논의했다. 투쟁 과정에서의 주된 요구사항은 안성군수의 파면이었지만 군수는 그대로 있고 홍호표 미양면장만 파면되는 것으로 사건은 일단락되었다.(『안성가농30년사』, 49쪽)

4. 대학생 농촌활동의 전개

1960년대 계몽·봉사의 성격이 강했던 대학생들의 농촌봉사활동은 1970년대부터 집단적이고 의식적인 '농촌활동'으로 바뀌었는데 정부의 규제 속에 명맥만 이어오다가 1983년 말 학원자율화조치 이후 참가자 수가 늘어나기 시작했다. 농민 권영규의 자살 사건에서도 알 수 있듯이 대학생 농활은 크고 작은 난관을 겪어야 했다. 학생들이 농촌 마을에 아예 들어가지 못하는 사태도 벌어졌다. 학생들이 들어간 마을에서도 경찰들이 학생들의 동태를 파악하는 등 농촌활동을 둘러싼 갈등은 빈번히 발생하였다.

이런 가운데 가농 활동에 힘입어 안성 지역이 경기도 다른 지역에 비해 상대적으로 이른 시기에 대학생 농활이 자리 잡았다. 안성군에서는 서울 애오개에 사무실을 둔 애오개문화패가 가장 먼저 농촌활동을 시작했다. 회원이었던 서울농대 학생 박유신을 매개로 던지실성당의 추수감사제에 초대되면서 문화패 내 학생들을 중심으로 한 농활로 이어진 것이다. 그 뒤에는 고려대학교 모내기농활과 명동성당 청년회, 기독교청년회, 명동청년회를 통하여 서울여대, 인천교대, 인하대, 건국대, 연대 의대·간호대, 성신여대,

중앙대, 한경대(구 안성농전, 안성산업대), 아주대까지 농활을 진행했다.

애오개문화패는 이후 터울림으로 바뀌며 갈전리분회와 함께 전국에서 처음으로 농산물 직거래를 시작하였다. 이들은 '좋은 쌀집'을 설립해 '쌀값 제대로 받기' 운동을 전개했으며 갈전리뿐 아니라 고삼, 후평리까지 농산물직거래가 진행됐다. 한편 '좋은 쌀집' 활동 과정에서 박유신이 문화패와 관계를 맺게 되는데 이후 가농이 자주적농민운동을 통해 안성군농민회로 발전하는 데 중심적인 역할을 하게 된다.

자율화조치로 대학생 농활이 재개되기 시작할 무렵 갈전리는 대학생 농활의 해방구 같은 역할을 했다. 당시만 해도 관공서의 감시와 방해로 학생들이 쫓겨나는 경우가 많았는데 금광면이나 보개면에서 쫓겨난 학생들이 갈전리로 와서 농활을 이어나갔다. 또 수배자나 시국사범들이 갈전리에서 농활을 하며 몸을 숨기기도 했는데 1985년경 가농 안성시협의회의 위상이 높아지면서 미양 역전리, 후평리, 고삼, 서운, 금광 등 다른 면 각지로 농활이 진행되었다.(『안성가농30년사』, 43쪽)

반면 경기도의 다른 지역에서는 제대로 된 농활이 전개되지 못하다가 1989년에 가서야 전국대학생대표자협의회와 전국농민회연합의 연대로 평택, 화성, 여주, 포천 등에서 학생농활이 시작되었다.

제3절 자주적 농민운동의 성장(1987~1989)

1. 자주적 농민회의 결성과 농민조직의 전국화

1987년부터는 가농과 기농 등 종교단체 중심의 농민운동에서 벗어나 농민과 농촌이 주체가 되어 자주적인 농민운동을 전개해야 한다는 분위기가 무르익어갔다. 이 같은 움직임에는 학생운동의 영향이 컸는데 1987년 전국대학생대표자협의회(이하 '전대협') 출범을 계기로 농민운동과 학생운동의 연대가 보다 체계적이고 조직적으로 전개될 수 있었다. 이에 따라 대학생 농활도 대거 확대돼 해마다 수만 명의 학생들이 농촌활동을 하면서 농민들과 농업·농촌문제를 토론하고 농민운동의 활성화를 꾀했다. 경기도 지역에서는 1988년 5월 평택군에서 대학생 500여 명이 농활을 수행하고 결과보고 및 악덕지주 규탄시위로 정기 집회를 가졌다. 1989년에는 평택지역 32개 마을에서 대학생 농활이 진행돼 농민운동 조직 역량 강화와 수입개방문제가 중점적으로 논의되는 계기가 됐다. 같은 해 김포군 통진면 동을산리에서도 부천 YMCA 대학생 30여 명이 농활을 수행했으며 89년 7월 27~30일까지는 여주군 흥천면 율극리에서 흥사단 고등학생 아카데미 서울연합회 소속 학생 40여 명이 농촌활동을 벌여 눈길을 끌었다.(『전농경기도연맹 농민운동 10년사』, 37쪽)

1989년 전국농촌활동 지역배치 상황표에는 경기지역에서 평택군에 세종대, 용성지구총학연합, 아주대·경기대, 안성군에 인천지역 총학연합, 항공대중앙대, 화성군에는 인천지역 총학연합, 아주대·경기대, 양평군에 서울교대, 용인군에 용성지구 총학연합·명지대 그리고 김포군에서는 인천지구 총학연합 학생들이 농촌활동을 펼쳤다.(엄영애, 『한국여성농민운동사』, 329; 『함께하는 농민』, 1989, 34~35쪽) 이들의 농촌 활동은 농민들의 단체결성을 유도 강화하는 데 한 축으로 작용하였다.

이 같은 상황에서 1985년 전남 '함평농우회'를 시작으로 전국적으로 30여 개의 농민운동 조직이 결성되면서 자주적이고 전국적인 농민 조직의 필요성이 제기되었다. 1986년 12월 25일 전남, 경남, 전북, 경북, 경기 지역 대표 등 7명이 모여 준비위원회가 발족한 뒤 전남, 경남, 전북, 경북, 경기 지역 군단위 조직을 기반으로 1987년 2월 창립했다.

전국농민협회의 창립은 한국가톨릭농민회(이하 '가농')와 한국기독교농민
회(이하 '기농')의 지역별 대중조직의 강화와 연대활동에도 영향을 미쳤으며
경기도에서는 1987년에 결성된 화성군, 포천군농민협회와 1989년에 결성된
용인군농민협회를 중심으로 전국농민협회의 조직 활동이 전개됐다.(『한국
여성농민운동사』, 286; 『전국농민회총연맹 20년사』, 1. 희망으로 가는 길)

1987년부터는 수세폐지, 의료보험개혁투쟁이 전개되면서 단일한 농민
투쟁조직의 필요성이 제기됐다. 농민운동 조직이 가농, 기농, 전국농민협
회 등으로 나눠진 상태에서는 현장단위 실천의 조직적인 수렴이 어려웠
고, 조직 간의 소모적인 갈등도 나타났기 때문이다. 1988년 11월 1일 '전국
수세대책위원회'후 가농, 기농, 전국농민협회, 세 단체가 모여 대표자회의
를 가졌으며 12월 26일 개최된 제3차 준비소위원회에서 단일조직의 명칭

여의도 농민대회(1989.02.13)
(민주화운동기념사업회 오픈아카이브즈 00713492. 원출처: 박용수)

을 전국농민운동연합(이하 '전농연')으로 하기로 결의했다.

경기도에서는 평택군에서 500여 명의 농민이 모여 2차 수세거부결의대회를 가진 1989년 1월 10일 고양, 김포, 안성, 여주, 연천, 용인 이천, 평택, 포천, 화성군 등 10개 지역 대표자와 경기가농, 경기여농 등 2개 단체 대표자가 모임을 갖고 경기도 농민운동 단일조직 건설에 대한 논의를 했다. (『전농경기도연맹 농민운동 10년사』, 34쪽)

2월 13일 여의도 농민대회는 전농연 결성의 기폭제가 됐다. 경기도에서는 이날, 여주, 평택, 화성군 등에서 참여했다. 농민대회에서 여주군은 흥천·대신·북내 등 3개 면을 중심으로 여주군 수세폐지대책위를 결성해 지속적인 마을교육과 선전전을 전개 중이며 결의대회를 놓고 고민 중이라고 보고했다. 또 평택농조관할지역인 평택과 화성군에서는 충남 아산군과 공동투쟁위를 결성해 두 차례 결의대회를 갖고 수세고지서 3,000매를 소각처리했으며 이를 계기로 면단위 농민회 및 수세대책위 조직건설을 추진하고 있다고 밝혔다.(『전농경기도연맹 농민운동 10년사』, 238쪽)

여의도 농민대회의 성공을 바탕으로 3월 2일 전국 9개 도, 95개 시·군 농민대표 300여 명이 참가한 가운데 전농연이 결성됐다. 전국농민협회 소속의 군농민회를 제외하고 가농, 기농, 독자적 농민회 조직이 모두 참여했다. 같은 날 반농민 세력의 척결, 농민생존권 쟁취, 농민해방과 민족의 자주화, 민주주의 실현, 민족통일 달성을 기치로 경기도농민운동연합준비위원회(이하 '경기도준비위')도 결성됐다.

경기도준비위는 1989년 6월 10일 5차 회의에서 전농연의 교육방침에 따라 활동가 교육, 대중조직교육, 강사개발교육, 간부교육, 장기간부 교육 등에 적임자를 선정해 입소시키는 적극성을 보였다. 8월 4일까지 일곱 차례 모임을 가진 경기도농민운동연합준비위는 8월 16일부터 이틀 동안 하계활동가 수련대회를 가졌다. 수련대회에서는 경기도 농민운동의 현황과 전망에 대한 기조발제와 토론이 이어졌다.(『전농경기도연맹 농민운동 10년사』, 239·241쪽) 또 1989년 8월 31일 기준으로 경기지역 19개군 가운데 김포, 여주, 평택, 안성, 연천, 고양, 포천, 용인 등 8개 군이 가입해 42.1%의 조직률을 보이는 상황이었다.(엄영애, 『한국여성농민운동사』, 315쪽)

2. 경기도 여성농민들의 조직화

1977년 가톨릭 수원교구를 중심으로 발족한 가톨릭농촌부녀회가 1982년 11월 '가톨릭농촌여성회'로 개칭하고, 1984년에는 '한국가톨릭여성농민회'로 개칭해 수원교구 김남수 주교의 승인과 지원 하에 활동을 펼쳤다. 또 1984년 2월 기독교농민회(이하 '기농') 산하에도 '기농여성위원회'가 조직돼 본격적인 활동에 들어갔다.

1985년 여주군 여성농민들이 TV시청료거부 및 각종 잡세 거부운동을 시작했으며 1987년에는 화성군에서 KBS시청료 납부거부 운동이 전개됐다. 이와 함께 화성군 여성농민들은 특용작물 자금을 마을 이장이 독식한 문제를 해결하는 데 나섰으며, 같은 시기 여주군에서는 수세·의료보험 납부 거부 운동 등의 대중활동을 주도했다. 특히 홍천면 율극리에서는 농번기 탁아소를 운영해 농촌지역 보육문제의 심각성을 알리고 적극적으로 해결하려는 의지를 나타냈다.(『전농 경기도연맹 농민운동 10년사』, 88쪽)

가농과 기농 같은 종교기관의 그늘에서 벗어나 자주적 농민운동을 추구하는 움직임이 경기도 여성농민들 사이에서도 전개되었다. 김포여성농민위원회가 결성돼 1989년 1월 10일 전국농민 단일조직 건설에 관한 경기 활동가모임에 참여하면서 활동 폭을 넓혔다. 7월에는 경기여성농민위원회 회칙을 통과시키고 분과별 활동에 들어갔으며 여름 교육을 대비한 활동가 강사, 농번기 탁아소 운영 등의 교육을 실시했다.

1989년 3월 가톨릭여성농민회와 기농여성위원회가 중심이 돼 '여성농민 활성화를 위한 위원회'를 만들어 활동하면서 전국 여성농민들의 단일한 투쟁조직 설립을 모색했다. 이에 따라 같은 해 12월 18일 읍·면, 시·군 단위의 자주적 여성농민 조직을 발판으로 전국 9개 도, 50여 시·군 농민 조직이 참여해 '전국여성농민위원회'가 탄생했다. 전국여성농민위원회 결성에 따라 경기여농위준비위(위원장 이화숙)도 발족했다. 곧이어 1990년 에는 김포, 남양주, 안성, 여주, 평택, 포천, 이천지역 여성농민 조직들이 참여한 가운데 '경기도여성농민위원회'(초대위원장 이기선)를 출범했으며 1992년 2월 여주군여성농민회(초대회장 안태영)도 창립됐다.

이후 경기도여성농민회는 1990년 9월 7일 수원 서울농대에서 열린 UR· 농발대저지 경기농민대회에 적극 결합했으며, 1992년 6월 18일~19일 경기 도연맹(준) 활동가 수련회에서는 여성농민운동의 지위와 역할에 대한 강연을 진행했다.

한편 전국여성농민위원회는 1992년 1월 20일 제3차 대의원 총회를 열어 회칙을 개정하고 명칭을 '전국여성농민회총연합'으로 개정했다.

3. 제도개폐투쟁과 민주헌법쟁취투쟁

자주적 농민운동의 전개로 일시적 권익투쟁에 한정됐던 경기도 농민운동은 본격적인 제도개폐투쟁과 함께 반독재민주화운동의 선상에서 민주헌법쟁취투쟁을 전개했다.

이 시기 가장 치열했던 제도개폐투쟁은 수세폐지[92] 및 농조해체 투쟁이

---

[92] 수세는 일제가 강점기인 1917년 '조선수리조합령'을 발표해 수리조합을 만들고 징수한 것이 처음이었다. 일제가 만든 농민수탈 기관인 수리조합과 수세 징수는 해방 이후에도 없어지지 않고 계속 이어져 왔고 1952년에 잠시 수리조합의 민주적 운영이 진행되는 듯 했으나 1961년 박정희 군사구테타 이후 '토지개량사업법'이 시행되면서 민주적 운영은

었다. 1988년 9월 13~14일 '전국수세폐지대책위원회 준비위원회'가 결성된데 이어 11월 1일 '전국수세폐지대책위원회'가 출범하면서 수세폐지 투쟁이 전국적으로 본격화되었다. '수세폐지, 농조해체, 수리청 신설, 적립금 반환'을 목표로 전개된 투쟁에서 경기도는 김포, 여주, 화성군 등에서 준비위원회 단계부터 참여했으며 10월부터는 선전물을 부착, 배포하는 등 본격적인 활동에 나섰다.

1987년부터 부당수세거부운동이 전개되고 있던 여주군에서는 1988년 11월 8일 여주군수세폐지대책위원회가 결성됐다. 1988년 12월 19일에는 흥천면 복지회관에서 200여 명이 참여한 가운데 수세문제 공청회를 갖고 흥천면 수세폐지 대책위원을 각 마을대표 2명씩으로 확대했다. 12월 29일에는 대신면 단위농협 회의실에서 "수세, 무엇이 문제인가?"라는 주제로 대신면 수세문제 공청회를 가졌다.(『전농경기도연맹 농민운동 10년사』, 170쪽) 또 흥천면에서는 선전지와 포스터를 보고 경찰이 방문 하였으나 오히려 농민들에게 수세의 부당성에 관한 강의를 듣고 가버렸다.(『전농경기도연맹 농민운동 10년사』, 166; 전국수세폐지 대책위원회 발행, 1988. 11. 16, 수세폐지운동 제1호 전단지)

김포에서는 1989년 1월 3일 오후 1시 마송신협에서 수세에 관한 공청회를 갖고 수세폐지 운동을 시작했다.(『전농경기도연맹 농민운동 10년사』, 167쪽) 1989년 1월 23일에는 평택농조관할(평택, 화성, 아산) 3개군 공동투쟁위원회가 성명서를 발표하고 수세폐지운동에 동참했다.(『전농경기도연맹 농민운동 10년사』, 168쪽) 1988년 12월 26일 수세거부1차 결의대회에는

수포로 돌아갔다. 1980년 초 가농과 기농이 농조에 대한 조사연구와 교육을 시작하면서 수세징수에 대한 저항은 점차 높아지면서 조직화되어 갔다. 전남 영산강 지역 농조를 중심으로 진행되던 수세징수저항운동은 1987년 7월 28~29일 대전 가톨릭 농민회관에서 전국수세분쟁 지역 농민대표자 40여 명을 대상으로 진행된 교육에서 전남 무안군 몽탄면 사례가 소개되면서 전국 지역단위 대중투쟁으로 전환됐다.

300여 명이 참여했으며 평택농민회 창립준비위 발족으로 이어졌다. 1989년 1월 10일에는 500여 명이 참여한 가운데 평택 2차 수세거부결의대회가 열렸다.(『전농경기도연맹 농민운동 10년사』, 34쪽)

수세폐지투쟁은 1989년 2·13 여의도 농민항쟁을 통해 단보당 최고 35kg까지 하던 수세를 1988년 32kg, 1989년 10kg, 1990년 5kg으로 인하시키고 1998년 농조, 농조연, 농어촌진흥공사 등 3개 기관 통합투쟁을 전개하면서 1999년 7월 1일 농업기반공사를 출범시키고 결국 수세를 없애는 승리의 성과를 가져왔다.

1988년 첫 시행된 농어촌의료보험제는 높은 의료보험비와 진료기관의 2원화로 반발에 부딪쳤다가 1988년 2월 10일 전남 무안에서 300여 명의 농민이 참가해 집회를 가진 것을 시작으로 의료보험제 시정투쟁이 전국으로 번져나갔다. 경기도에서도 1987년 여주에서 의료보험 납부거부운동이 시작됐고, 1988년 2월 29일 포천에서 300여 명이 농촌의료보험제도 시정을 촉구하는 집회를 가졌다.(『전농경기도연맹 농민운동 10년사』, 49·88쪽)

같은 해 6월 28일 '전국의료보험대책위원회'가 결성되면서부터는 의료보험조합의 통합을 위한 100만인 서명운동과 보험료 납부 거부운동, 국회를 상대로 한 입법추진 활동이 전개됐다. 1989년 2월 24일에 있는 전국의료보험대책위원회의 공화당 중앙 당사 점거농성에는 용인지역 면단위 회원모임인 흥사회에서 전국의보대책위와 연대해 참여했다.(『전농경기도연맹 농민운동 10년사』, 177쪽, 「의료보험료 인상거부운동 보고서」) 점거농성 결과 1989년 3월 9일 임시국회 본회의에서 여야 만장일치로 통합주의 방식의 내용을 담은 '국민의료보험법'이 통과됐으나 전국적으로 일원화된 국민의료법은 아직까지도 시행되지 못하고 있다.

1983년 전북 완주군에서 가능을 중심으로 시작된 TV시청료 거부운동도 1984년 이후 전국으로 확산돼 결실을 거뒀다. 경기도에서는 1985년 여주군에서는 가여농이 중심이 되어 TV시청료 거부운동에 동참했고 김포자주농우회는 1989년 상업방송·편파보도중지 전단 등을 살포하면서 시청료 거부 운동을 전개했다.(『전농경기도연맹 농민운동 10년사』, 76·80·173쪽)

한편 이 시기 농민운동은 지역에서의 생존권투쟁뿐 아니라 전체 민주화운동 진영과의 연합전선에도 적극적으로 참여했다. 1985년도의 소 값 피해 보상과 수입개방 저지 투쟁이 생존권 투쟁에 머문 채 정치투쟁으로 발전하지 못하고 대중조직화의 전망도 제시하지 못한 데 대한 자기반성의 결과였다. 농민운동 활동가들은 지역단위로 대중조직을 강화하는 한편 지역 내 농민운동 단체 간의 연대투쟁을 조직해나갔다. 전국단위에서는 민주운동세력과의 연대활동을 강화하면서 농민생존권확보와 민주헌법 쟁취 투쟁을 결합시켜 나갔다.

가농과 기농은 1984년 6월 29일 민중민주운동협의회에 참여했고, 1985년 9월 출범한 민주통일 민중운동연합에도 가입했다. 또 가농은 1986년 1월에 민중생존권 보장, 민주헌법쟁취, 민족자주쟁취를 중점 투쟁과제로 설정했으며 기농은 3월 군부독재종식과 민주헌법 쟁취, 수입개방 저지 등을 중점 투쟁과제로 내세웠다. 경기도에서는 1987년 민주헌법쟁취 국민운동본부 김포, 여주, 평택 등이 결성돼 활동을 펼쳤다.(『전농경기도연맹 농민운동 10년사』, 76쪽)

제4절 농민운동조직의 통일(1990~1992)

1. 전국농민회총연맹 경기도연맹의 결성

1980년대 후반 자주적 농민운동의 성장을 발판으로 전국수세폐지대책위원회, 전국의료보험대책위원회가 결성되고 1988년 8월 경북 영양군에서 시작된 고추투쟁이 전국적인 농산물 제값받기 투쟁으로 확산되면서 1989년 2월 13일 서울 여의도에서 '고추전량 수매쟁취 및 수세폐지 전국농민대회'가 개최됐다. 경기도에서는 1988년 12월 7일 안성군 고삼면에서 고추수매 관철투쟁이 전개됐으며(『전농경기도연맹 농민운동 10년사』, 34쪽) 전국 90여 시·군에서 3만여 명의 농민들이 참가한 여의도 농민대회에 경기도 농민도 5백여 명이 참가해 이후 경기도지역 농민회 건설의 토대를 다졌다.

여의도 농민대회는 수세의 대폭 감소 등 직접적인 결실을 얻어내면서 다음 해 11월 15일 건국대에서 열린 '쌀값 보장 및 전량수매 쟁취 전국농민대회'로 이어졌다. 전농련과 전국농민협회가 공동으로 주최해 전국 60여 시·군에서 2만 5천여 명이 참가한 이 대회에서는 전국적인 단일 농민조직의 건설에 대한 논의가 급진전됐으며 이 같은 논의는 다음 해 전국농민회총연맹(이하 '전농')의 결성으로 이어졌다. 전농은 1990년 4월 24일 서울 건국대 학생회관에서 전국농민운동연합, 전국농민협회, 독자적인 대중적 시·군 단위 농민회, YMCA 농민회 등 전국 9개 도, 72개 시·군 농민회 대의원 230명 중 216명이 참여한 가운데 창립대회를 가졌다.

전농의 결성에 따라 전국농민협회는 해산을 결의하고 3년여에 걸친 활동을 마감했으며 가농과 기농도 신자를 중심으로 한 새로운 운동 방향으로 역할을 분담하기로 결의했다. 가농과 기농은 이후 우리 농산물의 안전성을 높이기 위한 생명농업(유기순환농업) 확산과 도시소비자와 함께 우리농업을 지키기 위한 생활협동조합 운동, 귀농운동 등을 전개해 나갔다.

전체 농민운동의 구심이 된 전농은 1시군 1농민회를 원칙으로 전농-도연맹-시·군 농민회를 연결하는 전국적 단일체계를 구축해 나갔으며 경기지역에서도 1990년 4월 4일 김포, 평택, 포천, 화성군 농민 대표자들이 전농

전국농민회총연맹 창립대회(1990.04.24)
(민주화운동기념사업회 오픈아카이브즈 00708365. 원출처: 박용수)

경기도연맹 창립을 위한 1차 준비모임을 갖고 각 군이 동등한 자격으로 도연맹에 참석하기로 결정했다. 김포, 여주, 용인, 평택, 포천, 화성군 등 6개 군 농민 대표자들이 참석한 5월 3일 2차 준비 모임에서는 도연맹의 기능과 재정에 관한 결정을 했다. 7월 24일 3차 준비모임에서는 8월 30~31일 수원 그린파크에서 진행할 활동가 교육을 결의했다. 준비모임은 9월 7일 수원 서울농대에서 경기지역 농민과 학생들 500여 명이 참여한 가운데 UR · 농어촌발전 종합대책 저지 경기농민대회를 가졌다.(『전농경기도연맹 농민운동 10년사』, 37 · 242쪽)

전농 경기도연맹 창립을 위한 준비모임은 1991년 전농경기도연맹 준비를 위한 조직, 교육, 투쟁 등의 사업을 전개했다. 1992년 1월 29일 연천군 농민회 창립총회에 참석한 각군 사무국장들은 도연맹의 필요성을 다시 한

번 확인하면서 여주군농민회 창립총회 때 회장, 사무국장단 연석회의를 갖자고 결의했다. 여주군농민회 창립대회가 있었던 1992년 2월 1일 각군 회장, 사무국장들은 연석회의를 갖고 다른 도연맹과 같은 강력한 도연맹을 건설하기는 어렵지만 연락체계와 연대사업을 벌일 수 있는 낮은 차원의 도연맹이라도 우선 건설하자는 데 의견을 모으고 임원 인선문제를 논의했다. 3월 3일 전농대의원대회장에서 다시 모임을 지속하며 인선문제를 합의하고 3월 23일 평택 전장웅 회장을 준비위원장으로 선출해 도연맹을 1992년 안에 창립시킨다는 목표를 안고 전농경기도연맹 준비위원회를 발족시켰다. 준비위는 4월 10일 전농에서 모임을 갖고 1992년 사업계획과 규약에 관한 토론을 벌였다. 6월 18~19일 포천에서 열린 경기도연맹(준) 활동과 수련회에서는 도연맹 창립을 7월 8일로 결정하고 실무적인 준비에 들어갔다. 전국농민회총연맹 경기도연맹은 1992년 7월 8일 수원 서울농대 대강당에서 경기지역 농민과 학생 등 1,700여 명이 참석한 가운데 창립대회를 갖고 700만 농민과 함께 대장정의 닻을 올렸다. 전국 도단위 조직 중 마지막으로 경기도연맹이 출범함으로써 전농은 비로소 전국적인 단일농민조직으로서의 체계를 완성하게 되었다. 전농경기도연맹 창립대회 참석자들은 의장 민경학, 부의장 전장웅, 이수청, 이종성, 감사 한도숙, 사무처장 김덕일, 정책실장 황재원 등 1기 임원을 선출했다.(『전농경기도연맹 농민운동 10년사』, 40쪽)

2. 자주적 농민운동의 발전

1) 지역농민회 건설

경기도 농민운동은 1970년대 초 가톨릭농민회원들이 전국최초의 군협의회를 만들고 수원교구를 중심으로 전국적 여성농민운동조직이 결성되는 등 1970년대까지만 해도 매우 활발한 활동이 전개되었다. 그러나 서울의 팽창과 함께 젊은 농민들의 도시 진출과 도시자본의 잠식이 가속화되면서 농업 포기율이 높아졌고 수확농산물 대도시 출하 등 농업을 둘러싼 몇 가지 유리한 조건도 오히려 농민운동 조직화에 걸림돌로 작용했다.

1970년대 후반 타 지역에서는 '함평고구마 사건', '춘천농민회 사건', '안동농민회 감자씨사건(오원춘 사건)' 등 권익실천 투쟁이 활발하게 진행될 때도 경기도에서는 농민들의 의식화를 통한 조직 활동이 감시와 탄압의 벽을 넘지 못한 채 좌절됐고 가톨릭농민회 경기연합회도 결국 운동방향을 '새생명운동'으로 변경하고 말았다. 그러나 1980년대 후반 학생운동 출신 청년들이 농촌으로 들어와 농민운동에 참여하면서 경기도농민운동은 다시 탄력을 받게 됐고 자주적 농민운동을 목표로 하는 지역 농민회가 속속 결성되기 시작했다.

(1) 김포군(시)농민회

김포군농민회는 1987년 민주헌법쟁취국민운동 김포군지부가 결성되면서 탄력을 받기 시작해 이듬해인 1988년 김포자주농우회(초대회장 이정재)를 출범시켰다. 김포농민회의 전신 조직이었던 김포자주농우회는 1989년 수세폐지와 시청료 거부운동을 활발하게 전개하는가 하면 새미울(양촌면 누산리), 삼호(양촌면 학운리)연합농장 토지분쟁 농성을 적극 지원했고 1989년 3월 29일에는 삼호농장 영농발대식을 주도하고, 4월 2일 김포영농발대식을 가졌다.

1990년에는 쌀값제값받기 대책위를 구성해 쌀투쟁에 발빠르게 나섰으며 1991년엔 미국쌀 수입 저지와 쌀값보장 전량수매를 위한 쌀 강연회를 진행했다.

김포자주농우회는 1992년 정기총회에서 김포군농민회(초대회장 김우철)로 명칭을 변경해 정식출범하고 같은 해 펼쳐진 14대 국회의원 총선거에서는 총선공정선거 감시단 활동을 했다.

(2) 안성군(시)농민회

안성군농민회는 1979년 2월 8일 결성된 가농경기연합회 최초 갈전리분회(초대분회장 김창기)의 명예를 안고 1984년 가농안성군협의회(초대회장 서정용)를 창립하면서 기반을 마련했다.

가농안성군협의회는 갈전리분회를 비롯해 1982년 11월에 생긴 오두리분회와 1983년에 문을 연 던지실분회, 금광개산분회, 금광한운분회, 고삼분회, 그리고 같은 해 출범한 서운분회와 1985년 발족한 넝쿨분회가 든든한 버팀목의 역할을 하면서 안성지역 농민운동을 이끌어 갔다. 1987년에는 이영철 회원 테러사건과 대학생 농촌활동과 관련된 권영규 농민 자살 사건이 발생해 안성지역의 주요 이슈로 떠올랐었다. 1989년 4월 7일에는 농민생존권 확보를 위한 안성 영농발대식이 진행됐고, 1990년 12월에는 안성군농민회준비모임이 결성됐다.

1991년 고삼면지회 창립에 이어 마침내 1992년 9월 2일 안성군농민회(초대회장 이수청)가 출범했다.

(3) 여주군(시)농민회

여주군농민회는 1975년 전국최초의 군 단위 가톨릭농민협의회 결성의 전통을 베게삼고 탄생했다. 가농여주군협의회는 1985년 소입식자금 상환 거부운동을 전개하고 여성농민들은 TV시청료 및 각종 잡세 거부운동을 펼쳤다. 농민운동에 뜻을 가진 청년들이 모임을 가지면서 1987년부터는 부당수세 거부운동이 시작되고 1988년 11월 8일 여주군수세폐지대책위원회가 결성됐다. 1989년 3월 1일에는 여주군여성농민회 준비위가 생기고, 1989년 7월 4일 여주군농우회가 출범했다.

1990년 9월 여주군생존권대책위원회가 결성되고 25일 여주군농우회 최초의 대중강연(80명 참석)이 진행됐으며, 마침내 1992년 2월 1일 여주군농민회(초대회장 민경학)가 창립됐고, 이보다 한 해 앞서 1991년 2월 여주군여성농민회(초대회장 안태영)가 여주지역에서 대중적으로 농민운동의 닻을 올렸다.

(4) 연천군농민회

1989년 1월 10일 경기도농민운동 단일조직 건설 논의에 참여한 연천지역 활동가들은 경기도농민운동연합에 참여해 활동하면서 연천군농민회준비위원회를 결성해 지역기반을 넓혀 1992년 1월 29일 연천군농민회(초대회장 박충렬)를 창립했다.

연천군농민회는 1992년 7월 인천지역전문대연합 학생들과 농학연대사업의 일환으로 대학생농촌활동을 진행했다.

1992년 9월 15일에는 당시 전농경기도연맹 민경학 의장을 강사로 모셔 농민문제의 본질이라는 주제를 가지고 임진지회교육(22명 참석)을 실시했다.

1992년 11월에는 연천군청 앞마당에 볏가마를 쌓아놓고 '전량수매 쟁취를 위한 적재투쟁'을 전개하다가 연천군청과 협상을 통해 요구사항을 관철시켰다. 총선과 대선 시기에는 공정선거감시단 활동을 했다.

(5) 이천군(시)농민회

이천군농민회는 1989년 1월 10일 경기도 농민운동 단일조직건설에 대한 논의에 이천지역 농민 대표자가 참여하면서 조직 건설에 대한 활기를 찾기 시작했다. 1990년에는 농민운동에 대한 적극적인 의지를 가진 유긍식이라는 활동가가 남광희 준비위원장을 세우면서 농민회 창립에 대한 희망을 제시했다. 1991년 2월 은혜예식장에서 이천군농민회(초대회장 조준행, 사무국장 유긍식)가 창립식을 가졌다. 11월에는 장호원에서 추곡수매가 인상을 위한 농기계 시위를 벌였는데 이날 농기계시위에 40여 명이 참여했다. 1992년 7월에는 체과대, 명지대, 서울보건전문대 학생들과 여름농활을 진행했고, 3월 24일 실시된 제14대 국회의원총선거와 12월 18일 진행된 대통령선거 때는 공정선거감시단과 후보지원 활동을 했다.

(6) 평택농민회

1987년 11월 17일 세종대를 점거해 65일간 농성을 벌이면서 팽성지구 농지반환시정투쟁을 벌인 평택농민들은 이듬해 12월 9일에도 세종호텔 앞에서 토지반환요구시위를 했다. 12월 26일에는 수세거부 1차 결의대회를 갖고, 평택농민회 창립준비위를 발족시켜 활동무대와 투쟁 사안을 넓혀나갔다. 화성군, 충남 아산군과 공동투쟁위원회를 구성한 준비위는 1989년 1월 10일 2차 수세거부결의대회를 가졌는데 이날 참여농민은 500명이나 됐다. 평택농민회(초대회장 전장웅)를 출범시킨 농민들은 의보시정투쟁도 진행하며 2·13 여의도항쟁에 적극 참여하고, 전국농민운동연합에 가입해 경기도 농민운동의 선두주자로 자리매김했다. 3월 29일에는 평택농민 영농발대식을 갖고, 9월 6일엔 『평택농민신문』 창간호를 발행했다. 1990년에는 전국농민회총연맹 창립에 맞춰 회원조직으로 가입한 후 1991년 5월 수입개방 저지와 UR재협상을 위한 국회농성투쟁에 결합했다. 1992년 선거 국면에서는 국민회의를 만들어 공정선거 감시와 후보지원에 적극 참여하면서 벼 적재 투쟁을 전개해 쌀투쟁의 강도를 한껏 높였다.

[1]

깨어나는 농민
일어나는 농민
함께하는 농민

평택농민신문

창간준비 1호
주요기사 : 2면 농협장선거
3면 수입개방
4면 농촌활동

발행일 : 1989년 6월 12일 발행처 : 평택농민회준비위원회 연락처 : (0333) 7 - 6291

우리고장 소개

우리지역은 구한말 시대의 평택군(현 팽성읍)과 수원군의 일부를 한일합방 후 1914년 일제가 진위군에 병합시켰고 그후 소속과 명칭의 변동이 심하였는데 팽성과 진위의 연혁은 다음과 같다.

팽성읍은 삼국시대에 하팔현으로 불렸다가 팽성으로 고친후 고려 태조때 충청도 천안부에 붙었었다. 이씨조선 선조29년 폐지를 당진하지 못한 책임으로 강등called된 후 평해군2년 평택현으로 복구되었고 고종32년 전국을 군으로 통일하면서 평택군으로 개칭하였다.

진위군은 고구려때 부산현이라 하였고 통일신라 경덕왕16년 진위현이라 개칭하여 수원군에 부속시켰다. 조선태조7년 충청도로부터 경기도로 이속된 후 고종32년 진위군이 되었다.

1914년 일제가 행정구역을 개편할 당시 충청남도의 평택군(팽성)과 수원군의 일부를 진위군에 병합하여 현 평택시에 군청을 주었다. 그후 1981년 송탄시가 분리, 83년 안성군의 일부가 평택읍에, 용인군의 일부가 진위면에 편입되었으며 86년 평택시가 분리되어 나간후 87년 화성 양감면 고렴리가 청북면에, 서탄면 적봉2리가 송탄시에 편입되었다.

현재 평택군은 4월1일 안중면이 개청하므로서 평택읍, 진위 서탄 고덕 현덕 안중 포승 청북 오성면 8개면 1개읍이 있다. 군내 전체 법정리는 110개, 행정리 345개, 자연부락 496개로 이루어져 있다.

평택군의 총 면적은 3만5천정보이며 논은 1만5천정보, 밭은 4천4백정보로 경지 면적의 비율이 타지역에 비해 매우 높은 편이다.

인구를 보면 여자가 55,327명 남자가 56,219명으로 총111,546명이며 총가구수는 26422 가구이다. (평택군통계연보 참조, 편집부)

6월15일 안중농협조합장 첫 직선제 선거

평택군내에서는 농협법 개정후 첫번째 직선에 의한 농협장 선거가 있게된다.

현재 4명의 후보가 보이지 않고 치열한 경합을 벌이고 있지만 정작 유권자들인 농협조합원들은 각 후보에 대해 알고 있는 바가 거의 실정이다.

개정 선거법하에서는 합동유세 벽보선전등 공개적인 선거활동을 막고 있는데서 기인하며 후보에 대해 올바른 판단을 갖을 수 없어 결과적으로 혈연, 지연등 정실 투표가 되고 있다.(2면 후보자력 해설)

창 간 사

평택 농민회 준비위원장
전 장 응

수 많은 사람들에게 먹을거리를 제공하며 휘어진 허리와 갈퀴같은 거친 손으로 누구하나 닿아지 않으며 열심히 살아온 것이 이땅 농민의 모습이다.

그러나 농민에 대한 댓가는 무엇인가?

엄청나게 늘어나는 부채의 중압감에 가위눌리다 못해서 40이 다 되도록 장가를 못 가서, 텅빈 외양간을 바라보는 농민의 참담한 절망은 죽음의 대열로 이어지고 있다.

지난 2. 13여의도 농민대회는 이제 그 누구도 믿을 수 없다는 농민들의 분노의 함성이었으며 "더이상 한 발자국도 물러서지 않겠다"는 농민들의 단호한 의지를 표명한 쾌거였다. 그리고 그것을 통하여 농민의 단결된 힘이 얼마나 위력적인가를 내외에 보여 주었으며 농민 스스로의 힘만이 농촌문제를 해결할수 있다는 확신을 갖게 해준 계기가 되었다.

또한 각 언론의 현상적 보도태도와 이에 동조하는 제도권야당 그리고 일국의 대통령이라한 '강력수사' '배후세력 색출' '엄벌' 지시는 양순하기만한 천만 농민의 가슴에 대못질을 한 것으로, 제도권의 그 모든 구조들이 농민에게 어떻게 위치지워 졌는지 자명하게 보여주었다.

이제 평택군 농민신문은 농촌문제의 본질이 무엇인가를 명확하게 전파하는 역할과 농민교육의 선도지로서 탄생되어 농민의 권익은 농민 스스로의 힘만으로 확보할 수밖에 없다는 현실을 깊이 인식하여 힘없이 파절하는 농민이 아닌 단결하여 힘차게 주장하며 일어나는 농민이 되어 동학의 깃발을 평택 저 푸른 들판에 굳건히 꽂을 것이다.

만 평

평택농민신문 창간준비1호(1989.06.12)
(민주화운동기념사업회 오픈아카이브즈 00223159. 기증자: 한국가톨릭농민회)

(7) 포천군(시)농민회

1987년 포천군농민협회를 만들어 포천지역에서의 농민운동의 발판을 마련한 포천농민들은 1988년 2월 29일 농촌의료보험제도 시정촉구집회를 가졌다. 이날 집회 참여자는 300여 명에 달했다.

8월 22일부터 23일까지 양일간은 쌀값보장 서명운동을 벌여 1천 명의 서명을 받아내는 성과를 올리기도 했다. 1989년에는 포천군농민회(초대회장 이윤희)를 출범시켜 8월 31일 경기도농민운동연합준비위에 가입해 활동했다. 1990년 4월 4일 전농경기도연맹창립을 위한 1차 준비모임과 5월 3일 2차 준비모임에도 적극 참여해 도연맹 기능과 재정에 관한 사항을 결정했다. 1992년 6월 18일부터는 1박 2일 동안 경기도연맹 활동가 수련회를 갖기도 했다.

(8) 화성군농민회

한국가톨릭농민회 경기연합회와 가톨릭여성농민회의 주요한 활동 무대였던 화성군에서는 1977년 2월 24일 화성 발안 사창 공소에서의 농촌부녀 활동, 합리적인 가사, 신앙생활 등을 내용으로 한 한국가톨릭농촌여성회 교육을 시작으로 농민운동의 닻이 올랐다. 1987년 화성군농민협회가 창립되면서 KBS시청료 납부거부운동을 펼치는가 하면 특용작물 천만원 이장 독식 문제를 해결하고 1988년에는 전국수세폐지대책위준비위에 참여 수세거부운동을 활발하게 전개했다. 1989년 3월 27일에는 농민생존권 확보를 위한 화성영농발대식 및 삼괴농민회 창립을 하고, 1990년 7월 10일 향남면 화서농협 강당에서 화성군농민회(초대회장 임삼순) 결성식을 가졌다. 24일에는 경기도 농민운동의 활성화 방안에 대한 강연을 했다. 1992년 6월 19일에는 화성군농민회 소식지 창간호를 발행했다.

(9) 용인군농민협회

용인군농민협회는 신제국주의와 자본주의에 맞서기 위하여 농민의 단결된 힘을 모아 자주적인 농민회를 건설하여 농민의 권익을 보호하고, 노동자와 연대하여 민중의 권력을 쟁취할 목적으로 1987년 2월 전국농민협회 산하 조직으로 결성된 농민운동단체이다. 이동면 농민 3명으로 시작해 백암, 남사, 모현면, 수지읍 등으로 회원을 확대했으나, 1992년 전국농민회 총연맹 결성 당시 50명 이상의 정회원 등록을 필하여야 한다는 가맹규정에 의거해 농민회 결성을 이루지 못했다.

주요사업으로는 우루과이라운드 반대, 농어민의료보험조합과 직장의료보험 통합·수세 거부 운동, 기반시설 확충, 농·어민 부채 탕감, 농산물 제값 받기 운동 등을 전개하였다.

골프장 건설 반대투쟁(1989~1992), 민중의 당 건설 준비(1987), 민중후보 추대위 결성, 공장 폐수로 인한 농산물 피해보상 운동(1989) 등 지역운동도 전개했다.(『용인시사』, 2006)

2) 농산물 제값 받기 운동과 UR투쟁

1990년대 초반은 노태우 정부가 쌀 수입 개방을 포함하는 UR(우루과이라운드)협상을 추진하고 '농어촌발전종합대책'을 내놓으면서 농민들이 총체적으로 생존권 위기에 처하는 시기였다. 이에 따라 700만 농민들은 1980년대를 거치면서 축적한 조직력과 투쟁력을 바탕으로 수입개방 반대투쟁을 비롯한 대중투쟁을 전에 없이 맹렬한 기세로 전개해 나갔다.

1986년부터 시작된 UR협상에 정부는 정보를 독점한 채 비공개로 협상에 참여했으며 이에 전농은 UR 협상에 따른 피해가 농민에게 국한되지 않고 전국민적 피해를 야기한다는 사실을 알려나가는 데 초점을 맞췄다. 이를 위해 전농은 범국민적 연대기구인 '우리농업지키기범국민운동본부'를 결성해 UR투쟁을 전개했다. 경기도에서는 1990년 9월 7일 수원 서울농대에서 농민과 학생 등 500여 명이 참여한 가운데 UR저지 경기농민대회를 갖고 1991년, 1992년에는 교육 및 선전사업을 진행했다.

한편 노태우 정부는 1989년 4월 8일 '농축산물자유화예시계획' 발표를 통해 1991년까지 243개 품목의 수입을 개방한다고 밝히고 1990년 1월 1일부터 44개 품목의 농축산물 수입을 자유화하면서 이를 토대로 국내농업 구조조정을 위한 '농어촌발전특별조치법' 제정을 추진했다. 정부가 산출하고 있는 쌀수매가격 산정방식은 평균생산비로 생산조건이 불리한 농민들에게는 매우 불합리해 평균생산비를 웃돌아 농가부채가 쌓여 농가경제를 압박하는 데도 이를 고려하지 않는 문제가 있었으며 이에 전농은 쌀 수매가격의 한계생산비 쟁취투쟁을 전개했다. 전농은 추곡수매가를 최열등지의 90%한계농지를 기준으로 생산비를 산정해 수매할 것을 요구해 관철시켰다. 그 전까지는 평균생산비에서 척박한 농지 90%까지 사이에서 생산비가 높게 들어가는 조건불리지역 한계농지를 가진 농민들은 손해를 감수해야 했다. 전농에서 관철한 이후 똑 같이 조건이 불리한 40% 정도의 농민들도 혜택을 받게 됐다.

준비모임은 9월 7일 수원 서울농대에서 경기지역 농민과 학생들 500여 명이 참여한 가운데 'UR·농어촌발전 종합대책 저지 경기농민대회'를 가졌다.(『전농경기도연맹 농민운동 10년사』, 37·242쪽)

〈표 5-5〉 경기지역 농민회 건설현황

농민회	창립일시	초대회장	비고
김포군(시) 농민회	1992	김우철	1987. 민주헌법쟁취국민운동 김포군지부 결성 1988. 김포자주농우회결성(초대회장 이정재) 1988.12. 김포삼호연합농장 토지반환투쟁

농민회	창립일시	초대회장	비고
			1989. 수세폐지, 시청료거부운동
			1989.3.29. 김포삼호농장 영농발대식
			1991. 미국쌀수입저지와 쌀값보장, 전량수매를 위한 쌀 강연회
			1992. 총선 공정선거감시단 활동
			1992.12.3. 수매가인상, 전량수매요구농기계시위
안성군(시) 농민회	1992.9.2	이수청	1984. 가농안성시협의회 결성(초대회장 서정용)
			1987. 권영규 씨 농활탄압 관련 자살
			1988.7.10. 안성수입개방저지 결의대회
			1990.12. 안성군농민회 준비모임
여주군(시) 농민회	1992.2.1	민경학	1975. 가농여주군협의회 결성
			1989.3.1. 여주군여성농민회준비위원회 결성
			1989.7.4. 여주군농우회 결성
			1991.2.1. 여주군여성농민회 창립(초대회장 안태영)
			1985. 소입식 상환거부운동
			1990.9 여주군생존권대책위 결성
			1991.2.4. 여주군농민회창립준비위 결성
연천군 농민회	1992.1.29	박충렬	1989.1.1. 경기도 농민운동 단일조직 건설논의 참여
			1992.7. 인천지역 전문대연합 농촌활동
			1992.9.15. 임진지회 교육
			1992.11. 전량수매 쟁취 적재투쟁
이천군(시) 농민회	1991.2	조준행	1990. 이천군농민회준비위원회 결성(위원장 남광희, 사무국장 유긍식)
			1991.11. 추곡수매가 인상을 위한 농기계시위(장호원, 40여 명 참여)
			1992.7. 체과대, 명지대, 서울보건전문대 여름농활
			1992.7. 회원수련회
			1992. 총선·대선시 공정선거감시단, 후보지원 활동
평택 농민회	1989	전장웅	1989.11.17 도두지구, 팽성지구 농지반환투쟁(세종대 농성 65일)
			1988.12.26. 수세거부 1차 결의대회
			1988.12.26. 평택농민회창립준비위원회 발족
			1989.1.10. 수매거부 2차 결의대회(500여 명 참여)
			1989.9.6.『평택농민신문』창간호 발행
			1991.5. 수입개방저지와 UR 재협상을 위한 국회농성 투쟁 참가
			1992. 대선시 벼적재투쟁, 국민회의결성, 공감단활동
포천군(시)	1989	이윤희	1989. 포천군농민협회 창립

농민회	창립일시	초대회장	비고
농민회			1988.2.29. 농촌의료보험제도 시정촉구집회(300여 명 참여) 1989.8.22~23. 쌀값보장 서명 1천 명 참여 1989.8.31. 경기도농민운동연합준비위 가입 1990.4.4. 전농경기도연맹 창립을 위한 1차 준비모임 참여 1990.5.3. 2차 준비모임 도연맹 기능과 재정에 관한 결정 1992.6.18~19. 도연맹활동가수련회
화성군(시) 농민회	1990.7.10		1977.2.24. 가톨릭농촌여성회화성발안사창공소−농촌 부녀회활동, 합리적인 가사, 신앙생활내용 1978. 화성발안 농촌여성문제 교육 1987. 화성군농민협회 창립 1989.3.27. 농민생존권확보를 위한 화성영농발대식 1989. KBS 시청료 납부거부운동, 특용작물 천만 원 이장 독식문제 해결 1988. 전국수세폐지대책위 준비위에 참여해 수세부당함 홍보−수세거부운동 1990.4.4 도연맹준비모임 1992.6.19. 화성군농민회 소식지 창간호 발행

제5절 경기지역 농민운동의 특징과 의의

경기도의 본격적인 농민운동은 1972년 가톨릭농민회가 출범되면서 시작하였다. 경기가농이 결성돼 농촌의 민주화. 농업의 협동화. 농민의 의식화를 기치로 교육사업과 조직사업에 나서는 한편 가톨릭수원교구를 중심으로 가톨릭여성농민회가 결성되었다. 그러나 경기도는 서울과 인접했다는 지리적 특성에 의해 젊은 농민들의 도시 진출과 함께 도시자본의 유입이 어느 지역보다 빨랐고 이에 따른 농촌공동체의 붕괴로 농민운동이 자리잡는 데에 많은 어려움이 있었다. 이 같은 분위기 속에 가톨릭농민회 경기연합회는 "새생명운동"으로 위상을 전환하게 되었고 1980년대 후반 학생운동 출신의 젊은 청년들이 농촌으로 들어와 농민운동에 합세함으로써 농민운동은 탄력을 받지만 경기도 31개 시·군 중 8개 시·군에만 농민회가 조직되는 등 상황은 계속 열악했다.

그러나 이 같은 상황에도 불구하고 경기도농민운동은 한국농민운동사에서 남다른 의의를 갖는데 첫째는 여성농민운동의 모태가 되었다는 점이다. 1970년대까지 가톨릭농민회가 농민운동의 중심이 되는 가운데 여성농민들의 참여는 매우 제한적이었는데 수원교구를 중심으로 1977년 발족한 가톨릭여성농민회는 이후 전국여성농민회총연합의 전신인 전국여성농민위원회로 전화하여 한국여성농민운동을 이끌었다.

둘째, 농민운동의 주·객관적인 조건이 열악한 반면 수도권에 인접해 있다는 지리적 특성상 당국의 감시와 탄압은 오히려 강도 높게 전개됐다. 이런 가운데에도 안성군과 화성군을 중심으로 활발한 활동을 이어나가며 농협민주화, 소 값 피해 보상, 수입개방저지투쟁 등 전국적인 운동에 적극 동참하는 한편 1980년대 후반에 가서는 경기남부 민통련, 민주쟁취국민운동 경기도본부 결성에 농민운동 부문이 주도적으로 참여하면서 전체 민주화운동에서 기여하였다.

셋째, 당국의 탄압으로 대학생 농활이 시행되는 데에도 크고 작은 난관이 이어졌지만 1980년대 후반 안성을 시작으로 대학생 농활이 정착한 이후 연대의 강도는 다른 지역보다 높았다고 할 수 있다. 이것은 삼남 지방의 경우 상대적으로 거리가 먼 도시의 학생들이 농활에 참여한 데 반해 경기도는 지역 소재 대학의 학생 참여가 상대적으로 많았기 때문으로 평택에서 악덕지주 규탄시위에 학생들이 정기적으로 연대하는 한편 농민운동 조직 강화와 수입개방문제를 공동논의하기도 했다. 또 안성의 '좋은 쌀집'을 비롯해 농산물직거래운동의 확산에도 일정 부분 기여했다.

마지막으로 경기도는 농민운동을 비롯해 지배권력에 대한 직접적인 저항운동은 미약했지만 전체 농민운동의 허브 역할을 했다. 서울과 인접해 있고 수원 서울농대가 입지해 있어 활동가들이 모이기에 용이했고 이것은 전국적인 운동조직이 건설될 수 있는 토양을 제공했다. 이에 따라 경기도 농민운동은 서울과 중앙의 결정 사항을 다른 지역으로 전파함과 동시에 지역 상황을 중앙으로 집중시키는 매개 역할을 하였다.

제3장 교육운동

제1절 교육민주화운동의 태동

1. 5·10 교육민주화 선언과 경기교사협의회의 결성

1970년대 말부터 1980년대 초에 비공개 소모임 활동으로 진행되던 1982년 교육운동은 1월 5일~7일 서울 다락원에서 한국 YMCA 중등교육자협의회 (이하 'Y교협')를 구성하면서 부분적인 공개운동으로 전환했다. 경기도에 서는 평택이 1984년 3월 3일, 성남이 1984년 6월 2일에 YMCA 교사회가 조 직되면서 참여 인원을 확대해 나갔다. 이후 'Y교사회'에 대한 당국의 탄압 이 이어지는 가운데 교육운동의 전기를 제공한 것은 1986년 1월 15일 '행 복은 성적순이 아니잖아요.' 라는 내용의 유서를 남긴 서울사대부여중 3학 년 학생의 자살이었다. 사회적으로 큰 파장을 일으키면서 교육현실의 개 선을 과제로 던진 이 사건은 이후 1986년 5월 10일 '교육민주화선언'과 5월 15일 민주교육실천협의회 결성으로 이어지면서 교육민주화운동을 점화시 켰다. 당시 경기도는 수도권임에도 불구하고 지역의 독자적인 교사운동을 전개하지 못하고 있는 상황이었으나 평택 Y교사회와 성남 Y교사회를 중심으로 이근 지역 교사들이 결합해 교육민주화선언에 소규모로 참여하고 학습모임을 갖는 등 독자적인 활동을 모색해가고 있었다.

전국적 교사모임이 결성되고 지역별 활동이 본격화한 것은 1987년 6월 민주항쟁 이후 사회민주화 분위기 속에 전국교사협의회(이하 '전교협')가 창립되고 부터였다. 1987년 9월 27일 창립한 전교협은 기존의 Y교협 지방 조직을 근간으로 시·도 교사협의회를 구성해 나갔고 경기도에서는 1987년 10월 25일 부천 산돌교회에서 50여 명의 교사들이 참가한 가운데 오원석·김민수를 공동회장으로 경인교사협의회(이하 '경기교협')가 창립했다.

전교협이 상층단위의 조직 활성화에 중점을 두고 사업을 전개하는 동안, 단위학교 현장에서는 평교사들이 자발적으로 필요성에 의하여 평교사협의회(이하 '평교협')를 조직해 나갔다. 경기교협(회장 이상선)은 창립 이듬해 11월 13일까지 부천, 안산, 시흥, 의정부, 동두천, 성남, 광주, 여주, 이천, 수원, 화성, 평택, 송탄, 구리, 남양주 등 22개 시·군에서 지역교협을 결성했고 평교사협의회도 1987년 6월 27일 도내에서 처음으로 화성군 오산여종고에서 결성된 뒤 1988년 말까지 22개 학교에 결성됐다.

창립 다음해인 1988년 8월 8~9일에는 양평 가톨릭캠프장에서 100여 명의 교사들이 참석해 합법적 노동조합의 건설을 통한 노동3권의 보장과 교장선출임기제, 교무회의 의결기구화, 교육자치제의 실시를 위한 교육법, 노동법 개정운동을 전개하기로 결의했다. 창립 1주년을 맞는 10월 29일에는 수원 서울농대에서 교사 600여 명이 참석하여 기념식을 갖고 교육악법 개정 촉구대회를 가졌으며 1988년 12월 8일에는 수원의 장안 공원에 교사 250여 명이 모여 공화당 경기지부와 이병희 국회의원 자택을 항의방문하고 야당 3당이 교원노조법 단일안 마련을 촉구했다. 또 1989년에는 1월 4일에서 2월 4일 사이 30일간 초등 1정 연수를 받던 경기·인천지역 400여

경인교사신문(제4호: 1988.03.01.) 발행: 민주교육추진 경인교사협의회
(민주화운동기념사업회 오픈아카이브즈 00007794)

명의 교사들이 교육위원회의 연수출장비 부당지급을 이유로 이틀간 연수를 거부하고 서명운동을 전개했다. 경기교사협의회 대표단은 경기도 교육위 박윤섭 교육감을 면담하고 연수비 정상지급을 확답 받아냈으며 학교안전공제회의 개선, 학교 연가의 정상적인 운영, 학교 비민주적인 행정 개선, 교련탈퇴 교사에 대한 간섭 금지 등을 요구했다.

1989년 초부터는 교직원 노조 건설을 위한 구체적인 활동에 들어가 2월 25일 총회를 열고 전교협의 교직원노조 상반기 건설 방침을 천명하고 학생에 바른 교육실천 각종 사례비 및 학부모 촌지 거부 결의, 교련탈퇴운동의 지속, 교육환경 및 근무조건 개선, 학생·학부모와의 연대를 통한 교육법 개정운동을 전개하기로 결의를 했다. 이어 4월 8일에는 250여 명의 교사들이 수원 서울농대 학생회관에 모여 참교육 실천 결의대회 및 교직원노조건설 특별위원회 발대식을 가졌으며 4월 22일부터 23일 사이에는 시흥의 '작은자리'에서 노조건설추진을 위한 경기교협임원연수회를 실시하고 노조건설 선봉대와 후원회원 조직 방안 등을 논의했다.

한편 전교협에 포함되지 않는 유치원 교사들도 독자적으로 운동을 전개하는 가운데 1989년 2월 25일 경기도내 초등학교 병설유치원 전임강사 시군대표 50여 명이 경기도 교육위원회 4층 대회의실에 들어가 전임강사의 정규교사채용, 재임용제 폐지 등을 요구하며 농성을 벌이는 일도 발생하였다.

2. 평교사협의회의 결성과 사학민주화운동

전교협과 평교사협의회가 결성되면서 그간 누적돼온 사립학교 내 부정과 비리를 해결하기 위한 노력이 사학민주화운동으로 나타났다. 1987년 이후 본격화된 사학민주화운동은 평교사협의회의 일상적 학내민주화투쟁으로 나타나기도 했지만 학생들이 주도한 투쟁에 교사들이 동참하거나 졸업생, 학부모를 포함해 교육단체와 재야단체들과 연대하는 일도 있었다.

경기도에서 사학민주화운동의 효시가 되는 사건은 1985년 의정부 복지중·고등학교(복지학원 이사장 안채란)에서 발생했다. 당시 복지중·고는 해마다 40~50명의 교사가 수시로 바뀌는 탓에 고정된 시간표가 없고 학생들의 수업결손이 심한데다 빗자루 등 비품까지 학생과 교사들에게 부담시키고 있었다. 이에 3월 22일 전교생이 학교장 퇴진을 요구하며 농성을 시작했고 학교 측은 학생들의 소요 책임을 물어 교사 1명을 강제사직토록 했고 사회기관에 진정하러 갔던 교사 7명은 근무지 무단이탈 등을 이유로 해임한 데 이어 주임교사 4명도 직위해제했다. 해임교사들은 복직을 요구하며 단식농성을 전개했으며 이 과정에서 교사 2명이 실신해 입원하기도 했다. 복지중·고의 이 같은 투쟁은 지리한 법적 공방 끝에 실질적인 이득이 없이 끝나고 말았지만 사학 비리에 대한 사회적 경종을 울리는 한편 학생과 교사가 연대해 재단 측과의 공방을 운동 차원으로 승화시켰다는 데 의의를 가졌다.

1987년 경기도의 사학민주화투쟁은 6월민주항쟁 직후인 7월 1일 경기도 파주여종고(학교법인 광일학원 이사장 박광일) 학생들의 투쟁으로 본격화되었다. 학생들은 학교장 사퇴, 재단비리 시정, 학내 민주화의 구체적인 내용 12개항을 내걸고 운동장 농성을 개시했다. 이 과정에서 10여 명의 교사들이 양심선언을 하고 학부모 수십 명이 동참했을 뿐 아니라 민교협, 여성의 전화 등 지역의 사회단체들이 공동대책위원회를 구성하여 지원했다. 8월 20일까지 50여 일간 진행된 투쟁은 이사장과 교장의 퇴진, 폭력 및 비리교사 6명 퇴출, 상치교사 원상회복, 교사 10명 증원, 직선제 학생회 구성이라는 결실을 낳았다.

1988년에는 여주군 가남면 심석리에 위치한 소규모 농어촌학교인 여주동중과 여주상고에서 해를 넘기는 투쟁으로 도내외의 주목을 받았다. 수산학원 소속의 두 학교는 다른 농촌학교들과 마찬가지로 시설투자가 거의 없고, 교사수급조차 어려운 상황이었는데 1988년 10월 12일 정○○, 박○○ 교사의 양심선언을 계기로 중고교 교사 50여 명 중 36명이 참여하는 평교사협의회가 결성하고 학생회와 함께 재단 측에 학내 민주화와 학교발전을 위한 건의서를 전달하였다. 이에 재단 이사장은 평교사협의회의 인정은 물론 건의사항을 모두 들어주겠다는 각서를 썼지만 실행을 미루다가 1989년 2월 재단과 교사 사이에서 고민하던 상고 교장이 사임하자 신임교장을 앞세워 교협 소속 교사들을 담임 배정에서 제외시키는 등 보복을 시작하였다. 그러나 장학금 혜택을 대폭 축소하겠다는 발표가 난 뒤 학생회 주도의 수업거부를 시작했고 수업거부의 장기화에도 불구하고 재단 측이 교사들에 대한 회유와 이간질, 고소고발 등 와해공작에 치중하자 학생 대표단은 이사장이 상임감사로 있는 건국대로 전교생 상경투쟁을 하기로 결정하였다. 학생들은 이사장 면담을 성사시키기 위해 교장 면담을 진행했는데 이 과정에서 학교 측은 학생들을 자극하여 교장을 폭행하도록 유도하는 한편 또 학생들의 교장 폭행이 평교협의 사주라고 여론몰이를 하였다. 학생회 임원 3명이 구속된 가운데 평교협 교사들은 학부모, 교장, 교육청이 참여하는 학생석방대책위원회를 꾸렸고 학생 석방을 위해 수세적인 입장에서 학교정상화를 위한 합의서를 재단과 4월 10일 작성하였다. 이후 석방된 학생들은 무사히 졸업할 수 있었으나 당시 전교조 와해에 혈안이 되어 있던 정부와 교육당국의 전폭적 지원에 힘입은 재단은 여름방학 직후 교사들을 징계하기 시작했고, 결국 교사 25명을 모두 파면 또는 직권면직시켰다.

제2절 교육민주화운동의 도약

1. 전교조 경기지부 결성과 당국의 탄압

1989년 5월 14일 연세대학교 노천극장에서 서울, 경기, 인천지역이 연합하여 전국 교직원노동조합 발기인대회 및 전국교직원노동조합(이하 '전교조') 준비 위원회 발대식을 개최하고 일주일 뒤인 5월 28일 전국교직원노동조합 결성식이 개최되었다. 이날 결성식은 당초 예정된 한양대가 경찰에 의해 원천봉쇄됨에 따라 연세대, 한양대, 건국대에서 분산개최 되었는데 교사 567명을 포함해 모두 1,082명이 연행되었다. 경기 지역에서는 교사 400여 명이 참가해 다수가 연행되었다.

전교조 결성 이후 경기도도 발 빠르게 지부 결성에 착수했다. 1989년 6월 2일 전국 최초로 구리·남양주지회(지회장 김영웅. 이하 같음)가 건설된 데 이어 5일 안산·시흥지회(공석), 8일 안양·군포지회(문태순), 9일 평택·송탄지회(경주현), 19일 의정부지회(김종만), 동두천·양주지회(이강기), 연천지회(이종천), 부천지회(이성인), 20일 고양·파주지회(이곤), 성남지회(전현철), 21일 화성지회(조원주), 23일 수원지회(박정근), 24일 여주지회(김강수), 안성지회(이방영), 26일 광명지회(이우영), 29일 이천지회(최관집), 30일 광주지회(박종곤)가 건설되었으며 강화·김포지회가 준비위원회를 결성했다.[93] 또 학교단위 분회는 6월 8일 안양예고를 필두로 양정여중, 양정여종고, 이천고, 이천농고, 양명고, 부천 소명여고, 성남 송림고, 효명종고, 풍생고, 여주동중, 여주상고 등에서 잇달아 결성되었다.

이 같은 지회 및 분회 결성을 바탕으로 1989년 6월 14일 전교조 경기지

---

[93] 양평, 가평, 포천지역은 전국적인 결성시기에는 미결성 지역으로 남았다.

부(초대 지부장 박창규, 안양예고)가 결성되어 본격적인 활동에 들어갔다. 전교조 경기지부는 결성식에서 "4만 경기 교직원이 경기 교육의 주체로 우뚝 서겠다는 엄숙한 선언이며 민족, 민주, 통일, 인간화 교육을 위한 힘찬 외침이며 참교육 운동을 뜨겁게 전개해 나가겠다는 의지를 겨레와 민족사 앞에 명명백백히 밝힌다"며 "4만 경기교직원은 반민주적인 교육제도와 학생과 학부형의 참 삶을 가로막는 모든 교육현실을 타파할 것"이라고 선언했다. 또한 "학부모 및 경기도민께 드립니다"라는 글을 발표하고 아래와 같이 다짐했다.

첫째 : 열악한 교육환경을 개선하겠습니다.
교육세가 제대로 쓰여 과밀학급을 해소하고 학교시설을 획기적으로 개선하겠습니다. 또한 각종 명목의 교육비를 일소하고 육성회비 등을 국가에서 부담토록 해서 학부모의 과다한 교육비를 경감토록 하겠습니다.

둘째 : 학교를 사랑과 우애가 넘치는 인간교육의 현장으로 만들겠습니다.
살인적인 입신출세주의 교육으로 인해 유치원부터 경쟁과 점수 따기 교육에 시달려 학생들을 죽음의 길로 내몰고 있습니다. 이에 교직원노조 경기지부는 우리 학생들을 이웃과 더불어 사는 공동체적 삶의 소중함을 일깨워서 참인간으로 키우도록 하겠습니다.

셋째 : 경기교육의 뿌리를 찾도록 하겠습니다.
국립사대가 없는 것으로 인해 경기교사들은 거의 타도출신 교사들을 채용함으로 인해 빚어지는 각종 모순점을 타계토록 할 것이며 학생들에게 경기인 이라는 긍지와 자부심을 심어 고향과 이웃을 사랑하는 정신을 기르도록 하겠습니다.

넷째 : 교직원노조는 교직원의 치우개선에 노력을 기울이겠습니다.
교사의 교육환경은 학생들의 교육에 직결되는 것인 만큼 교직원의 근무조건을 개선해 교육의 질은 높이고 교직원의 사기를 강화하겠습니다.

다섯째 : 교육의 자주성과 정치적 중립성을 지켜 교사가 진리와 양심에 따라 교육할 수 있는 여건을 마련하겠습니다.

지부 건설이 예정대로 속속 진행된 것과는 달리 전교조는 결성 직후부터 모든 공권력이 동원된 강도 높은 탄압에 직면해야 했다. 6월부터 곳곳에서 부당징계가 행해졌으며 이에 경기지부는 7월 11일부터 15일까지 '전교조 탄압 저지와 부당징계 철회 및 구속교사 석방 촉구를 위한 단식농성'을 전개했으며 지회별 항의도 이어졌다. 고양·파주지회 15개교 30여 명을 비롯해 평택·송탄지회, 성남지회, 부천지회, 안성지회, 안양지회, 이천지회 등에서 리본을 달고 수업을 하거나 교무실 또는 지회 사무실에서 철야농성과 단식농성을 전개했다.

7월 26일부터는 전교조 교사에 대한 부당징계와 탄압을 전 국민들에게 알리고 조직을 사수하기 위하여 명동성당에서 전국의 700여 명 교사가 참가한 가운데 단식농성을 시작했다. 8월 5일까지 진행된 농성에 경기지부에서는 조합원 102명이 철야농성을 지원하거나 단식에 참가했으며 8월 1일에는 경기지부 가족회(회장 손영미)가 명당성당 단식장을 위로방문했다.

그러나 이 같은 저항에서 불구하고 9월 초까지 전국적으로 1,519명의 교사가 파면·해임되고 42명이 구속되는 가운데 경기도에서는 파면 14명, 해임 44명, 직권면직 29명 등 모두 87명이 교단을 떠나게 됐다. 전교조 경기지부의 탄압 사례를 살펴보면 다음과 같다.

남궁경 교사(파주 금곡국), 신보선 교사, 이미경 교사(파주 금신국), 김영원, 국경완, 윤점자 교사(문산종고), 이곤 교사(봉일천중), 이용우(부천 역곡중), 박정근 교사(수성중), 김영웅 교사(구리국) 등은 전교조 결성에 가담했다는 이유로 국가공무원법 위반, 집시법 위반 혐의로 형사 고발되어 조사를 받는 등 수많은 고초를 당했다.

경주현 교사(평택 한광여고)는 교사의 수업내용 및 교육활동에 관하여 일방적으로 매도하는 문서를 학부모들에게 배포하여 정교사를 의식화 교사로 매도하여 전교조 가입을 음해하였고 당시 전교조 경기지부 사무국장을 맡고 있던 박정근 교사(수성중)의 친동생을 경기도교육위원회는 수원 연무중학교로 신규발령을 통지했는데 폐결핵이라는 이유로 발령을 취소시켰다. 이는 실제로 전교조에 대한 보복행위로 비열한 인사 조치로 규정하고 있다.

연천국교 송민성 교사가 몸이 아파서 조퇴를 요구했으나 학교장은 송 교사가 전교조 조합원이라는 이유로 조퇴를 허락하지 않아 쓰러져 병원에 입원했는데 급성장염으로 진단 받았다.

이렇게 학교장들의 교사의 기본 인권을 무시하는 사례는 각 급 학교에서 빈번히 속출했으며 오직 전교조 탄압을 위한 감시·감독차원에서 이루어졌다고 볼 수 있다.

조원주 교사(오산고)는 교장이 전교조 탈퇴를 끌어 낼 목적으로 고혈압으로 와병 중인 조 교사의 모친에게 '이대로 두었다가는 큰일 난다', '파면되면 어쩌려고 하느냐' 등으로 자극하여 모친이 쓰러지는 사건도 발생하였다.

연천 전곡고 하봉호 교사의 경우 부친이 경찰관 신분이라는 점에 주목하여 교장이 부친에게 신분상 불이익이 있다고 탈퇴각서를 쓰도록 종용했다.

부천 소명여고 김석주 교사의 경우 부친이 초등학교 교장인 점을 이용하여 학교로 부친을 호출하여 탈퇴각서를 쓰도록 권유하는 사례도 있다.

또한 광주군 교육장은 하남시 동부여중 홍명숙 교사에게는 남편(하남 광주지회장 박종곤)을 전교조에서 탈퇴시키지 못하면 가평군으로 인사발령을 내겠다고 협박하며 집요하게 전교조 탄압을 진행해 갔다.

동두천 중학교에서는 정체불명의 교원노조 비방 유인물을 학교에 대량 살포하고 특히 방학식이 끝난 후에 교장은 소집된 반장들을 통해서 각 반 학생들에게 비방유인물을 배포하도록 지시하는 일이 발생하여 학교에서 상식이 통하지 않는 상황에 이르기도 했다.

1989년 12월 7일 '수원지역 경기도학력고사 폐지 추진위원회'에서는 수원시내 6개 학교 169명의 교사서명을 받아 경기도교육위원회 교육감에게 청원서명을 제출한 후 서명교사 소속의 학교장을 통해서 진상조사에 나섰다. 이들 교사들은 청원서내용에서 도학력고사는 정상적인 학교교육을 파괴하고, 획일적인 평가방식에 문제가 있으며, 지역 간, 학교 간, 교사 간의 평가수단으로 악용될 소지가 많으며 도학력고사의 타당도에 문제점이 있으므로 폐지해야 한다고 주장했다. 해당학교 교장들은 경기도학력고사폐지서명에 참여한 교사들이 '교원노조와 관련되지 않았다'는 각서제출을 요구하는 등 전교조 탄압을 지속적으로 진행했다.

2. 전교조 탄압과 지역사회의 대응

전교조에 대한 당국의 탄압은 초기부터 거센 저항에 직면해야 했다. 전교조 소속 교사들에 대한 회유와 징계를 비롯해 온갖 탄압이 퍼부어졌지만 교사들의 저항에 학생들이 가세하기 시작했으며 학부모와 졸업생을 비롯해 지역사회단체들도 전교조 탄압저지와 참교육 실천을 위한 공동대책위원회(이하 '전교조공대위')를 결성해 연대투쟁에 동참했다.

전교조 소속 교사들에 대한 징계에 학생들이 집단적으로 항의하는 일은 1989년 6월 22일 연천군 소재 전곡고등학교에서 시작했다. 전곡고 학생 650여 명은 이종천 교사의 징계철회를 요구하며 체육관에서 농성했고 이에 학교 측은 면사무소와 경찰서의 조력 속에 학생들의 등교를 저지했다. 이 과정에서 자유수호총연맹 연천지회 회원들이 학교로 난입하여 전교조 소속 교사에게 폭언을 일삼고 지역주민들이 그 같은 일을 방임하는 등 휴전선 인근이라는 지역의 특수상황이 반영되기도 했다.

이어 7월 13일에는 평택 청담종고 학생 1,500여 명이 교사의 징계철회를 요구하며 오전 10시부터 12시까지 수업을 거부하고 운동장에서 항의농성을 했으며 평택여중에서는 55명의 학생이 교사 단식에 동참하기도 했다. 8월 3일에는 여주동중의 학생들의 서명운동을 전개하는 한편 징계철회를 하지 않으면 자퇴서를 제출하기로 결의했고 같은 사립재단인 여주상고에서는 학생들이 등교를 못하게 기숙사를 폐쇄하자 마을 별로 자퇴서를 수거하는 작업을 진행하면서 교사들의 부당징계 철회와 학원민주화의 이행을 요구했다. 8월 23일에는 성남 박동수 교사의 출근투쟁을 용역, 육성회장, 새마을부녀회 회원들이 저지하는 가운데 육성회장이 욕설을 하는 상황이 발생하자 이를 지켜본 학생 200여 명이 수업을 거부하고 운동장으로 나갔다. 학생들은 박동수 교사의 정상출근과 담임권 부여를 요구하고 학생징계철회 등의 구호를 외쳤는데 이를 제지하기 위하여 경찰 1개 중대가 출동했다. 8월 28일에는 성남시 야탑동 소재 송림고(교장 소명윤)에서 학생 600여 명이 2교시부터 2시간 동안 전현철(국어) 교사에 대한 부당징계 철회요구를 하며 운동장에서 시위를 했다

일산종고에서는 교사 징계에 맞선 학생들의 농성이 수일간 계속돼 주도 학생이 구속되는 일도 벌어졌다. 8월 25일 일산종고의 조관행, 임정철 두 교사가 해임되자 3학년 학생 100여 명이 징계철회를 요구하며 도서관 농성을 시작하고 수업 거부를 결의했다. 농성 및 수업 거부는 31일까지 이어졌으며 학교 측이 유관기관 공무원들을 동원해 집집마다 전화를 걸어 시위 참여 학생들의 학부모들을 위협하였고, 그 과정에서 실신하는 학부모도 발생했다. 그러나 학교 측의 반교육적이고 비도덕적인 행태는 계속 이어져 사태가 소강상태에 접어들 무렵인 9월 19일 시위와 농성을 주도한

학생회 부회장 유민수 군이 2교시 수업 중 교내에서 수갑이 채워진 상태로 고양경찰서에 강제 연행되기도 했다. 당시 교장 이만종은 학생을 고발한 후 경찰서로 도망가는 등 교육자이기를 포기한 행위를 서슴지 않았다.

학교를 벗어나 지역사회 차원의 연대는 학부모, 노동자, 농민, 시민사회, 교수, 종교계 인사들이 동참해 결성한 전교조 탄압저지와 참교육 실천을 위한 공동대책위원회(이하 '전교조공대위')가 중심이 되었는데 경기도에서는 경기북부와 경기남부 공대위가 각각 발족했다.

1989년 7월 29일 성남에서는 주민교회에서 30여 명이 모여 성남공대위(대표 구행모 목사)를 결성하고 활동에 들어갔으며 같은 날 구리시 주민교회에서는 90여 명이 참석한 가운데 구리·남양주·미금 지역 공대위가 결성됐다. 또 8월 3일에는 고양민주실천주민회, 경기북부민연, 경기북부정의평화실천목회자협의회, 파주민우회 등 단체들이 모여서 공대위를 구성했고 같은 날 안양시에서는 돌샘교회에 약 60여 명이 모여 이대수 돌샘교회목사, 홍대봉, 권오삼, 최준현, 이종대 씨를 공동대표로 선출했다.

지역 공대위가 잇달아 결성되면서 경기남부 공대위도 8월 5일 발족했다. 아주대 소강당에서 열릴 예정이었으나 경찰의 원천봉쇄로 수원 서울농대 학생회관으로 장소를 옮겨 개최된 발족식에는 노동계, 시민사회, 농민, 종계, 학계 인사 200여 명이 참석했고 공동대표로 박종화(학계), 박영모(종교계), 김쾌상(재야), 임석순(노동계) 씨가 선출되었다. 이어 7월 30일에는 경기북부 공대위가 발족했으며 9월 12일 신흥전문대 총학생회 후원으로 참교육실현을 위한 의정부 지역 문화공연을 진행하려다 경찰 600여 명의 원천봉쇄로 무산되기도 했다. 이날 경찰의 무자비한 연행 과정에서 김승권, 최호섭, 양한승, 김헌정 등이 중경상을 입었으며 이에 지역주민들은 '의정부경찰 살인테러행위 규탄대회'를 이어나갔다.

9월 8일에는 부천 삼정동 성당에서 부천시민 및 학부모 800여 명이 모인 가운데 부천공대위가 결성됐다. 전교조 사수와 참교육 실현을 위해 학부모와 학생들의 투쟁을 적극 지원하기로 결의한 부천공대위는 11월 25일~26일 부천 가톨릭대 소강당에서 "불량제품들이 부르는 희망노래" 공연을 통해 전교조 사수 기금 마련에 동참하기도 했다.

9월 24일에는 '전교조 탄압 저지와 합법성 쟁취를 위한 제2차 범국민대회'를 전국 공대위 차원에서 참여했고 10월 8일 진행된 '노동악법 철폐 및 전노협 건설을 위한 전국노동자등반대회'에는 성남지회 교사 10여 명을 비롯해 서울·경기·인천 지역의 교사·학생·가족 등 400여 명이 참여해 서울 도봉구 수유동 4·19묘지 앞 도로에서 대형 전교조 깃발을 앞세우고 수유 전철역까지 평화행진하며 시민들에게 홍보물을 나눠 주었다.

1989년 10월 29일에는 참교육을 위한 국민걷기 대회가 전국의 45개 지역에서 4만여 명이 참석한 가운데 진행되었는데 경기도에서는 2개 권역으로 나누어 수원, 성남에서 800여 명이 걷기대회에 동참했다. 수원지역에서는 해직 및 현직 교사 50여 명 등 총 400여 명이 결합하여 오전 10시부터 성빈센트병원에서 출발하여 유인물을 배포하였고 성남지역에서는 교사 및 단체에서 350여 명이 참석하여 신구전문대에서 경원대까지 행진을 했으며 고양·파주지역에서는 교사 15명을 포함 150여 명이 시내에서 홍보전을 하고 항공대에서 마련한 고양민주대동제에 참가했다. 또 수원·화성군 일대 학교장들이 10·29 걷기대회 참가자들에게 경고를 주거나 각서제출을 강요하는 일들이 벌어져 참가교사들의 공동대응하기도 했다.

3. 학부모의 교육 주체 선언과 참교육학부모회의 결성

전교조 교사에 대한 당국의 탄압에 학부모들도 공동대응하기 시작했고 이 과정에서 학부모도 교육의 한 주체로 교육민주화운동에 동참해야 한다는 자각 속에 학부모 조직이 결성돼 독자적인 활동을 개시했다. 각 지역에서 일어난 이와 같은 활동을 배경으로 1989년 9월 22일 참교육을 위한 전국학부모회(이하 '전국학부모회')가 창립하였으며 경기도에서는 전국학부모회의 창립 전후로 지역 학부모회가 결성돼 독자적인 활동을 전개하거나 전국학부모회와 연대했다.

전국학부모회의 결성 이전부터 활동을 시작한 지역은 의정부와 부천이었다. 의정부학부모회는 1989년 6월 21일 지역 학부모 15명이 의정부 YMCA에 모여 발기인대회를 갖고 전교조 교사 징계 철회와 탄압 저지에 학부모가 나서야 한다고 결의하였다. "이제 학부모들이 자기 자식만 위하여 위기주의에서 벗어나 선생님들과 참교육을 실천할 것"을 선언한 의정부학부모회는 이후 배영초등학교 김종만 교사의 직위 해제에 대한 규탄을

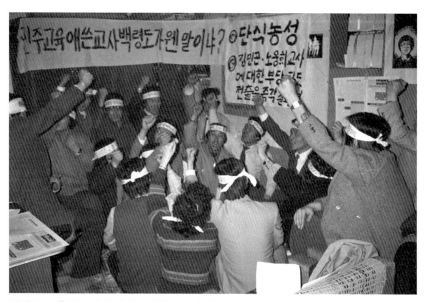

김민곤, 노웅희 교사의 백령도 전출에 대해 항의 구호를 외치는 민교협 회원들(1987.03.07)
(민주화운동기념사업회 오픈아카이브즈 00701270. 원출처: 박용수)

시작으로 지역 전교조 소속 교사들을 지원하는 한편 경기북부 지역 학부모운동을 이끌었다. 부천 지역은 1989년 6월 21일 지역 학부모 150여 명이 부천 삼정동 성당에 모여 '부천지역 학부모 전교조 지지 및 참교육 실천대회'를 개최한 뒤 학부모 10여 명이 직위해제 중인 전교조 부천지회장 이성인 교사가 교실에서 수업을 진행할 수 있도록 지원하는 활동을 전개했다. 한 달여 뒤인 7월 31일에는 부천학부모회(공동대표 지성수, 오미령)를 결성하고 낡은 교육환경, 빈약한 교육재정, 교육세의 전용 등 산적한 교육문제의 근본적인 해결을 위하여 적극 대응할 것을 결의했다.

전국학부모회의 결성 뒤인 9월 30일에는 안양학부모회(염동권, 동정교회 목사)가 창립했다. 안양 우리교회에서 학부모와 교사 등 40여 명이 참석한 가운데 개최된 창립대회에서 학부모들은 전교조의 실체를 인정하고 대화할 것을 교육당국에 요구하고 회원배가운동, 참교육에 대한 교육정례화, 참교육 홍보물 제작 등을 결의했다. 또 창립선언문에서 "극한적인 입시경쟁 위주의 교육은 아이들로 하여금 친구의 아픔을 이해하기보다는 친구를 밟고 일어서기를 강요하며 이기심을 조장하고 있다"고 지적하고, 교육부에 교육예산을 바로 쓸 것, 전교조 교사에 대한 구속과 파면을 철회할 것을 요구했다.

이어 11월 21일에는 성남 신흥동 수진동성당에 학부모 100여 명이 참석해 성남학부모회를 창립했다. 성남학부모회는 "학부모는 더 이상 방관자가 아닙니다." 라는 기치를 내걸고 전교조 지원활동을 전개하는 한편 교육의 한 주체로서의 독자적인 사업 방향을 설정하고 회원모집활동을 개시했다. 또 일상 활동으로는 월례강좌 개최(교육제도, 교육정책, 교육법, 교육풍토, 교과서내용 등), 교사·학부모간담회 개최, 돈 봉투 없애기 운동, 학용품·옷 등에 우리말쓰기 운동, 교육유해환경 없애기 운동(극장광고, 저질 만화, 퇴폐영화, 음란비디오 등), 올바른 교육정책 청원사업(교육세 바로쓰기, 열악한 교육환경 개선, 육성회비 반환청구 소송)등을 전개하였다.

4. 경기·인천 민주화교수협의회 창립과 전교조 지원

민주화를 위한 전국교수협의회(이하 '민교협')도 전교조 지원에 나서는 한편 연대활동을 전개했다. 1980년대 중후반 초중고 교사들의 교육민주화 운동이 전교협과 평교협 중심으로 전개됐다면 대학교수들은 1987년 6월 26일 민교협을 결성해 독자적인 운동을 전개했는데 경기도에서는 전교조 지원 과정에서 민교협 경기지부가 결성되었다.

민교협은 전교조 출범 이후 정지환, 유승원, 안병욱 교수 등 440여 명이 전교조 조합원으로 가입하여 대학위원회를 구성하고 박현서 한양대 교수가 전교조 부위원장을 맡아 적극적으로 전교조 지키기에 나섰다. 경기지역에서는 경기대 8명, 한신대 25명, 가톨릭대학교(구 성심여대) 3명이 전교조 경기지부 소속으로 가입하고 지역공대위원회의 활동에 참여했다. 노태우 정권은 교수들과 분리해 교사들만 대량 해직시키는 등 분열책을 꾀했으나 교수 노조원들은 조합원비와 후원회비로 해직 노조원들에 대한 재정 지원을 담당했으며 이와는 별개로 민교협 차원에서 해직교사 원상복직을 위한 사회단체연대조직의 결성과 범국민서명을 적극적으로 전개했다.

전교조 지원 과정에서 활동력을 강화한 민교협이 1989년 1월 서울지회와 경인지회를 두기로 함에 따라 1989년 7월 7일 민교협 경인지회도 본격적으로 출범하였다. 1988년 2월 경기대학교, 아주대학교, 한신대학교, 가톨릭대학교에서 교수협의회, 교수평의회, 평교수협의회 등이 창립된 이후 7월까지 경인지역의 민교협 회원은 모두 78명이었다. 경인지역의 민교협 회원들은 1989년 6월 19일과 28일, 두 차례에 걸쳐 대의원회의를 열고 민교협 경인지회를 출범시켰으며 공식 명칭은 '인천·경기 교수협의회'였다. 가톨릭대학교 18명, 경기대학교 26명, 대림공업전문대학 7명, 인천대학교 2명, 인하대학교 21명, 한신대학교 35명 등 6개 대학 109명이 가입했으며 이후 세무대학, 정신문화연구원, 수원대학교, 서울신학대학교에서 추가로 경인지회 분회를 설립했다.

민교협 경인지회는 창립선언을 통해서 '사회민주화와 교육민주화의 실현'을 천명했으며 전국사업에 최대한 협력하기로 결의하고 초대 지회장으로 인하대 임명방 교수(사학과)를 선출했다. 총무는 최원식 교수(인하대)가 맡았으며 지회장은 인천과 경기가 번갈아 가면서 1년씩 하고 부회장은 차기 지회장을 맡을 학교에서 선출했다.[94]

경인지회는 창립초기 일정한 조직적 성장을 거뒀으나 1990년대 들어 대림공전, 세무대, 정신문화연구원, 수원대, 서울신학대학 등의 분회가 학교 안팎의 압력으로 해체되었고 경인지회의 유력한 기반이었던 인하대와 경기대의 소속 교수들이 정년퇴직하면서 조직세가 감소하고 활동력도 급격히 저하되었다. 이와 함께 경인지역의 지리적 특성상 지역 네트워크를 통한 활동보다는 서울 중심의 활동에 치우친 것도 경인지회의 침체 이유로 꼽을 수 있다. 이 같은 상황에서 초창기와 같은 분회활동이 계속된 부천 소재 가톨릭대학교의 경우 꾸준히 활동과 역량으로 주목을 받았다. 민교협 출범 당시 17명의 회원으로 시작한 가톨릭대학교는 이후 22명까지 회원이 늘어났다.

창립 당시 전국적 사업의 적극적 연대를 결의한 민교협 경인지회는 덕성여대 부당 재임용 탈락 반대투쟁 지원(1990년), 해직교수 원상회복 복직투쟁 전개(1990년), 명지대학교 대학생 강경대군 치사사건 관련 성명서 발표(1991년), 교육법의 민주적 개정을 위한 토론회 개최(1990년) 등의 활동

---

94) 2대 경인지회장(1990년 7월~1991년 6월)에는 유승원 교수(가톨릭대)가 선출되었고, 총무는 채옹석 교수(가톨릭대)가 맡았다. 3대(1991년 7월~1992년 6월)는 지회장 안현수 교수(경기대), 부회장 박영일 교수(인하대), 총무 이현창 교수(경기대)가 선출되었으며 4대(1992년 7월~1993년 6월)는 신황호 교수(인하대), 부회장 김윤자 교수(한신대), 총무 김영호 교수(인하대)가 역할을 했다.

에 동참했다. 특히 1990년 덕성여대 성낙돈 교수의 재임용 탈락 때에는 덕
성여대 농성장을 직접 방문해 지원활동을 벌였으며 1991년 동의대, 상지
대교수들의 교권탄압에 맞서서는 지지광고를 게재하기도 했다. 또 1991년
5월 강경대군 치사사건이 계기가 된 '5월투쟁'에는 가두시위에 참여하는
한편 서울지회와 함께 11일간의 농성을 전개하였다.

제3절 교육민주화운동의 발전

1989년 8월 말까지 '국가공무원법 위반'과 '사립학교법 위반'으로 전국의
교사 1,528명이 강제 해직되자 전교조 중앙위원회는 대대적인 후원회원
조직에 들어가는 한편 조합원 명단을 비공개로 전환해 조직 확대의 편의
와 현장활동의 실리를 도모했다. 이 결과 1989년 5월 발기인대회 당시
17,143명에서 9월경 3,034명으로 크게 위축되었던 회원 수가 1991년 1월
10,923명으로 다시 회복하였고 후원회원도 전국적으로 31,498명이 조직되
었다. 이에 따라 전교조는 비록 합법성을 쟁취하지는 못했지만 법외노조
의 위치에서 공개적인 대중활동을 전개해나갈 수 있게 되었다.

1990년 초에는 전교조 결성 이후 처음으로 위원장단과 시·도지부장,
시·군지회장 선거를 치르면서 전교조의 조직력을 다지고 대중조직사업의
기반을 확보했다. 2월 1일부터 시작된 선거운동기간을 통해 각 지회별로
대대적인 현장 방문과 홍보활동이 전개되었으며 교육현안에 대한 선전과
토론도 활발하게 이루어졌다. 경기지부도 조합원 직접선거를 통해서 임기
1년의 2대 지부장으로 전현철 교사를 선출했고 12월에는 현장강화와 교육
법 개정투쟁 등을 공약으로 내건 박정근 교사와 우종심 교사를 제3대 경
기지부장과 수석 부지부장으로 각각 선출했다.

1991년에는 30년 만에 부활된 지방의회선거에서 전교조 소속 교사들이 조직적으로 출마해 지방자치와 교육자치의 중요성을 홍보했다. 이것은 해직교사의 경우 선거 출마가 가능하다는 이점을 활용한 것으로서 선거라는 열린 공간을 통해 전교조의 의미와 활동 상황을 유권자들에게 알림으로써 전교조 합법화의 토대를 만들어내는 것을 목표로 했다. 경기도에서는 의정부와 성남에서 김종만, 전현철 두 명의 교사가 교육개혁의 공약을 내걸고 시민후보로 출마했다. 이들은 비록 기성 정치의 벽을 넘지 못하고 낙선했지만 선거 기간 중 합법적인 선거운동을 통해서 교육개혁의 중요성을 홍보하고 학부모 및 지역주민들과 참교육에 대한 공감대를 형성하는 장을 만들었다.

1991년 들어 더욱 강화된 노태우정권의 공안탄압에 맞서 전교조는 5월 10일 전국 165개 지부·지회별로 '노태우 정권 폭력 규탄 및 교육자치 쟁취를 위한 교육자치 선포대회' 열고 노태우정권 타도투쟁에 동참했다. 전·현직교사 1만여 명이 참가한 선포대회에서 전교조는 "민자당은 주민자치와 학교자치를 배제한 허구적인 교육 자치로 진정한 교육 자치를 부정하고 있다"면서 "교사들은 더 이상 방관하지 않고 교육자치 쟁취투쟁에 나설 것"이라고 결의했다.

또 5월초부터 각계각층에서 이어진 시국선언에는 전국적으로 전교조 소속 5,000여 명의 교사가 동참했는데 경기지역에서는 8일에 첫 번째 시국선언을 발표한 뒤 25일에는 초중고교 현직교사 265명이 두 번째로 시국선언을 발표하고 근본적 민주개혁 단행, 5·26 전국교사대회 보장, 해직교사 원상복직, 교무회의의 의결기구화 등 학교자치 보장 등을 요구했다. 교사들은 이날 성명에서 "전교조 교사들을 거리로 내쫓은 장본인인 정원식 전 문교부장관을 총리로 임명한 현 정권의 안이하고 기만적인 조처에 경악한다"면서 "참다운 민주화를 위한 근본적 개혁과 진정한 교육개혁을 촉구한다"고 밝혔다.

교육당국은 시국선언 참여교사에게 서명 철회를 강요하고 부당징계하는 것으로 맞섰다. 서명교사 5천7백여 명을 대상으로 가담 정도와 반성 여부를 확인해 7월 25일 열린 전국 15개 시도교육청 학무국장 회의에서 설득 거부자로 분류된 93명에 징계 강행을 의결했는데 경기도가 31명으로 가장 많았다. 이에 7월 30일 전국교사시국선언 대표로 참여한 포천 관인고교의 구희현 교사를 포함해 전국 10개 시·도의 시국선언참여교사 13명이 대표자회의를 갖고 '시국선언교사 탄압저지를 위한 공동투쟁위원회'를 구성해 대응하는 한편 이미 8천여 명의 교사가 참여한 징계반대 서명운동을 더욱 확산시켜 명단을 모두 공개하기로 했다.

시국선언 참여교사에 대한 징계가 여론 악화로 벽에 부딪히자 경기도 교육청은 교사의 학교생활을 문제 삼는 등 보복성 편법 징계를 강행했다. 8월 26일 시국선언에 참여했다가 철회각서를 제출한 광명시 서면국교 현호정 교사를 교원 품위손상 등의 이유를 들어 3개월 중징계 처분을 내린데 이어 광명중 현유영 교사에게도 같은 처분을 내렸다. 또 수원 매탄국교 학부모 교권침해 사건의 피해자인 홍인미 교사와 시국선언 대표교사인 포천 관인고 구희현 교사를 징계위원회에 회부했으며 포천 일동중 강태근·박혜련 교사, 이천 마장중 한수정 교사, 이천국교 문태호 교사 등에 대해 징계절차를 밟았다. 안양공교 김원자 교사를 여주 점동종고로 강제 발령하는가 하면 가평 조종종고 이종낙 교사를 양평군 교육청으로 강제 전출시키고, 수원 이목중 류귀현, 김흥목 교사에게도 강제전보 위협을 가했다.

교사들의 반발과 각계각층의 비난에도 불구하고 결국 10월 11일 구희현 교사를 시작으로 16일까지 경기도에서 9명의 교사가 해임되었고 전국적으로 20명의 교사가 해임되었다. 그러나 이 같은 탄압은 교육민주화의 전제로서 사회민주화에 대한 각성을 높이는 계기가 되면서 12월 1일 출범한

'민주주의 민족통일 전국연합'에 전교조가 참가하는 결과로 이어졌다. 경기도에는 전국연합 결성과 관련해 경기북부연합, 경기남부연합, 부천연합, 성남연합이 조직을 건설하고 활동을 전개하였는데 전교조 해직교사 다수가 주요직책을 맡고 활동에 참여했다.

1991년 12월에는 제4대 지부장선거가 치러진 결과 2년 임기로 정진후 지부장과 박종곤 수석 부지부장이 당선되어 활동을 시작했다. 1992년 전교조 경기지부는 현장중심의 활동을 복직투쟁 및 교육대개혁운동과 병행해 나가는 것을 사업 기조로 삼고 학교별로 소모임 조직, 지회 집행부의 현장 교사화, 학교방문의 일상화, 단위학교 비민주적인 민원해결, 교과소모임 적극 결합, 재정사업을 통한 사무실 운영비와 사업비 확충사업 등을 벌였다.

1990년의 '원상회복추진위원회', 1991년 '교사시국선언'으로 이어진 공개활동에 힘입어 1992년에는 교육대개혁과 해직교사 원상회복을 위한 전국추진위원회(이하 '전추위')를 현장 교사 중심으로 결성하였다. 경기도에서도 소명여고 박진영 교사를 위원장으로 추진위가 결성되어 '교육개혁과 해직교사 복직촉구 교사선언'을 조직하고 범국민서명운동 및 해직교사 복직촉구 일간지 광고게재 등의 활동을 전개했다.

전추위는 5월 공개 활동에 들어가면서 교육당국과 일대 마찰을 겪으며 당국의 징계 강행과 이에 맞서는 징계저지투쟁이 반복되었다.

6월 11일에는 '교육대개혁과 해직교사 복직 촉구 범국민운동본부'가 발족해 전국적인 서명운동에 들어갔다. 10월 14일 국회에 청원한 서명에는 사상 최대인 102만여 명이 동참했다. 서명운동은 현직교사들도 동참했는데 경기도에서는 현직교사 541명이 포함됐다.

10월 17일에는 범국민서명운동본부와 'ILO 기본 조약비준 및 노동법개정을 위한 전국노동자공동대책위원회' 소속회원 약 2만여 명이 참가한 가

운데 전국의 18개 지역에서 동시다발적으로 '교육대개혁과 해직교사 원상
복직을 위한 범국민걷기대회'가 개최돼 노동법개정, 해직교사 원상회복,
ILO 기본 조약비준, 교육법 개정, 교육대개혁 등 5개항을 정부에 요구했다.
11월 8일에는 서울에서 '전교조 합법화와 민주대개혁을 위한 전국교사대
회'를 개최하고 전교조 합법화, 해직교사복직, 교육개혁 등의 요구사항을
담은 교육선언을 발표하고 서명자 명단을 공개했다.

한편 1992년은 12월 18일 14대 대통령선거가 실시되는 해였다. 전교조는
대통령선거를 교육대개혁, 전교조 인정, 해직교사복직을 실현할 수 있는
중요한 경로로 인식하고 내부 역량을 모으기 위해 12월로 예정된 위원장
및 지부장 선거를 대선 이후인 1993년 2월에 치르기로 결정했다. 이후 전
교조는 전국연합 및 민주정부수립을 위한 국민회의(이하 '국민회의') 소속

'교육대개혁과 해직교사 원상복직을 위한 범국민 서명운동본부' 발대식(1992.06.11)
(민주화운동기념사업회 오픈아카이브즈 00723521. 원출처. 경향신문)

단체로서 김대중을 범민주단일후보로 추대하는데 합의하고 대통령선거운동에 돌입했다.

경기지역에서는 '민주주의 민족통일 경기남부연합', '민주주의 민족통일 경기북부연합' 그리고 '민주정부수립을 위한 경기남부 국민회의', '민주정부수립을 위한 경기북부 국민회의'가 대선에서 주도적인 역할을 했는데 전교조 경기지부는 이들 단체에 해직교사들이 상근하면서 각 시군의 선거운동원으로 적극 결합하였다.

14대 대선에서 김대중 후보가 패배하고 김영삼 후보가 당선되면서 해직교사복직협상이 시작되었다. 전교조는 조건 없는 해직교사원상복직을 요구했으나 정부에서는 특별법에 따른 신규채용방식을 주장하고 전교조 탈퇴 서약서를 요구했다. 이에 전교조는 1993년 10월 15일 정해숙 위원장의 특별담화문을 통해 조건부 복직을 수용하였고 1994년 3월 1일, 1,294명이 특별채용형식으로 교단에 다시 서게 되었다.

제4절 경기지역 교육민주화운동의 특징과 의의

경기지역의 교육민주화운동은 서울과 인접해 있다는 지역적 특성이 다른 부문운동보다 크게 반영되었다. 역량 있는 활동가들은 지역보다 서울 중심의 중앙 활동에 결합하였고 다수의 대학교수들이 주거를 서울에 두면서 지역 네트워크를 통한 운동은 다른 지역에 비해 미약할 수밖에 없었다. 이 같은 상황에서 경기지역 교육민주화운동은 독자적인 정체성을 갖지 못하고 지속성과 확장성에도 한계를 가질 수밖에 없었다. 그럼에도 불구하고 지역적 특성에 따른 한계를 타파하고 교육현실을 개선하고 참교육을 뿌리내리기 위한 노력을 경주해왔는데 그 과정에서 드러난 경기지역 교육민주화운동의 특성과 교훈은 다음과 같다.

첫째, 경기교육의 뿌리를 찾기 위한 운동이다. 이것은 초대 전교조 경기지부의 활동 기조이기도 하다. 국립사범대학의 부재로 교사 다수가 타도 출신인 데 따른 문제점을 극복하고 학생들에게 지역 출신으로서의 긍지와 자부심을 길러주겠다는 것을 내용으로 한다. 수도권의 확장으로 지역 주민이 서울로 이주하는 것은 물론 신도시 건설로 서울 거주자들의 경기도 이주도 늘어나고 있다. 이와 같은 상황에서 교육현장에서의 뿌리찾기 운동은 학생들의 지역정체성 확립은 물론 지역주민들의 공동체성 강화에 기여할 수 있을 것이다.

둘째, 전교조 탄압에 대한 지역사회의 공동대응이다. 경기도는 교육운동의 지역적 네트워크가 강고하지 않은 탓에 전교조 소속 교사들에 대한 당국의 탄압에 대응하기 위해 학부모를 비롯한 지역사회단체의 지원이 더욱 절실하였다. 이런 상황에서 안양, 수원, 성남, 부천 등 운동역량이 큰 지역을 중심으로 공대위가 결성되었고 이것은 학부모와 지역주민들을 교육의 한 주체로 각성시키는 계기가 되었다.

셋째, 교육민주화운동과 사회민주화운동의 병행이다. 다른 지역에 비해 상대적으로 약한 운동역량은 사회 전체의 민주화 속에 교육민주화도 가능하다는 생각 속에 사회민주화에 더욱 적극적으로 동참하는 계기가 되었다. 이에 따라 전교조 경기지부는 전국연합 소속 각 지역연합에 강도 높게 결합하는 것은 물론 선거운동에도 적극적으로 결합하였다. 그러나 이와 같은 특성은 부족한 역량을 보완하기보다는 경기도 교육운동이 부문운동으로서 지역에 뿌리를 내리기보다 중앙 중심의 정치운동에 매몰되는 결과로 이어졌다. 이에 앞으로는 중앙 중심의 운동방식과 사고를 탈피해 지역 토착의 풀뿌리운동으로 전환해야 할 필요성이 있다.

제4장 문화예술운동

제1절 문화운동의 태동

1. 수원 서울농대 농악반 '두레'의 등장과 전통문화 계승

지역문화운동을 현장성과 지역 특수성을 기반으로 전체 사회운동이 지향하는 바를 지역현장에서 실천한다는 지역운동의 개념과, 문화예술 매체가 지니는 고유의 선전성을 기반으로 한 정치적 경제적 구조의 개혁을 위한 문화운동의 개념이 접합되는 것으로 규정할 때 경기지역 민주화운동의 전형은 1980년대 중·후반 이후부터 찾을 수 있을 것이다. 그러나 활동주체들이 뚜렷한 목적의식과 안정적인 조직체계를 갖추지는 않았지만 그것의 기반이 되는 전 단계로는 1970년대 서울대 농악반 '두레'의 활동이 있다.

한국의 문화운동은 1970년대 초반 대학가의 풍물, 탈춤운동과 자유 실천문학운동을 중심으로 시작됐다. 이후 1980년 5·18 광주민주화운동 이후 절정기에 이르렀다가 1990년대 중반 이후 잠시 침체기를 맞게 되며 2000년대 이후 다시 활기를 띠기 시작했다. 경기지역 문화운동도 이런 흐름과 유사하며 1980년대 초반까지는 서울농대 농악반 '두레'의 풍물활동에서 근거를 찾을 수 있다.

서울농대 농악반은 1968년 수원 소재 서울농대에서 처음 결성됐다. 출발 당시 특정한 이념이나 목적의식을 가졌던 것은 아니며 1975년 4월 11일 서울농대 축산과 김상진의 할복사건을 계기로 성격 변화를 겪게 된다. 당시 농대가 이 사건으로 인해 무기휴학에 들어간 가운데 김상진의 모의 관을 들고 시위를 벌이게 되는데 이때 시위를 주동한 그룹이 서울대 탈춤반이었다. 이 사건을 계기로 제적당한 관악캠퍼스 출신 일부가 합류하면서 농악반은 목적의식적 문화운동을 시작하게 되었고[95] 이듬해 '서울대 농악반 두레'라는 이름으로 변경하였다.

긴급조치 9호가 발동되면서 일체의 학생운동이 지하로 잠복하게 되는데 두레는 공개동아리의 이점을 활용해 신입회원들을 모집하고 학내 공연이나 모임을 주도해 갔다. 당시 학내 축제기간에는 서양음악이나 댄스파티 등이 문화공연의 주를 이뤘고 샌드페블즈, 산울림, 이수만 등이 활동했다. 이런 가운데 두레는 유일하게 전통문화의 한 갈래인 농악을 통해 이같은 학내 분위기를 변화시키는 데 기여했는데 1974~1978년 사이 두레의 활동은 주로 세 방향으로 이뤄졌다.

첫째, 일상적인 활동으로 학내에서 공연을 하고 선배들을 통해 기예를 전수했다. 1975년 이전까지 두레의 주 공연이 경기농악을 중심으로 했다면 1975년을 기점으로 호남 우도농악이 주류를 이루게 된다. 이 과정에서 가장 주요한 역할을 한 사람이 민속촌에서 활동하던 정인삼이다. 두레 회원들은 수시로 민속촌을 찾아 정인삼에게 전라도 농악을 익히고 전수했다. 당시 가장 폭넓게 불렀던 농요로는 지신밟기 중 '정월 이월에 드는 액

---

[95] 김장욱(78학번, 농학과)은 75년 당시 관악캠퍼스에서 제적당하고 농대에서 함께 생활했던 황선진의 영향으로 본격적인 문화운동을 개막했으며, 농대 75, 76학번들이 그 첫 번째 논의그룹을 형성했다고 술회했다

은 삼월 사월에 막고'로 시작하는 액막이 타령을 꼽을 수 있는데 이후 두 레를 통해 각 대학으로 전파되었다.

둘째, 활동공간을 확대하고 두레의 역할을 대폭 늘려갔다. 1970년대 중·후반까지 두레의 역할은 집회현장에서 흥을 돋우는 문화선전대의 성 격으로 축제 기간 중의 학내활동이 대부분이었다. 그러다 78년 여름 울산 지역 시민행사와 가톨릭 농민대회에 참여하면서 활동공간을 대폭 확대했 다. 각 지역 순회공연을 했는데 초창기에는 임실, 고창 등 전라도 지역에 서, 이후에는 여주, 안성 등지로 범위를 확대해 갔다.

셋째, 각 대학 간 풍물패, 민속패, 탈패 들과의 교류를 확대해 나갔다. 공개 동아리의 이점을 활용해 연세대, 서강대, 이대 등의 탈반과 교류하며 대학 간 연대의 기틀을 제공했으며 1978년부터 일상화된 학내데모에서는 조직적인 참여를 통해 활력을 불어넣었다.

유신 말기 두레는 이색적인 경험을 하게 되는데 울산에서 개최된 시민행 사에 풍물패로 참여하여 2박 3일 동안 그곳 학생들과 함께 행사를 진행한 것이다. 그간의 공연이 학내나 농촌에서 이뤄졌다면 이것은 일반시민을 대 상으로 한 대중공연으로 전문성 확보와 사회 속에서의 실천을 각성하는 계 기가 되었다. 이때부터 두레는 본격적으로 풍물이 갖는 문화운동으로서의 의미, 전체 운동 속의 위치에 대해 진지하게 고민하고 토론하게 되었다.

문화운동에서 1970년대 중·후반은 풍물과 탈춤 중심으로 이루어 졌던 운동방식에서 다양한 장르의 형식으로 분화하고 세분화 되는 시기였다. 탈 춤반이 연극반 등과 교류하면서 극단 '연우무대'가 만들어졌고 또 거기서 분화해 음악, 연극, 판소리, 그림 등 다양한 분야의 활동가들이 나타나기 시 작했다. 즉 탈춤에서 시작한 문화운동이 다른 장르와 교류하는 과정에서 분화발전하면서 대중 속으로 스며들게 된 것이다. 이 과정에서 전통예술은 새롭게 해석되고 창작되면서 문화운동의 거대한 흐름을 만들어 가게 된다.

창작판소리가 등장한 것도 이때부터다. 김지하의 '오적'이 창작판소리로 만들어져 불리고, 연극 또한 제도권의 액자무대를 탈피하여 놀이판 영역으로 확장해 나갔다. 또 무대공연의 경우도 리얼리즘에 입각한 입체극 형식으로 등장했으며 탈춤도 봉산, 강령, 고성 등 정형화된 형식에서 벗어나 창작탈춤으로 발전해갔다. 이 과정에서 두레는 농촌공동체에 뿌리를 내리고 있던 풍물을 통해 '놀이판'의 개념을 문화운동 그룹에 공급해 줄 수 있었다.

2. 지역 문화운동 초기의 암중모색

대학 이외에 경기도에서 처음 조직적으로 전개된 문화운동으로는 수원양서조합운동을 꼽을 수 있다. 양서조합은 부산을 시작으로 마산, 대구, 서울, 울산, 수원, 광주 등지로 순식간에 확산되어 갔다. 이 가운데 수원양서조합은 1979년 늦여름에 창립하여 1981년 말경에 해산했다.(『수원시사』 8, 2014, 315쪽) 수원양서조합은 서울로 통학하는 대학생들을 겨냥하여 구 시외버스 터미널(현 팔달구 매산동) 부근에 직영 서점을 개설했으며 주요 활동으로 독서 소모임과 저자와의 대화, 독서 토론회를 운영했으며 일반 조합원들을 대상으로 시국토론회를 열기도 했다.

수원양서조합을 이끌었던 인물은 고정석과 한경호였다. 고정석은 5·18 광주 민주화항쟁 이후에 광주 상황을 정리하여 '내가 본 광주의 진실'이라는 자료집을 발간했으며 이 글은 유동민과 김영기 등이 등사하여 수원시내에 몰래 배포됐다. 수원양서조합은 5·18 광주항쟁 직후의 탄압으로 겨우 2년 5개월의 짧은 활동을 마치고 역사 속으로 사라졌지만 이마저도 서울양서협동조합 다음으로 오래 지속한 활동이다. 수원양서조합의 활동기간은 비록 짧았지만 수원에서 처음으로 조직화된 민주화운동 단체로서 이후 지역에서 전개된 민주화운동에 적잖은 영향을 미쳤다. 조합원 중 당시 강석찬, 양원주, 김대권, 이재완 등은 이후 수원과 인근 지역에서 농민운동과 노동운동에 투신하게 된다.

1978년경 경기북부지역에서도 친목회 수준의 독서모임이 출현했는데 동두천에서 시작한 독서모임 목요회가 그것이다. 지역에서 문학을 좋아하는 사람들이 모여 만든 독서클럽이었지만 그 중에는 몇몇 진보적인 성향을 가진 사람들이 섞여 있었고, 이들이 나중에 지역운동에서 매우 중요한 역할을 맡게 된다. 지재원, 김원래, 김영관(당시 고교생) 등이다. 독서모임의 핵심멤버였던 김원래(목요회 대표)는 1985년에 사회과학서점 열린서원을 창업했다. 최혜영(당시 휴학중) 등 운동권 학생들이 서점운영에 참여 했으며 서점을 거점으로 의식화 교육을 실시하기도 했다. 또 선우휘, 이외수 등 저명인사와 작가들을 초청해 강연회를 열기도 했으며 동두천고교에서 진행했던 독서모임도 꾸준히 이끌어 갔다. 고교생들의 독서모임은 작은 목요회라 불렀는데 훗날 이 모임에서 교육받은 학생들이 지역운동에도 참여하게 된다. 1986년 열린서원은 한 차례 파란을 겪게 된다. 당시 서점을 불온한 시선으로 바라보았던 경찰이 김원래를 연행하고 그로부터 활동조직도를 입수한다. 수사 과정에서 김원래는 고문을 당한 끝에 국가보안법위반 혐의로 징역 1년을 선고받고 복역했다. 후에 목요회의 주요멤버들은 경기북부지역 민주주의 운동에서 핵심적인 역할을 하게 되는 동민회로 결합하게 된다.

같은 시기에 경기도내 몇몇 지역에서도 강한 문제의식을 가진 문화 소그룹들이 서서히 모습을 드러내기 시작했다. 수원미협을 중심으로 지역화단에 반기를 들고 결성한 '경기청년작가회'(1978년 12월)와 현대미술을 바탕으로 다양한 형태의 미술을 소개한 '시점시점'(時點時點), 경기청년작가회가 해체된 이후 탄생한 '경기현대작가회' 등 다양한 이념을 지닌 전문 미술단체들이 모두 이 시기에 탄생했다.96)

안양에서도 친목회 성격의 초보적인 대학생연합회가 첫 선을 보였다. 이들 중 일부는 대학에서 학내 시위에 참여하기도 했으나 지역에서는 간헐적인 모임을 이어가는 정도였다. 그러다 1978년 3월경, 이종태(서울대) 등 10여 명이 중심이 돼 기존 친목모임을 독서토론 모임으로 전환하게 된다. 모임은 월 2회 정도 정기적으로 진행했으며 당시 대학생들 사이에서 많이 읽히던 '전환시대의 논리' 등을 읽고 시국에 관한 비판적인 의견을 나누었다. 당시 모임은 대부분 4학년 중심이었는데 여기에 대학 신입생이던 이수만(한양대) 등이 합류하게 된다. 이후 독서모임은 구로동 백합야학과 연계를 맺으면서 박래부(국민대), 남기석(성균관대) 등이 야학에 참여하고 이를 계기로 구로동 노동자들과 인적 연계를 맺게 된다.

1979년 들어 구성원 대부분이 취업 또는 진학을 하면서 흩어졌으나 대학원에 진학한 이종태, 남기석, 이수만, 김명렬 등이 구로동 노동자들과의 소모임을 지속하면서 명맥을 이어나갔다. 당시 이종태는 학부 때 제대로 하지 못한 민주화운동을 계속하기 위해 군 면제의 특전이 부여되는 미생물학과의 진로를 포기하고 교육학과로 진학하게 된다. 이후 독서그룹은 1979년 10월 26일 박정희 시해사건으로 상황이 급변하면서 김영호(연세대) 등 새로운 구성원이 합류하고, 1980년 봄 대학 신입생들이 대거 합류하면서 세를 불려 나갔다.[97] 이들은 학년별로 수개의 소모임을 나누어 정기적인 스터디 모임을 유지했다.

이 무렵 이종태는 당시 태동하고 있던 안양지역 기독청년연합회 활동으

[96] 당시 활동했던 소그룹 활동 자체를 문화운동의 관점에서 바라볼 여지는 희박하다. 하지만 기존 미술계의 활동에 문제를 제기하고 지역 고유의 화풍을 세우려 한 문제의식은 이후로 연계되면서 더욱 확장된다는 점에서 눈여겨 볼 여지는 충분하다. 경기청년작가회에 속했던 권용택, 주영광 등 일부 회원들은 이후에 수원민주문화운동협의회에 주요 멤버로 참여하게 된다.

[97] 이종태의 증언에 따르면 1980년 4월 의왕시 백운저수지 모임에는 37명의 대학생이 모였으며, 이후 학년별, 그룹별로 나누어 정기적인 스터디 모임을 진행했다.

로 이전하고 김영호 등이 대학생 모임을 이끌었다. 하지만 이후 5.17 계엄 확대 등 상황이 험악해지면서 안양권 대학생 모임은 사실상 중단된다. 그러나 적지 않은 수의 안양지역 대학생들이 이 독서모임을 계기로 신군부 정권에 대한 비판적 의식과 초보적인 사회과학적 의식을 갖게 됨으로써 87년 민주항쟁 이후 새로운 민주화운동에 주도적으로 참여하게 된다.

제2절 문화역량의 배양 및 결집

1. 종교기관의 역할

1970년대 문화운동이 대부분 대학 동아리 중심이었다면 1980년대는 노동자와 기층민중들로 대상이 넓혀졌다. 물리적 공간을 갖추고 있는 종교단체와 노동조합을 중심으로 문화프로그램의 운영도 활발해졌으며 1980년대 반독재민주화운동에 전문성을 갖춘 대학 동아리들이 조직적으로 결합하기 시작했다. 1983년 말의 유화조치 이후 문화운동 활동가들의 조직적 결합은 민중문화협의회의 결성으로 이어졌으며 1987년 6월민주항쟁 이후 탄생한 다양한 문화운동조직의 토대가 되었다. 한편 이 시기 경기지역 문화운동의 가장 큰 특징은 종교단체를 보호막으로 삼아 활동했다는 것인데 군부독재 치하에서 상대적으로 안정적인 대중 활동이 가능했기 때문이다.

종교단체를 활동 근거로 삼은 문화운동이 가장 활발했던 곳으로는 성남을 들 수 있다. 1980년대 초 성남지역의 문화운동에 관심을 갖고 기량을 연마해온 젊은 인력들은 주로 주민교회와 성남 YMCA, 가톨릭계의 만남의 집, 성남동 성당에 모여 연습하고 활동했다. 주민교회 지하공간은 풍물패들의 연습실로 쓰였는데 서예가 긴냇 권영만, 다영글 김성만 등이 이곳 출신이다. 천주교 성남동 성당은 진보적인 마태오(본명 최충열) 주임신부의 후원으로 자체 풍물패를 만들어 지역사회에서 활동했다. 후에 도움소를 만드는 데 중추적인 역할을 한 엄경희가 이곳 출신이다.(『성남시사』, 2014, 325쪽) 또 당시에 중원구 금광동에 있었던 성남 YMCA가 주최한 문화행사는 지역 청년들로부터 호응을 얻었으며 성남공단 인근에 위치한 만남의 집은 퇴근길에 노동자들의 문화활동 공간이 되었다. 특히 만남의 집은 노동자학교를 만들어 문화 활동가들을 배출했는데 최영헌을 주축으로 박종근, 권오원, 전순필 등이 모두 이 시기에 YMCA와 만남의 집 등에서 전통예술을 배우고 보급하며 풍물운동을 시작했다.

안양에서는 1980년대 초에 문을 연 안양근로자회관(현 전진상복지관)이 큰 역할을 했다. 가톨릭은 이곳에서 JOC(가톨릭노동청년회)의 노동상담 및 교육을 실시했으며, 다른 단체들이 집회를 열 수 있도록 대여해 주었다. 안양근로자회관의 개설은 장내동성당(현 중앙성당) 정원진 루가 주임신부의 헌신으로 가능했는데 1987년까지 안양지역 운동권이 모일 수 있는 유일한 합법공간이었다.('안양민주화운동청년연합' 김인봉 구술) 1987년을 전후해 안양에서 전개됐던 미술학교, 민요연구회, 독서회 등 문화운동도 모두 이곳을 발판으로 해 지역사회로 퍼져나갔다.('우리그림' 박찬응 구술) 안양지역에서 가장 먼저 등장한 문화운동단체인 '산'의 결성도 여기서 이뤄졌다. 산은 1986년 12월 지역미술운동의 건설과 민중운동(노동운동 중심) 지원 및 연대를 목적으로 결성됐는데 박찬응, 권윤덕, 이억배 등 당시 20대의 젊은 화가들이 주축이 됐다. 산은 미술인 소모임 '안양판화회'(후에 '우리그림'으로 발전), 근로자회관에서 열었던 시민미술교실(강사 : 박찬응, 이억배, 이득현) 활동 외에 노동운동과 연계하여 전단, 포스터, 깃발 등을 제작하는 활동을 벌였으며 이후 87년 6월민주항쟁에 주도적으로 참여했다.

부천지역에서 지역문화운동의 효시는 1986년 여름 석왕사에서 제1회 백중맞이 노동자문화대잔치이다. 새롬교회, 하나교회, 석왕사가 공동주최했는데 사회운동과 문화행사를 결합한 최초의 사건이라고 할 수 있다. 이때만 해도 아직 부천지역에서 전문 문화운동단체가 출현하기 전이었는데 같은 해 10월에는 삼정동 성당에서 마당놀이 큰 잔치가 열렸다. 공개적인 집회나 모임이 엄격히 통제되던 상황에서 이런 행사가 가능했던 배경에는 교회, 성당, 사찰 등 종교기관이 있었고 참가자들은 대부분 활동가들이었다. 부천지역의 문화운동가들은 1976년 창건한 석왕사의 청년회와 마야야간학교, 1978년 시작한 새롬교회와 하나교회 노동상담실, 내동교회 야학, 반야포교원 노동상담실, 1982년 창립한 부천 YMCA와 노동자 아카데미 등 모두 종교기관을 배경으로 활약했다.(『부천시사』, 2002, 189쪽)

또 1982년 5월 말 수도권 소재 대학에 다니는 1~3년생 20여 명을 주축으로 부천 YMCA 내에 창립한 '대학 Y'도 부천지역 문화운동의 한몫을 담당했다. 대학 Y에서는 사회과학 공부를 주로 하는 청맥(靑脈, 정기간행물 갈무리 발간), 독서토론 모임 한얼, 마당극을 중심으로 활동한 '청맥과 초리'(청맥에서 분화), 레크레이션 클럽 등이 있었으며 이들은 세미나와 멤버십 강화훈련, 그리고 갈무리 발간, 사물놀이, 마당굿 공연 등의 활동을 했다. 또 1983년에는 한국 YMCA연맹이 만든 대학생 클럽과 함께 부천중앙교회(현 기둥교회) 마당극 '예수전'을 공연하고, 경북 예천에서 농촌활동을 벌이기도 했다. 당시 농촌활동 경험이 전무한 상태에서 종로5가 기독교회관을 찾아가 학습하면서 농촌활동 지침서를 만들었으며 인천지역 학생운동연합 '갈매기'와 연계한 활동을 벌였다. 1984년 학원자율화조치로 많은 학생들이 대학으로 복귀하는 가운데도 대학 Y의 청맥과 초리는 지역사회에 남아 약 6년 간 활동을 이어갔다. 이곳 출신들은 이후 5.3 인천투쟁을 거쳐 인천과 부천지역 노동현장에 투입되거나 87년 6월 부평지역 시위에 조직적으로 가담했으며 일부는 이후 교사가 되어 중등교사협의회를 결성을 이

끌었다.(부천 YMCA, 『부천 YMCA 30년−사람 어울림 꿈』, 2012, 108쪽) 87
년 이후에는 '예비대학' 프로그램을 개설해 역사, 사회, 문화 등의 강좌와
초리(탈춤), 소리터(노래패), 청맥(사회과학연구) 등 동아리 활동을 강화하
는 가운데 여름방학을 이용해 초리, 소리터(이상 대학 Y)와 탈반, 공대문
화마당, 노래패(이상 인하대), 문화패의 연합수련회를 열었으며 부천 인천
지역 파업현장을 답사하고 집체극 '청사'를 연합제작 형태로 공연하기도
했다. 이처럼 대학 Y는 1980년대 지역문화운동의 산실로서 1988년부터는
지역사회연구를 병행해 나갔다.

  사회운동 역량이 풍부했던 데에다 서울농대가 입지해 대학 문화패의 활
동이 주류를 이뤘던 수원은 상대적으로 늦은 시기에 종교단체가 지역문화
운동의 주요 배경으로 등장했다. 수원에서 걸개그림이 처음 등장한 것은
수원 EYC(수원지구기독청년협의회)가 창립 첫해인 1984년 각 부문 활동가
들을 모아 축제를 열었을 때였다. 행사에는 서울 농대와 노동현장의 활동
가들도 참석했으며 강연과 체육행사가 곁들여진 종합문화프로그램으로
진행했다.(『수원지역민주화운동사』, 34쪽) 이날 행사에 걸린 만장과 걸개
그림은 서울농대 학생들의 도움을 받아 제작한 것으로 경기지역 대부분
대학의 문화운동패들도 서울농대의 도움을 받아 기량을 갈고 닦았다. 수
원지역대학생대표자협의회(이하 '수대협') 문화국 소속의 음악, 풍물, 미술
패들의 연대모임이 풍물을 공동으로 전수받았으며, 안양대와 성결대 등
안양지역 학내동아리들도 농대에서 기예를 훈련했다. 한편 1980년대 중반
두레 회장으로 농대 서클연합회장을 맡았던 김재현은 NL(민족해방민중민
주주의), PD(민중민주주의)로 양분된 이념논쟁의 중심에서 총역량의 결집
을 호소하며 보름간 단식투쟁을 진행했다. 그러나 1986년 들어 당시 4학년
이었던 15기(83학번)와 3학년 16기(84학번) 중에 여러 명이 동시다발적으
로 제적되거나 휴학, 군 입대 등으로 학교를 떠나게 된 데에다 두레 내부

에도 이념적 갈등이 생기면서 회원 다수가 두레를 떠났다. 이후 두레가 다시 활기를 찾기 시작한 것은 6월민주항쟁의 도화선이 된 박종철 군 사망 사건이 발생한 다음으로 6·10대회를 시작으로 20여 일간 이어진 국민평화대행진에서 두레는 수원역, 남문, 안양, 군포, 반월 등 경기남부지역 전역에서 벌어진 시위를 주도하며 분위기를 이끌었다.

2. 자생적 조직의 전환 및 분화

경기남부지역 문화운동 단체들이 주로 종교기관을 배경으로 활동하였다면 경기북부지역은 지역 자생적 조직을 기반으로 발전한 사회운동단체를 중심으로 지역문화운동이 전개되었다. 대표적으로 양주군 대학생회에서 출발한 동두천시 대학생회(시대학생회)를 들 수 있는데 경선으로 회장을 선출하기 시작한 1983년 이후 지역운동의 일환으로 문화행사를 열어나갔다. 양주별산대 전수활동을 시작으로 동두천초등학교 운동장에서 양주별산대놀이를 시연했으며 연극반에서는 1983년 농여, 1984년 한씨연대기와 각설이를 무대에 올리기도 했다.

동두천시의 문화운동에는 지역청년조직인 동민회[98] 회원들도 큰 역할을 했다. 1985년에 들어 동민회 회원들은 각각의 분야에서 문화단체를 만들고 그 안에서 주어진 역할을 수행해 나갔다. 민족문화의 활성화를 표방하며 시대학생회 연극반 활동을 기반으로 창립한 극단 동두천, 걸개그림 창작과 함께 전시회 활동을 벌여 나간 일요미술회, 지역청년운동의 중심 광암청년회가 모두 이때 만들어진 단체이다. 그밖에 양주별산대 탈춤반, 문화연구회(토론반)와 비공식조직으로 철학토론반 모임반 활동도 활성화 됐다. 포

---

[98] 이교정 등의 증언에 따르면 동민회는 공식적으로 조직을 구성하고 활동한 단체가 아니라 일종의 비밀결사에 해당하는 모임으로 단체명도 처음엔 없었다가 나중에 편의상 붙인 이름이다.

천에서는 목요회 수준의 포천일동청년회가, 의정부에서는 천주교가 조직한 멍석공동체가 활동을 시작했다. 시대학생회는 이때부터 내부 활동을 넘어 민중문화를 전면에 내세우며 지역문화운동을 전개해 나갔으며 모든 문화행사에는 민중문화와 결합시키려는 의식적인 노력이 가해졌다. 한편, 같은 해 동두천에서는 이강기, 조금철, 박근이, 이영경 등 풍물패를 중심으로 여름방학 기간 중 마당극 공연을 하기로 하고 6개월간의 맹연습에 돌입했다. 그러나 공연 이틀 전, 낌새를 알아차린 경찰이 들이닥쳤다. 동두천 최초로 서울에서 전경 600여 명이 내려와 공연장을 포위했고 대학생 12명을 가택 연금했다. 공연은 불발됐다.

제3절 1987년 이후 문화운동의 조직화와 대중화

1. 지역별 전개과정

1) 수원

1987년 6월민주항쟁에 의한 민주화의 열기는 문화운동 분야에도 큰 영향을 미쳤다. 공개적 대중활동이 일상화되는가 하면 운동 분야도 장르별로 세분화됐다. 바람은 수원 안양, 성남, 부천 등 도시지역을 중심으로 동시다발적으로 불기 시작했는데 그 중에서도 수원지역의 경우 각 대학의 문화동아리들이 두각을 나타냈다. 1980년대 중후반 한신대를 비롯해 서울 소재 대학들이 경기도로 이전하면서 도내 각 대학들은 전대협 산하에 수원지역대학생대표자협의회를 결성하고 문화국을 두어 선전선동의 전초기지로 삼았다. 분야별로는 음악분야 단체로 아주대 노래패 함성, 서울 농대 매김소리, 한신대 보라성, 경기대 얼사람, 성균관대 메나리가 있었고, 풍물은 경기대 얼마당, 한신대 일과 놀이, 서울 농대 두레, 서울대 수의대 마당패 탈, 성균관대 풍물패, 그밖에 경기대와 서울농대에 미술운동 동아리가 있었다.

　지역문화운동이 본격화되는 것은 이들 대학 문화운동패들이 1987년 6월 민주항쟁을 통해 지역 활동가와 결합하면서부터다. 이들은 이후 지역문화운동의 통합을 모색하며 수원민주문화운동연합(이하 '수문연')을 창립하였다. 1987년 11월 28일 지역을 기반으로 활동하던 문학인과 미술인, 수원지역대학생대표자협의회 문화국 소속 대학생 등 20여 명이 동수원감리교회에 모여 개최한 창립식에서 수문연은 "참다운 민족문화의 확립을 통하여 조국의 민주주의 실현과 자주적 민족통일에 이바지 할 것을 목적으로 한다."고 선언했다. 민족문화의 확립과 민주주의 실현의 목적은 창립 직후 발간한 수문연 신문에 이어 이듬해인 1988년 9월 제1호를 발행한 기관지 '백성'의 창간선언문을 통해서 좀 더 구체화됐다. 수문연 초대의장 김쾌상은 백성 창간사를 통해 "'백성'은 현실문제의 극복을 위해서 정치적 문화조작을 통한 잘못된 문화예술인들의 자기만족적이고 반민주적인, 반민족적인 모든 문화예술 활동의 범람에 대해 각성을 촉구하며 민중의 삶, 그 현장의 정서 속에 힘차게 살아 숨 쉬는 가치 있고 참된 문화예술의 싹을 찾아내어 우리 민족, 민중문화의 텃밭을 풍요롭게 일궈 나갈 것"(수원민주문화운동연합, 『백성』 창간호, 3쪽)이라고 밝혔다.

　수문연은 당초 종교, 언론, 교육을 제외한 나머지 영역 즉, 언어, 음식, 의복, 주거, 취미생활, 오락 등 생활문화 전반에 걸쳐 조직을 구성하려 했으나 실제로는 공연예술, 시각예술, 문학 등 3부문의 활동이 주축이 됐다. 활동가의 부족이 주된 이유였다. 활동의 초점은 민중예술의 창조와 보급이었으며 문학은 이상훈, 이현미 등이 중심이 된 노동자문학, 공연예술은 이성호를 중심으로 하는 연희패와 정혜숙 등 서울 농대 매김소리를 주축

으로 하는 노래패, 미술분야는 최춘일, 손문상, 신경숙, 구본주 등이 중심
이 됐다. 창립 당시 20여 명이었던 회원은 1년이 지나서도 40여 명에 머물
렀으나 소모임 활동은 처음부터 매우 활발하게 진행됐다. 한일전장 미술
패와 동성섬유 만화패의 소모임 활동이 매우 활발하였으며 그밖에 제일야
학, 성빈센트병원, 필립스전자, 수원의료원, 신호제지 등의 노동조합과 결
합하여 풍물, 노래, 미술 소모임을 활성화 하는 등 노동조합운동에 활력을
불어넣었다.

　활동이 가장 돋보인 분야는 미술분과(시각예술위원회)로 1920년대 말
여류작가 나혜석, 홍득순 등의 근대미술가와 프로예맹 수원지부 작가들의
진보적 미술이 함께 꽃을 피운 독특한 전통이 바탕이 됐다. 예총산하 미술
단체와 소수의 동인단체 활동 속에서 1986년 지역 청년작가들이 뜻을 모
아 판화모임 '판'을 결성했고 수문연 시각미술위원회의 전문창작집단 '나
눔', 1989년 미술동인 '새벽', '수원민족미술인협회', '노동미술연구소' 등으
로 이어지는 진보적 미술가 집단에 의해 지역 화단은 일대 변화를 맞게
되었다. 시민미술학교, 단위노조 미술교육사업, 벽화사업, 현장미술, 출판
미술 등의 분야에서 드러난 보수적 풍토를 바꾸는 일대 전환점을 가져왔
으며 이를 바탕으로 1990년대에는 수원미술인협의회를 중심으로 전국적
인 연대를 넓혀나갔다.

　시각예술위원회는 나눔미술분과와 열림미술분과로 나누어 활동을 전개
했으며 개별적인 전문 창작보다는 정치현안에 비중을 둔 문예실천에 더
비중을 두었다. 주된 활동으로는 노동미술, 일반인을 대상으로 한 미술교
육, 전문창작집단 지원과 같은 일에서부터 민중미술을 표방한 걸개그림,
벽화, 영정제작, 생활미술운동 등으로 이뤄졌다. 창립 이후 1년 동안 2회
에 걸친 판화전과 YMCA나 노동운동단체에서 필요로 하는 만화, 걸개, 플
래카드를 제작하기도 했는데 이 중 걸개, 판화, 만화 분야의 활동성과가

가장 컸던 것으로 평가된다.

공연예술위원회 활동은 출발부터 순조롭지 못했다. 참여 활동가가 부족했고 물적 기반을 갖추는 데도 시간이 걸렸다. 그러나 꾸준한 준비와 노력으로 창립 이듬해인 1988년 1월 첫 번째 문화판과 4월 기금마련 하루 찻집에서 노래극을 공연하는 데 성공했으며 8월 27, 28 양일간에 걸친 두 번째 문화판에서 마당극을 공연함으로써 본격적인 공연활동에 나서게 됐다. 또 종교운동 및 노동운동 단체와 협력하여 교육장이나 투쟁현장을 찾아가 공연하는 것도 이들의 주요한 활동 가운데 하나였다.

문학부문은 타 위원회 활동에 비해 매우 열악했다. 일일찻집 등의 문학 강연회와 시낭송회, 그리고 개인차원의 창작과 구속 문인들의 석방활동이 주를 이뤘다.

교육사업은 예술창작과 함께 가장 중점을 두고 진행했던 사업으로 지역 주민 대상의 강습프로그램을 개설해 운영했다. 풍물교실은 처음 1년 동안 3기까지 진행하며 모두 120여 명의 회원들이 강습에 참여하여 민중예술의 형식과 내용을 공유했다. 이와 함께 현장의 요구에 따라 노동현장과 농촌현장에 대한 파견교육도 꾸준히 실시했다.

당시 수원에는 한겨레신문 보급이 미미하고 서점이 두세 곳에 그쳤기 때문에 언론, 출판활동에도 비중을 두었다. 1988년 2월 15일 지역문화신문을 목표로 『수문연 신문』을 창간했으나 2호를 발행하는 데 그치고 말았다. 다시 반년이 지나 수원종합문화지 『백성』을 계간지 형태로 발행하면서 기존의 분과별 활동도 새로운 전기를 맞게 되었다. 매월 '회원의 날'을 정례화하고 회원교육프로그램과 우리문화교실 등으로 사업을 다각화하면서 명실상부한 지역문화운동단체로 자리 잡기 시작했다. 그러나 『백성』은 3호를 끝으로 발행이 중단되었으며 1990년 4월부터는 소식지 『일구는 수문연, 피는 자주문화 수문연 소식』을 발행했다.

수문연신문

해방의 그날까지
함께가는 수원
민족문화 건설하여
민중사회 앞당기자

월간/분단44년 2월15일/발행·수원민주문화운동연합(수원시신풍동226-1 전화 46-7690)/창간호

창 간 사

건강한 지역문화 건설의 깃발을 걸고 수원민주문화운동연합이 창립한 지 석달이 되었다. 이제 신문발간이라는 새 사업을 시작하면서 우리는 우리 사업이 다양하고도 성실한 노력들을 통해 전개되어야 함을 다시 깨닫는다.

다양한 경로와 매체를 통해 지역대중을 만나야 한다는 당연한 과제가 신문사업을 통해서 한가닥은 실현되는 셈이다. 더우기 신문은 일방적으로 우리의 입장을 전달하는데 그치는 것이 아니라 항상 독자들의 반응과 참여를 전제하면서 만들어져야 하는 만큼, 그리고 또 다른 종류의 사업을 알리고 평가하는 기능을 함께한다는 점에서 한가닥 이상의 역할을 할 수 있다고 믿는다.

수문연신문은 수문연의 활동을 안내하는 소식지이면서 그 이상의 것이려고 한다. 권력과 제도언론에 의해 감추어지거나 왜곡되는 진실을 찾아내 알리려는 노력을 특히 지역차원에서 해나갈 예정이다. 또 예술에서 생활문화에 이르기까지 그리고 정치와 경제에 대해서까지 우리는 지역대중과 함께 그 올바른 실천방법을 모색해 보려한다.

이러한 우리의 의욕은 우선적으로는 편집부의 활동력에 따라 현실화 할 것이며 동시에 수문연 전체의 사업성과에 의하여 규정될 것이다. 그러나 또한 독자들의 날카로운 비판과 격려야말로 신문사업의 발전을 좌우하는 중요한 것이다. 수문연신문이 수문연의 목소리 이면서 동시에 수원지역대중의 목소리일 수 있도록 하는데 최선의 노력을 기울일 것이다.

점점 더 발전하는 신문이 될 것을 다짐하면서 의욕적이지만 미숙한 첫발을 내딛는다.

첫번째 문화판

성황리에 열려

첫번째 문화판이 1월29일~31일까지 3일간에 걸쳐 공간사랑에서 열렸다.

목마른 이땅 자주의 단비로라는 주제를 걸고 열렸던 이번 행사는 3일동안 시각예술위원회에서 제작한 그림 전시 및 판매가 계속되었으며, 둘째날에는 공연예술위원회의 「민요판굿」공연과 민족문학위원회가 주관한 시 낭송회및 양성우 시인의 「현단계 문학의 지표」라는 주제로한 강연회가 열려 150명의 시민들이 참석한 가운데 시종 열띤 분위기로 진행되었다.

그림전시에는 41점의 그림(판화·사진작품)이 전시되었으며 '원앙장생도'를 비롯한 20여점이 판매되었다.

민요판굿 에서는 현재의 외세노래와 대중가요의 상업성, 퇴폐성을 지적하고, '올바른 문화란 민중의 건강한 삶에 이

바지 할수있는 문화이어야 한다' 라는 내용을 민요와 춤으로 보여주었다.

또 이날 양성우씨는 강연회에서 자칭 '순수문학·예술'의 허구성을 지적하면서 이들 문학·예술은 '민중의 삶과 정서를 오도하고, 자기 안일과 환상에 빠지게 하는 것들'이라고 말했다. 계속해서 자칭 '순수'라고 하는것들을 따져보면 '가장 비순수적'인 것이라고 하면서 현단계 문학, 예술은 피폐된 사회구조와 정치의 모순점을 지적해내고 민중의 사회변혁 의지에 밑거름이 되어야 한다'고 말했다.

이렇게 처음 열린 수문연 「첫번째문화판」은 11월28일 창립대회 이후 별다른 대의행사가 없는 상태에서 그동안수문연에 기대를 걸어오던 지역민들의 큰 호응을 받았으나 아직까지는 다듬어지지 않은 모습도 눈에 띄었다.

행사가 소규모적이어서 많은 시민들과 만나는 장이 없었던 점, '선명함의 부족' 등이 지적되기도 하였다.

그렇지만 이번 행사에서 수원시민들의 민중문화에 대한 욕구를 몸으로 느낄 수 있었으며, 회원들의 단결된 모습을 확인함으로써, 앞으로 수문연의 활동과 수원지역문화운동의 발전을 확신 할 수 있었다.

(전시작품중 공동제작 걸개그림「하나되세」)

수문연은 1990년 4월 전국을 뒤흔들었던 영화 '파업전야'의 경기도 상영을 담당하면서 지역 사회단체들과도 적극적인 연대를 모색해 나갔고 1991년에는 영화 '어머니 당신의 아들' 보급을 맡았다. 아주대에서 있은 파업전야 상영 과정에서는 필름을 뺏기 위해 학내로 진입한 경찰과 사수대가 치열한 공방전을 벌이기도 했다. 상영 총책을 맡았던 이성호는 영화법 위반으로 수배를 받으면서도 필름을 빼앗기지 않고 보관하다 2015년 국립영상위원회에 기증했다.

창립과 동시에 진행된 대통령선거와 공정선거감시당 활동, 부정선거 무효화투쟁 규탄대회 등에서는 지역단체들과 연대활동을 전개했지만 오래가지는 못했다. 회원 수가 적기도 했지만 연대활동보다는 고유활동을 중시했기 때문이다. 반면 다른 지역과의 교류에는 높은 관심을 쏟았는데 특히 안양문화운동연합과는 잦은 연합활동을 가졌다. 1990년 경기대에서 개최한 문익환 목사 초청 강연에 이어 1991년 정태춘, 박은옥 초청 경기남부 송년 한마당도 공동으로 열었다. 이후 수문연과 안양문화운동연합의 연대활동은 공동창작 활동으로까지 발전하게 되었는데 특히 1991년 5월 한진중공업 박창수 열사 장례식을 안양민요연구회, 노동자미술연구소, 수원미술인협의회와 함께 치르면서 절정에 이르렀다.

한편 창립 당시의 수원민주문화운동연합이라는 이름은 노동자문예운동에 중점을 두면서 수원노동자민주문화운동과 수원민중문화운동연합을 놓고 토론한 끝에 1989년 12월 수원문화운동연합으로 변경했다. 이후 미술활동이 점차 동력을 잃는 가운데 풍물을 중심으로 운영해 오다 1993년 11월 풍물패 이성호를 중심으로 하는 문화공간 삶터가 창립하면서 자연 해소되었다. 〈표 5-6〉은 수문연이 발간한 소식지 백성의 표지 사진이다.

〈표 5-6〉 수문연이 발간한 소식지 『백성』

수문연이 발간한 소식지 『백성』 창간호, 2, 3호.

〈표 5-7〉 수원문화운동단체

단체명	창립일자	주요 참여 인사	특징
수원민주문화 운동연합	1987.11.28	김쾌상 권용택 김영기 손문상 신경숙 이성호 정혜숙 이상훈 이현미 구본주	- 수원문화예술인들의 총연합조직 　으로 시각예술위원회, 공연예술 　위원회, 문학팀 등으로 조직구성 - 단위 노동조합별 소모임 활동 활발
새벽	1989	주영광 이달훈 최익선 신경숙 박태균 박준모 양순희 한인규 서동수 양혜경 등	- 자주적, 창조적 표현의 자유 구현 - 소외 받는 사람들의 문화를 대변 - 지역문화 발전의 균형과 학습 - 미술의 사회적 책임
수원미술인 협의회	1991	최춘일 이병렬 최익선 손문상 윤기헌 강경희 이금숙	- 민족·민중미술운동의 성과에 기 　초한 심화된 창작 - 지역대중들과의 지속적인 만남
노동미술 연구소	1989	손문상 황호경 신경숙 차진환 서동숙 류우종 이병렬 최익선	노동자 문예활동
풍문굿패삶터	1993	이성호 임준섭	수문연 공연예술위 활동에서 시작

2) 안양

수원에 이어 문화운동연합조직을 결성한 지역은 안양이다. 88년 12월 안양문화운동연합(이하 '안문연')이 창립됐다. 안양권에서 6월민주항쟁은 7·8·9월의 노동자대투쟁으로 이어지고 다양한 문화운동을 꽃피우면서 사회운동이 만개하는 촉진제가 됐다. 당시 안양지역에서 민주화투쟁은 7월 27일 한국제지 노조결성을 시작으로 만도기계, 태광산업, 삼덕제지, 대우중공업, 경원제지, 유신중전기, 금성전선, (주)농심, 안양전자, 다우전자 등 거의 모든 사업장으로 번져나갔다. 현장 활동가들을 중심으로 하는 안양노동자회와 안양민주화운동청년연합이 출범하는 등 다양한 사회운동조직을 확산되는 계기를 만들었다.

1987년 하반기에 들어서는 안양독서회, 안양민요연구회, 우리그림 등 문화운동단체들이 속속 창립됐다. 그리고 이 단체들이 연합하여 안문연을 조직하게 된다. 안문연은 이들 4개 단체 외에 풍물패와 노래패, 연극단과 문학패 등 각 부문 동아리들을 산하 기구로 두었다. 안양의 문화운동이 다른 지역의 조직들과 특히 다른 점은 문화운동이 시작하는 과정에서 이미 준비된 지도력과 주도면밀한 계획에 따라 약 1년 정도의 학습과정을 거치고 이를 기반으로 조직화됐다는 점이다. 학습은 노동운동과도 긴밀하게 연결되어 있었으며 민중교회와 노동현장, 문화운동 등 활동가들을 중심으로 이루어졌다. 이런 움직임은 당시 대구에서 노동운동을 하다 안양에 온 최창남(목사), 김현덕(현 서울치대교수), 정성희(안양노동자회), 노세극(안산) 등의 상의 하에 주도되었으며 신태섭(현 안동대 교수), 이종태(현 한울고교 교장) 등 지역인사들과의 결합을 통해 민요연구회와 안양독서회, 우리그림 결성으로 이어졌다. 안문연은 이들 기존 3개 단체에서 각각 2명씩을 파견해 만든 연대기구로 1988년 창립됐다.[99]

안문연은 안양근로자회관에서 열린 창립보고대회를 통해 "신식민지적 외세문화를 척결하여 자주적 민족문화를 건설하고, 반통일적 반공문화, 관제문화를 척결하여 통일지향적 문화풍토를 창달하며, 봉건주의적, 반민주적 문화풍토를 건설한다."는 내용의 창립선언문을 발표했다.

안문연의 주요사업으로는 문예창작 및 선전사업, 조직사업, 교육사업, 연구홍보사업, 지원연대사업 등이 있었다. 당시는 기관별로 각각 자기 활동에 매진했던 기존 문화운동 단체들의 연합활동 등 연대의 필요성이 강조되던 시기였다. 안문연은 이런 필요에 따라 이보다 앞서 약 1년 전부터 활동을 시작한 우리그림, 안양독서회, 민요연구회 등 3개 기관에서 각각 2명씩 파견하여 만들었다. 주도면밀한 계획과 설계에 따라 이들이 축적한 기반위에서 철저히 상향식 조직으로 건설되었던 것이다. 하지만 그렇다고 해서 안문연이 기존 3개 단체의 상위조직으로 활약했던 것은 아니다. 안문연은 안문연대로 민족예술연구회 등 별도의 조직을 꾸리고 활약했다.

안문연 창립에는 기존 조직 외에 또 하나의 중요한 기반이 있었는데 이게 바로 스터디 모임이다. 기존 3개 기관 회원들을 중심으로 하는 재교육이 약 1년 동안 활발하게 펼쳐졌다. 재교육은 철학 및 인문학에 대한 학습과 토론, 조직, 대중과 투쟁 등 기본적인 운동론과 문화예술에 대한 스터디 모임으로 전개됐다. 이 과정은 민요, 독서, 미술, 교회, 학생 등 소그룹 중심으로 다양하게 전개되었는데 주로 기존에 있던 모임이 중심이 됐다. 이들 3개 기관 중 우리그림은 젊은 화가들을 중심으로 미리 조직되었으나 독서회와 민요연구회는 미리 진행된 스터디 모임을 통해 결성된 결과였으며 안문연 또한 재교육 과정을 거쳐 연대조직으로 탄생했던 것이다.

---

99) 안문연 조직 형태에 대해 일부에서는 4개 단체의 중앙위원회 형태로 구성했다는 주장이 있었으나 안양에서 처음으로 문화운동 조직을 구상하고 설계한 최창남은 오히려 동등한 연대조직으로 만들었으며 중앙위원회 형태의 조직은 처음부터 배척한 형태라고 밝혔다.

초기 조직과정에서 크게 활약했던 사람은 엄인희(2001년 작고)이다. 엄인희는 당시 방송작가로 유명세를 떨치고 있었는데 본인 스스로 지역 활동을 희망해 안문연에 가입하고 초대 의장을 맡게 된다.[100] 엄인희 외에도 안문연과 특히 안양민요연구회에는 서울에서 내려온 사람들이 많았다. 이는 노동 현장과 지역을 선호했던 당시 운동판 분위기가 작용했기 때문이라는 게 여러 사람들의 증언을 통해 확인된다.

창립 이후 안문연의 활동은 비단 지역에만 머무르지 않았

안문연신문 창간호(1989. 02.22)
(민주화운동기념사업회 오픈아카이브즈
00447960)

다. 기아자동차와 울산현대중공업 등 전국 각지에서 열리는 파업현장의 행사와 집회에도 자주 참여하는 등 적극적인 활동을 펼쳤다. 이런 활동은 미술, 노래패 '새힘', 풍물패 등으로 광범위하게 이뤄졌으며 나중에 전국적인 지역문화운동단체 결성과 방향에도 큰 영향을 미쳤다. 또 하나, 안양지역 민주화운동에서 기억해야할 곳이 있는데 바로 학림사이다. 학림사는 안양 1번가 지하상가에 위치한 기획사로 당시 비밀리에 뿌려지는 거의 모

---

100) 최창남의 구술에 의하면 당시 안문연에서 노래극 등의 각종 대본을 만드는 작업은 안양독서회의 역할이었으나 엄인희는 본인이 워낙 뛰어난 극작가일 뿐만 아니라 일을 나눠 하는 스타일도 아니어서 주로 자신이 직접 썼다고 한다.

든 유인물이 이곳에서 제작됐다. 유인물 작업은 철저한 비밀이 유지돼야 했기 때문에 주로 밤늦게나 새벽에 하는 작업이 많았는데도 학림사는 이를 마다하지 않고 묵묵히 수행해 냈다.

〈표 5-8〉 안양문화운동단체

단체명	창립	주요 참여 인사	주 활동내용
그림사랑 우리그림	1987. 12. 5	홍대봉, 홍선웅, 박찬응, 이억배, 권윤덕, 정유정, 김한일, 정도용, 황용훈	지역미술운동의 건설, 민중운동 지원 연대
안양민요연구회	1987	박진성, 김영길, 조성현, 김태균, 서병무, 최승아, 김복림, 윤해경, 이종란, 김봉구 등 30여 명	전통문화의 계승, 전문성 강화, 민중운동 지원
안양독서회	1987	이종태, 신태섭, 김훈배, 정경수, 이수만, 남기석, 김명렬 등	민주적인 시민의식의 고양, 민족문화의 창달, 민주화, 자주화, 동일운동의 참여
안양문화운동연합	1988. 12	엄인희, 박찬응, 정경수 등 위 3개 단체 연대조직	지역문화운동 건설, 사회운동현장지원

3) 성남

1987년 6월 민주화운동은 성남지역에서도 소위 운동권이라는 새로운 공동체를 형성하는 계기가 됐다. 문화운동에서도 이때부터 본격적으로 조직화를 시도했다. 1980년대 후반 각 기관 대표들과 개인들이 참석하는 성남시민사회단체인사연석회의가 결성됐다. 백창우를 중심으로 한 노래마을, 백진원을 중심으로 한 그림마을, 전순필을 중심으로 한 짓패 도움소가 만들어 지고 성남시민들을 대상으로 하는 본격적인 대중문화 공연예술 활동을 시작했다. 성남동 성당은 1988년과 1989년 두 차례에 걸쳐 '삶의 노래, 사람의 노래'라는 주제로 라이브 공연을 개최했다. 당시로서는 보기 드물게 시민 1,000여 명이 참석하는 대규모 행사였다. 이러한 성과가 기반이 되어 1989년 드디어 성남지역문화운동단체연합(이하 '성문연')을 꾸리게 된다. 성남에서는 이때부터 문화운동가들이 민주화 운동의 한 주체로 서게 된다. 성문연에는 노래마을, 짓패 도움소, 성남노련 문예패, 열사정신계승노동자협회 등이 주요 멤버로 참여했으며, 의장, 사무국장, 정책실장 등의 조직체계를 갖췄다. 처음부터 노동자노래패를 지향했던 다영글은 민속주점 다영글의 주인인 김성만이 주도하여 만든 단체로 성문연에 가입하지 않고 독자적으로 음악활동을 했는데 이후 김성만이 이천으로 이사를 가면서 해체됐다. 해체 이후에도 김성만은 노동조합 투쟁 현장에서 노래를 부르며 활동했다.

성문연은 이후 타 단체들과 사안별로 연대하면서 꾸준히 대중공연과 전시회를 열었다. 특히 백중놀이 행사는 현재도 진행되고 있는데 그 시작은 YMCA 풍물패 거름에서 시작하고, 이후 거름의 멤버들이 짓패 도움소로 결합되면서부터는 짓패 도움소와 노래마을, 그림마을이 함께 중심이 되어 진행했다. 1990년대 후반까지 남한산성을 주요무대로 매년 7월 백중행사를 열었으며 현재는 지역문화단체들의 연례행사로 근 40여 년을 이어오는 지역의 중요한 문화행사가 됐다. 1992년 강경대 열사 죽음 이후 열사정국에서는 김윤기(노동열사), 천세용(경원대) 열사의 초혼제를 지내는 등

〈표 5-9〉 성남문화운동단체

단체명	창립일자	주요 참여 인사	주 활동내용
노래마을	1980	백창우 권오원 주경숙 우위영 이지상 최영주 정유경 최정원 이정열 손병휘 정은주	새로운 노래운동, 전래동요 보급
그림마을	1990	백진원 신인수 오혜원 김성수 김석영 서대성 정명근	판화교실, 그림교실, 벽화 및 걸개그림
짓패 도움소	1989	전순필 등 지역의 전통예술인들	백중제, 전통예술의 계승 발전
다영글	1987	김성만	민중가요 알리기, 파업현장 지원

장례싸움을 주도하기도 했다. 1993년 대선까지 활동하다 막을 내렸다.

4) 부천

1987년 6월민주항쟁과 뒤이은 7·8·9월 노동자 대투쟁을 계기로 노동운동과 시민사회운동은 비약적인 성장을 이루게 되는데 부천지역에서도 이때 비로소 다양한 문화공간과 모임들이 꾸려지기 시작했다. 1988년 7월 '부천지역의 연대적 문화운동에 공감하고 가장 시급한 과제로 문화공간을 만드는 일부터 시작하자'는 부천 YMCA 간담회를 계기로 복사골마당이 창립됐다. 복사골마당 이전 1987년부터 이미 활동을 시작했던 문화단체들도 여럿 있었다. '복사골마당' 창립에 참여한 설립추진위원회의 면면을 통해 그 현황을 알 수 있다. 복사골놀이패 쇠뿔이, 놀이마당 그루터기, 석왕사 청년회 문화부, 부천 YMCA 대학문화패 초리, 그림공방 우리조각, 미술모임 들녘 등이다. 이밖에도 여러 문화공간과 모임들이 출현하는데 문화 활동을 전문으로 하는 단체와 운동단체 안에서 일상적으로 활동하는 문화소모임이나 동아리 등으로 구분할 수 있다.

부천지역에서 전문 문화운동단체로 가장 먼저 출현한 단체는 놀이마당 그루터기(이하 '그루터기')이다. 그루터기는 1986년을 전후하여 경인지역의 여러 곳에 노동자 문화공간이 탄생하던 기류에 맞춰 탄생했다. 그루터기의 주요사업은 파업 등 노동조합의 문화 활동을 조직하고 지원하는 일이었다. 비록 전문가들로 구성한 단체는 아니었지만 노동자 장기자랑, 수련회, 강습 등 노동자 문화활동 지원에 열심이었다. 지역의 여러 노동조합들로 구성된 '부천지역노동조합문화부모임'을 이끌어가기도 했다. 부천지역노동조합문화부모임은 파업현장에 다른 사업장의 문화부장과 지역노동자들이 들어가 문화활동을 조직하고 교육했던 경험을 바탕으로 구성됐다.

이 모임을 주축으로 해마다 한두 차례 수련회를 갖고 장기자랑도 하면서 문화활동을 통한 노조의 활성화를 꾀했다. 해마다 열었던 그루터기 창립 기념행사에는 여러 노동조합들이 함께 참석했다. 1990년 1월 29일 '너 그리고 나 함께하는 자리 함성되어 퍼지리'라는 그루터기 기타반 공연에는 삼령, 동일전기, 범우, 지역노조, 한국화장품, 동양나일론, 한국피코, (주)낫소, 아남산업, 동양에레베이터 등에서 일하는 노동자들이 발표자로 참여했다. 그루터기가 지원했던 노동조합 문화활동 범위가 꽤 넓었음을 짐작할 수 있다. 하지만 1990년대 이후 그루터기는 내부사업보다는 사업장만 쫓아다니는 과정에서 재정을 비롯한 운영전반에 어려움을 겪게 되고 운동노선을 둘러싼 논쟁을 거듭하면서 점점 소강상태에 빠지게 됐다.

복사골마당은 풍물과 탈춤, 민요, 그림 등 문화예술 창작 및 실기와 이론 위주의 교육, 공연, 전시, 연구분석, 홍보지원, 연대 등을 목적으로 1989년 창립했다. 사업은 일차적으로 노동자들을 대상으로 하였으나 지역주민들도 대상에서 제외하지는 않았다. 복사골마당은 창립과 동시에 노동자문화교실을 열었는데 이는 부천지역민족문화운동실천위원회(쇠뿔이, 그루터기, 우리조각, 들녘 등)와 부천지역노동조합문화부모임이 공동으로 마련한 프로그램이었다. 당시 쇠뿔이는 복사골마당의 주축이었고, 복사골마당은 부천지역노동조합문화부모임에 참여하면서 노동자문화교실 운영에도 중심이 됐다. 초기 복사골마당의 강습회원들은 약 80% 이상이 조합원들이었으며 거의 매일 밤 축제가 벌어질 정도로 교육에도 열심이었으나 노동자문화교실은 2기까지만 운영됐다. 다른 한편에서는 '89민족문화학교'를 열어 풍물교실과 미술교실을 운영했다. 풍물교실은 복사골마당 산하의 놀이패 쇠뿔이가 강사로 참여하여 풍물장단, 사물놀이, 진풀이, 민요, 판굿 이론, 민족문화론 등을 교육했다. 미술교실은 김봉준을 강사로 초빙해 판화, 회화, 글씨 등을 강습했다. 이후 복사골마당 산하에는 풍물을 중심으

창 간 호　쇠뿔이

발행일 : 통일염원 45년 6월 1일
발행처 : 민주열사 박종철기념사업회
발행인 : 백　기　완
주　소 : 서울·종로1가 19번지
☎ 927 - 8447

민주시민과 함께한 창립대회

지난 2월 27일 서울대 동창회관에서 온 국민과 함께 열사의 투쟁정신을 계승하고자 「민주열사 박종철 기념사업의 창립총회」가 열렸다. 회원 및 외빈 300여명이 참석한 이날 행사는 추모집 「그대 온몸 깃발되어」의 출판기념식도 겸하여 진행되었고 회칙낭독, 사업계획안의 확정과 회장 및 임원선출도 이루었는데 회장에는 백기완 전민련 고문이 선출되었다.

박열사 초혼장 열려

지난 3월 3일 열사의 혼을 거두고 산저들의 정치를 다지기 위한 초혼장이 유가족, 시민 등 천여명이 참석한 가운데 서울대에서 열렸다. 초혼장을 마친 뒤 한맺힌 남영동 대공분실 앞에서 노제를 지낼 예정이었으나 장례행렬을 가로막는 바람에 무산되고 악천후 속에서 경찰과 대치하다가 용천 4거리에서 노제를 지내고 밤늦게야 마석 모란공원 장지에서 하관식이 진행되어 열사가 재로 뿌려진 임진강변의 흙과 생전에 유품 등이 자료에 안장되었다.

제1차 운영위원회 개최
- 현판식과 함께 -

제1차 운영위원회가 5월 16일 본사 염회 사무실에서 열렸다. 이날 열린 운영위원회는 활동보고, 결산보고, 회칙수정안 심의, 일반인심의, 사업계획 심의 등의 순서로 진행되었다.

운영위원회는 먼저 사무국장으로부터 그간의 활동과 결산에 대한 보고를 들은 뒤 회칙에 대해 약간의 수정을 가하였다. 회칙을 수정하게 된 동기는 운영위원회가 소집되기 어려웠기 때문이다. 운영위원회의 역할을 대신하도록 하고 사무 주인이 맡도록 하여, 사업을 신속하게 추진하고자 했기 때문이다. 그리고 운영위원회의 숫자를 20인 내외로 하여 대표를 뽑았다. 뒤이어 운영위원회는 고문단, 부회장, 감사에 대해 인선하고 이를 더욱 확대, 강화하였다. 인선 내용은 다음과 같다.

- 고문-윤익훈, 제홍렬, 박찬규, 이소선, 김경한, 강희남, 신경림
- 회장단의 장-백기완
　부회장-고영구, 명진
- 운영위원-김승훈, 황인철, 김진균 이효재, 이태복, 이태웅, 김춘욱, 김정, 김종심, 박금수, 인제근, 윤응, 정태웅, 배은심, 최민
- 감사-박용일

이어서 운영위원회는 사무국체계와 사업계획에 대해 심의·비준하였다. 이날 운영위원회가 끝난뒤 참석한 운영위원과 사무국원은 현판식을 가졌다.

5월 16일 운영위원회가 열린 자리에서 백기완 회장님과 운영위원, 감사님이 참석하여 본 기념사업회 현판식을 가졌다.

창간에 부쳐
백기완

인간의 마지막 공포, 죽음의 공포로부터 우리 스스로를 해방시키고, 우리를 해방시키고, 너는 쇠뿔처럼, 너는 네 목숨보다도, 우정을 지켜내고, 혁명적 순결을 지켜낸 총불아, 너는 이겼다.

이것은 지난 87년 1월 15일 받은 양대학교병원에 입원중 박종철열사의 원통한 소식을 듣는 순간 적어두었던 내 시 구절의 하나다.

나는 그때 바로 정부한 일과로 부터 당한 고문후유증이 우울증에서 재발되어 벙꺼병에 치료를 받고 있었다. 그런 와중에서 박열사의 소식을 들었음으로 그때 내 심정이야 오죽 참담했으랴. 따라서 박열사와 나 사이에는 혁명적 순결의 피가 통하는 것같은 「윤리」하는 것이 있어 왔는데 이로 미루어 보면 내가 이왕에 박열사 기념사업의 회장을 맡게 된 것은 결코 우연이 아니라고 생각한다.

그렇다 이제 우리들은 박열사의 뜻을 기념비 하여 줄비로 만들자는 것이 아니다. 그의 혁명적 순결을 오늘에 이어 반제 해방통일의 실천적 명제로 힘차게 발전시켜야 한다고 믿는다.

이에 이 작은 회보를 이용하여 쇠뿔이라 했다.

쇠뿔이란 무슨 뜻일까? 잘 아는바 황소는 싸움에 힘이 세고 충직한 점원으로 통한다. 그러나 그 충직은 사실상 밑뚜이를 부려먹는 지배계층에 필요한 충직으로써 밑뚜이가 이 어맨는 한에 있어서는 자기를 잃어 버리는 바로 멍청이 노예에 지나지 않는다.

그러나, 어느날 이러한 자기의 모순을 깨닫고 자기를 자제하던 관계 즉, 압세를 타파하려고 일어났을때 그 밑뚜이를 일러 쇠뿔이라 하거니와 이맘에 사는 사람을 최고의 혁명적 인간상을 포시하는 것이니 아, 우리 밑뚜이야말로 쇠뿔이가 아니고 무엇이라.

그는 지금 최대의 민족적 쇠뿔이가 되어 해방통일의 싸움터에서 맨앞장을 서서 가고 있다.

우리 모두 쇠뿔을 파트는것이다. 주검을 넘어 죽음을 이겨낸다고 말이다.

너는 이겼다
백기완

한참을 소리죽여 웃었다.
기나긴 세월
수일이 쓰러지기만 했던
삶처를 부여안고도 그것이
시러움이줄 모르고 살아왔는데
너의 죽음을 듣는 순간
쑥쑥 정신이이 들며
다가오는 참성관래의 진저리
자유한 헛발하며
물줄기 사정없이 엎겨지고
진투는 시치를 뛰우는
아, 소름끼치는 고문
뻔머리 욱깨딜이 하는
그짓을 떠올리는 순간
나는 올부짖었구나

총불아
너는 이겼다.
한외를 올겨넘길게 없는
배질의 슬가분 순간을
너는 이겼을 뿐 아니라
인간의 마지막 공포
죽음의 공포로 부터
스스로를 해방시키고
우리를 해방시키고
너는 쓰러졌으되
너는 네 목숨보다도
우정을 지켜내고
혁명적 순결을 지켜낸
총불아
너는 이겼다.
죽음을 이겼다.

로 하는 전문조직 쇠뿔이와 교육과 강습을 수료한 정회원들로 구성한 모임인 소리터, 30대 후반에서 40대 초반의 시민모임 우리문화사랑회, 학생, 교사, 노동자, 일반시민 등 다양한 사람들이 참여하는 강습조직 등이 자리잡으며 서서히 체계화되어 갔다.

복사골마당은 1989년 7월 '민족문화 대동굿'을 시작으로 1990년 '새해 새날 열림마당'(소극장 믈뫼), 1990년 12월 '이 그늘진 한 줌 햇볕되어'(성심여자대학교와 더큰소리의 합동 공연) 등 유료공연을 열었다. 다른 한편으로는 풍물굿의 연구와 보급을 위해 각 지방의 가락들을 전수받기 위한 활동도 했다. 1989년부터 고 유남영 선생으로부터 정읍 우도 풍물굿을 사사받기 시작했으며 1992년 최은창 기능보유자에게 평택 웃다리 판굿을, 1993년 박덕현, 강원태, 이상관 등에게 삼천포 12차 판굿을 사사받았다. 또 같은해에 고 김봉열, 성태일 등으로부터 호남좌도 진안 증평굿을 사사 사사받으며 전문 문화운동단체로서 자기 정체성과 역량을 강화시켜 나갔다.

〈표 5-10〉 부천 문화운동단체

단체명	창립일자	주요 참여 인사	주 활동내용
놀이마당 그루터기	1987	비전문가 그룹	노동조합 문화활동 지원
민족문화 공간 복사골마당	1989	손영철(대표)	풍물 탈춤 민요 그림 등 문화예술 창작 및 교육, 홍보 지원 연대
더큰소리	1989. 6	그루터기 활동가 일부	노래공연, 현장 문화소모임 지원, 노래, 놀이 연구와 실천사업
부천노동자 문학회 글마을	1989	김형식(회장)	노동자문학의 밤, 문예교실, 일하는 사람들을 위한 연극교실
흙손공방	1990	김봉준	노조 및 시민단체 대상 미술품(달력, 카드, 티셔츠, 걸개그림 등) 주문제작

5) 안산

안산지역에서 문화운동이 싹을 틔운 것은 1986년 시 승격과 때를 같이 한다고 볼 수 있다. 1980년대 중후반 전국적으로 민주노조운동의 물결을 타고 노동단체들이 탄생하고, 이들 노동자를 조직하고 지원하기 위한 종교기관, 노동상담소 등의 단체들이 설립되기 시작했다. 원곡성당에 '반월 노동사목'이 1986년에 설립되었고, 1987년 민주화운동과 노동자대투쟁의 여파로 반월공단 노동상담소의 '밝은자리'와 노동자의 집 계열인 '노동사 랑'이 설립됐다. 당시 활동은 노동자 조직과 민주노동조합 조직화사업 등 계급운동의 변혁과제를 목표로 한 활동이 주축을 이뤘다. 한 마디로 이시 기의 문화운동은 문화조직을 매개로 한 운동이라기보다는 계급운동의 한 축으로 노동자들을 조직, 성장시키고 각종 현안투쟁에서 선동적 역할을 담당하는 매개로 존재했다고 볼 수 있다.(안산지방자치개혁시민연대, 『안 산시민운동산책』, 2013, 112쪽) 노동자노래패 울림, 풍물패, 율동패 등의 내부 문화동아리들이 배출되어 노동자들을 대상으로 한 강습, 노조총회, 임금인상투쟁, 지역노동자연대투쟁, 전국노동자대회 등의 집회와 행사에 서 문선대 역할을 수행했다. 1991년 전통문화 보급과 노동자들의 문화활 동 고취를 위한 종합문화공간 '사람세상'이 창립됐다. 지역 노동자들의 독 서토론모임을 모태로 출발하여 풍물패 '아리랑', 노래모임 '노래세상' 등 노 동자들의 문화소모임 활동을 전개했다. 이후에는 '통일마당'으로 단체명을 변경하여 활동하고 있다. 1992년 '생활문화공간 어깨동무'가 일군의 문화 활동가들의 소모임 형태로 출발한데 이어 1993년 노래공간 소나무, 1994년 소리샘, 1996년 안산시민문화센터, 1997년 풍물마당 터주, 안산뮤직클럽, 동방녹음실 등 각종 문화단체들이 비법인 형태로 설립됐다.

초창기 안산지역 노동자문화단체들은 모두 노래패와 풍물패를 운영하며 노동자문화를 지원하는 역할을 맡았기 때문에 주요 활동내용이나 영역에서 뚜렷한 차별성을 발견하기는 어렵다. 초창기 안산의 문화운동단체들의 주요 활동은 임금투쟁 등 노동조합 지원활동이 많았고 그 중심에 풍물패와 노래패가 있었다.[101] 연극, 탈춤 기타반 등도 있기는 했으나 활약은 미미했다. 규모가 큰 행사나 집회 등 전문공연이 필요할 때는 주로 안양문화운동연합의 지원을 받았다.

안산지역의 초창기 활동가들 중에는 안양에서 넘어온 사람들이 많았다. 일부는 서울 쪽에서도 합류했다. 노세극, 경창수 등은 안양노동자회 출신이며, 최오진(전 경기민예총 사무처장)은 안양문화운동연합 출신이다. 안양과 수원, 서울 등지에서 합류한 사람들의 일부는 문화운동단체에도 있었지만 1992년 경 노세극의 주도로 결성한 '한벗노동자회'에서 활동했던 사람들도 있었다. 대표적으로 김현삼, 박완기, 오관영 등을 꼽을 수 있다.

〈표 5-11〉 안산 문화운동단체

단체명	창립일자	주요 참여인사	주요사업 및 특징
밝은자리	1987년	이숙주	노동문화 강습, 풍물패 중심
종합문화공간 사람세상	1991년	최오진 박주언 권미영	통일마당으로 변경, 안양노동자회, 서울그룹의 합류
노동사랑	1987년	박완기 김현삼	노동문화강습, 노동자문화패 지원활동, 특히 문선대 활동에서 두각을 나타냄
반월노동사목	1986년	조여옥 이영록	노동문화강습, 성당주도

---

[101] 안산지역 단체들의 활동을 과연 문화운동으로 볼 수 있겠느냐는 의견이 있다. 타 지역의 경우에도 당시 활동을 문화운동으로 볼 것인지, 노동운동을 위한 수단으로 볼 것인지에 대한 논란이 있었다. 이 문제는 비단 지금에 와서 제기되는 문제만은 아니다. 경기지역에서 문화운동이 절정에 이르렀던 당시에도 단체 내부에서 정치적 목적을 우선할 것인지, 전문성을 키워나가면서 문화 전문단체로서 역할을 우선해야 하는지를 놓고 끊이지 않는 논쟁을 벌여왔다.

6) 경기북부

1987년 6월민주항쟁 이후 경기남부지역 대부분의 도시들에서 문화운동
이 본격적으로 조직화 되고 대중과의 접촉을 늘려간데 반해 경기북부지역
민주화운동을 주도적으로 이끌어 갔던 동두천 지역의 경우 이와 정반대의
경로를 밟게 된다. 87년 이전까지 운동의 최우선 목표가 조직을 건설하고
확대하는 데 있었고, 그 과정에서 문화운동에 대한 필요성과 요구가 있었
다. 이에 반해 87년 이후 정치투쟁으로 과감하게 운동 목표와 방향을 전환
하게 되면서 문화운동이 상대적으로 소홀히 취급됐다. 이때부터 북부지역
문화운동은 잠시 위축되고 소강국면에 접어들게 된다. 경기북부지역에서
문화운동은 조직의 목적을 달성하기 위한 수단, 즉 대중을 모으고 분위기
를 띄우는 문화선전대로서의 역할 정도로 인식됐다고 볼 수 있다. 남부지
역 대부분에서 예술의 전문성과 독자적 활동을 고민했던 흔적이 이곳에서
는 끝내 나타나지 않았다. 본격적인 투쟁국면에서는 정치투쟁이 필요했을
뿐 문화운동은 돌아볼 새도 없는 그저 부차적인 운동에 불과했던 것이다.
6월민주항쟁 중에 동두천지역에서는 청년 80여 명을 조직하여 서울로 나
갔다. 각 지역에 흩어져 있는 역량들을 총규합해 서울의 거리에서 함께 싸
웠다. 6월민주항쟁 이후 동민회 조직은 노동운동과 정치투쟁에 힘을 모으
면서 의정부노동상담소와 구리노동상담소, 경기북부민통련으로 각각 분
화되어 나갔다.

동두천지역과 운동과는 사뭇 별개로 1988년경 의정부에서 경기북부지
역민족문화운동협의회(이하 '문민협')가 결성된다. 이 과정에서 놀라운 일
이 발생한다. 문민협을 조직한다는 사실이 지역에 알려지면서 회원이 순
식간에 500여 명으로 불어났던 것이다. 당시 서울에서 야학운동을 하다 의
정부에 내려와 문민협 창립을 주도했던 양한승(81학번)과 김영안(시인, 백

기완 선대본부에서 활동) 등 핵심인사 몇몇 외에 의정부와 포천, 연천 등
에서 활동하던 시인과 화가들, 지역 미협, 민속보존회와 양주별산대 등 이
른바 관변 문화예술단체 회원들이 대거 문민협 회원으로 가입했다. 출범
식도 크게 진행했다. 시화전을 겸해 진행한 행사에는 문익환 목사, 임헌영
선생 등이 참석해 강연했다. 이런 현상에 대해 양한승은 "처음엔 많이 놀
라고 당황했다"면서 "사람들에게서 민주주의에 대한 갈망과 억눌렸던 예
술활동에 대한 갈증이 느껴졌다."고 술회한다.

　문민협의 초기 조직도 이들을 중심으로 구성됐다. 1대 의장에 이대용
시인, 부의장은 방두열 화백이 맡았으며 양한승은 감사와 교육부장직을
맡은 후에 2대 의장을 맡았다. 문민협의 초기 사업으로는 각 지역별로, 또
노조별로 풍물패 등 단체를 만들어 나가기 위한 활동이 주로 많았다. 당시
북부지역은 동두천을 제외하고는 거의 모든 지역이 운동의 불모지였기 때
문에 조직을 건설하는 일이 시급했기 때문이다. 그런 만큼 운동경험을 가
진 사람들도 많지 않았다. 대중조직화사업에는 풍물패가 앞장섰다. 여기
에 약간의 미술활동이 덧붙여졌다. 풍물패들은 대로를 확보하거나 5일장
등을 돌며 판을 벌였다. 이런 활동으로 대중들의 경계심을 많이 누그러뜨
리기도 했는데 정작 경찰은 처음 겪는 일이었기 때문에 많이 놀라고 당황
했다고 한다. 이런 활동은 1989년 전교조 설립직전까지 쭉 이어졌다. 이
해에 신흥대학에서 공연을 준비하다 양한승이 경찰에 폭행당해 요도가 파
열되는 부상을 입기도 했다. 지역 연대사업으로는 특이하게도 민주당과
함께 하는 사업들이 많았다. 지역예술인들의 특성상 민주당 성향을 가진
사람들이 많았기 때문이라는 게 당시 회원들의 설명이다. 또 한겨레신문
지국장들과 연계하는 사업도 있었으며, 의정부역에서 진행하는 행사와 전
시도 많았다. 초기 사업과정을 지나 2기에 들어서면서 조직에는 새로운
문제가 대두되기 시작했다. 운동권과 지역예술인들 사이에 운동성에 대한

논란이 벌어졌던 것이다. 한마디로 너무 과격하지 않느냐는 문제제기였다. 극복하기 쉽지 않은 문제였다. 이후로 1990년에 이르러 양한승이 노동자정치연구소를 만들어 자리를 이동하면서 문민협은 공식적인 해체 작업 없이 흐지부지 막을 내렸다. 6월민주항쟁의 성과로 동두천지역에서 또 다른 문화단체가 탄생하게 된다. 1988년 출범한 시대학생회의 노래패 한입에 아우성이다. 한입에 아우성의 주된 활동은 노동운동을 지원하면서 6월민주항쟁 상황에서 위축되고 주변화 된 문화운동을 재건하는 일이었다. 1989년 경기북부 노동자가요제를 만들어 운영하는 한편 1987년부터는 노동자신문에서 주최한 가요제에도 출전했다.

2. 장르별 분화와 전문단체들의 역할

1) 미술

경기지역 문화운동에서 가장 많은 회원과 전문성을 확보하고 활발하게 움직였던 분야는 단연 미술이다. 미술전공자들이 대폭 늘어나면서 인적자원이 풍부해졌고 그만큼 문제의식도 강했다. 그중에서도 수원의 수원민족미술인협회(이하 '수미협')와 안양 우리그림, 성남, 부천 흙손공방 등의 활약과 운동적 성과는 컸다.

1991년 출범한 수미협의 역사는 1989년 창립한 미술동인 '새벽'으로부터 시작됐다. 수문연의 시각예술위원회 활동은 오래지 않아 보수적인 수원지역 화단과 정서적 대립을 겪으며 갈등을 초래하게 되었는데 이 과정에서 미술동인 '새벽'이 결성된다. 새벽은 김영기, 주영광, 이달훈, 최익선, 박태균, 이병렬, 박준모, 양순희, 한인규, 손문상, 이주영, 박정수, 서동수, 양혜경, 황호경, 신경숙, 최춘일 등 당시 20대의 젊은 미술인들이 주축이 됐다.

이들은 처음부터 한국사회 전반에 대한 문제의식을 공유하고 미술을 통해 이를 실천하려는 저항적, 공세적 자세를 취했다. 이런 취지는 창립선언문을 통해 역력히 드러난다.

제도권 미술정책의 여러 문제들에 대한 냉엄한 비판과 올바른 방향 모색을 통해 자주적, 창조적 표현의 자유를 구현하고, 소외 받는 사람들의 문화를 대변하여 참다운 문화로 정착, 확대발전시키고, 제 문화단체 연대를 통한 지역 문화 발전의 균형과 학습, 자기완성의 끊임없는 모색을 통한 미술의 사회적 책임과 작가 개인의 실천적 역량을 키워나가는 동인이 될 것이다.((사)수원민주화운동계승사업회, 『수원지역 민주화운동사』, 2015, 60, 미간행)

새벽은 1989년 첫 전시로 '오늘의 땅' 전을 개최한데 이어 1990년 '정치. 정치. 정치……'전을 수원 선화랑에서 열었다. 지역에서 민중미술을 처음 소개하는 전시였다. 전시에는 노동자의 진보적 삶을 주제로 한 이주영, 황호경, 신경숙, 구본주, 이오연, 정치적 상황을 다룬 김영기, 차진환, 류우종, 농촌문제와 도시빈민을 다룬 주영광, 최춘일, 박경수, 권용택, 양혜영, 박태균, 만화와 꼴라쥬 기법을 응용하여 풍자적 화면을 보여준 손문상, 이병렬, 최익선, 서동수 등 33명의 작가들이 참여했다. 전시는 1,000여 명이 넘는 관객이 관람할 만큼 큰 호응을 얻었다.

새벽은 안양, 청주 등 타 지역 문화운동단체들과의 연대전을 지속적으로 전개해 나가는 등 사회, 정치적 이슈를 문화적으로 실천하려는 노력에 박차를 가했다. 1991년에 들어 기존 새벽동인의 회원과 대학미술패, 지역 미술인들을 아우르는 조직으로 활동영역을 확장하게 되는데 이 결과로 탄생한 조직이 수미협이다. 수미협은 출범과 동시에 사회변혁과 지역 미술에 대한 강한 문제의식을 드러낸다. 이런 문제의식은 수미협 선언문을 통해 확인할 수 있다.

수미협은 이제까지의 민족·민중미술운동의 성과를 되돌아보면서 더욱 심화된 창작내용과 풍부함을 얻어나갈 것이며 다양한 사업과 발표를 통하여 지역대중들과 지속적이고 신선한 만남의 장을 갖게 될 것입니다.(……) 수미협의 과제들은 주역주체인 지역대중의 삶을 반영하고 그 삶과 함께하는 미술형식과 내용을 가꾸어 지역대중의 삶을 건강하고 풍요롭게 하며 사회 갖가지 문제점을 해소해 나감으로써 이루어질 것입니다.

수미협은 장안구 고등동 150-2번지에 사무실을 열고 최춘일을 초대 대표로 추대했다. 최춘일은 먼저 회화 1, 2분과, 생활미술분과, 조소예비분과, 만화분과, 사진분과로 세분화 하는 등 조직을 좀 더 체계적으로 정비했다. 또 회원 개개인의 역량을 최대한 활용하기 위해 노동상담소 간사, 쓰임새 있는 미술을 지향하는 노동자 문예활동가 조직인 '노동미술연구소', 미술운동의 현장장성을 확보하기 위한 '현장 미술패'를 조직하고 출범시켰다.

생활미술분과에 이병렬, 최익선, 만화분과에 손문상, 윤기헌, 사진분과에 강경희, 조소분과에 이금숙 등이 주요멤버로 참여했으며, 이들은 회화 1, 2분과 함께 회원 개개인의 역량을 집중하기 위한 소그룹 활성화에 목표를 두고 활동했다. 또 노동자문예활동가 조직인 노동미술연구소에는 손문상, 황호경, 신경숙 등이, 미술운동의 기동성과 현장성을 확보가기 위해 조직한 현장미술패에는 차진환, 서동숙, 김영기, 최춘일, 류우종, 이병렬, 최익선, 이주영 등이 참여했다.

노동미술연구소는 지역의 노동자문예지원 활동을 지원과 공동창작을 위한 전문 미술인 파견 미술교실 등을 열었으며 현장미술패는 수원 '선화랑'과 서울의 그림마당 '민'에서 열린 '오늘의 땅'전과 91년 박창수 열사 장례식을 위한 방송차 입체 설치물 제작활동을 벌였다. 1989년 '오늘의 땅'전은 수미협의 활동방향은 물론이며, 권용택을 주축으로 한 회화 1, 2분과

(미술전문가 집단)의 위상과 전망을 가늠해 볼 수 있는 전시가 됐다.

수미협이 표방한 문제의식은 창립 직후 열린 창립전(오늘의 땅전)을 통해 본격적으로 드러나기 시작한다. 창립전에는 박종훈, 양혜영, 이달훈, 이금숙, 주영광, 김순희, 박경수, 류우종, 임종길, 권성택, 이오연 등 각 분과회원들이 골고루 참여했다. 수미협은 이어 환경미술전(선화랑), 사진분과전(선화랑), 경기남부 걸개 제작전 등 굵직굵직한 기획전들을 잇달아 선보였다. 1992년 이주영이 대표를 맡으면서 환경전과 함께 경기지역 산별노조 걸개 제작 등 당시 파업열기를 미술에 담아내기 위한 활동에 주력한다. '청주민미협과의 연대전(경인미술관)', '재활용품바자회전(매탄공원)', '환경을 생각하는 여성들 창립대회 야외전(성공회)' 등이다.

1993년 주영광을 대표로 선임한 수미협은 기존의 환경전을 더욱 강화하는 한편 지역의 제 사회단체와의 연대의 기반을 공고히 다져나갔다. 이 시기에 개최한 정기전은 '수원 오늘과 그리고 내일전(선화랑)', '제3회 환경미술전(선화랑)', '청소년상담소 개소 실내전', '환경한마당 그림그리기 대회' 등으로 주로 지역 정체성에 문제를 제기하는 기획전으로 꾸몄다. 1994년에는 김영기 대표의 주도 아래 '기초농산물 수입저지를 위한 야외 순회전'과 '우루과이라운드-UR전시회(선화랑)', '민중미술 15년전(과천현대미술관)'을 열었다.

안양지역 미술운동은 수원보다 앞선다. 1986년 젊은 화가들이 모여 만든 산은 안양지역 최초의 미술운동 조직이다. 이들은 1986년 말 산 결성 직후부터 조직적인 스터디 모임을 시작했다. 미술, 연행, 문학부문 활동가 모임을 통해 1년간의 학습과 준비모임 끝에 드디어 1987년 12월 5일 근로자회관 강당에서 창립전시회를 열고 그림사랑동우회 우리그림(이하 '우리그림')이 새롭게 출범시켰다. 당시 회원으로 참여한 작가들은 홍대봉(대표), 홍선웅(부대표), 박찬응, 이억배, 권윤덕, 정유정, 김한일, 정도용, 황

'우리그림' 창립전시회(1987. 12. 05~08)
(민주화운동기념사업회 오픈아카이브즈
00443552)

윤훈 등이다. 전시작으로는 걸개 그림 해외열사도(540×300 공동제작), 연작판화 '쫓겨난 임금'(안양판화회 공동제작) 외에 시민미술교실 작품들이 있다. 이들은 창립전 이후 87년 12월 대통령 선거 공정감시단 활동에 적극 참여했다. 88년 12월에는 안양시민 미술학교와 안양 여성미술학교를 시작으로 노동자 미술패 '까막고무신'(대우전자 부품) 결성을 주도하고 여성노동자 22인 영정 제작, 노동자 걸개그림 '승리의 그날까지' 등 왕성한 활동을 전개해 나갔다.

당시 경기공실위는 민미협과 민미련 양측에 공식 제안하여 통합논의를 위한 자리를 마련했다. 이후 각 단체에서 권한을 위임 받은 대표자들이 여러 차례 모여 회의를 거쳐 89년 7월 1일 3자 최종 합의에 이른다. 90년 2월 안문연과 통합했다.[102] 1984년 말 이후부터 사업장 중심 노조활동가들에 의해 단위사업장 활동이 주축을 이뤘으며 1985년부터는 노동상담소와 한무리교회, 돌샘교회 등 민중교회가 공개적인 활동을 하는 공간으로 자리 잡기 시작했다. 해고노동자들을 중심으로 하는 활동가들은 대부분 보안유지를 위해 가명을 사용하고 서클

형태로 활동하면서 노동기본권을 확보하기 위한 운동에 나섰다.

〈표 5-12〉 우리그림 주요활동 1 - 걸개그림(미술인, 노동자, 시민)

작품	크 기	연도	작가	집회 및 행사	주요내용
열사해원도	540×300	1987.12	이억배 박찬응 권윤덕 정유정 김한일 황용훈 주완수 정도용	우리그림 창립전, 지역집회, 노조, 대학 등	87년 민중항쟁 및 광주민중항쟁 정신 계승
우리들의 이야기	400×300	1988.3	대우전자 부품 미술패 '까막고무신', 이억배 박찬응 지원	안양 노동문화 큰잔치	안양지역 최초 걸개그림, 이를 계기로 '까막고무신' 결성
그린힐 노동참사 여성 22인 영정도	120×180	1988.3	홍대봉 이억배 권윤덕 정유정	그린힐 노동참사 합동 위령제 (중앙교회)	열악한 노동환경에 희생당한 여성 노동자들의 넋을 기림
5월광주- 우리 하나됨을 위하여	120×250	1988.5	이억배 권애숙 한범희 이명숙	광주항쟁 계승을 위한 5월 문화제 (비산교 고수부지)	경찰 원천봉쇄로 무산
승리의 그날까지	360×220	1988.7	안양지역 6개 민주노조연합- 유신중전기, 경원제지, 안양전자, 대우전자부품, 아두전자	안양전자 위장폐 업 승리대회, 경기남부노련 창립총회, 89 임투전진 대회(농대), 노조행사	안양전자 위폐투쟁
한라산	700×500	1988.12	이억배 정승각 황용훈	안양 문화운동연합 창립공연 (근로자회관)	

〈표 5-13〉 우리그림 주요활동 2 - 전시회(미술인, 일반)

전시명	연도	작품	참여작가	장소	주최	주요내용
우리그림 창립전	1987. 12	판화, 만화, 걸개 등	다수	안양 근로자 회관	우리그림	구전설화의 판화연작화, 연작판화를 슬라이드극화하여 노조미술패, 시민미술강좌에 사용
		연작판화 공동작업 - 쫓겨난 임근, 슬라이드극	권윤덕, 정유정, 박찬응, 김한일, 정도용			
제1회 안양시민 미술학교	1988. 3	판화 12점, 공동작품 3점	미술학교 수강생	우리그림	우리그림	
안양시민 미술전	1988. 10	판화, 한국화, 유화, 수채화, 만화,조각, 사진,생활공예	미술교실 수강생, 전문미술인 49명 참여	안양 미술관	우리그림	시민, 노동자, 전문미술인 공동으로 꾸린 전시회, 많은 호응 받음
노동햇볕 전	1989. 3	판화	경인경수민중 미술공실위 (안양 수원 부천 인천 서울 활화산 등)	노동현장	경인경수 공실위	공실위 공동실천, 안양 수원 안산 부천 인천지역의 파업장 및 노조행사장 순회전시
노동미술 교실전	1990. 9	판화, 수채화, 슬라이드극	대우전자부품 유유산업 안산금속	안양 노총 대강당	안문연	노조 문화활동 활성화 및 자주적 소모임 결성, 건강한 노동자문화 정착 목적
오월판화 전	1989. 5	5월 광주항쟁을 주제로 한 판화와 시의 결합	우리그림 회원	숭의여전, 대한 제작소, 성결대	숭의여전 총학생회, 경기노련	숭의여전 5월 대동제, 89 안양지역 노동문화제, 대동제
신바람 나는 그림전	1989. 7	판화, 수채화, 붓그림과 그림책 그림	우리그림 회원, 미술교실 수강생	안양 불성사 회관	우리그림	
우리들의 땅전	1989. 10 1990. 10 1992. 6		류충렬, 홍대봉 이억배, 박찬응 정유정, 권윤덕 유미선, 정도용 권성택, 정성숙 진영근, 이정아	안양미술 관(89), 안양문예 회관(90, 92)		안양지역 민족, 민중미술인들의 모임, 87년 이후 3회의 정기전 (수미현 연대전 포함)

〈표 5-14〉 우리그림 주요활동 3 - 집회, 행사

작품	크기	연도	작 가	집회 및 행사	주요내용
떨쳐일어나	220×310	1988. 12	이억배	안문연 창립공연	공연 '떨쳐일어나'에서 사용
노동자	500×300	1989. 3	금성전선, TND노조원 공동작업 (김한일 지원)	89 임투전진대회 〈삼덕제지 파업장〉	
노동해방도	200×300	1990. 5	금성전선 (이태선)	금성전선 파업장	장기파업과 조합원 분신으로 위축된 파업분위기 전환
출정	600×500	1990. 6	이억배, 권윤덕, 정유정, 유미선	경기남부 지역행사	파업투쟁에 임하는 노동자들의 결연한 모습을 형상화
안양전자 투쟁연작화		1991. 6	권윤덕, 유미선, 이억배	안양전자 위폐투쟁-성결대 강당	경찰원천봉쇄로 집회무산
고려산업 개발	300×200	1991. 6	이억배, 권윤덕, 유미선	고려산업개발 노동조합	신축노조사무실 벽면장식 조합원 행사 시 사용하기 위해 주문제작
삼양금속 (안산)	500×300	1991. 6	삼양금속노조 공동작업 (권윤덕, 유미선 지원)	삼양금속 파업장	장기간 농성투쟁으로 지친 노조원들의 사기진작과 투쟁의 전기를 마련

〈표 5-15〉 우리그림 주요활동 3 - 기타활동

제목	종류	연도	제작	장소	주요내용
우리그림 신문	신문	1988. 1~ 1989. 5	우리그림 편집부		안양지역 문화대중조직활동 및 정보자료 소개, 7호까지 발간
양평리 다리벽화	벽화	1988. 8	우리그림 회원	양평군 계정천 다리	우리그림 하계수련회 프로그 램 일환으로 제작, 주민들의 호응이 좋았음, 이후 그 지역 의 명소가 되었음.
소골안마 을 장승	목장승 1쌍	1988. 9	이억배, 김한일	안양 소골안 마을	마을청년회와 공동기획
민속혼례 병풍〈4폭〉	병풍	1988. 10	홍대봉, 이억배, 김한일		여러지역에서 혼례시 사용
구름가족 이야기	그림책	1989. 7	정유정, 고은아, 유미선, 정승각, 권윤덕, 윤순종, 황용훈, 권애숙		미술의 생활화, 대중화 목적으 로 시민미술학교 교사, 수강생 공동작업으로 판화를 수제작.
임투지원 깃발, 만장	깃발, 만장	1991. 3	권윤덕, 유미선	아주 대학교	* 경기남부지역 임투전진대회 * 임투지원에 수차례 사용됨
통일엽서	엽서8종	1991. 8	권윤덕, 유미선, 손문상, 황호경, 신경숙	아주 대학교	통일한마당

자료 : 이억배 소장자료.

성남지역을 대표하는 민중미술운동단체로는 그림마을이 있다. 권오원의 동갑내기 친구 백진원이 노래마을의 영향을 받아 지은 이름이다. 그 인연으로 노래마을 앨범재킷은 늘 백진원이 도맡아 그렸다. 출범 당시 그림마을은 백진원 개인의 작업실 이름이었다. 그러다 차츰 그림을 좋아하고 재주가 있던 신인수, 권재형 등의 노동자와 정명근, 장영자 등 대학생들이 참여했다. 1990년 경원대학교 미술대학에 재학 중인 김성수가 미술운동에 합류하고, 이후 같은 대학 출신의 서대성이 함께하면서 단체의 전문성이 한층 강화됐다. 그림마을이 만든 그림교실에서는 노동자 및 일반 시민을 상대로 그림교실을 열었으며 판화, 만평 등의 작업과 수차례 전시회를 개최했다. 벽화 및 걸개그림, 행사장에서 쓰인 무대미술의 대부분을 그림마을에서 제작했고 많은 이들의 호응을 얻었다. 그림마을은 화재로 인하여 백진원의 작품이 전소되는 어려움을 겪기도 했다. 그러나 백진원은 평소 주변 지인들에게 자신의 작품을 즐겨 선물하여 그의 작품을 소장하고 있는 사람들이 많이 있다.

부천지역에서는 흙손공방의 역할이 컸다. 노동조합 및 시민단체를 대상으로 하는 미술품 제작, 공급할 목적으로 설립한 단체로 1990년 김봉준에 의해 설립됐다. 주로 달력, 카드, 연하장, 현수막, 걸개그림, 깃발, 손수건 등으로 파업 장소에서 많이 쓰이는 물건들을 제작했다. 한동안은 부천뿐만 아니라 서울, 인천, 울산, 마산, 창원 등지에서 주문이 들어올 정도로 활발하게 운영됐다. 복사골마당이나 그루터기 등과 함께 노동자와 시민을 대상으로 하는 강습활동을 펼치기도 했으며 부천노동상담소 운영에도 참여했다.

2) 민요 풍물

미술운동이 사전에 이미 준비된 인적자원과 조직기반을 기초로 조직화된데 반해 민요와 풍물 등 음악분야의 문화운동조직은 1980년대 이후 교회 등 종교기관을 통해 배양된 역량이 전부였다. 새롭게 기예를 익히는 한편으로 운동적 과제를 수행해 나가는 과정을 거치면서 조직화된 셈이다.

1987년 7월 안양민요연구회(이하 '안민연')가 문을 열었다. 중앙시장 안쪽 30~40평의 지하공간에는 방 2개와 거실이 있어서 연습실로 사용하기에는 그런대로 넉넉한 공간이었다. 회원들은 사방을 계란판으로 든든한 방음벽을 설치하고 맹연습에 들어갔다.

초창기 안민연 조직은 주로 서울에서 내려온 활동가들을 주축으로 지역 문화인들과 대학생들이 결합하는 형태로 구축됐다. 이후에 안양지역 대학생들이 합류하여 사회과학 이론과 풍물을 배우며 기예를 익혀나갔다. 서울민문연 출신의 김태균을 비롯하여 김형길, 서병무(풍물, 연출), 조성현(풍물), 최승아(탈춤), 이종란(춤) 등이 서울에서 내려온 활동가들이었다. 지역에서는 홍대봉(불성사 주지), 김복림, 윤해경, 박봉구, 김성준 등이 합류했는데, 이 중 김복림은 성균관대 언더서클에서, 윤해경은 우리그림에서 풍물로 옮겨왔고, 박봉구, 신현재 등 안양대와 성결대 학생들도 여럿 합류했다. 회원은 70~80여 명에 이르렀으며 이중 약 20명이 주축이 됐다.

안민연 활동은 눈부셨다. 월 1회씩 정기적으로 진행하는 회원의 날과 민요의 날은 매번 성황리에 개최됐다. 회원의 날은 노동자 중심의 활동이 주를 이뤘는데 풍물과 민요강습을 실시했으며 민요의 날은 일반인을 대상으로 했다. 회원의 날과 민요의 날 강습은 주로 사무실에서 이뤄졌으나 가끔씩은 중앙시장을 돌며 질펀한 노래판을 벌이기도 했는데 이때마다 중앙 상인들의 뜨거운 호응과 전폭적인 지지를 받았다. 또 매해 대보름 즈음에는 중앙시장을 돌며 지신밟기를 진행했다. 일일이 상인들의 신청을 받아서 했는데 이때 상인들의 참여열기가 매우 높았다. 지신밟기를 하면서 각 상가에서 3만 원씩을 받았는데 회원들의 회비로 운영하던 단체

안양민요연구회보 제1집
(제1회 '안양 민요의 날' 행사)
(민주화운동기념사업회 오픈아카이브즈
00127696)

활동에 큰 도움이 됐다. 상인들은 1988년 3월, 중앙교회에서 열렸던 그린힐 노동참사 합동위령제에도 참석했다. 당시 굿판에서 조성현이 처음으로 작두를 탔는데 이때 상인들이 막걸리를 가지고 나와 입으로 뿜어주기도 했다.

민요의 날 행사 중에 회원들이 기억하는 가장 행사는 노래극 '행복은 성적순이 아니잖아요.'이다. 여름방학 중에 펼쳐진 이 노래극에는 안양은 물론 안산에서까지 학부모와 학생들이 대거 몰려와 공연장을 가득 메웠다. 당일 장맛비가 쏟아지는 가운데 벌어진 일이어서 주최 측이 더욱 놀라고 고무됐다.

안민연은 정기적인 행사 외에 지역에서 벌어지는 각종 집회와 노동현장 싸움에 적극적으로 참여했다. 주로 노래극과 풍물공연을 펼치면서 사기를 북돋고 노래를 가르쳐 주면서 노동자들의 결집을 도왔다. 우리그림에서 참여했던 거의 모든 집회에는 안민연도 있었다고 보면 된다. 우리그림이 판화와 영정, 걸개그림 등으로 참여했다면 안민연은 풍물 등으로 집회의 분위기를 띄우고 노래를 보급하는 등의 역할을 맡아 역동적인 활동을 이어나갔다. 또 성결대와 안양대의 풍물반 설립을 지원하고 강습에도 참여했다. 이는 타 지역에서는 보기 어려운 현상으로 지역싸움을 학교공간으로 확장하는 결과를 가져오는 계기가 됐다. 이밖에 전국적인 집회에도 초청받아 나가는 일이 잦았다.

당시 지역에서 벌였던 행사 중에 특히 회원들은 안양전자 위장폐업 사건과 박창수 열사 의문사 진상 규명, 그리고 안양민요연구회 출신으로 전경에 입대했다 91년에 의문사한 길왕식 사건을 가장 기억에 남는 사건으로 꼽는다.[103]

---

[103] 안양민요연구회 김복림과 박찬응의 증언에 의하면 길왕식은 고교졸업 후 천안에서 홀홀단신으로 안양에 찾아와 민요연구회에서 활동했다. 그는 전교조 선생님들에게 교육을 받은 1세대로 박창수 열사 영정에 조문한 후 군에 입대하여 전경대에 차출되었고 이리에서 군 복무 중 의문사했다. 사건 발생 이후 진상규명을 위한 투쟁에 나섰지만

수원에서 풍물패의 활동이 시작된 것은 이성호를 중심으로 하는 활동가들이 참여한 수문연 당시로 거슬러 올라간다. 그러나 풍물패가 독자적인 조직을 갖고 활동을 벌이기 시작한 때는 1993년 11월 4일 문화공간 삶터가 풍물패들의 주도 창립하게 되면서부터이다. 삶터의 창립은 수문연의 해체와 맞물려 있다. 전술한 바와 같이 1989년 8월 매교동 사무실로 이전한 뒤부터 수문연은 줄곧 풍물중심으로 운영해 왔다. 삶터는 초대회장으로 임준섭을 선출하고 이성호를 중심으로 여러 소모임을 구성해 운영하게 된다. 1993년 11월 소식지 터지기를 매월 발행하였으며 경기남부연합 수원지부 활동을 병행했다.

성남에서 전문 풍물패가 등장한 것은 1988년이다. 치열한 변혁운동 시대에 일반 대중들의 요구와 수준에 맞는 전문예술단체의 필요성을 느낀 전순필, 엄경희, 윤경선을 중심으로 전문 연희패를 지향하며 만든 문화예술단체 도움소가 창립됐다. 전순필이 YMCA 거름, 윤경선은 경원대 탈패, 엄경희는 천주교 성남동성당 풍물패 출신이다. 이들을 중심으로 지역에서에서 전통예술을 펼치던 인력들이 모여 도움소를 창립했다.

도움소는 1990년대 초반의 노래마을 음반제작에 참여하여 전통반주를 맡았다. 당시 연례행사로 치러진 문화행사로는 백중제와 성남노련 문화부와 지역문화패가 협력하여 진행한 '일하는 사람들의 가요제', 청년단체 주도한 '까치의 통일아리랑', '까치의 송년아리랑'등이 있었다.

3) 노래

1980년 성남에서 작곡가 백창우, 통기타 가수 권오원이 의기투합해 노래마을을 결성하고 독집음반을 내며 활동 시작했다. 한국적인 포크(Folk)를

유가족 측의 반대로 싸움을 오래 이어가지는 못했다.

바탕으로 새로운 노래운동을 펼친 포크 그룹으로 1986년 나이 서른에 우린, 감자꽃, 그대의 날 등이 들어 있는 노래마을 1집을 비롯하여 정규음반 3장, 비합법음반을 여러 장 냈다. 성남을 비롯하여 전국을 돌며 수많은 공연을 펼쳤다. 우리 노래가 이 그늘진 땅에 햇볕 한 줌 될 수 있다면, 남누리 북누리, 백두산, 지금은 우리가 만나서, 불량제품들이 부르는 희망 노래 등이 널리 불렸다. 노래마을 출신 가운데 우위영은 독보적인 존재로 가장 활발하게 활동하며 최고의 인기를 누렸다. 이지상, 최영주, 이정열, 손병휘, 정유경, 김현정 등은 지금도 솔로 작곡, 편곡, 연주자로 활동하고 있다. 굴렁쇠는 노래마을에서 전래동요를 보급하려고 결성한 어린이 노래모임이다.

1990년 가을 노동자 대투쟁을 겪으면서 노래마을보다 한층 더 전문적인 노래패가 등장했다. 다영글이다. 다영글의 실질적인 리더 격인 김성만은 모임 겸 연습공간을 확보할 목적으로 상대원동 건물 지하에 다영글이란 이름의 술집을 차렸다. 다영글은 노동자들의 투쟁을 지원하는 것을 가장 중요한 목표로 설정하고 성남지역 파업현장에는 어디든 찾아가 함께 했다. 노동자들의 일상적인 문화 활동을 지원하고 민중가요를 알리고 퍼뜨렸다. 매년 정기공연을 열었지만 그 때마다 연습에 상당한 어려움을 겪었다. 노동자들로 구성된 회원들이 주로 현장 노동자들이라 시간을 맞추기조차 힘들었기 때문이다. 하지만 이런 여건 속에서도 김성만은 좋은 가사를 쓰고 곡을 붙이는 일에 노력했다.

노동자문화마당도 이 시기에 출범했다. 노동자문화마당은 서울 연성수와 친분이 있었던 만남의 집 상근실무자 조형일(아모스)이 서울의 서문연처럼 예술전문성을 갖춘 활동가들과 함께 현장 문예활동을 펼치고 노동조합 활동을 강화하기 위하여 노동자들로 구성한 단체이다. 사업장 및 지역 노동행사에서 문화프로그램을 지원하고 연극과 노래 등 현장 소모임을 지도하는 역할이 주된 활동이었다. 비록 미약하기는 했지만 전국적인 노동자 문화활동 단체와 연계 속에서 발전전망을 갖고자 노력했다.

비슷한 시기에 부천에서도 전문 노래패가 등장했다. 노래사랑 더큰소리(이하 '더큰소리')다. 1989년 6월 24일 당시 국민운동부천지역본부 사무실 한켠에서 시작했다. 참여 멤버는 고현주, 박철준, 설미정, 송승아, 이상주, 이인식 등으로 이들은 주로 그루터기에서 활동하면서 기타를 가르치던 사람들이다. 노래공연과 현장 내 문화소모임 지원, 노래 및 노래연구와 실천 사업을 목적으로 했던 더큰소리의 활동 중심에는 여전히 노동현장이 자리하고 있었다. 이는 더큰소리가 의도했다기보다는 현장의 요구에 따른 것이었고, 이런 요구는 더큰소리가 부천지역에서 노래를 통해 문화적 실천을 모색했던 최초의 문화운동 단체였기 때문에 당연한 것이기도 했다. 더큰소리는 노동현장 지원활동을 많이 했다는 점에서 그루터기와 지향은 비슷하다고 할 수 있지만 동시에 그루터기와 달리 전문노래역량을 결집시키려 애썼다. 때문에 강습에 쫓기는 가운데서도 공연에 많은 비중을 두었다. 더큰소리의 공연 "노래가 문화적 무기가 될 수 있다는 걸 보여주었으며, 후에 표 값이 아깝지 않은 수준이 됐다."는 평가를 받았다.

창립 이후 첫 공연은 1989년 11월 전교조 부천지회 기금마련을 위해 마련한 '불량제품들이 부르는 희망노래'였다. 1990년 8월 1주년 공연과 11월 복사골마당과 함께 한 '이 그늘진 땅에 한 줌 햇볕 되어'를 선보이기도 했다. 특히 창립 2주년을 기념하는 '내일을 여는 노래' 공연은 부천시민회관 대강에서 정태춘, 안치환 등을 초청하여 대규모로 진행한데 이어 1991년 전교조 부천지부 창립공연도 했다. 하지만 더큰소리는 1993년 제5회 정기공연 '노래, 고민 하나 고민 둘'을 끝으로 활동을 접게 된다. 이 공연에 담긴 두 가지 고민은 '지금까지 우리가 불러 오던 정'과 '구체적인 삶의 모습으로 돌아가는 노력'으로 표현됐다 한다. 당시 더 큰소리의 고민을 공연기획에 그대로 담았던 것이다. 더큰소리의 해체과정의 가장 직접적인 원인

다른 지역이나 문화운동단체들이 그랬던 것처럼 외부적인 환경변화에서 찾을 수 있겠다. 1994년 이후 노동현장이 독자적인 자생력을 갖게 되면서 더 이상 외부단체의 지원과 개입 필요성이 현저히 줄어들었던 것이다. 이런 상황에서 더큰소리는 노래운동의 전망, 즉 조직의 비전, 활동가들의 생계문제, 전문성 강화를 둘러싼 내부갈등에 직면하게 됐다.

4) 독서 문학

미술과 마찬가지로 전문단체까지는 아니더라도 모임형태를 꾸준히 이어오면서 기반을 형성했던 분야는 독서와 문학부문의 활동이다. 1970년 후반 수원양서조합과 안양지역의 대학생연합회 활동에 이어 대규모로 조직된 단체는 안양독서모임이다. 안양에서 여러 번의 시도 끝에 다시 독서모임이 결성된 것은 1987년에 들어서다. 그해 7월 안양민요연구회에 이어 8월경 안양독서회 준비위원회를 구성하고 약 3개월여의 준비기간을 거쳐 11월 22일 안양 4동에 근로자회관 강당에서 창립총회를 개최했다.

안양 2동에 위치한 상가건물 약 15평에 첫 사무실을 마련했는데 출범당시 약 1,800권이었던 장서 수는 나중에 약 2만 권까지 늘어났다. 창립멤버로는 이종태(초대회장), 정경수, 김훈배, 이수만(4명 모두 구속전력) 등 약 40명이 참여했다. 독서회는 당시 사회의 분위기와 회원들의 면면을 보아 짐작할 수 있듯이 일반적인 독서문화 진흥 외에 민주적인 시민의식의 고양과 자주적인 민족문화의 창달, 민주화, 자주화, 동일운동의 참여(창립선언문)를 중요한 목적으로 삼았다. 독서회의 목표와 목적은 회원사업 및 활동을 통해 구체화 된다. 노동자와 주민을 대상으로 도서대출 사업을 실시했으며 노동자와 고교생 중심의 독서토론 소모임 활동도 활발하게 벌여나갔다. 특히 시, 소설 창작 소모임 활동은 글을 무기로 민중의 삶을 대변

할 전업 작가 지망생을 대상으로 민중문학 속에서 노동문학의 위치와 역할, 민중문학과 리얼리즘을 주제로 하는 수준 높은 강좌를 열기도 했다.

또 김진경, 윤정모, 엄인희, 박태순 등 저명인사와 소설가, 시인 등 문학인들을 초청강연활동을 실시했는데 이오덕 선생 강연 시에는 참석자보다도 많은 형사들이 행사장 주변을 둘러싸 긴장감을 조성하기도 했다.

창립 한 달 후인 1987년 12월에는 안양독서회보를 창간했다. 회보는 월보 형식으로 꾸준히 발간되어 53호까지 이어졌다. 1993년 3월에는 회보와 별도로 고교생모임 회보를 발간하였으며 소식지 '나눔터'도 발간했다.

안양독서운동에서 비록 회원은 아니지만 꼭 짚고 넘어가야할 인물이 새빛교회 담임목사 김명욱(2011년 작고)이다. 김명욱 목사는 서울문리대에 입학했다가 한신대로 옮겨 학업을 마치고 1980년 안양에서 새빛교회를 개척하여 목회를 하고 있었다. 마침 합법적 공간이 필요했던 대학생들이 대거 몰려 들어가 공간을 확보하게 됐다. 안양역 지하상가에 사회과학 서점(새빛서점)을 열어 일본에서 건너온 서적들을 공급해 주는 역할을 하기도 했다. 이종태, 김영호, 남기석, 이수만, 김흔숙 등과 안민연의 김복림 등이 모두 이 새빛교회 출신이다. 새빛교회가 당시 학생들의 거점이 된 재미있는 에피소드가 지금도 생생하게 전해지고 있다. 어느 날 대학생들이 길을 지나는데 어느 곳에선가 피아노 연주소리가 들려왔다. 곡은 뜻밖에도 당시 운동권 학생들이 즐겨 부르던 '금관의 예수'였다. 그 소리를 듣고 찾아가 만난 분이 김명욱 목사였다고 한다. 피아노 연주를 들은 학생들이 찾아가 모임방을 내줄 수 있겠냐고 물었을 때 김 목사는 두말도 없이 선뜻 내주었다고 한다.[104]

---

[104] 김영호(초창기 독서회 멤버, 현 새빛교회 장로)의 증언에 따르면 김명욱 목사는 당초 노동교회를 염두에 두고 안양에 정착했다가 이날을 기점으로 목회의 방향을 바꾸었다고 한다.

안양 외 지역에서 가장 많은 단체를 꾸린 독서단체는 노동자문학회다. 성남과 부천, 안산 등 거의 전 지역에서 대부분 사업장을 중심으로 꾸려졌다. 사업장을 중심으로 꾸려진 단체들은 외부로 알려지지 않아 일일이 그 수와 규모, 활동내역을 파악하기가 쉽지 않다.

성남지역의 노동자문학회는 노동자협회의 동아리활동으로 시작했다. 서울대 국문과 출신의 정인택을 중심으로 당시 현장에서 글을 쓰고 싶어 하는 노동자들과 함께 만든 단체로 노동자들이 우뚝 서는 것을 목표로 삼았다. 하지만 끝까지 대학생 출신 활동가 중심으로 운영됐다. 매년 문집을 발간하고 자축하는 행사를 개최했다. 또 노동자 문학교실, 시화전, 문학의 밤을 개최했다. 이들 행사가 주기적으로 개최된 것은 아니었지만 줄곧 시도했다. 이 외에 작가와의 대화를 열었는데 특히 '저문 강에 삽을 씻고'의 작가 정성희 시인의 3회 연속 강연은 참석자들의 호평을 이끌어 냈다.

부천노동자문학회 글마을은 독서뿐만 아니라 글쓰기 등 문예활동에 좀 더 치중했다. 1989년 지역인사 몇몇이 대중문예운동을 표방하며 부천문예창작패 글나눔 활동을 시작했다. 1991년 책사랑 도서실과 통합하면서 글나눔은 부천지역노동자문학회 글마을로 다시 출발하게 된다. 처음 5명으로 시작했던 회원은 1993년 40여 명으로 늘어나고 노동자 문학의 밤, 노동자문예교실, 일하는 사람들을 위한 연극교실 등을 통해 지역의 문예운동단체로서 입지를 굳혀갔다. 1989년 전국노동자문학동아리대동제에 7명이 참가하여 단결상을 수상하기도 했다. 또한 소설분과는 2회에 걸쳐 전태일 문학상을 수상하기도 했다. 1993년까지 6회 동안 개최한 노동자문학의 밤에는 약 1천 명의 노동자들이 참여했으며 모두 14회의 문학강연회와 7회의 노동자문예교실을 열었다. 노동자문학의 밤이 창작 결과물을 선보이는 자리였다면 노동자 문예교실은 문학개론, 생활글, 시 쓰기, 소설쓰기와 함께 글 읽기, 책읽기, 희곡쓰기, 창작수련회 등 생활문예운동을 실천하는 장이었다.

5) 기타

경기도에서는 전문적인 문화단체 외에 문화운동을 표방하는 청년단체들의 문화소모임 활동이 증가했는데 특히 부천지역에 여러 단체가 있었다. 1992년 부천에서 한뿌리청년회(1988)와 불씨청년회를 통합하여 만든 한백누리청년회가 문을 열었다. 1990년 당시 한뿌리청년회는 단체가 위치하고 있던 도당동지역에서 대보름맞이 지신밟기 행사를 열었는데 단체를 통합한 이후에도 강남시장, 신흥시장, 약대사거리 일대에서 해마다 이어나갔다. 한뿌리청년회 시절에는 탈춤, 풍물, 소리하나 등 다양한 분야의 문화소모임 활동을 벌였다. 통합 이후 1993년부터는 연극모임 '허수아비', 풍물모임 '장터'와 '휘몰이'가 매년 정기공연을 개최했다.

부천사랑청년회도 1990년 창립 이래로 다양한 문화 소모임을 운영해 왔다. 영상사랑 청년, 노래놀이 청년, 대장간의 합창, 풍물모임 다스림과 한디딤, 문학모임 글방앗간(1997년 그루터기로 명칭변경), 보도사진을 배우는 모임 또 하나의 눈 등이다. 그 가운데 노래동아리 대장간의 합창은 1992년부터 해마다 '젊은이의 노래마당'을 공연하고 석왕사가 주관하는 백중맞이 노동자문화대잔치에 참여했다. 이 외에 새 노래 배우기, 기타교실, 노래집 발간 등의 활동도 꾸준히 펼쳐왔다. 이들 소모임은 부천청년단체협의회에서 주관하는 지역 청년단체 연합문화제나 청년문화학교 등에서 기량을 선보이기도 했다.

제4절 문화운동 전선의 확대 및 재편

경기지역에서 문화운동은 각 지역별로 거의 동시다발적으로 전개되면서 같은 지역 내에서 타 부문 운동과 적극적으로 연대하며 활동해 나갔다. 하지만 간혹 조직형성과정에서, 또는 특정한 이슈가 있을 때는 타 지역과 공조하며 활동을 펼치기도 했다. 그 중에서 수원과 안양, 안산지역은 특히 교류가 활발했다. 이들 지역 운동가들은 큰 이슈가 등장할 때마다 수시로 모여 합동공연을 펼치는 방식으로 연대투쟁을 벌여 나갔다. 이처럼 연대투쟁이 가능했던 데는 위 세 지역이 지리적으로 가까운데다 전국민주민중운동 경기남부연합 활동을 같이 했던 경험으로 연대에 유리한 조건을 형성하고 있었기 때문인 것으로 풀이된다. 부천은 독자적인 활동이 많았고 간혹 인천과, 경기북부지역에서는 서울과 교류가 많았다.

비록 불발로 그치기는 했지만 1990년 초 전국문화운동연합을 결성하려는 시도도 있었다. 당시 준비모임에는 서울 노문연과 안문연을 비롯 부산, 대구, 청주 등에서도 적극적으로 참여하여 매월 한 차례씩 회의를 진행해 갔다. 당시 안문연 사무국장으로 이 모임에 주도적으로 참여했던 박찬응의 증언에 따르면 꽤 오랫동안 이어가던 준비모임은 아쉽게도 1993년 대선 이후 특별한 이유 없이 흐지부지 되고 말았다.

경기지역은 물론 전국 문화운동역량이 총결집해 극적인 연대투쟁을 이끌었던 때는 1991년 5월 한진중공업 박창수 열사의 장례 투쟁에서다.(노동운동부문 참조) 경기남부지역에서 문화운동이 가장 절정에 이르렀을 때다. 당시 안양교도소에 수감 중이던 박창수 위원장이 변사체로 발견되고, 경찰에 의해 시신을 탈취당하는 사건이 발생하면서 노동계가 안양으로 총집결했다. 고 박창수 위원장 살인 규탄 및 노동운동탄압 분쇄를 위한 전국노동자대책위원회가 구성되고, 경기남부 대책위원회도 즉각 가동됐다. 문화운동 진영에서도 문예공동실천위원회를 조직하고 장례대책위원회 활동에 적극적으로 참여했다. 문예공동실천위원회는 안문연이 주도하고 서울노동자문화운동연합과 수문연 등 전 지역에서 대거 참여했으며 미술, 풍물, 노래, 연행, 사진 등 미디어 전 부문을 아우르며 구성됐다. 특히 안문연은 안양지역 노동계와 함께 장례를 치르는 전 과정에 주도적으로 참여하여 투쟁을 이끌어 나갔다. 문화운동 진영은 대대적인 선전작업과 분향소 설치 외에 시민들을 상대로 한 모금운동에도 주도적으로 참여했다. 풍물과 노래, 연행 쪽은 선전대 역할을 맡아 노동자들을 규합하면서 연일 병원 영안실 앞 집회를 이끌어 나갔다. 이들은 6월 29일 장례식에서도 큰 힘을 발휘했다. 안문연 미술분과 '쇳물', 수원노동미술연구소, 수원미술인협의회, 서울 노동미술위원회 등은 시각매체 전반을 책임지고 제작했다. 경기남부지역 미술역량이 총집결한 상징적인 실천 활동으로 시각매체가 집회공간에서 얼마나 선동력이 강한지를 스스로 입증하는 계기가 됐다. 이때 만든 작품으로는 영정 2점(이억배, 김영기), 대형 만장 1점(이억배), 소형 만장 80개(미술패 공동), 부활도 1점(수미협), 대형 깃발 1점(서울 노미위), 경호깃발 500개(미술패 공동), 방송차 상징물(수미협, 이주영) 등이다.

경기남부지역서 박창수 열사 장례식을 계기로 문화운동 역량이 총집결하는 계기를 만들었다면 북부지역에서는 윤금이 씨 사건이 이런 계기를 만들었다. 1992년 10월 28일 동두천시 보산동에 있는 미군전용클럽 종업원이던 윤금이 씨가 잔인하게 피살되는 사건이 발생했다. 사망 원인은 콜라병으로 맞은 앞 얼굴의 함몰 및 과다출혈로 나타났다. 28일 오후 4시 30분경 집주인 김성출 씨가 피살체를 발견했을 당시 피살자는 나체 상태였다. 자궁에는 맥주병 2개가 꽂혀 있었고 국부 밖으로는 콜라병이 박혀 있었다. 또한 항문에서 직장까지 27cm 가량 우산대가 꽂혀 있었다. 피멍으로 얼룩진 전신에는 하얀 합성세제 가루가 뿌려져 있었고 입에는 부러뜨린 성냥

개비가 물려 있었다. 미2사단에 근무하는 미군병사 케네스 리 마클 이병이 범인으로 밝혀졌다.

사건발생 직후 동두천민주시민회와 대학생들이 의정부로 집결하기 시작했다. 분노한 주민들도 대열에 속속 합류하기 시작했다. 보기 드문 광경이었다. 경기북부는 접경지역이라는 지리적 특성으로 인해 냉전의식이 팽배해 있었고, 게다가 한미주둔군지위협정(SOFA)이라는 예민한 문제가 도사리고 있던 곳이다. 바로 이곳에서 경찰의 삼엄한 경비가 펼쳐진 가운데 싸움이 시작됐다. 동두천민주시민회와 대학생회가 총집결한 가운데 흩어졌던 북부지역 문화운동의 전열 정비를 서둘렀다. 조직이 와해된 북부문민협 회원들은 개별적으로 싸움에 뛰어들었다. 문화운동의 급선무는 우선 이 사건을 외부로 알리는 것이었다. 사건은 언론에 보도되지 못하는 상황이었다. 동두천민주시민회의 탈반과 노래패, 시대학생회가 앞장섰다. 이들은 풍물패를 앞세워 길놀이를 선도하며 시가행진을 이끌어나갔다. 또 한편에서는 의정부역을 중심으로 연일 문화행사를 열었다. 역내에서는 사진과 포스터 전시회를 열었다. 사진은 끔찍했던 사건 현장을 그대로 보여주고 있었다. 사건이 차츰 외부로 알려지면서 서울과 기타 지역에서도 사람들이 속속 집결하기 시작했다. 그리고 마침내 11월 5일, 서울에서 미군으로 인한 윤금이 씨 살해사건 공동대책위원회가 구성되기에 이른다. 이듬해인 1993년 9월 15일 대책위의 성과를 바탕으로 주한미군 범죄근절 운동본부가 결성되면서 미군범죄에 대한 상시적인 감시 및 신고활동과 SOFA개정을 위한 전면적인 문제제기에 들어가게 된다.

전국적인 상황은 아니지만 부천에서도 문화운동의 총체적 역량을 보여주는 두 번의 큰 행사가 있었다. 1987년 11월 '민주쟁취국민운동본부 부천지역지부 창립대회'와 1992년 6월 부천지역민주운동협의회 주최로 열린 '6월민주항쟁 계승과 민주 대개혁을 위한 부천시민한마당'이다. 전자의 행사가 문화 활동가들이 있어 가능했다는 평가를 이끌어낸 행사였다면 6월 민주항쟁에서 민주정부 수립까지, 역사적 과정을 다룬 집체극 '아! 민주정부'는 노래, 연극, 깃발춤, 풍물로 구성한 부천 문화운동의 활약상을 잘 보여준 좋은 본보기였다.

제5절 경기지역 문화운동의 특징 및 의의

경기지역의 문화운동은 몇 번의 단계와 경로를 거치고 지역의 범위를 넓혀가면서 발전해 왔다. 문화운동이 태동한 첫째 시기는 1970년대 초중반으로 서울농대 농악반 두레의 활동이 거의 유일했다. 그러다 차츰 1970년대 후반기에 들어 대학가를 벗어난 몇몇 지역에서도 문화운동의 싹이 트기 시작했다. 1978년과 1979년 사이 모습을 드러낸 수원의 양서조합 운동과 안양에서 선보인 대학생연합회, 그리고 동두천지역에서 모임을 시작한 독서모임 목요회의 활동이 대표적이다. 1980년대 초반에 이르러 문화운동은 장르별로 다양화 하면서 조직화 직전의 단계로 접어들게 된다. 수원, 안양, 성남, 부천 등 남부권 대도시들을 중심으로 종교기관들의 역할이 두드러지게 나타나는 시기이다. 일부는 서울 농대에서 기예를 전수받았다. 주로 풍물과 미술 분야에서 이들 기관이 제공한 공간과 기능을 배경으로 기량을 연마하며 성장해 갔다. 1987년 6월민주항쟁은 경기지역에서 문화운동이 싹을 틔우고 만개하는 분수령이 됐다. 6월민주항쟁 과정에서 대학문화운동패 및 대중과 만난 문화운동 단체들은 이때부터 본격적으로 조직화를 시도하면서 민주화운동의 한 주체로 우뚝 서게 된다. 이 시기의 문화운동은 그림, 민요, 노래, 풍물, 독서, 글쓰기 등 대중들의 요구에 부응해 더욱 다양한 분야로 세분화 된다. 1987년 수원을 시작으로 안양, 성남

에서 문화운동연합체가 결성되고, 부천과 안산에서도 문화운동전문단체
들이 결성되어 활동에 들어간다. 이런 흐름들은 대체로 1990년대 중반 이
후까지 이어졌다.

이같은 일련의 흐름과 발전과정에서 경기지역 문화운동은 타 지역과 부
별되는 몇 가지 두드러진 특징을 보여준다.

첫째, 경기지역의 문화운동은 대도시권을 중심으로 광범위한 지역에서
거의 동시다발적으로 확산돼 갔지만 경기남부와 북부지역의 형성과정과
발전경로는 사뭇 다르게 전개됐다. 1970년대 후반 대학생을 중심으로 하
는 아주 기초적인 형태의 독서그룹들이 모임을 형성하고, 1980년대 초반
풍물, 노래, 그림 등으로 다양화한 그룹들이 서울농대와 각 종교기관들의
도움을 받으며 성장해온 남부지역과 달리 동두천지역을 중심으로 성장해
온 북부지역에서는 운동 주체들이 기존에 있었던 시대학생회를 문화운동
조직으로 탈바꿈시키면서 주체적으로 성장 발전해 왔다.

둘째, 경기지역의 문화운동은 각 도시별로 조직되고 주로 독자적으로
활동하는 경우가 많았으나 그 활동 범위에 있어서는 비단 지역에만 머물
지 않고 전국을 넘나들며 활약했다. 주로 풍물과 노래패들은 서울과 지방
을 가리지 않고 일상적으로 공연활동을 펼쳤으며 싸움이 있는 곳에는 장
소를 가리지 않고 참여했다.

셋째, 특수한 사건이나 상황 하에서 전국적인 이슈를 만들어 내고 또 그
상황에 주도적으로 참여하면서 싸움을 이끌어 갔다. 1991년 박창수 열사
장례식 투쟁과정에서 경기남부지역 문화운동권은 역량을 총결집하여 싸
움을 주도했다. 북부지역에서는 1992년 윤금이 씨 사건 당시 초기 싸움을
주도하며 세상에 알리는 데 성공했고, 마침내 전국적인 상황으로 이끌어
갔다. 이 두 싸움을 전개해 가는 과정에서 경기지역 문화운동은 최고조에
다다랐다.

제5장 여성운동

제1절 1980년대 이전 여성운동의 역사와 성격

여성운동은 여성이 활동과 조직의 주체가 되어 여성의 지위향상이나 권익, 사회발전을 추구하는 조직적인 활동이다. 여성에 관한 문제가 무엇이든 여성운동의 주제가 될 수 있고 여성에 관한 문제가 발생하는 곳에서는 어디에서든지 여성운동이 있을 수 있다. 즉 여성들이 남성중심 가족과 사회 그리고 가부장 문화에서 겪는 생활상의 문제나 사회문제 해결에 나설 때 여성운동이 성립한다고 할 수 있다. 성차별적인 남성중심사회에 대한 문제의식을 사회적으로 표출하는 근대적 주체로서의 '여성'의 탄생은 일제 강점기부터 시작되었다고 할 수 있다.

일제 강점기 경기도 지역에서 근대적 형태의 여성운동은 다양한 형태로 존재했었다. 여성들이 구국을 위해 적극적으로 참여한 국채보상운동에 경기도는 김포, 안성, 여주, 남양주, 인천 등지에서 국채보상운동[105]의 진원

---

[105] 1907년 대구에서 서상돈, 김광제 등이 시작한 국채보상운동에 여자들의 참여가 더해진 것은 대구의 부녀자들이 국채보상을 위한 최초의 여성단체로서 대구 남일동 패물폐지부인회를 발기하고 조직한 것이었다.(『대한매일신보』, 1907년 1월 11일: '우리 부인 동포에게 고함' 발기인 대구 남일동) 이 운동은 국가적 문제에 여성이 주체적으로 참여했

지인 경상도 다음으로 많은 여성단체가 조직되었다. 남양군의 부인의성
회, 안성군의 국채보상부인회(장기동 부인회모집소), 김포군 검단면 국채
보상의무소, 인천의 국미적성회 등이 이 운동에 참여했다는 기록이 있다.
(『평택시사』) 이 중 안성 장기동 국채보상부인회의 경우를 살펴보면, 안성
에서 1907년 4월 중순에 군청 상업과 직원들이 먼저 국채보상금 모집운동
을 시작했다. 이에 호응하여 장터의 일반 부인들도 마음을 합하고 뜻을 모
아 국채보상부인회를 발기하고 의연금을 취합하여 서울의 대한매일신보
사에 보냈다. 대한매일신보 1907년 5월 19일자에 게재된 동 부인회의 의연
인 및 액수는 총 47명이 19원 50전을 의연하였다. 47명 중 32명은 소가(小
家)라고 기재되어 있고 나머지도 평범한 여성이었다. 3 · 1 독립운동에도
수원과 안성, 시흥 등지에서 여성들이 만세시위에 참여하였고, 141명의 여
성이 검거되었다. 그 중에 유명한 것은 3 · 1운동 당시 만세운동에 참여했
으며 예술인으로서 자신의 능력을 자산으로 자선공연 등 사회 활동에 앞
장섰던 기생들이 있다. 또, 교육받은 신여성으로서 애국운동과 여성 계몽
운동에 앞장섰던 경기도 인물로는 나혜석과 최용신이 있다. 나혜석은 도
쿄여자친목회 출신의 유학생인 황신덕, 김마리아, 박인덕 등과 함께 3 · 1
운동에 적극적으로 참여했다. 협성여신학교 재학생 최용신은 수원군 반월
면(현 안산시) 샘골에 파견되어 농촌야학운동과 계몽운동을 활발하게 전
개했다. 최용신의 활약은 심훈에 의해 '상록수'로 소설화되어 지금까지도
널리 읽히고 있다.(『수원시사』 13, 2014, 264쪽) 일제 강점기 초 전국적으
로 174개의 학교가 설립되었는데, 경기지역에는 15개가 있었다.(박용옥,
1984) 이러한 근대교육이 여성들의 사회참여와 의식을 일깨우는 데 일정

다는 점에서 최초의 정치사회적 여성운동이었다고 평가할만하다. 당시 발행되었던 신
문에 의하면 전국적으로 국채보상을 위한 여성단체의 결성이 30여 개, 이름을 갖지 않
고 활동한 집단까지 합쳐서 무려 50개에 달하는 전국적 여성운동이었다. 지역적으로
경상도 다음으로 경기 지역에 가장 많은 국채보상여성단체가 조직되었다.

한 영향을 미쳤을 것이다. 무엇보다도 일제의 경제수탈에 동원된 여성근로자들—방직, 연초, 고무, 정미 등—이 민족차별과 여성차별에 저항했던 활약을 빼놓을 수 없다. 1926년, 1930년 인천 정미공 여공들이 임금인상 뿐 아니라 여성근로자 지위 향상 및 인간 삶의 회복이라는 여성해방의 기치로 파업투쟁을 벌였고, 1936년 공장기관수가 여직공을 간통한 폭행에 맞서서 남북면화주식회사 수원조면공장 여직공 30명이 동맹 퇴직하여 임시 휴업에 들어갔다는 기록이 있다.(『동아일보』, 1936년 2월 18일) 식민지배가 보다 더 강화된 1930년대 이후에는 항일운동이 국외로 이어졌는데, 광복군활동에 참여한 여성 중에서 경기도 여성도 16명이 포함되어 있었다. (김흥식 외, 2002)[106]

해방 후 가장 먼저 결성된 좌익 중심의 건국부녀동맹은 조선부녀총동맹으로 개편된 뒤, 1946년 2월 경기도에 총 지부를 설립했다. 대한부인회는 1949년 2월 우익 부녀단체를 총망라한 거대한 통합 조직체로 출범하였다. 시흥, 안양, 안성 등에는 지부로, 의정부, 포천, 파주 등에는 지회 형식으로 다양하게 대한부인회가 조직되었다. 발족 초기에는 축첩반대와 같은 신생 활운동 궐기대회나 강연을 주도했다. 전후에는 주로 전쟁구호활동을 전개했다. 대한부인회 시흥(안양)지부[107]는 폭격으로 파손된 시흥군청 청사 복구를 위한 모금활동을 벌이고, 전몰군경위령제, 일선장병 위문, 전몰가족 위로 및 구호, 윤락여성 선도, 전쟁고아 돕기 등 전후 사회복구를 위한 봉사활동에 주력했다. 또한 계몽사업으로 여성들을 위한 교양강습회를 열고, 여성교육을 위하여 여자중학교의 설립을 건의하여 처음으로 안양에

---

106) 이 부분은 김흥식 외(2002), 『경기여성발전사―경기 여성의 어제와 오늘』을 참조하여, 기록을 더 찾아서 보완하고 추가하여 작성하였다.
107) 안양은 1914년 시흥군 서이면에 속했다가 1941년 시흥군 안양면으로 개칭되었다. 1949년 안양읍으로 승격되었고 1963년 동면 신안양리와 서면 박달리가 안양읍으로 편입되고 1973년 안양시로 승격되었다.

여자중학교(1952년)가 설립되었다. 이렇듯 해방 후 한국전쟁 전후시기까지의 여성운동은 근대성은 띠었으나, '여성'으로서의 '주체성'과 '독자성'을 갖기보다는 가정에서 전통적인 '어머니'의 역할을 사회적으로 확산하는 정도에 머무르는 것이었다. 따라서 주된 활동의 성격도 친목이나 여가선용, 가정과 소비활동 주체로서의 여성 활동에 제한되었다. 경기도의 경우도 예외가 아니었다.

1950년대 중반을 지나면서 대한어머니회(1958. 3), 가정법률상담소(1956. 8) 등 제한적이나마 다양한 성격의 여성운동 조직들이 생겨났다. 1959년 기성 여성조직 전체를 아우르는 한국여성단체협의회(이하 '여협')[108]가 설립되었고, 여성의 사회적 지위향상과 국민의 일원으로서 여성의 역할을 강조했다. 비록 여성주의 의식과 정치의식은 약했지만, 성차별의 제도적 문제를 인식하고 법적으로 해결하고자 하는 문제의식은 강했다. 따라서 1950년대 말 이후 1970년대까지 대표적인 여성운동이 있었다면 그것은 성차별적 법을 개정하는 '가족법개정운동'을 중심으로 한 법적인 남녀평등운동이었다.

1958년 제정된 가족법(신민법)에 여전히 가부장적이고 성차별적인 조항이 많았기 때문에 여성들은 수차례 개정운동을 벌이게 되었다. 대한 YWCA 연합회, 대한부인회, 대한여성교육동지회, 한국부인상조회, 새여성회, 한국여성경제인협회, 재향군인회부녀부(향군부녀회) 등이 여협과 함께 가족법 개정운동 등에 동참하였다. 당시에는 가족법 개정운동이 일부 중상층 이상 여성 명사를 중심으로 한 여성단체 활동이 주류를 이루면서 온건한

---

[108] 1959년 12월에 창립하였다. 주로 직능단체로 구성되어 있는 이 단체는 1970년대까지는 가족법개정운동에 집중하였으며 1980년대 이후에는 근로여성상담, 할당제 채택, 소비자운동으로 활동영역을 확대해 오고 있다. 자유주의적 여성운동의 성격이 크기 때문에 페미니즘 의식이 다소 약하고 여권운동적 성격이 여전히 강하다. 1967년 전남에서 가장 먼저 지부를 설립한 한국여성단체협의회는 1970년대에는 부산, 강원, 충북지부를 결성한 후 1980년대에는 전국적으로 지부 설립을 확대해 나갔다.

여성 지위향상운동의 성격으로 유지되었다. 그럼에도 불구하고 1970년대 한국사회의 유행어 중 하나는 '여성상위시대'였다. 즉, 가족법개정운동만으로도 남성들은 여성들의 사회참여, 제도개선활동이 매우 파격적인 여성권익운동이라 생각하면서 곱지 못한 시선을 보냈다. 가족법개정운동을 통해 1962년과 1972년[109], 1977년 세 차례의 부분 개정작업이 이루어졌지만 여전히 가족법은 1980년대까지도 호주제[110] 등 여성차별조항을 남겨두고 있었다.

경기도에 각 지역별로 여협이 설립된 것은 대개 1980년대 이후였기 때문에 이 시기 경기도 지역에서의 가족법개정운동은 여협보다는 YWCA 지부를 중심으로 전개되었다. 수원 YWCA(이하 '수원 Y')는 1969년 8월 20일 발기모임을 갖고 9월 27일 창립(회장 박원선, 부회장 선우복주 · 장영숙)되었다.(『경향신문』, 1969년 10월 6일) 이 시기는 1960년대 말부터 가속화된 경제개발과 본격적인 도시화로 인해 도농 간의 격차가 심해지고 도시의 빈민과 노동문제가 사회문제로 대두되기 시작할 즈음이었다. 이 시기 수원 Y의 가장 주된 사업은 소비자권익보호와 여성의 의식계몽사업이었다. 여성들을 중심으로 한 소비자 보호운동과 기술을 갖지 못한 여성들을 대상으로 한 직업훈련 및 파출사업과 다양한 사회교육 프로그램이 있었다. 사회교육이 많지 않던 시대 상황을 감안하면 수원 Y의 프로그램은 배움의 열망을 갖고 있던 여성들을 위한 매우 중요한 교육기관이었다. 또한, 당시로는 매우 파격적으로 근로여성 복지향상을 위해 1972년 탁아소 형태의

---

[109] 1972년 개정된 가족법은 친권을 부모가 공동으로 행사, 동일 호적에 있는 딸의 상속 몫을 아들과 같도록 하였고 아내의 상속 몫은 장남과 같게 하여 유언상속에 제한을 두는 것으로 바꾸었다. 1990년에도 가족법개정이 있었는데 이때는 친족범위, 여자 상속분에 대한 평등 주장, 이혼 시 자녀양육의 책임에 대한 부모의 협의 결정, 이혼 배우자의 재산분할 청구권을 신설하였다.

[110] 호주제도는 한국사회의 가부장 의식과 악습을 제도적으로 뒷받침하는 여성차별적 제도라는 여성들의 부단한 비판과 운동을 통해 2005년 결국 폐지되었다.

어린이집을 개원하기도 했지만 안타깝게도 어린이집 사업은 1년 뒤 1973
년에 마감을 했다.(『수원 YWCA 30년사』, 51쪽) 1974년에는 수원 Y 회원
50여 명이 수원교회에서 '국가와 구속자를 위한 특별기도회'를 갖고 유신
정권에 반대하는 민주화운동에 동참하기도 했다.(『경향신문』, 1974년 11월
19일) 이러한 수원 Y의 활동은 가족법개정과 관련한 강연과 서명운동, 국
회의원에게 서신 보내기 등을 통한 여성의 법적지위 향상과 여성권익을
위해 지속적으로 중상층 여성운동을 이끌었을 뿐 아니라 여성노동자들의
여성의식 계몽강연 실시, 반유신운동 동참 등 당시로서는 매우 선도적으
로 여성운동을 이끌었다고 할 수 있다.

특히 수원 Y가 생길 때부터 청년들의 활동[111]이 매우 활발하였는데 이
들이 성장해서 1980년대 후반 수원여민회 창립의 동력이 되었다는 것은
매우 주목할 만한 일이다. Y청년들은 내적으로는 여성의식 관련 교양강
좌, 외적으로는 많은 사회봉사활동에 임하면서 1970년대 말 1980년대 초까
지 청년부의 꽃을 피웠다. 81년도에는 이러한 활동을 주축으로 하여 5개의
클럽(만돌린, 호롱불[112], 청실홍실, 나래, 한알[113])이 조직되어 더욱 활발

---

[111] 1973년 결성한 YWCA 청년회는 청년부 성경모임, 산업교양강좌 등의 활동 전개를 통해
자리를 잡아갔다. 지역이나 여성운동이 대중화되지 않은 시기에 청년들이 자발적으로
찾아와 클럽을 형성하고 학습과 활동을 통해 의식화되어가며 지역 민주화에 영향을 미
쳤으며, YWCA는 청년들을 중심으로 지역사회에 열린 공간을 제공하는 역할을 감당하
였다.

[112] 성서연구반 수화모임.

[113] 1975년 백도기 목사가 주도한 '성서에서 본 여성상'에 대한 교육과 함께 한알클럽의 효
시가 되는 청년성서연구모임을 발족하였다. 한알클럽은 봉사와 취미위주의 청년활동
을 서서히 사회운동 활동으로 바꾸어갔다. 박희영 전도사 등 지역의 목회자들과 성경
공부의 맥을 이어오다 1979년 한알의 중심역할을 한 박정순 회원이 '어떻게 살 것인가?'
를 고민하던 중 YWCA 한알클럽에 들어오면서 전환점을 맞이하였다. 더불어 수원여고
도서관 활동을 했던 오효숙 회원이 한알클럽에 합류하여 회원 확장에 적극적으로 참여
하면서 본격적인 활동을 펼쳐갔다. 동시에 수원 YWCA 간사이면서 수원장로교회에 다
니던 한경희 간사가 같은 교회에 다니던 한경호를 한알의 지도자로 영입하였다. 그는
신학에 관심을 가지고 있으면서 서울농대에서 양서운동을 하던 이력을 토대로 이후 한

한 청년 연합활동(수원YWCA청년협의회)을 전개하였다. 이러한 활발한 활동이 수원여민회로 이어진 것이다.

이렇듯 1970년대까지 경기도지역 여성운동은 구심점 없이 느슨한 형태의 여성 계몽운동이나 소비자보호사업과 같은 소비자운동, 여성 교육 프로그램을 펼치면서 사회운동이라기보다는 사회문화 활동 차원에서 여성운동을 실천해 왔다고 할 수 있다. 이러한 실천들은 민주화와 여성운동이라는 이름으로 묶이기에는 그 정체성과 의식성, 이념성이 매우 약했다고 할 수 있다. 그러나 여성에 대한 가족 및 사회적 차별을 의식하고, 교육이나 사회참여를 통해 사회문제에 대한 인식과 민주화에 대한 이념을 확장함으로써 여성의 독자적인 지위 향상과 활동을 위한 가치지향만큼은 늘 견지되었다고 할 수 있다.

제2절 1980년대 독자적인 여성운동의 태동

1980년 5월 광주항쟁 이후 민족·민주·통일운동과 함께 여성운동도 획기적인 발전의 한 계기가 시작되었다. 즉 1980년대 여성운동은 전반적인 사회민주화의 진전 속에 운동이념·조직·실천에서 1960~70년대와는 질적으로 다른 모습을 보여주었다. 여성문제를 구조적으로 인식하고 민주화운동 속에서 다양한 여성 정체성을 바탕으로 여성문제를 해결해나가려는 움직임은 여러 형태의 독자적인 이념을 갖는 여성단체가 만들어지면서 가시화되었다.

알클럽의 성경공부를 지도하기 시작하였다. 이때부터 한알클럽은 성경공부를 통해서 개인의 삶이 사회와 무관하지 않다는 의식을 갖게 되었으며 조금씩 개인과 사회 변화에 참여하는 조직으로 변화해갔다.(장원자, 2015 참조)

1983년 청년 지식인 및 각 대학 운동권 출신 여성 중심으로 새로운 이념을 가진 여성평우회(女性平友會), 여성의 전화[114], 또 하나의 문화[115] 등이 창립하고, 민주화운동청년연합 등의 사회운동단체내에서도 여성부[116]가 조직되었고, 교회여성운동단체도 조직되어 1980년대 초반 여성운동을 주도하였다. 실로 해방 이후 40여년 만에 여성운동은 각 계급·계층별, 이슈별, 지역별로 여성의 다양한 정체성 운동으로 발전하였다. 과거 여협이나 YWCA 등 중상층 여성이 중심이었던 여성운동과 달리 노동자, 농민, 빈민, 지식인, 가정주부 등 다양한 계층의 여성운동, 교사 및 학부모의 교육운동, 탁아운동, 학술운동, 문화운동, 종교운동 등으로 여성운동의 영역이 확대되었다.

특히 1987년 6월민주항쟁을 전후한 민주화운동 과정에서 여성운동은 '부천서' 여대생 성고문 규탄, 시청료납부 거부운동, 최루탄추방운동 등을 벌여 여성운동과 민주화운동의 과제를 실천적으로 통일시켜 나갔다. 이러한 운동을 바탕으로 1987년 21개 여성단체가 모여 전국적인 한국여성단체연합(이하 '여연')이 결성되었다. 이후 한국여성노동자회와 한국여성민우회[117]가 설립되고 마산, 제주, 대전, 대구, 광주, 전주, 거창, 수원, 청주 등지에서 지역에 기반을 둔 독자적인 지역 여성단체가 속속 결성되었다.

---

[114] 여성의 전화는 크리스찬아카데미의 여성사회교육을 받은 이수생들의 후속 활동의 하나로 기획된 것이었다.(박인혜, 2011, 118쪽) 1983년 아카데미를 수료한 여성운동가들이 진행한 남편들로부터 매 맞는 여성들에 대한 상담활동을 시작으로 만들어졌다. 매 맞는 여성들의 문제를 개인의 사적문제로 보지 않고 가부장적 사회구조의 문제로 보았으며 여성주의적 관점에서 문제해결을 위한 상담이 이루어졌다.(『전북민주운동사』, 2012, 484쪽) 이로써 여성에 대한 폭력 문제가 본격적으로 사회 이슈화되었다.

[115] 소집단 활동과 대중매체를 통하여 한국사회의 '가부장제적 권위주의, 획일주의, 성차의 고정관념'을 극복하고 남녀평등 지향적인 대안문화 만들기 운동을 전개하였다.

[116] 민주화운동으로서 여성운동, 기층여성운동을 지원하는 것을 목표로 하였다.

[117] 1983년 만들어진 여성평우회가 1987년 여성민우회로 조직 개편한 것으로 사무직 여성 노동운동과 주부운동에 크게 기여하였다.

경기도 지역은 서울 외곽이라는 지리적 특성상 전국 여성운동의 전개와 깊게 연계되어 서울 중심의 전국 여성운동을 지원하는 저수지 역할을 담당하고 있었다. 그러나 1980년대부터는 동시에 지역 여성들이 독자적인 여성조직을 만들어서 지역과 일터 그리고 일상에서 당면한 여성문제를 해결하기 위해 움직이기 시작했다. 가장 두드러진 것은 탁아 및 지역주민운동과 1970년대부터 지속되어 온 여성노동 및 여성농민운동이었다.

1. 지역 탁아운동과 여성

전태일 분신사건으로 상징되는 1970년대는 여성노동운동의 활성화 시기였다. 외자 의존 노동집약적 수출 중심의 한국 자본주의의 외형적 발전에 저항하여 저임금과 열악한 노동조건을 개선하려는 여성노동자 운동은 1960년대 후반부터 자연발생적인 농성, 파업 등의 형태로 나타나기 시작했다. 1970년 11월 전태일 분신자살은 여성노동자들이 민주노동운동의 힘찬 깃발을 올리게 하였다. 사무직 여성을 대표하는 여 은행원의 심각한 차별문제 제기와 섬유, 전자, 식료품 등 제조업 여성노동운동이 고조되었다. 당시 가부장적 노사관계의 강화에서 비롯된 비인간적 노동착취에 대한 여성노동자들의 투쟁은 남영나이론, 해태제과, 동일방직, 종근당제약, 반도상사, 버스회사 등의 다양한 국내 기업체와 모토롤라, 콘트롤데이타, 한국화이자 등 외자기업에서의 여성노조운동으로 특징지을 수 있다. 특히 원풍모방의 여성민주노조운동과 김경숙의 죽음으로 상징되는 YH무역노조의 격렬한 투쟁은 박정희 유신체제 붕괴의 계기가 된 당시 여성노동운동의 투쟁성과 지속성을 보여준 대표적 사례였다. 결국 이때 축적된 여성노동운동과 여성노동운동가들이 1980년대 민주화 변혁운동과 여성운동의 새로운 장을 제공하게 되는데(신인령, 1985) 그 대표적인 운동이 '탁아운동'이었다.

1970년대 반도상사 지부장으로 여성노동조합운동을 이끌었던 장현자는 반도노조가 사실상 해산되자 YMCA에서 일하던 남편을 따라 1981년 3월 성남에 신혼살림을 차렸다. 그러나 수돗물도 안 나오는 단독2층집에서 견디지 못하고 성남 단대동에 있는 주공 아파트로 이사했다. 전투적인 노동운동 출신인 그녀는 주부로서 '내가 서 있는 자리에서 일하자'는 신념으로 아파트 주민운동을 조직하기 시작했다. 1985년부터는 빈민지역운동 차원에서 천주교 분도수도회 소피아 수녀가 운영하고 있던 '만남의 집'(상대원동) 분도 탁아소의 보육교사 제의를 받고 탁아운동을 시작했다. 분도 탁아소는 2~30명의 탁아만을 수용할 수 있었기 때문에 아이를 맡기고자 하는 어머니들이 줄을 섰다. 원칙상 장애자, 사글세입자, 일일 노동자, 환자가 있는 경우 등 가장 최극빈층 위주로 아이들을 맡아 돌보았다. 당시 탁아소 아이들의 엄마들은 대부분 압구정동으로 파출부나 미싱일을 나가거나, 아빠들은 일일 막노동을 나가고 있었다. 장현자는 탁아운동이야 말로 아이들의 교육뿐 아니라 주민과 지역운동을 함께 펼칠 수 있는 복합운동이라는 것을 경험했다. 당시 성남에는 가장 빈민지역이던 은행동에 소재한 천주교 메리놀 공동체의 '하늘 어린이집' 탁아소(1984년), 주민교회가 운영하는 탁아소(원장 이상락, 1985년), 산자교회의 산자어린이집(1986년)이 개원했다. 장현자는 함께 노동운동하던 후배 유점례와 전셋집 자금을 합쳐 단대시장 바로 위에 단독주택을 얻어 민간 탁아소 '재롱동이 애기방'(1987년)을 개원했다. 비슷한 시기 빈민운동가 정채진[118]도 하늘어린이집(1987년)을 개원했다.

---

[118] 숭의여전 재학시절 다국적기업 콘트롤데이타사에 노동자로 입사하여 노동운동을 하던 중 1982년 해고되었다. 빈민운동에 뜻을 두고 서울 지역에서 활동하던 김광수 목사를 만나 1987년 결혼하고 성남에 정착했다.

장현자와 재롱동이
애기방(『여성동아』
1989년 2월호)

이 무렵 서울, 경기의 빈민 지역을 중심으로 같은 뜻을 품은 여성들(대개는 주부)을 중심으로 자생적인 지역 탁아소가 생겨나기 시작했다.[119] 장현자는 '아이들' 중심의 탁아활동을 보다 '운동성'있는 활동으로 조직하기 위한 모임을 만들었다. 처음에는 '보육교사회'라는 이름으로 여러 지역 탁아소에서 일하는 교사들이 월 1회의 모임을 갖고 시작했다. 그렇게 2년 정

[119] 88년부터 전국적으로 탁아소들이 늘어나게 된다. 탁아소들이 늘어나면서 각 지역별로 모임을 가지고 서울은 동부지역, 남부지역, 서부지역, 북부지역으로 나누고, 성남, 안산, 인천, 부산, 광주, 전주, 군산, 전국적인 지역사회탁아소연합회기 만들어졌나.

도 활동하다가 '빈민아동의 문제는 사회적 책임인 동시에 사회 공동의 문제이며, 보호받지 못하고 방치된 아동의 문제를 해결하기 위해서는 부모와 지역의 문제를 해결하고 변화시켜야 한다'는 취지로 연합회를 만들자 해서 1987년 총회를 거쳐 전국단위의 지역사회탁아소연합회(이하 '지탁연')를 결성했다.(초대회장 장현자) 지탁연의 결성은 '영유아보육법 제정'(1991. 1. 14 최초 제정) 및 악법 조항 개정운동제정운동의 시발점이라고 할 수 있다. 당시 이 모임에는 YH무역노조 출신 최순영도 포함되어 있었다. 최순영도 1970년대 노동운동을 하던 사람들이 만든 '한국노동자복지협의회'(1984년) 여성부장으로 일하면서 지속적인 노동운동을 위해서 누군가가 아이들을 돌봐주지 않으면 안 된다고 생각했다. 그래서 1985년 가리봉동에서 처음 탁아방을 시작했다. 그 후 1986년 독일의 지원을 받아 경기도 광명시 철산동 주공아파트를 얻어 '튼튼이 아가방'을 열었다. 그러다가 1987년 부천지역으로 활동 근거지를 옮기면서, 튼튼이 아가방은 콘트롤데이타 출신 이영순이 맡아서 운영하게 되었다.

　부천지역에서도 1986년 새롬교회의 새롬어린이집(약대동)과 1987년 부천노동사목 산하 우리아가방(도당동)을 시작으로 일찍부터 탁아운동의 기틀이 마련되었다. 1988년 12월 부천지역의 여성노동자들을 조직하고, 여성노동자의 육아를 지원할 목적으로 부천여성노동자회와 튼튼이어린이집이 빈민지역인 약대동에 설립되었고, 1989년에는 공단지역인 오정동에 석왕사 산하 룸비니어린이집이 설립되면서 탁아운동이 뿌리를 내렸다.(『부천시사』 4, 255~256쪽) 1989년부터 새롬어린이집, 우리아가방, 튼튼이 어린이집, 룸비니어린이집 4개 탁아소들이 모임을 갖기 시작하다가 1990년에 지역사회탁아소연합에 등록하여 부천탁아위원회 활동을 시작했다. 부천탁아위원회는 교사의 역량을 키우고, 자모회 조직 및 교육, 1989~1990년 영유아보육법 제정 및 악법 조항 개정운동[120)]에 적극 참여했다.

민간탁아운동 정책간담회(왼쪽부터 변화순, 안도영, 최남희, 장현자, 박영숙)
(『한겨레신문』, 1988년 11월 6일)

수원지역은 노동자 집단거주지역이나 철거민이 모여 동네를 이루는 빈민지역이 있는 것이 아니라 지역 전반에 걸쳐 노동자와 빈민이 분포되어 있는 지역적 특성을 갖고 있었다. 수원에서 일컬어지는 빈민지역은 남문을 중심으로 한 지동, 인계동인데 지동 빈센트 병원에 위치한 아이벗놀이 방은 저소득층 맞벌이부부의 자녀를 대상으로 운영되는 수원지역의 몇 안 되는 지역 탁아소였다. 1989년 3월에 6명의 어린이를 모아서 시작하였고 한빛교회(오규만 목사)에서 운영했다. 수원여성회에서도 창립초기부터 준

---

120) 1989년 이래 '지역탁아소 연합'과 여연 산하 탁아대책특별위원회 등이 탁아 입법운동을 벌였으며 이와 함께 1989년 모자복지법의 제정, 1991년 영유아보육법제정에 이어 보완을 위한 개정 작업을 계속 전개했다. 그 결과 1995년 7월부터 시행된 고용보험법등도 여성의 모성과 경제활동 보장을 핵심으로 하는 법으로 제정되었다.

비해 온 일하는 여성들을 위한 보육문제 해결 방안으로 수원 서부지역인 고색동에 10여 평의 허름한 '옹기종기어린이집'을 열고 저소득층 맞벌이 및 한 부모 아이들을 돌보는 사업을 시작했다. 이 사업을 계기로 수원여성회는 보육사업 필요성과 법적 제도방안 마련을 위한 활동과 함께 보육을 직접 수행하면서 모범적 보육의 모형을 개발해 나갔다.

당시 빈민지역을 중심으로 한 자생적 탁아운동의 주체는 1970년대부터 축적되어 온 여성노동자에 힘입은 바 크지만 또 한편으로는 1980년대 중·후반에 공장을 다녔거나 종교단체를 통해 노동자와 빈곤층에 관심을 갖고 지역운동에 뛰어든 여성들도 많았다. 이들은 아침 8시부터 저녁 8시까지 평균 12시간의 근무, 대부분 2~3명의 교사가 30여 명의 어린이를 돌보면서 10에서 15만 원의 월급을 받으면 다행이고 아예 무급 자원봉사도 많았다. 그러다 보니 늘 재정적 어려움에 시달렸고 보육교사들의 교체나 활동 중단도 잦았다. 결국 영유아보육법 제정 이후 민간보육시설이 대거 등장하면서 자생적인 지역탁아운동은 1990년대 중반을 지나면서 점차 그 동력을 잃어갔다. 그러나 1980년대 탁아운동을 통해 '일하는 여성의 모성권리보호'에 대한 사회적 인식이 확대되었다. 모성을 신성시 하는 논리가 오히려 여성의 인권을 이중삼중으로 착취하는 논리임이 분명해지면서 '탁아'에 대한 그릇된 사회적 인식도 바뀌기 시작했다. 일하는 여성이 중심이 되었고, 주부들의 가사노동과 돌봄노동에 대한 경제적 가치평가도 더욱 구체화되었다. 1990년 3·8세계여성의 날 기념 '한국여성대회'에서 이우정 고문은 "여성운동은 평생·평등노동권의 확보를 위해 '모성보호의 쟁취', '가사노동문제의 해결', '성차별 이데올로기와 그 문화의 타파'를 과제로 설정해야한다"고 주장했다. 이 대회에서는 1990년을 모성보호의 쟁취를 위해 주력하는 해로 정하고 탁아입법 쟁취를 촉구했다.(『경향신문』, 1990년 3월 12일)

2. 노동운동과 여성

1970년대 저항적 노동운동에 앞장 선 사람들은 '여성노동자'들이었다. 그녀들은 1980년대에도 노동 현장에서 싼 임금을 받고 일하지 않으면 생계를 유지할 수 없는 '일하는 여성'들이었다. 그런데 1980년대 노동운동의 특성은 1970년대 여성노동조합운동 출신 뿐 아니라 학생운동출신들이 대거 노동운동에 투신했다는 것이다. 1981년 이후 부천, 성남 등 공단지역에 학생출신(이하 '학출'), 이른바 '위장취업자'가 등장하였는데, 목적의식적인 학출 출신 여성노동자의 경우는 주로 1985~1986년에 등장하기 시작했다. 대학 입학연도가 81년·82년이었던 이들은 소그룹을 조직하여 학습하면서 공장에 취업을 시작했다. 이들이 함께 여성노동자출신들로만 구성된 '한국여성노동자회'를[121] 조직하였고, 부천여성노동자회(1989년), 인천여성노동자회(1989년)로 이어졌다. 당시 한국여성노동자회 이영순 회장은 "여성노동자회가 독립한 것은 여성노동자 운동이 성숙하면서 일반 노동운동에서 모성보호, 성차별 등이 간과되고 있다는 점을 파악할 역량이 길러진 때문"이라고 말했다.(『한겨레신문』, 1989년 12월 14일) 이제 '여성노동'은 노동부문운동에서 벗어나 독자적인 길을 모색하기 시작했다. 1987년 부천에서 삼령정밀노조가 결성되면서 기본급, 가족수당, 유해수당에 관한 남녀차별철폐요구 등과 산전산후 휴가, 육아휴직, 수유시간 등을 따내기 위해 벌인 운동은 여성의 평생노동권을 확보하려는 중요한 활동으로 평가될 수 있다. 1980년대 경기도의 주요 공장지역에서 벌어진 여성노동운동을 살펴보면 아래와 같다.

---

[121] 1992년 7월에 한국여성노동자협의회(이하 '여노협')로 확대 개편한 후 그 안에 서울여성노동자회 및 인천, 부산, 광주, 전북, 마창여성노동자회 등이 연대하고, 회보 '일하는 여성'을 발행하여 독자적인 여성노동운동을 선전 교육하는 등 활발한 운동을 전개하고 있다.

부천은 제조업의 90% 이상이 100명 미만의 소기업이었다. 여성 사업장은 모니터·오디오 등을 만드는 전자 업종에 집중되어 있었다. 1986년 7월 부천 시내 봉제공장 (주)성신에 취업했던 학출 노동자 권인숙(서울대 4년제적)이 부천경찰서 문귀동 형사에게 성고문을 당한 사건이 발생하였고 이를 시발점으로 시작된 1987년 노동자대투쟁이 부천에서도 전개되었다. 우성밀러에서 시작되어 우진전자, 삼령정밀 등 1988년 상반기까지 이어졌다. 1988년 투쟁의 한축을 이룬 것은 여성 사업장이었다.(『부천시사』 4, 254쪽) 여성활동가를 중심으로 1988년 3월 금산전자(위원장 장정임) 민주노조 설립을 시작으로, 여성노동운동이 범우전자, 성문실업, 우일전자, 흥양산업, 연경전자, 대윤전자, 대호전자 등 여성 전자사업장으로 이어졌다. 1989년 11월 15일 흥양 여성노조원(위원장 박미경) 70여 명을 관리직 남자사원 200여 명이 식당에 감금하고 노조탈퇴를 강요하며 폭행을 저질렀다. 다행히 부천노조협의회 소속 지역 노동자들의 지원투쟁으로 구출되었지만, 회사 측에서는 직장폐쇄를 단행했다. 1989년 6월 12일 위장폐업철회, 단체협약체결 등을 요구하며 장기농성 중이던 삼령정밀과 연경전자(사무장, 박진이)에 경찰이 투입되어 강제해산 되었다.(『한겨레신문』, 1989년 6월 13일) 대윤전자는 1989년 9월 30일 임금체불, 기계 빼돌리기, 단체협약 개악 등 회사 측의 불성실한 교섭태도와 직장폐쇄에 맞서 파업에 돌입했지만, 파업투쟁 35일째 경찰의 폭력으로 진압되었다. 노조간부 폭행, 위장폐업, 공권력에 의한 노동운동 탄압은 1990년 3당 야합과 1991년과 1992년 경제 불황을 계기로 더욱 거세졌다. 다국적기업들은 문을 닫고 사업장을 중국이나 동남아시아로 이전했다. 1989년 3월 2일, 퇴직금은 물론 임금마저 제대로 지급하지 않고 위장 부도를 낸 후 자본을 철수한 한국피코(주)를 상대로 피코 조합원여성노동자들이 1990년부터 1993년까지 긴 시간 투쟁을 벌였다.

한국피코는 1985년 3월 100% 미국 투자회사였다. 지난 2월 미국인 경영진이 폐업절차조차 밟지 않고 밀린 임금과 퇴직금도 청산하지 않은 채 철수함으로써 지금은 폐업 상태에 있다. 설립 당시엔 1개 라인에 종업원 30여 명으로 출발했으나 몇 해 지나지 않아 10개 라인에 종업원 300여 명으로 늘어날 정도로 급속히 성장했다······. 기혼여성이 대부분인 노동자들의 노동조건과 임금수준은 형편없이 나빴다. 작업과정에서 많은 양의 납을 사용하는 데도 환풍시설이 제대로 갖추어져 있지 않아 공장 안에는 언제나 납 연기가 뿌옇게 차 있었고 거기서 일하는 노동자들은 만성두통과 구토 등으로 고통을 당했다.(중략) 임금도 다른 전자회사에 비해 훨씬 낮았다. 보너스기 400% 지급되긴 했으나 여성초임이 4,100원으로 89년 최저임금액 4,800원에도 미치지 못하는 수준이었다. 이런 저임금과 열악한 노동조건 때문에 이 회사를 떠나는 사람이 자연히 많아질 수밖에 없었다. 지난해 4월과 5월 사이에 1백여 명의 노동자들이 퇴직하는 사태까지 빚어졌다. 모자라는 인원이 보충되지 않을 때는 작업량이 그만큼 늘어났다.(중략)(『한겨레신문』, 1989년 7월 6일)

1989년 3월 9일 노조 측은 밀린 임금을 요구했으나 미국인 경영자는 협상하지 않았다. 3월 22일 피코 조합원 300여 명은 주한 미국상공회의소를 점거하고 농성에 돌입했다. 그러나 30분도 못되어 경찰에게 끌려나왔다. 1990년 4월 12일 유점순 위원장, 홍성래 사무장, 강영효 조합원이 미국 출정투쟁을 떠나서, 교포 대상으로 홍보활동, 피코 사장 히치콕과 협상, 미국인 단체 방문활동, 본사 앞 농성 및 지역대상 홍보활동 등 98일간의 투쟁을 벌였다. 끈질긴 싸움을 거치면서 이들에게는 '피코 아줌마'라는 이름이 붙여졌다. 이들의 바람은 한결 같았다.

'못 배우고 가난한 죄 때문에 공장에 나와 열심히 일해 왔던 우리 아줌마들은······. 비록 연약한 여자의 몸이지만 두 번 다시 이 땅에서 우리처럼 악랄한 미국인에게 당하는 사람이 있어서는 안 된다. 빼앗긴 노동자의 생존권을 되찾고 싶었다'

피코의 투쟁은 1993년까지 지속되었지만 부천지역 여성사업장들이 1992
년에 이르면 거의 폐업하거나 이전되어 노동운동이 많이 약화되었다.

성남은 1971년 광주대단지 사건으로 알 수 있듯이 서울의 인구분산정책
으로 생긴 위성도시, 철거민촌이었다. 대부분의 주민들이 서울에 의존해
사는 매우 빈곤한 지역으로 출발했지만, 1985년 이미 제조업 노동자 8만이
넘는 공업도시가 되었다. 이 지역의 노동운동은 소피아(이영숙) 수녀가 상
대원동에서 운영하던 '만남의 집'[122)에서 시작되었다. 상대원 1, 3동은 공
단이 있고 전자 섬유업종의 여성노동자가 많았다. 상대원 2동은 중하층
영세민 주거지였다. 만남의 집에서는 다양한 노동자 프로그램(노동자교
육, 회의록 작성 등) 을 진행하였고 당시 정인숙이 함께 담당했다. 정인숙
은 청계노조출신으로 원풍노조 등 노동운동을 하다가 1978년 성남으로 와
서 소피아 수녀와 함께 노동자 인성계발 교육활동을 시작했다. 처음에는
성남에서 교육생을 모집하기 어려워서 서울 성수동의 모나미 노동자들을
데려다 교육했다. 이들이 성장해서 노조를 민주적으로 바꾸었다. 교육생
교육에는 김문수, 김근태 등이 참여했다.

성남에도 학출 출신들이 일부 투입되면서 노동운동이 활발하게 진행되
었다. 1985년 성남 협진화섬 노동조합탄압사건, 1986년 성남 영원·콘티빵
노동자 고문 등 탄압사건, 성남 라이프, 빠이롯드, 상일가구노조탄압사건,
1987년 신생(의류업체)농성 및 성남지역 노동조합결성사건, 9월 노동운동
탄압사건 등 많은 노동운동이 발생하였다. 대표적으로 1985년 황선희 등
여성 노동자 1/3이 넘는 80명이 참가하여 비밀리에 노조결성을 시도하다
가 탄압받은 협진화섬(섬유, 봉제)이 있다. 이로 인해 유경희(노출), 정미
자(노출), 권태전(노출), 황선희[123)(노출), 정선희(학출), 윤숙자(학출) 등

---

122) 1977년 성남의 한 전세방에서 시작된 '만남의 집'은 서울 포교 베네딕트수도회 소속으
로 수녀회 본부와 400여 명으로 구성된 국내후원회의 도움을 받았다.

많은 여성노동자들이 해고되거나 탄압받았다. 노조투쟁 중에 이들은 매일 저녁 소피아 수녀의 만남의 집에서 만났다. 거기서 함께 교육도 받고 함께 회사 측의 노동탄압에 맞서 손으로 '유인물'을 만들어 아침 출근길에 품에 안고 나가 사업장과 공단 사거리에서 나누어주며 투쟁을 벌였다. 1985년 기독교사회문제연구원이 직접 조사한 성남공단지역 실태조사에 의하면, '노조가 생기면 가입하겠느냐'는 질문에 대해서 여성 노동자(86%)들이 남성노동자(58%)들보다 더 높은 가입 의사를 보였다.[124] 이렇게 의식있는 해고된 여성노동자들은 성남을 떠나지 않고 지역운동으로 깊숙이 파고들었다. 성남에는 1984년부터 성남민주연합회[125]가 만들어져서 부문별로 여성위원들이 활동하고 있었다. 그러다가 여성노동자들이 열악한 노동 환경 속에서 시달리고, 가정에서는 가사노동과 육아까지 담당하며 고통당하는 현실이 우리 사회의 민주화와 깊이 관련 있다는 문제의식을 갖고 1988년 2월 성남 현장노동자(노출) 및 학생운동 출신(학출)들이 함께 성남민주여성회를 창립했다. 지역 탁아운동을 하던 장현자도 창립에 참여했다. 성남민주여성회는 1989년 4월 후배 여성노동자들의 노동현장 투쟁을 지원하는 '성남여성노동자회'로 명칭을 개칭(이혜화, 원현숙, 강명화, 김혜숙, 김영자, 유점례(신생), 장현자, 한정숙, 이근순, 이강숙, 김영미, 이의선, 황선희

---

123) 강원도 고성출신. 명동 봉제공장에서 일하다가 베네딕트 수도회에서 하는 교육(상지회관)을 받았다. 거기서 소피아수녀를 만났고 깊은 감명을 받았다. 1983년 즈음에 소피아수녀를 따라 성남으로 와서 협진화섬 미싱공으로 취직했다. 이미 협진화섬에서 일하고 있던 유경희, 정미자, 권태전 등과 함께 노조를 결성하다가 해고되었다.(2016년 4월 인터뷰)

124) http://www.newscham.net/news/view.php?board=news&nid=61425 (2017. 3. 20 검색). 기독교사회문제연구원,『성남지역실태와 노동운동』, 1986년, 민중사.

125) 1981년부터 성남지역에 있는 종교계, 가톨릭, 개신교, 불교, 원불교와 YMCA 등 중심 되는 몇 분, 주민교회 이해학 목사님, 천주교 메리놀 공동체 하재별 신부님, YMCA 김준식 사무총장 등이 남한산성 약수터에서 매일 아침 만나 운동하면서 지역문제들을 논의하면서 이모임이 발전되어 성남민주연합회가 1984년 경 창립하게 된다.

(협진) 등 참여)하면서 전국조직인 한국여성노동자회의 지역 지부로 활동하게 되었다. 성남여성노동자회는 탁아사업부, 부인부, 교육선전부, 노동분과, 풍물반 등의 조직을 갖추고 지역에서 다양한 회원 활동을 전개했다. 수차례의 재정사업과 후원금 모집을 통해 상대원 2동에 탁아소를 겸한 성남여성노동자회 공간을 얻어서 1989년 12월 4일 푸른솔 애기방을 개원하였다. 일부는 1989년 11월 21일 성남참교육학부모회 창립에 참여했고, 다른 일부는 1991년부터 여성의 전화(김영미, 이강숙)를 준비하고 만들면서 여성운동을 넘어 시민운동으로 성장해 갔다. 이렇게 분화와 발전을 거듭했던 성남지역 여성들의 운동은 조직부터 활동까지 '민주적'이었다. 노조운동을 해도 조합원을 주체로 세우는 조합민주주의를 직접 실천했다. 이 점은 매우 주목할 만한 대목인데, 왜냐하면 여성운동은 외연적인 민주화운동뿐 아니라 내면적으로도 주체와 조직과 활동을 민주적으로 했고, 여성 한 사람 한 사람을 매우 중시하고 중심적인 주체로 세웠다는 것이다. 이러한 과정을 통해 "여성들이 민주의식을 갖춘 진정한 시민으로 성장했다"고 평가할 수 있다.(정인숙 증언126))

3. 농민운동과 여성

도시화가 가속화되면서 농촌에서 여성의 위치와 역할은 점점 더 중요해졌다. 농민 중 여성의 비율이 높아지고, 일할 사람이 없는 농촌에서 여성농민 또한 남성농민들과 마찬가지로 힘든 노동을 해야 했다. 뿐만 아니라

---

126) 2015년 8월 정인숙 위원장과의 인터뷰. 정인숙은 1971년 청계피복노조 여성부장 출신으로 2000년에 전국여성노조연맹 위원장에 선출됐다. 1984년에는 노동자 블랙리스트가 지역별로 작성돼 학출노동자나 선진노동자의 취업을 막거나 해고하는 수단으로 이용되었는데 성남에서 6월 27일 소예산업에 다니던 정인숙은 블랙리스트에 올라 해고되었다.

도시화의 혜택이 전혀 없는 가운데 가사노동과 육아, 자녀교육 거기에다
가 농촌공동체 유지까지 모두 여성농민이 전담해야 했다. 아무리 뼈 빠지
게 일해도 늘어나는 농가부채와 12시간 이상의 고된 노동과 농약중독, 산
후조리의 부족 등으로 4~50대 여성농민들 중 대부분이 여러 가지 질병에
시달렸지만, 농민운동은 '여성'농민의 문제를 농민이 아니라 '여성'문제로
조직적이고 의식적으로 접근하지 못했다.

그러나 1984년 여성농민이 농민운동의 주체로 설정되고 여성농민운동
이 생존권 투쟁에서 벗어나 사회구조적 모순을 인식하는 여성운동의 한
부문으로 개념화되기 시작했다. 1985년 전국 소몰이 시위, 1987~88년 수세

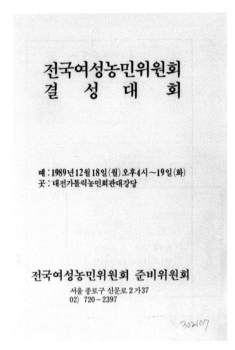

전국여성농민위원회 결성대회(1989. 12. 18)
(민주화운동기념사업회 오픈아카이브즈
00302107)

거부 투쟁, 특히 고추싸움을 통해
여성농민의 활동이 전국화되어
그 전투적인 투쟁력을 바탕으로
이전의 독자적이지 못했던 여성
농민운동(가톨릭 농민회 여성부,
기독교 농민회 여성부 등)의 한계
를 극복하기 위한 대안으로 1989
년 3월 2일 '전국여성농민조직활
성화위원회'가 꾸려졌다. 전국여
성농민 조직의 형태를 띠는 이 위
원회는 면단위, 군단위, 도단위
순으로 밑에서부터 조직된 특성
을 갖고 있었다. 이것이 발전하여
1989년 12월 18일 전국여성농민위
원회(이하 '전여농위', 위원장 이
정옥)가 결성되었다. 전여농위선

언문에서 "이 땅의 자주, 민주, 통일과 여성농민의 인간다운 삶을 이루기 위해 조직, 통일과 단결의 첫걸음으로 여성농민조직을 결성한다"고 선언했다. 이에 각 지역별로 경기도에서도 면, 군 단위 조직과 여농준비위가 결성되었다.

이미 경기도에는 1982년 가톨릭여성농민회[127)](이하 '가여농')가 조직되어, 안성군 미양면, 화성군 양감면, 향남면, 봉담면, 우정면, 여주군 홍천면, 금사면 등지에서 여성농민 활동이 있었다. 그러다가 김포여성농민위원회가 결성되어 1989년 1월 10일 전국농민 단일조직 건설에 관한 경기 활동가모임에 참여하면서 활동 폭을 넓혔다. 1989년 2월 여성농민회준비위가 결성되었고, 3월에는 홍천면 여성농민회가 결성되었다. 1989년 3월 가톨릭농촌여성회가 해소되고 4월 제1차 경기지역 여성농민운동 활동가 모임이 수원 전가여농 사무실에서 열렸다. 참석자는 전가여농 회원들과 그밖의 경기지역 여성농민운동 활동가를 포함 8명이었다.(김난희, 송희자, 최선애, 한금식, 김영자, 고은실, 이지향, 허훈순) 여기에서 경기도 여성농민위원회 결성이 제안되었다.(엄영애, 2007, 472쪽) 당시 경기도 여성농민활동가들은 여성의 관점에서 여성농민운동을 바라보는 매우 차별화된 의식을 갖고 있었다. 그런 의미에서 경기도 여성농민운동은 전국에서 유일하게 부문운동이 아니라 독자적인 여성농민운동을 시작했다.(고은실 증언)

1989년 4월 20일 제2차 여성농민운동 활동가 모임이 수원 전가여농 사무실에서 있었다. 김난희, 이화숙(화성), 한금식, 고은실, 이지향 등 7명이 참석하여 경기도여성농민위원회(초대위원장, 이기선)를 결성했다. 7월에는 경기여성농민위원회 회칙을 통과시키고 분과(과제개발분과, 교육분과

---

127) 해방 후 최초의 전국적인 여성농민단일조직인 1977년 한국가톨릭농촌여성회로 출발하여, 1989년 전국여성농민위원회를 거쳐 1992년 전국여성농민회총연합이라는 명칭으로 뿌리내렸다.

등)별 활동에 들어갔으며, 이 후 여름 교육을 대비한 활동가 강사, 농번기 탁아소 운영 등의 교육, 탁아제도쟁취를 위한 탁아 실태조사 등을 실시했다.

여농위의 활동방향은 여성농민 대중조직을 건설하는 데에 필요한 교육, 선전활동, 과제개발을 통해 현장 활동을 지원하고, 운동의 내용성을 충실히 하기 위한 여성농민운동의 전국적 구심체 역할을 수행하는 데 두었다. 동시에 농촌여성도 예외 없이 탁아운동이 필요한 '일하는 여성'이라는 각성을 통해 농촌의 문제, 여성농민의 문제가 곧 사회적인 문제라는 자각 속에서 농민의 문제를 해결하고자 했다. 당시 경기도는 전여농위원회를 꾸렸지만 군 여성농민회 결성으로 이어지지 못한 경우도 있었다.

〈표 5-16〉 경기도 여성농민위원회 조직현황

도	군	면수	마을수	활동가/회원 수	특성
경기여농연*	김포	3	4	8	
	남양주		1	3/17	여농준비
	여주	3	2	9/68	여주군여농회
	평택		4	4/	포승, 현덕 2개면 정기적 여농 모임
	화성	1			향남면 상신리 여성농민회 결성
계	총 5개군	6	11	24/85	

* 가여농이 경기여농위로 전환하고, 여주군 여농에서 도 대표 역할을 수행함.
출처: 엄영애, 2007 「전여농 2차 대의원 총회 자료」, 534쪽.

당시 농촌여성들이 겪는 탁아문제는 도시 빈민지역 이상으로 아주 심각했다. 농민을 외면하는 농업정책과 쏟아져 들어오는 수입농산물 속에서 남성들은 거의 도시로 빠져나가고 고된 농사일과 농가살림이 여성들의 몫으로 돌아갔다. 가뜩이나 노동력이 부족한 농촌에서 여성들이 하루 종일 농사일에 매달려야 했다. 그러면 아이들은 돌볼 사람이 없어 고아 아닌 고아로 방치되어 전국적으로 많은 농촌 어린이들이 다치거나 죽는 사고가 잇따랐다. 수로에 빠져 죽고, 버려진 농약병을 가지고 놀다가 마시고 죽고, 농기계에 팔다리가 잘리고 독충에 물리는 등 농촌에서 흔히 일어나는 어린이 사고였다. 1988년 5월 15일 경기도 이천군 부발면 대관리에서 3살, 5살 여자어린이 2명이 수로에 빠져 죽는 사건이 발생했다. 그럼에도 불구하고 정부에서는 면단위 3개 마을을 지정, 1년에 농번기 두 달 동안 탁아소 운용지원금을 배정하는 보조정책만 시행했다. 1988년 가톨릭여성농민회는 '농촌어린이 탁아대책이 어떻게 되고 있나?'(가톨릭여성농민회 회보, 『품앗이』[128], 7호)라는 제목의 특집기사에서 농촌의 탁아현상 부재현상을 지적했다. 경기도에서는 여주군 홍천면 여성농민들이 힘을 모아 농촌지역 보육문제의 심각성을 알리고, 적극적으로 탁아소 설치운동을 시작했다. 그러나 면사무소에서는 '여성농민회'가 한다고 지원을 하지 않으려 했다. 겨우 한 달 지원을 약속했지만 지원금 10만 원도 탁아소가 끝난 7월이 넘어서 지급되었다.(『한겨레신문』, 1988년 10월 7일) 1989년 농촌지역탁아대책위원회(회장 엄영애)가 조사한 결과에 의하면 전국 7개도 17개군에서 77%가 농번기탁아소가 있다는 사실조차 모르고 있었다.(『한겨레신문』, 1990년 3월 17일) 그러나 사실 농번기가 따로 있는 것이 아니라 일년 내내 쉴 틈도 없이 일하는 농촌여성들의 아이들은 안전하고 건강하게 자라날 권리를 갖지 못한 채 방치되었다. 가톨릭여성농민회 고은실 간사는 "여성농민들이 농사일과 가사, 육아를 전담하면서 엄청난 양의 일을 하고 있다는 것은 누구나 아는 사실인데 여성농민들을 위한 탁아대책이 국가차원에서 확실하게 마련되지 못했다는 사실은 무척 안타깝다"면서 근본적인 농

---

[128] 1987년 9월 10일 창간호가 나왔다. 4면짜리 가톨릭여성농민회의 회보로, 여성농민들의 작은 신문 역할을 담당했다. 1989년 10호 발행을 끝으로 폐간하고, '전국여성농민조직활성화를위한위원회'가 중심이 되어 1989년 6월부터 계간 『여성농민』이 발간되었다. 이외에도 한국가톨릭농민회 여성부에서 계간으로 펴내는 『텃밭』은 여성농민들의 진솔한 글과 농촌의 현실을 비판적으로 담았다. 이들 매체들은 그동안 소외되었던 여성농민들의 생생한 현장의 목소리를 담아내면서 전체 여성농민의 의식변화에 기여했다.

촌탁아대책을 요구하고 나섰다. 탁아문제 해결 없이 여성농민들의 심리적, 신체적 부담 또한 줄일 수는 없는 것이었다. 경기도 농촌은 서울의 위성으로 특별히 농촌적 특성을 주목받지 못했다. 그러나 다른 한편으로는 도시 지역 여성운동이 성장함에 따라 여성농민의 입장에서 서로 연대하여 '탁아운동', '생산자-소비자 연계 운동' 등 농민성과 여성성을 동시에 고민하는 다양한 여성운동을 펼쳐 나갔다.

제3절 1987년 이후 지역여성운동의 성장

1. 시민운동과 여성

1) 수원여민회

수원여민회(기관지-『수원여성』)는 현 수원여성회의 전신이다. 1987년 6월민주항쟁 이후 자율적인 시민사회공간의 확대와 더불어 수원 EYC(기독청년협의회), 수원 YWCA 등에서 활동하던 여성들과 진보적 여성단체의 필요성을 느낀 여성들이 모여 여성문제가 단지 개인의 문제가 아닌 사회적 문제라는 생각에 공감하면서 시작되었다. 1988년 4월 수원여민회 준비위원회를 구성하여 한편으로는 소모임활동과 세미나를 중심으로 내부 조직력 강화와 학습에 중점을 두었다. 다른 한편으로는 각 민주단체들과 연대활동을 하면서 성명서도 함께 냈다. 당시 수원지역 민주단체 여성대표자와 한차례, 수원지역 대학의 여학생 대표자와 한차례 간담회를 갖고 지역운동으로서 여성운동방향에 대해 함께 고민하는 자리도 만들었다. 구성원도 다양했다. 기혼부터 미혼, 가정주부, 은행원, 공무원, 회사원, 학생 등 수원 지역에 사는 여성의 이름으로, 어머니의 이름으로, 직장인의 이름으로 시작했지만, 초창기에는 지역의 사무직 여성노동자를 위한 활동을 적극적으로 전개했다는 점이 특징이었다. 1988년 9월에는 '수원여성 한마당'을 열어 강연과 마당극을 공연하여 수원지역 여성의 하나됨과 올바른 여성문화 정착을 위한 계기를 만들었고, 제1회 '여성학 교실'을 마련해서 대중여성들의 참여를 독려하고 여성의식 고양에 힘썼다. 11월에는 광주학살 5공비리 주범, 전·이 구속처벌 집회에 단체연명을 내고 참가했다. 또 아주 파이프[129] 노조원들의 부인들로 구성된 부녀회가 주최한 바자회에 참가하여 물품을 기증하고, 그들과의 연대를 통해 여성문제를 함께 풀어나가기 위해 노력했다.

이렇게 1년의 준비기간을 거쳐 1989년 3월 25일 수원여민회(회장 이강숙[130])가 창립[131]되었다.(『한겨레신문』, 1989년 3월 26일) 수원여민회는 창립취지문을 통해 "여성이 주체가 되어 여성들이 처해 있는 직장 내 성폭력, 성차별 등 반민주적이고 반자주적인 억압적 현실을 극복, 여성들의 권익향상과 사회의 민주발전에 기여할 것"이라고 밝혔다. 철저히 지역에 뿌리를 두고 지역 여성들과 결합되고 연결되어 그들이 요구하는 참여적 실천공간에서 주체적으로 함께 전진하는 것을 활동방향으로 삼았다. 사무실은 장안구 신풍동에 작은 공간을 마련했다.

수원여민회의 주 활동방향은 탁아소 사업을 통한 기층 주부와 여성학교

---

129) 경기도 화성군 (주)아주파이프 노조(위원장 장중진) 조합원 150여 명은 7차에 걸친 임금협상이 결렬되자 1988년 6월 20일 기본급 7만 원 인상, 상여금 200% 인상을 요구하며 파업농성에 들어갔다. 이에 대해 회사 측은 24일 직장 폐쇄신고를 했다.
130) 이강숙은 가명이었다. 본명은 박정순이다. 직장생활을 했기 때문에 본명을 사용하지 않았다. 지역에서 함께 고민할 사람들을 찾아 10여 명의 창립멤버를 모았고 1년여 준비를 거쳐 수원여민회를 창립했다.
131) 당시 창립축하단체: 경기남부민족민주운동연합, 수원민주문화운동연합, 한국기독노동자 수원지역연맹, 수원민주화운동청년연합준비위원회, 수원의 참교육을 위한 수원교사협의회 등.

실을 통한 사무직여성을 대상으로 했지만, 가까운 곳에서 생산직 노동자 여성에까지 그 범위를 넓혀 각계각층을 망라한 포괄적이고도 광범위한 대중 여성 속으로 지지기반을 확장했다. 아울러 기타 다른 운동단체와의 연대를 통해 지역 내 민주적 역할도 담당했다. 기관지『수원여성』창간호는 '여성해방 없이는 결코 인간 해방이 있을 수 없고, 인간해방 없이는 이 땅의 진정한 민주화는 이루어질 수 없다'는 점을 분명히 인식하고 있었다.

> 결의문(1989년 3월 25일 – 수원여민회)
> 1. 모든 외세의 지배와 간섭을 배격하고 완전한 민족자주권의 실현을 위해 노력한다. 2. 정치, 경제, 사회, 문화 모든 분야에 있어서 반민족적, 반민중적 요소들을 척결하고 진정한 민주사회 건설을 위해 노력한다. 3. 가부장적 성차별문화를 타파하고 여성의 인간화를 실현한다. 4. 정당한 임금과 모성보호를 보장하는 평생노동권을 쟁취한다.

> "변화는 노력 없이 이루어지는 것이 아니다. 여성문제의 발생과 근원이 사회와 무관하지 않음으로 사회적 변화 발전 없이는 여성들의 권익조차도 보장할 수 없다. 남성우월주의와 남존여비의 불평등 사상에 뿌리를 두고 이루어지는 온갖 차별과 억압은 구조적 모순을 해결하려는 노력과 동시에 이루어져야 할 것이다."(『수원여성』, 1989년, 창간호 중에서)

동시에 여성운동이 민족민주운동과 분리될 수 없음도 분명히 인식했다. 당시 수원여민회는 경기남부민족민주운동연합에 소속되어서 1987년 되찾은 우리의 민주주의를 지켜내고 더욱 '의미 있고 체계적으로 여성억압의 구조와 현실을 극복'하기 위해 대부분의 시간을 사무실이 아닌 거리에서 보냈다. 그 비장했던 날들의 모습을 창립 1주년 수원여민회 총회결의문에서 엿볼 수 있다.

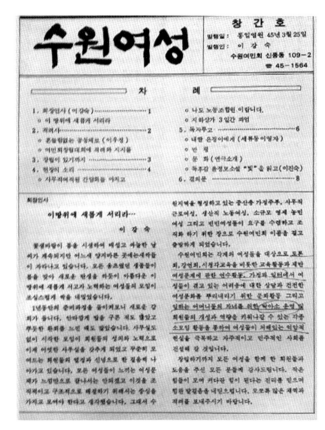

『수원여성』 창간호
(1989년)

　"이제 창립 1주년 총회를 맞이하면서 지내온 1년을 되새겨 봅니다. 잘 정비되지 못한 조직체계, 전문적이지 못한 실무 능력, 여성문제 극복에 대한 올바른 시각을 정리하지 못한 채 많은 시행착오를 거듭했음을 부인할 수 없었습니다. 그러나 이러한 많은 어려움을 겪으면서도 처음의 각오를 흐트러짐 없이 지켜왔고, 또 지금의 시기엔 지난 1년을 도약의 발판으로 삼아 전체회원이 한 자리에 모인 이 자리에서 앞으로 의미 있고 체계적이며 실천적으로 여성억압의 구조와 현실을 극복할 수 있도록 모두의 힘과 지혜와 열정을 모아 나갈 것을 다짐합니다".(1990년 3월 11일 수원여민회 회원 일동, 1990년 수원여민회 창립 1주년 총회 결의문 중에서)

1991년 총회를 기점으로 창립멤버였던 박정순(가명: 이강숙) 회장과 임원진의 1대 활동이 끝나고 2대 김정만 회장체제로 넘어갔다. 김정만 회장과 새로 구성된 사무국 활동가는 학생운동과 노동운동의 조직 경험을 가지고 지역여성운동을 하기 위해 목적의식적으로 여성운동에 헌신하고자 하는 신세대였다. 기존의 중심활동이었던 여성노동자를 위한 직장여성간담회, 직장여성교실, 수원여성한마당을 지속적으로 개최하고 1990년 9월 기존의 주부모임을 탁아모임으로 전환하여 저소득층 여성과 아동을 위한 탁아소 설립을 위한 '탁아소설립추진위원회'를 구성하였다. 그리고 탁아소 설립을 위한 재정마련을 위해 바자회, 일일찻집 등 다양한 재정확보 활동을 벌여 300만 원이라는 소중한 기금을 마련했다. 이 기금을 보증금으로 하여 월 15만 원의 슬라브집에 '옹기종기 놀이방'을 개원(고색동)[132]하여 수원여민회 활동의 매개를 마련했다. 수원여민회 탁아운동에는 경기대 여학생회 출신 이기원(87학번)이 합류하여 큰 역할을 담당했다. 이 밖에도 수원여민회는 그 당시까지 크게 주목받지 못했던 환경문제, 통일문제, 공정선거감시단 활동 등 다양한 활동을 지역사회에서 단독으로 혹은 타 단체와의 연대를 통해 전개했다. 1992년 3대 황군자 회장이 새롭게 선출되었고 이 때 창립초기 사용했던 수원여민회의 중간자인 '민'[133]이 너무 무겁게 느껴진다고 여겨 대중적 접근성을 높이기 위해 '수원여성회'로 바꾸게 되었다. 그러나 현실적으로 단체를 유지하고 운동을 지속하는 것이 결코 쉽지는 않았다. 운동의 방향성과 지속적 활동을 위한 내부 논의가 시작되었고 진통과 갈등 속에서 1993년에서 1994년까지 한동안 단체의 명맥만 유지하는 휴식기를 맞기도 했다. 1995년부터 조직의 대상과 활동 내용의 변화를 통한 재건을 시작했고 지금은 다양한 활동을 통한 회원참여와 활동가

---

132) 지금도 평동에 어린이집으로 이어져 오고 있다.
133) 백성 민의 의미로 쓰며 대중의 삶을 지향했다는 의미에서 지어졌다고 한다.

들의 역량강화를 바탕으로 지역사회에 안정적인 뿌리를 내리고 있다.

2) YWCA 청년운동

1969년 수원 YWCA발기모임(박원선 준비위원장)이 있었고, 1970년 준 YWCA로 인준되었다. 기독교 정신을 바탕으로 여성의 계몽과 교육, 복지를 목적으로 출발한 수원 Y는 당시 여성단체 활동이 거의 없었던 수원 지역에서 주부, 청소년(1973년 수원여고 Y-틴 인준), 청년 등 다양한 여성층을 상대로 한국 YWCA의 중점사업을 그대로 수행했다. 그 중 YWCA 청년회는 1973년 결성되었는데, 청년성서연구모임을 통해 1975년 청년부로 발족(한알클럽)했다. 한알클럽은 봉사와 취미 위주의 청년활동을 서서히 사회운동 활동으로 바꾸면서 연대와 동지애를 바탕으로 미래의 사회운동 활동가로 성장해 갔다. 1974년 11월 수원교회에서 국가와 구속자를 위한 특별기도회 개최, 가족법개정안 계몽 및 서명운동 동참 등 개인과 사회변화에 참여하는 조직으로 조금씩 변모되었다. 1979년 한알에 합류한 박정순[134] 한알 회장을 비롯해, 역대 회장을 맡았던 오효숙, 장원자, 손경란, 기명순, 김동순, 박옥분 회원 및 한경희, 노정희, 최은경 간사들이 열정적인 활동으로 한알의 발전에 기여하였다. 특히 '간사'라는 직책은 1970년대 이후 YMCA, YWCA 등 종교단체에서 처음 나타나기 시작했는데 1987년 6월민주항쟁 이후에는 재야 및 다양한 운동단체들에서 상근으로 일하며 단체의 실무 책임을 맡아 임원과 회원들의 중간 매개역할을 담당하는 중요한 직책으로 부상되었다. 대학을 졸업한 상당수 인테리 젊은 여성층들이

---

[134] 1979년 '어떻게 살 것인가?'를 고민하던 중 한알클럽에 들어온 박정순 회원이 지도자, 활동 등 클럽 성격에 대해 고민하면서 한알은 전환점을 맞이했다. 더불어 수원여고 도서관 활동을 했던 오효숙 회원이 합류하여 회원 확장에 적극적으로 참여하면서 본격적인 활동을 펼쳐나갔다.

대거 간사직을 맡으면서 단체의 활력이 증진되었다. 이들은 재정이 열악한 단체에서 최저임금에도 못 미치는 보수를 받으면서도 젊음을 불사르며 이후 사회의 중견 지도자 및 여성활동가로 꾸준히 성장해 나갔다.(『한겨레신문』, 1990년 4월 6일)

민주화에 대한 열망은 솟구쳤지만 대중강좌나 집회허용이 쉽지 않아 교회 청년들을 중심으로 모임이 이루어졌던 이 시기에 한알클럽, 호롱불, 나래클럽 등 수원YWCA청년협의회에서는 월례강좌, 청년제, 임원훈련, 신앙 강좌 등으로 시대적 요구에 부응하며 외부의 강사초빙[135]을 통해 지역사회에 활력을 불어 넣었다. 또한, 수원 YWCA 청년들은 협의회 차원에서 어느 정도 민주화에 대한 열기와 행동들이 숙성되면서 사회와 연결할 수 있는 내부 고민들과 과제를 안고 1984년 9월1일, 사회 불우여성, 소외여성의 직업보도 및 교육과 직장생활을 하는 주부의 자녀양육을 도울 수 있는 탁아소 운영 등 여성의 복지향상을 위한 물적 토대가 될 여성의 집을 마련할 목적으로 수원 중동사거리에 분식집 '작은 세상'을 창업하였다. 분식점 이름은 노래 '작은 세상'(함께 나누는 기쁨과 슬픔, 함께 느끼는 희망과 고통, 이제야 비로소 우리는 알았네, 작고 작은 이 세상)의 노랫말처럼 작은 세상 안에 미래를 향한 청년들의 몸짓을 담아 낸 것이었다. '작은 세상'은 청년들의 자발적이고 실천적 활동으로 운영된 청년들의 현장이었다. 지역사회에서 오가며 칼국수, 수제비나 떡볶이를 먹으면서 세상 돌아가는 이야기를 오랫동안 할 수 있는 사랑방 같은 곳이어서 남문을 나오면 꼭 들려가

---

135) 1978년 김숙희 이화여대 교수(주제: 사회변화와 청년), 1981년 권오성 목사(주제: 한국 교회의 역사적 사명), 1982년 김동길 해직교수, 1983년 김상근 목사(기독교장로회 총무), 1985년 김동길 교수(주제: 사랑과 평화의 일꾼으로 삼으소서)를 재 초빙하여 처음으로 5·18추모예배 및 동아일보 해직 기자 송건호(주제: 분단과 민주화), 1986년 NCC 총무 김동완 목사(주제: 해방을 향한 전진), 1987년 한명숙 이대 강사(주제: 여성과 사회), 1988년 여성운동에 대한 공개 세미나 개최(박인덕 교수, 김희선 크리스찬아카데미 강사 등 초빙 강좌).

는 곳이었다. 그러나 운영상 어려움 및 요식업체의 고발로 인해 1년 반 만
에 문을 닫고 말았다. 그렇지만 민주화를 열망하던 YWCA 등 여러 집단의
청년들에게 소통의 장을 제공했다는 점에서 역사적 의미가 컸다. 1987년
이후에는 여성과 사회 등 여성운동에 대한 공개 세미나를 개최하여 여성
문제의 기원과 본질, 계층별 여성문제, 한국여성운동사, 한국여성운동의
과제 등을 주제로 외부 강사를 초빙하여 강좌를 개설하고 많은 지역 청년
들이 자발적으로 참여하고 토론하는 장을 펼쳤다. 이것이 '여성'문제에 보
다 더 깊은 관심을 갖고 본격적인 여성운동을 펼치게 되는 수원여성회(수
원여민회의 후신) 창립[136] 등 지역 여성단체 활성화에 영향을 주었다.

　성남에서는 1988년 은행동에 17명의 기독 여성에 의해 성남 YWCA가 설
립되었다. 성남 Y는 설립과 동시에 성남 지역 맞벌이 부부를 위해 은행2동
에 시범 탁아소[137]를 설립해 지역아동 탁아소 사업을 시작했다.(1991년 성
남YWCA어린이집으로 명칭 변경) 은행2동은 잿빛도시로 상징되는 성남의
단대천을 건너 가파른 언덕에 게딱지같은 집들로 들어차 있는 성남에서도
가장 가난하고 무허가주택이 밀집된 곳이다. 이런 곳에 세워진 탁아소는 저
렴한 탁아비와 하루 10시간 이상으로 생후 2개월 이상의 영아도 받고 있어
저소득층 여성들로부터 큰 호응을 받았다. 또, 지역 특성을 반영하여 1991년
에는 무료직업소개소 사업 등 여성의 경제적 자립을 통한 사회참여와 노동
영역에서의 여성의 지위와 인권향상을 위한 활동을 적극적으로 벌였다.

　안양 Y는 1985년 정어진 외 10인(11명[138]의 기독여성들의 기도모임)이

---

[136] 박정순 회장은 수원여성회를 창립하는데 수원 YWCA 한알클럽 활동의 경험을 바탕으
　　로 할 수 있었다고 회고하였다.

[137] 노동부는 1987년부터 여성단체 탁아소 건립보조사업을 실시했다. 탁아소 건립은 단체
　　가 부지를 확보한 후 정부에 건축비 보조를 신청하면 모동부가 건축비 지원을 하는 것
　　이다.

[138] 정어진, 배미숙, 송난순, 박선희, 박병관, 방유자, 한민숙, 원금자, 이인자, 임명자, 장하자

발기인 모임을 조직, 1986년 3월 창립되었다.(회장 배미숙) 1988년 클럽 Y로 인준 받음으로서 Y활동이 시작되었다. 초창기 안양 Y는 소비의 주체인 여성들의 피해구제를 위해 1988년 '소비자고발센터'를 개소하고 소비자 및 환경운동을 벌였다. 또 1988년 여성의 지속적인 경제활동참여확대를 위해 '무료직업안내소'를 열고 안양지역 최초로 여성직업교육과정을 실시하였으며, 일반여성을 위한 'YWCA 여성대학'도 개강하여 여성지도자 양성의 산실이 되었다.[139] 1991년 준회원Y로 승격되었다. 1983년 채정숙 외 발기인 8명으로 결성된 안산 Y도 1986년 파출부연결 및 소비자고발센터 운영 등 매우 적극적인 활동을 전개했다.

3) 소비자 시민운동

1987년 사회민주화와 더불어 소비자들도 자신의 권익보호에 보다 적극적인 관심을 보이기 시작했다. 특히 1991년 지방자치제 실시를 앞두고 지역주민들 사이에 상품고발은 물론 지역 환경문제 등 광범위한 관심이 표출되었다. 특히 주부이면서 가정경제에서 소비의 주체자인 여성들이 소비자운동의 주역이 되어 활발한 활동을 시작했다. 수원에는 1985년 4월 전국주부교실 중앙회 경기도지부, 성남에는 1988년 소비자문제를 연구하는 시민의 모임지부(성남소비자시민모임 지부장, 이정자)[140], 안양에 1988년 YWCA지부가 설치되어 경기도 지역주민들의 소비자 활동이 활성화되었다. 또, 여성민우회의 소비자협동조합(이하 '소협')[141]활동을 비롯한 중산층

---

139) 안양 YWCA 홈페이지. http://www.ayywca.or.kr/new_sub1menu3_05.html (2016. 12. 5 검색)
140) 소비자시민모임 성남지부는 소비자 권익보호를 위한 전문단체가 필요하다는 여성사회운동가들의 실천으로 1983년 설립된 '시민의 모임 서울본부'의 2개 지부(성남, 원주) 가운데 하나였다. 이정자 지부장은 1977년 YWCA 사회문제부 자원모니터로 일하게 된 것이 소비자운동에 뛰어든 계기가 되었다.(『한겨레신문』, 1992년 1월 4일)
141) 1989년 12월 한국여성민우회가 만든 '함께가는 소비자생활협동조합'운동이며, 농산물직

주부중심의 소협운동과 한살림운동[142])이라고 일컬어지는 생활협동조합 (이하 '생협')운동 그리고 도시 소비자와 농촌생산자를 이어주는 직거래운동에 이르기까지 여성주체들을 중심으로, 소비자운동이 새롭게 생겨나기 시작했다.(윤희진, 1991) 소협운동은 단순히 회원제로 운영되는 소비자운동 단체와는 달리 출자자이면서 동시에 이용자에 의해 운영되는 새로운 소비자운동으로 뿌리내리기 시작했다. 1987년 만들어진 성남 소협은 지역의 '하늘어린이집', '재롱동이 애기방' 등 5개 탁아소에 아이를 맡긴 어머니들이 공동으로 생필품을 사고 쓰는 데서부터 시작했다. 다섯 세대가 하나의 생활협동반을 만들어서 공동구매해서 나누어 쓸 뿐 아니라 자주 모임을 갖고 공동의 생활문제에 대한 토론을 통해 해결방안도 함께 모색했다.(『한겨레신문』, 1988년 6월 23일) 성남에는 14개 동지역 1백여 명의 조합원이 참여하는 '큰우리소협'(이사장, 김영자[143]) 운동도 있었는데 이 역시 여성들이 중심이 되어 활동하면서 우리농산물 먹기와 우리농민살리기운동을 펼쳤다. 1990년 4월 부천에서도 YMCA 소속으로 부천지역 300가구가 참여하는 농산물직거래를 위한 생협운동이 시작되었다. 1991년에는 안양생협이 만들어 졌고, 점차 성남, 안산 등지에도 조직이 꾸려졌다.

　이러한 소협과 생협운동은 이웃이나 사회로부터 소외되어 가사노동에만 전념하던 주부들에게 자아실현욕구 및 공동체적인 삶의 보람을 맛보게 하고 조직력을 키우고 주체적인 여성으로 살아가는 계기를 마련해주었다

　거래 제도이다. 초창기에는 220가구로 시작했는데 1991년 9월 현재 1천300명으로 꾸준히 성장했다.(『경향신문』, 1991년 10월 24일)

[142] 1988년 창립된 '한살림소비자공동체협동조합'은 당초 80가구에서 시작하여 1991년 8월 말 현재 4,560가구로 조합원수가 급격하게 증가했다.

[143] 1966년 서울대 농대를 졸업하고 정읍농고 교사생활을 시작으로 자주적인 여성농민운동조직의 건설과 지역운동의 대모로서 활동했다. 1977년 해방 이후 최초의 전국적인 여성농민단일조직인 한국가톨릭농촌여성회를 만드는 데 산파역할을 했다.(『한겨레신문』, 1993년 9월 13일) 1993년 암투병 중 사망하여 여성농민장으로 치러진 뒤 마석 모란공원에 안치되었다.

는 의미가 크다. 또 다른 의미는 급속히 도시화되는 경기도 지역에서는 특히 생산자 공동체와 연대한 직거래방식 공동구매라는 초창기의 경제 및 소비운동의 한계를 벗어나서 생협과 소협의 조합원 주부들은 점차 환경 및 교육운동과 연대한 녹색운동으로의 질적 변화를 시도했다는 점이다. 이른바 환경과 교육을 살리는 여성운동은 친환경급식까지 우리 아이들의 건강을 여성의 손으로 지켜내는 운동의 전환까지 가능케 한 새로운 시작으로 점차 자리매김 되어갔다.

2. 성폭력, 성매매 방지 운동과 여성

성폭력 추방운동은 1990년대 들어와 가장 주목받는 운동이 되었다. 여성의 전화에서는 1983년부터 가정폭력을 포함한 성폭력문제를 다루어 왔다. 1984년 여대생 추행사건, 1986년 부천 권인숙 성고문사건 등 공권력에 의한 성폭력에 대한 반대운동으로 사회문제화 되었다. 그 이후 인신 매매가 사회문제로 떠올랐고 김부남사건, 김보은사건 등 성폭력 사건을 심각한 폐해로 인식하고 성폭력 근절을 위한 대책을 마련하기 위해 성폭력 특별법 제정운동을 펼쳤다. 경기도 여러 지역에서 '여성의 전화'가 생겨났고, 1991년에는 성폭력상담소가 개소했다. 한국여성단체연합에서는 1992년을 '성폭력 추방의 해'로 정하고 전국적인 여성단체의 연대활동을 강화하는 활동을 벌인 결과 성폭력 문제가 여론에서 가장 주목받는 여성운동이 된 것이다. 경기도에서도 성폭력을 계기로 여성단체들의 연대활동이 만들어지고 그 연장선상에서 1994년 경기여성연대가 창립되기도 했다.

그런데 경기도에는 오래전부터 아주 특별한 성폭력 문제가 자리하고 있었다. 이른바 주한미군 주둔지에서 벌어지는 성폭력이었다. 1992년 동두천에서 발생한 윤금이 살해사건[144]은 우리 사회에 기지촌 여성들의 인권

문제를 돌아보는 기폭제가 되었다. 이 사건은 한국 법정에 미군을 세우는 이례적인 사건이 되었다. 미군은 이 사건을 감추려고 했고 보상으로 빨리 끝내려 했다. 그 이전에도 미군에 의한 매매춘여성들의 살해사건 및 폭력사건은 무수히 있어왔다. 그러나 대부분 세상에 알려지지 않은 채 은폐되거나 묵인되었다. 그나마 이 사건이 알려지게 된 것은 끊임없는 여성들의 항위시위와 여론에 의한 폭로 때문이었다. 1988년 외무부가 펴낸『미군범죄의 연대별 현황 및 처리과정』에 의하면 1967년 한미행정협정이 발효된 지 20년 되는 1987년까지 발생한 미군범죄는 총 39,452건이며 범죄에 가담한 미군 수가 무려 45,183명에 이르렀다. 이는 대개 주둔지역인 기지 주변의 매춘골목에서 발생했다. 그럼에도 불구하고 한국 측에 매우 불리하게 체결되어 있는 한미행정협정 때문에 범죄사실의 폭로나 재판이 제대로 이루어지지 않았고, 또 주한미군에 대한 문제제기는 곧 한국사회에서는 반미=용공=반정부 운동으로 치부되었기 때문이었다.

그렇다면 미군은 한국에서 어떠한 존재인가?

1945년부터 1948년까지 미군정기간을 거쳐 1950년 한국전쟁의 발발 이후 유엔군의 일원으로 한국에 주둔해 온 미군은 1975년 30차 유엔총회에서 '주한유엔사령부를 해체하고 한국에서 모든 외국군대를 철수시킬 것'을 결의한 후에도 '한미상호방위조약'에 따른 주둔이라 주장하며 지금까지 주

---

144) 1992년 10월 28일 미 제24사단이 주둔하고 있는 동두천시 보산동 한 방에서 우리나라 여성이 무참히 살해되는 사건이 발생했다. 발견 당시 죽은 윤금이 씨의 자궁에는 맥주병 2개가 꽂혀 있었고 국부 밖으로는 펩시콜라 병이 박혀 있었다. 그리고 쇠로 만든 우산대가 항문에서 식도까지 27센티 가량 꽂혀 있었으며 온몸에는 피멍과 타박상을 입은 차마 눈 뜨고는 볼 수 없는 참혹한 모습을 하고 있었다. 윤금이씨사건공동대책위원회가 꾸려지고 동두천 역사상 처음으로 삼천 명의 시민이 모인 규탄집회가 일어나면서 이 문제는 전국적으로 확산되었다. 동시에 미군범죄의 심각성과 한미행정협정의 불평등성이 알려졌으며 그 속에서 기지촌여성과 아이들에 대한 관심도 조금씩 늘어갔다. 그 후 미군범죄 신고센터가 전국적으로 개설되었고 '주한미군범죄근절을 위한 운동본부'가 만들어졌다.

둔하고 있다.

현재(1995년) 한국 땅에 주둔하고 있는 미군병력은 총 37,000여 병력으로 1백 개의 부대에 흩어져 있는 육군병력(제8군) 26,000명과 18개의 기지에 주둔하고 있는 공군병력 1만여 명이 주력을 이루고 있다.(두레방, 152쪽) 미군이 주둔하고 있는 도시는 동두천(보병 2사단), 의정부(23지원단), 서울(주한미군사령부), 오산(7공군사령부), 평택(23지원단), 대구(19지원사령부), 부산(34지원단), 진해(해군지원요원), 군산(8전술전투비행단)이 있다. 면적으로나 인원으로나 경기도에 가장 많은 미군이 주둔해 있다. 1945년 미군이 한국에 온 이후 경기도에는 '기지촌'이라고 불리는 미군의 거주지와 상권이 여러 곳에 생겨났다. 그러나 점차 기지촌은 미군들과의 성 거래가 이루어지는 섹스시장의 대명사로 인식되었다. 한국 정부가 1960년대부터 윤락여성방지법 제정 등 법적으로나 사회적으로 윤락여성에 대한 단속과 제재를 강도 높게 진행했지만 기지촌은 예외였다. 오히려 미군을 위한 군대창녀촌으로 오히려 묵인, 지원, 관할, 운영되었다. 박정희 정권에서는 미군을 상대하는 클럽에 면세혜택을 주었고, 관광사업으로 독려하기도 했다. 1960년대 동두천 주변에는 미군이 직접 운영하는 소요산의 일명 몽키하우스, 부평에는 제인원 등의 성병 수용소가 있었다. 이 수용소에는 미군을 상대로 하는 여성들 중 성병에 걸려 불합격 판정이 난 여성들을 검거하여 미군의관들이 직접 호스타시링 등 항생제를 놓아가며 격리 강제 수용하였다. 이는 성매매 당사자들 중 오직 여성만을 대상으로 한 불평등한 조처였을 뿐 아니라 명백한 인권침해이며 인권유린이었다. 또 미군상대의 클럽 입구에는 클럽 카드가 비치되어 있었는데 여기에는 성병 검진에 패스한 여성들의 사진이 전시되어 있었고, 미군들은 그 번호와 사진을 보고 여성을 고르기도 했다. 이렇게 일방적이고 불평등한 구조에서 일어나는 매매춘행위와 성폭력은 절대 구분되지 않았다.

1987년 민주화의 바람을 타고 변화가 시작되었다. 반미=용공이라는 사슬에 묶여 더 이상 굴종적인 한미행정협정을 묵인하고 미군범죄를 은폐할 수는 없었다. 1986년 3월 기독교장로회 여신도회가 중심이 되어, 의정부시 가능동에 한국 최초로 기지촌여성의 쉼터 '두레방'(설립자겸 영어교사 문혜림, 간사 유복님)145)이 문을 열었다. 지금은 고산동 캠프 스텐리로 올라가는 길 입구에 위치하고 있지만 처음에는 가능동 '한미연합사령부' 앞에 사무실을 열었다. 이것은 어떠한 사회운동도 있을 수 없었던 기지촌에 귀중한 여성운동의 씨앗이 뿌려지는 순간이었다. 어느 누구도 기대하지 않았지만 '있는 그대로' 현실을 받아들이고 그 후 3년여의 기간 동안 법적지원뿐 아니라 기지촌여성들의 일상적인 문제들을 파악146)하고 그 해결을 시도하는 프로그램을 개발(상담과 교육)하고, 임파워링(주인의식부여)을 실행하면서 기지촌여성과 함께 했던 두레방은 점차 매매춘 여성들에게 '친정', '친정어머니'같은 존재가 되었다. 또한 1989년에는 아직도 성공적인 전업프로그램으로 인정받는 두레방 빵사업이 시작되었다. 개원 후부터 그때까지의 경험을 통해 두레방은 기지촌여성들과의 만남이 불규칙적이고

---

145) 문혜림은 미국인 여성으로 1976년 3·1명동사건과 1979년 YH사건으로 옥고를 치른 문동환 목사(전 평민당 전국구 국회의원)의 부인이다. 그녀는 미국인으로 남편 문동환 목사가 민주화운동을 하다 두 번이나 감옥에 갇힌 사이 생계를 위해 미군부대에서 일을 하게 되었다. 이 과정에서 기지촌 미군 전용 클럽에서 미군들을 상대하는 한국 여성들이 법적, 의료적 어려움을 호소할 데가 없다는 것을 깨닫고 그 여성들을 돕기 위해 두레방을 시작했다. 매일 아침 붐비는 시외버스를 타고 서울에서 의정부로 출근해서 오전과 오후에 영어를 가르쳤다. 1991년 이성혜 원장, 1997년 유영림 원장이 부임했다. 문혜림이 선택한 활동가 유복님은 여성들과 친화력이 뛰어난 한신대 출신으로, 1970년대 민중신학의 영향을 받은 교회활동가이자 여성운동가였다. 두 사람의 상근자를 갖춘 두레방은 한국기독교장로회(기장) 여신도회 전국연합회 산하의 특수선교단체로 출발했다.

146) 기지촌여성들이 억압된 상태로부터 해방되기 위해서는 인신매매 과정에서 겪은 폭력과 매매춘업소에서 착취당해온 경험을 극복할 뿐 아니라 정신적, 육체적 억압과 충격의 연속이었던 어린 시절의 상처 또한 극복해야 한다는 것을 알게 되었다. 이를 위해서는 자신을 지지해 주는 개인이나 집단을 만나 신뢰와 사랑을 주고받고 이를 통한 자신감과 자기 자신에 대한 관심의 회복이 무엇보다도 중요하다는 것을 깨닫게 되었다.

단시간의 상담과 교육사업만으로는 한계가 있고, 나이가 60이 넘은 할머니들도 생계 때문에 어쩔 수 없이 매춘을 하는 현실을 보며 그 무엇보다도 전업사업이 시급하다는 것을 절감하였다. 두레방 빵에 취업한 여성들은 다른 사업에 참여하는 기지촌여성들보다 의식이나 생활태도의 면에서 훨씬 큰 변화를 보여주었다. 두레방 빵에 취업한 여성들은 점차 두레방 활동의 목적과 중요성을 인식하고 간사들이나 자원활동가 못지않은 자생적인 활동가로 성장해갔다.

1990년 12월 두레방은 동두천시에 또 하나의 '두레방'을 마련했다.[147) 동두천은 단일 시로서는 최대의 주한미군이 주둔하고 있었다, 동두천 보산동의 기지촌은 Camp Casey 앞 길 건너 철도 길을 따라 형성되어 있는데, 1970~80년대 기형적 발전을 거듭하면서 만 명이 넘는 기지촌 여성과 150여 쌍의 국제 결혼한 여성들, 혼혈아들, 백여 개가 넘는 미군 전용 클럽, PX에

동두천 두레방 앞에서(맨 오른쪽이 문혜림)
(『한겨레신문』, 1991년 2월 28일)

---

147) 그러나 재정적 한계 등의 이유로 1995년 8월에 동두천 두레방은 폐원되었다. 현재 동두천에는 새움터와 다비타의 집이 활동하고 있다. 새움터는 상담과 기지촌 어린이들을 위한 공부방, 밤 보육방을 운영하고 있다.

서 쏟아지는 물건으로 인한 블랙마켓 등 엄청난 사회문제를 안고 있는 기지촌의 대명사로 불려졌다.

이 시기는 기지촌여성운동의 중요성이 여러 조직에서도 인정되면서 확산되는 시기였다. 산발적으로 이루어져 오던 기지촌여성운동이 서로 영향을 주고받으며 발전해 나갔다. 특히 이 시기에 기지촌활동으로 모여진 뜻 있는 여학생[148]들의 역할이 매우 중요했다. 각 대학의 여성운동조직들이 기지촌여성문제를 인식하고, 여름방학과 겨울방학에 기지촌활동(이하 '기활')을 시작했다. 농활에 비해 짧은 기간이지만 기활은 참가 학생들에게 큰 영향을 주었고, 기지촌 여성운동가들이 생겨났다. 이들의 지원으로 두레방은 기지촌아이들을 위한 놀이방과 공부방을 개원할 수 있었고, 동두천 '두레방'도 열 수 있었다. 기지촌활동을 통해 기지촌여성들과 대학생, 양쪽에 큰 의식의 변화가 일어났다. 대학생들은 기지촌여성들과의 만남을 통해 여러가지 편견을 깰 수 있었고, 기지촌여성의 문제가 한국사회에서 심각하고 중요한 사회문제이며 동시에 여성문제임을 인식(여성의식 향상)하게 되었다. 기지촌 여성들 역시 처음에는 대학생들의 의도를 오해하고 불신하기도 했지만, 차츰 마음 문을 열고 자신들과 너무도 다른 대학생들을 받아들이게 되었다. 이렇게 기지촌활동은 대학생들이 여성문제에 대해 고민하고 실천할 수 있는 효과적인 교육의 장이었다. 기지촌 활동이 서울 및 수원 여대생대표자협의회(이하 '여대협')의 공식적인 활동으로 자리잡게 된 것도 바로 이 시기였다.

---

[148] 1990년 여름 이화여자대학교 학생들이 주축이 되어 방학을 이용한 기지촌활동이 처음으로 진행되었다. 이 시기의 학생운동은 노동운동과 통일운동이 중심이었고 이런 분위기에서 여성운동을 특히 기지촌여성운동을 이야기한다는 것은 용기가 필요한 일이었다. 상대적으로 여성문제에 관심이 많은 여자대학교에서 기지촌활동이 먼저 시작된 것도 이러한 학생운동진영의 분위기와 연관되어 있다. 그리고 초기 기지촌활동이 여성문제를 부각시키기 이전에 분단상황과 미군주둔의 문제를 강조하면서 기지촌의 문제를 역설하였던 것도 이런 정세와 무관하지 않다.

1991년 동두천에서 두레방 활동을 하던 경기지역 한양대 여학생들과 이미 송탄에서 활동하고 있던 김연자[149]가 만나게 되었고, 그때부터 함께 송탄기지촌에서의 활동을 고민하게 되었다.

송탄지역(평택지역북부)이 주한미군과 관계를 맺은 것은 1951년이다. 한국전쟁으로 들어 온 미국의 제5공군 전술전투부대가 1951년 11월 오산리공군기지[150](K-55)에 정착했다. 이 지역에 기지촌 여성이 폭발적으로 늘어난 것은 1960년대였다. 파주, 동두천, 연천 일대의 미군기지가 감축되면서 이주한 여성이 많았기 때문이다. 그들은 본래 빈농이나 도시빈민의 자녀들이었다. 돈을 벌어 가족을 먹여 살리고, 동생을 공부시키고, 재수가 좋으면 미군과 결혼하여 미국이민을 가는 것이 꿈인 소박한 사람들이었다. 그렇게 모여든 여성들이 1970년대 초까지만 해도 1,900여 명. 하지만 현실은 그들의 꿈처럼 희망으로만 가득 차있지 않았다. 돈을 벌기는커녕 몸만 망치고 혼혈 아이를 낳아 이러지도 저러지도 못하는 여성들도 많았다. 여기 당시 평택(송탄) 안정리 기지촌에서 일 했던 한 여성의 증언이 있다.

그때가 서른두 살이었다. 안정리는 그녀가 지금까지 있던 곳하고는 달랐다. 천 명이 넘는 미군, 화려하게 화장한 여자들. 처음 보는 광경에 두려움을 느꼈다. 그래도 차차 적응했다. 감찰을 맡아 회비도 걷고 패스(성병 검진표) 검사하는 일을 하며 다른 여성들을 관리했다. 감찰을 하며 안정리에서 있었던 많은 일을 지켜봤다. 악덕 포주들에게 맞고, 빚으로 허덕이는 여자들, 패스가 없어 끌려가고, 성병 치료를 받다가 쇼크를 받아 죽는 여자를 자주 봤다.

---

[149] 김연자 씨는 스물두 살의 나이에 동두천 기지촌에 들어가 송탄과 군산 아메리카 타운 등 기지촌에서 젊음을 소진했다. 미군에게 몸을 팔고, 술과 담배, 환각제에 찌들어 살았던 그가 25년 만에 '양색시' 생활을 정리하고 늦깎이 신학생으로 변신, 환갑이 지난 나이에 자생적 기지촌 운동가가 되었다. http://woman.donga.com/3/all/12/133734/1

[150] 하지만 오산리 공군기지로 명명한 후보지는 화성군이 아니라 평택군(시) 송탄면과 서탄면에 속한 신장동, 적봉리, 야리, 신야리 일대였다.

그녀도 성병 검진은 일주일에 두 번씩 받았다. 한 번이라도 빠지면 큰일이 나기 때문에 어지간히 급한 일이 아니면 만사를 제쳐놓고 받았다. 가끔은 다른 여자들과 모여 교육도 받았다. 성병 검진의 중요성, 미군에게 잘해야 한다는 말을 들었다.

"아파트 9평짜리 여러분께 다 해주겠다." 가끔은 국회의원이 와서 외화 버느라 고생이 많다며 격려해줬다.

그녀는 나이가 들어서도 클럽을 떠나지 않았다. 서빙을 하는 웨이트리스로 일을 나갔다. 돈을 악착같이 모았고, 버는 대로 예금했다. 어느 날 잊고 있었던 남동생이 찾아왔다. 살기 힘드니 돈을 달라고 말했다. 소리 지르고 행패를 부렸고, 돈을 줄 때까지 계속 찾아왔다. 모아놓았던 돈을 내어줬다. 그리고 그녀는 또다시 일하고 돈을 모았다. 저녁 6시에 출근해 새벽 2시까지. 주말에는 새벽 4시까지 일했다. 밤낮이 바뀌어서 힘들고 허리가 아파도, 술병을 나르고 안주를 들었다. 협심증으로 더 이상 일을 할 수 없을 때가 되던 59살, 28년간의 클럽 생활을 마무리했다[151)

그로부터 2년 뒤 1993년 경기남부지역의 대학생(홍춘희, 경기대 89학번)들과 김연자 씨가 함께 송탄에 방 두 칸짜리 주택을 얻어서 참사랑선교원(탁아소)을 개원하였고, 기지촌에서 일하는 여성들과 아동들을 돌보는 활동이 시작되었다.

3. 학생운동과 여성

1985년 각 대학 총학생회 부활과 함께 총여학생회도 부활하면서 경기도 지역의 여학생운동도 시작되었다. 초창기 총여학생회의 활동은 총학생회 산하 여성부와 크게 다르지 않았다. 총학생회 임원들은 총여학생회 임원들을 대등한 학생회 임원으로 생각하지 않았으며 그 활동에 대해서도 무

---

151) 숙자의 기억 속 그 시절 이야기. http://www.skkuw.com/news/quickViewArticleView.html?idxno=11166

제1회 여성학교—총여학생회 건설을 위한
제1차 공청회 자료집(한국외대 용인캠퍼스)
(민주화운동기념사업회 오픈아카이브즈
00392297)

관심했다. 그러나 1987~88년 투쟁을 거치면서 총여학생회가 질적인 변화를 시작했다. 물론 이 시기 총여학생회임원들이 조직적이고 의식적으로 총여학생회 활동을 여성운동으로 인식한 것은 아니었다. 처음에 이들 역시 총여학생회 활동을 협의적으로는 총학생회의 대중사업을 '여성'을 대상으로 하는 부문운동으로 광의적으로는 민주변혁운동의 학생부문운동으로 이해하고 전대협이나 수대협을 움직이는 상위 조직체들의 운동방식을 그대로 답습했다. 그러나 시간이 지날수록 이들에게 독자적인 '여성'에 대한 문제의식이 생겨났다. 여학생들끼리 활동을 고민하다 보니 여성문제가 보였고, 여학생들을 조직하다보니 여성운동에 대한 학습이 필요했다. 그래서 여성운동사 공부도 했다. 경기대에서는 총여학생회 산하 여성문제연구소(소장 이선화)가 만들어졌다. 총여학생회 활동의 걸림돌은 가부장적인 남성중심 총학생회에 있었다. 예를 들어 총여학생회를 여학생총연합이라고 부르고 그 대표성을 동등하게 인정하려 하지 않는 총학생회와의 내부투쟁도 팽팽해졌다.

왜 우리가 부문이냐? 동등하다. 우리는 여학생총연합이 아니라 총여학생회다.[152]

1989년 수원지역[153]여대생대표자협의회(이하 '수여대협')라는 이름으로
수여대협 건설을 위한 준비활동이 시작되었다. 수원지역대학생대표자협
의회(이하 '수대협')에는 경기대, 한신대, 한양대(안산), 성균관대, 중앙대
(안성), 수원대, 아주대 등 7개 캠퍼스가 참여하고 있었기 때문에 수여대협
도 7개 캠퍼스 총여학생회를 중심으로 조직 및 활동이 이루어졌다. 그러
나 실질적으로는 경기대, 한양대, 성대 이렇게 3개 학교가 중심이 되어 움
직였다. 한신대에는 총여학생회가 없었고, 아주대와 성대는 있었지만 공
대 중심이라 힘이 없었고, 중대(안성)는 예술중심 캠퍼스라 학생들이 매우
자유로웠기 때문에 활동이 미약했다.[154] 수원대는 참여하지 않았다.(이선
화 구술) 1990년 수여대협건준위(위원장 이정원, 경기대 86) 차원에서 여
학생회 간부교양학교(7월 20~22일 교양학교 3일간)가 개최되었다. 1990년
하반기 정식 발족을 위한 준비과정이었다. 수여대협은 각 캠퍼스 총여학
생회와 함께 각 대학 간 주요 사안에 대해 공유하고 존재감을 드러내는
활동을 꾸준히 전개했다. 여학생회가 없는 캠퍼스를 다니면서 강의도 하
고, 협성대나 수원여자전문대 등과 연계 활동을 벌리고 총화사업도 했다.
일부 총여학생회 주체들은 수여대협 활동을 '5학년운동'이라고 부르며 졸
업 후에도 캠퍼스마다 다니며 사무장 역할을 하고, 후배들을 독려하고, 지
역과 캠퍼스를 연계하는 활동을 꾸준히 지속했다. 또한 이들 중 다수가
1989년 결성된 수원여민회의 활동가로 들어갔다.(성대 86 배순선, 한양대
86 이채경, 경기대 86 이선화) 1990년 경기대 총여학생회장 이기원(87학번)
도 수원 여민회가 운영하는 탁아운동에 결합하는 등 이 시기 총여학생회
출신 여대생들이 이후 경기도 각 지역에서 여성운동 활동가로 성장해 나

---

152) 홍춘희(경기대, 89) 전 경기대 총여학생회장(92년)의 구술증언. 2016년 3월 2일.
153) 경기도에는 대학이 남부지역에 밀집되어 있었지만 캠퍼스 간 거리차가 심했다. 그래서
   그 중심에 수원이 위치해 있었기 때문에 수대협이라 했다.
154) 이선화(경기대 86학번) 경기대 총여학생회 간부의 구술증언. 2016년 3월 2일.

갔다. 또, 1991년 수여대협은 지역 연대활동으로 농활처럼 방학이나 주말에 동두천 두레방에서 기지촌 활동(이하 '기활')을 시작했다. 1년의 준비기간을 거쳐 1993년에는 송탄에서도 기활이 시작되었다. 여기에는 경기대, 외대, 협성대 여학생회 등이 참여했다. 이러한 총여의 활동은 여학생을 '학생운동'의 남학생과 동등한 '학생'주체로 세우는 데 기여했다. 그러나 아직 이들은 남학생들과 투쟁하면서도 이것이 '대학 내 여성운동'이라고 분명하게 자각하지 못했다.(이선화, 황춘희 증언) 이러한 자각과 여성문제에 대한 의식은 졸업 후 여성운동가가 되면서 생겨났다.

4. 연대사업과 경기여성연대의 태동

1990년 5월 21일 한국 가정법률상담소 수원지부(초대 이사장: 이호정, 소장: 김정자)가 개소하여 가진 것 없고 배운 것 없는 사람들의 편에서 무료 법률부조사업을 펼치기 시작했다. 당시에는 호주제가 살아 있는 상황이었기 때문에 가족법 개정과 이혼 상담의 상당부분을 차지하는 가정폭력을 중심적으로 다루었다. 1990년대 들어와 성폭력에 대한 사회적 경각심을 일깨우는 사건이 발생했지만 아직 사회적 핫이슈로 부상하지 못하던 1991년 말 지역연대차원에서 수원여민회(회장 김정만)와 함께 성폭력현황과 대책을 위한 최초의 연대 활동이 시작되었다. 그것이 1992년 1월 18일 대한성공회 교동성당에서 수원지역 3개 여성단체(수원여자기독교청년회, 한국가정법률상담소 수원지부, 수원여민회) 및 법무 법인 다산이 공동으로 개최한 '성폭력 근절을 위한 토론회'였다.(『한겨레신문』, 1992년 1월 17일) 이날 토론회에서는 수원지역의 성 폭력실태조사보고와 성폭력 극복방안에 대한 주제발표 등에 이어 참가자들과 공개토론을 가졌다. 참가자들은 숨겨왔지만 엄연히 존재해 온 성폭력 문제를 공론의 장에 내놓고, 문제해결은 개인 차원이 아니라 사회적 차원의 해결이 필요함을 제기하였다. 이를 통해 지역 여성단체 간 연대사업의 가능성을 한층 열어가는 기회를 마련했다. 이러한 활동이 쌓여 1997년 경기여성연대로 발전했다.

제4절 경기지역 여성운동의 특징과 의의

이상으로 한국 민주화운동 속에서 경기도 지역에서의 여성운동의 전개와 발전과정을 역사적으로 살펴보았다. 1970~80년대 여성농민·노동운동 및 여성지식인 운동의 성장과 더불어 1987년 민주화 이후 여성운동은 물론 한국 사회운동은 괄목한만한 발전과 성과를 이루었다. 경기도는 수도 서울의 외곽이라는 지역적 특수성으로 인해 여협이나 여연과 같은 전국단위의 여성운동단체의 지부조직이 만들어지고 그것을 중심으로 지역의 여성단체운동이 활성화 된 다른 지방과는 사뭇 다른 운동의 양상을 띠었다. 지역적으로 북부에서 남부에 이르는 거리가 멀고, 도시와 농촌, 도농복합지역 등 다양성이 커서 도민으로서의 일체감도 희박했다. 더구나 지역보다는 서울 중심으로 움직여지는 생활구조로 인해 여성들에게 경기도에 관심을 갖고 여성운동과 단체 활동에 참여하도록 유인을 만드는 것도 쉽지 않았다. 그래서 다른 지방에 비해 전국단위의 여성조직은 다소 늦었지만 각 지역마다 지역의 특성을 반영한 독자적인 지역여성운동 및 단체의 설립과 활동은 1980년대부터 일찍 활성화되었다. 그 중에서도 1989년 설립된 수원여성회는 지역에서 '일상'을 살아가는 중간층 여성이 주체가 되고, 지역과 생활에서 만나는 여성문제를 해결하기 위해 대중성을 갖고 시작되었다는 점에서 매우 그 의미가 컸다.

1980년대 말부터 경기도 지역 여성운동은 어머니, 아내, 주부로서의 역할 수행보다는 '일하는 여성'의 시각에서 여성문제를 바라보았고, 여성 부문 내부의 분화를 통해 탁아, 소비, 환경, 성폭력, 농민 , 노동자 등등 각 부문의 여성문제를 바라보는 시각과 쟁점도 다양해지고 조직도 분화되었다. 여성 내부의 차이도 드러나서 '여성이라고 해서 다 똑같은 여성문제가 아니'라는 것도 알게 되었고, 동시에 여성들 간의 상호소통의 가능성도 더 열렸다. '연대'필요성을 점차 절실히 깨달았으며, 연대사업을 통한 운동이 정책에 미치는 영향력도 커졌다. 이렇게 다양한 여성운동을 펼쳐갈 수 있던 힘은 첫째가 1970년대 여성노동자들의 역량이고 둘째가 여대생들이 대거 지역사회에 배출되기 시작한 것이었다. 서울농대 외에는 큰 대학캠퍼스가 없던 1960~1970년대 경기도와 달리 1980년대에는 한신대, 경기대, 중앙대(안성), 한양대(안산), 아주대, 수원대, 협성대, 외대(용인) 등 경기지역 곳곳에 대학 캠퍼스가 생기고 대학생 정원이 증가함에 따라 조직화되고 의식화된 여학생들이 대거 지역사회단체에 간사나 활동가로 자리매김하면서, 지역의 여성 및 사회단체가 활성화되는 데 기여했다. 특히 이 시기 경기도는 서울의 배후도시로서 성장하는 한국 도시화의 직접적인 영향권에 있었다. 지방에서 서울로 올라와, 대학을 나온 많은 젊은 층들이 커지는 경기도 지역에 속속 파고들었다. 안산-시화공단 등 새로운 공업단지가 생겨나고, 일산-평촌-성남 등 신도시가 건설되었다. 경기도의 인구는 기하급수적으로 늘어갔고 지역주민들의 다양성이 커졌고 연령층은 낮아졌다. 교육받은 여성들의 사회참여비율도 커졌다. 그러나 사회는 여전히 남성중심적이었다. 공장에서, 사무실에서, 학교에서, 주거지역에서 여성들은 스스로 자신들이 겪는 불평등한 문제들을 해결하기 위해 모이기 시작했다. 특히 여성들은 조직부터 활동까지 모든 것을 주체적이고 민주적으로 만들고 운영하는 전형을 보여주었다.

1991년 지방의회선거가 실시되면서 여성운동이 보다 '정치적'인 운동으로 성장할 기반이 형성되었다. 각 단체들은 여성활동가를 정치로 보내기 위한 운동을 펼치면서 생활정치 실현을 모색했다. 예를 들어 '살기좋은 부천을 위한 여성모임'(1992) 등 다양한 이름의 지역여성모임이 활성화되었다. 지역여성모임은 중앙차원의 여성운동이 미처 눈 돌리지 못한 지역여성운동으로 '여성운동의 대중화', '여성의 정치세력화'에 밑거름이 되었다. 모든 것이 긴 민주화과정에서 사회문제와 여성문제를 동시에 겪으면서 고민했던 여성운동의 역사가 있었기에 가능한 것이었다. 그러나 1990년대 중반까지 여성들은 사회운동을 풀뿌리 여성정치운동으로 확대하는 데 깊은 고민과 연대 활동을 모색하지 못했다.

1994년 안양에서 23년의 결혼생활 동안 지속적인 가정폭력에 시달린 이순심 씨가 남편을 살해한 사건이 발생했다. 이순심 씨 구명을 위하여 수원과 안양지역 15개 여성단체를 중심으로 '공동방청인단'을 구성하고 구명운동을 펼쳤다. 경기 여성연대의 시작이었다. 1996년에는 시흥에서 딸을 구타한 사위를 살해한 이상희 할머니 사건이 발생했다. 연이어 발생한 두 사건은 평생 상습적인 구타에 시달리던 아내 또는 가족이 생명의 위협을 느끼거나 인내의 한계에 달해 우발적으로 가해자를 살해한 공통점을 지니고 있었다. 가정폭력 사건에 대한 보다 근본적인 대책 마련이 필요했다. 30개의 여성단체를 중심으로 '가정폭력방지를 위한 경기여성연대'를 발족했다. 그 후 1997년 가정폭력방지를 위한 법률의 제정이 가시화되면서 27개 여성단체를 중심으로 모임의 명칭을 '경기여성연대'로 변경하고 활동목적도 '건강한 가정 평등한 지역사회실현'으로 확대하였다. 이렇게 경기여성연대는 지역 여성들의 '삶'을 근간으로 하며 이들과의 소통을 통해 자생적으로 탄생하였으며, 이를 기반으로 하는 여성들 간의 연대조직으로서 전국에서 유일하며, 중앙의 소속 단체가 없는 것이 특징이다.(안태윤, 2012, 45쪽) 시작할 때는 중앙에 조직을 둔 경기여협155)과 후에 경기여연156)이 된 단체들이 함께 연대를 구성했지만, 이들이 분리되면서 경기여성연대[157]만 남은 것이다.

경기여성연대는 서울 중심의 전국 조직과 전국적 이슈 중심 활동보다는 지역 특성에 근거한 현안 및 여성문제를 주체적으로 자각하고 지역 여성들의 자발적 참여와 운동을 모아 내왔다는 점에서 그 역사적 의미가 크다. 1990년대 중후반 이후부터 지역사회에는 다양한 주체, 다양한 활동과 접근방법을 근간으로 여성운동이 더욱 분화되고 발전하였다. 이들은 함께 공존하며, 각자 다른 운동을 펼치고 있다. 경기여성연대는 도 단위 연대체로서 중심적 위상을 갖고 다양한 지역단위 여성단체가 연대하는 것을 지원하고 교육하고 소통하면서 경기도 여성들의 연대와 여성의 세력화를 위해 지속적으로 노력하고 있다.

---

[155] 경기도여성단체협의회는 1985년 9월 11일 창립되었다.(초대 회장 이은숙) 도내 9개 여성단체가 모여 단체 간의 협조와 친선도모를 목적으로 설립되어, 현재 경기도여성단체협의회는 13개의 도 회원단체와 31개 시·군에 지회를 갖고 있다.

[156] 경기여성단체연합(이하 '경기여연')은 경기도에서 발생한 가정폭력사건에 대해 경기여성연대와 같은 취지를 가지고 가정폭력방지법 제정을 위해 함께 활동하다가 한국여성단체연합에 소속되어 있는 경기지역 18개 단체들이 모여 1998년 2월 별도의 조직을 설립하고, 1987년 설립된 한국여성단체연합의 경기도 지부로 출범하였다.

[157] 현재 경기여성연대는 기존에 소속단체였던 YWCA가 연합회를 구성하면서 탈퇴하여, 회원단체가 거의 반으로 감소하는 등 내외부적인 환경변화를 겪으면서 새로운 조직 및 활동 강화를 고민하고 있다. 경기여성연대 외에 2006년 경기지역 12개 여성단체의 연대로 '경기자주여성연대'가 출범하였다. 경기자주여성연대는 중앙의 '전국여성연대'에 가입되어 있다.

【참고문헌】

1. 자료

『경향신문』, 『동아일보』, 『한겨레신문』

『과천시사』, 『경기도사』, 『동두천시사』, 『부천시사』, 『성남시사』, 『수원시사』, 『시흥시사』, 『안산시사』, 『안양시사』, 『여주시사』, 『오산시사』, 『이천시사』, 『의정부시사』, 『평택시사』

『경기도사 제9권 현대』, 『경기도의 어제와 오늘』

『성남시사 07 민주화운동과 시민사회 활동』, 성공회대출판부.

『수원여성』(수원여민회 기관지), 『수원여성회 15주년 자료』, 『수원여성회 20주년 자료』

『평택 시민 신문(www.pttimes.com)』, 『통계청(www.kostat.go.kr)』

국회사무처, 1971 『국회사』.

노동부 편. 1988. 『1987년 여름의 노사분규 평가보고서』.

문교부, 1963 『연간교육조사』, 서울: 홍원출판사.

문교부, 1972 『고등학교 국사』, 대한교과서주식회사.

문교부, 1974 『고등학교 국사』, 대한교과서주식회사.

문교부, 1979 『고등학교 국사』, 대한교과서주식회사.

대통령소속 의문사진상규명위원회 보고서 발간위원회, 2004 『진실을 향한 험난한 여정 Ⅰ~Ⅱ』, 대통령소속 의문사진상규명위원회전국노동조합협의회 백서 발간위원회, 2003.

전국노동조합협의회 백서 발간위원회, 2003 『전노협백서 Ⅰ~Ⅷ』, 인터넷 DB.

6월민주항쟁계승사업회, 2007『6월항쟁을 기록하다 4』, 민주화운동기념사업회.

71동지회 편, 2001『나의 청춘 나의 조국』, 나남.

80년대 전반기 학생운동기념문집출간위원회, 2007『5월 광주를 넘어 6월항쟁까지』, 자인.

고려대 100년사 편찬위원회, 2005『고려대 학생운동사』, 고려대학교출판부

고양시민회, 2009『더불어 사는 세상을 위하여- 고양시민회 21주년 기념자료집』.

경기문화재단, 2005『경기도 근·현대 소집단 미술활동의 흐름연구』(서울 : 디자인하우스).

기쁨과희망사목연구소 편, 1996『암흑속의 횃불』1, 가톨릭출판사.

긴급조치9호철폐투쟁기념문집출간위원회, 2005『30년만에 다시 부르는 노래』, 자인.

김해규·장연환, 「기지촌-참을 수 없는 도시의 어두움」, 『평택신문』, 2009.06.03.
http://www.pttimes.com/news/articleView.html?idxno=18779

노동운동탄압저지투쟁위원회, 1985「민주 노동운동을 향하여-최근 노동운동 탄압 사례」.

두레방, 2001, 『두레방 이야기』, 두레방 15주년 기념자료집.

두레방, 2007, 『두레방에서 길을 묻다』, 두레방 20주년기념문집.

두레40년사편찬위원회, 『두레 40년사』, http://cafe.daum.net/doorre

민주화운동기념사업회 연구소 편, 2006『한국민주화운동사연표』.

민주화운동기념사업회, 2006「지역민주화운동사편찬을 위한 기초조사사업 최종보고서-경기 지역」.

민주화운동기념사업회·성남민주화운동사발간준비위원회, 2009『시대와 함께 호흡한 31년-성남 민주화운동과 만남의 집 활동사』.

민주화운동기념사업회 오픈아카이브즈, http://archives.kdemo.or.kr/main

부천 YMCA, 2012『부천 YMCA 30년-사람 어울림 꿈』(서울 : 신명기획).

(사)수원민주화운동계승사업회, 2015『수원지역 민주화운동사』(미간행).

(사)한국민족예술인총연합, 1997『수원예술』창간호.

수원민주문화운동연합, 1988『백성』창간호, 2, 3호.

새움터, 1997『기지촌. 기지촌여성·혼혈아동 실태와 사례』, 새움터.

서울대학교 60년사 편찬위원회 편, 2006『서울대학교 60년사』, 서울대학교.

성공회대학교민주자료관, 2003「민주화운동 관련 사건 사전 편찬을 위한 조사연구사업(1970년대) 최종보고서」.

성남6월항쟁20년기념사업추진위원회, 2007 「성남6월항쟁 20년 기념 자료집」.

성남6월항쟁20년기념사업추진위원회, 2010 『만남의 집 31년사』, 성남6월항쟁20주년기념사업추진위원회.

성남지역민주사회발전연구회, 1987 「제2차 성민연 정기총회 자료집」.

수원시, 2001 『수원 근·현대사 증언 자료집 I』.

안산지방자치개혁시민연대, 2013 『지나온 길, 그리고 걸어갈 길-안산시민운동산책』 (미간행).

유경순, 2015 『1980년대, 변혁의 시간, 전환의 기록 1』, 봄날의 박씨.

유경순, 2015 『1980년대, 변혁의 시간, 전환의 기록 2』, 봄날의 박씨.

이세영, 「현대사 전공자가 쓰는 한국민주화운동사」, 한겨레신문 인터넷. http://www.hani.co.kr/arti/culture/religion/325538.html#csidx22c474630d5d283a2ebccac8c917c55

이태호, 1986 『최근노동운동기록』, 청사.

전국금속노동조합 노동연구원, 2012 「재벌연구보고서」.

전농 경기도연맹, 2002 『농민운동 10년사』.

조영래, 1991 『전태일 평전』, 돌베개.

주민교회, 1989 「통일민족을 향한 함께 사는 운동」.

주민교회역사편찬위원회, 2003 『민중의 수레를 끌고 새 하늘 새 땅으로: 자료로 본 주민교회 30년사(1973.3~2003.3)』.

청사편집부, 1984 『칠십년대 한국일지』, 청사.

평택평화센터, 2008 『평택미군기지 평화순례자료집』.

한국기독교교회협의회인권위원회, 1987 『1970년대 민주화운동』 Ⅰ~Ⅴ.

한국기독교사회문제연구원, 1983 『1970년대 민주화운동과 기독교』, 한국기독교사회문제연구원.

한국기독교사회문제연구원, 1986a 『성남지역실태와 노동운동』, 민중사.

한국기독교사회문제연구원, 1986b 「85년 노동사회사정」.

한국기독학생총연맹, 1981 『야학활동안내서』.

한국교회사회선교협의회, 1987 「노동운동자료집」.

한국노동연구원, 1989 「한국의 노동조합」.

한신민주화운동자료집편찬위원회, 2010 『한신대학교 개교 70주년 기념 민주화운동자료집 '너와 나, 함께 가는 세상'』, 한신대학교 기록정보관.

한국민족예술인총연합, 1997 『수원예술』 창간호.

■ **구술자료(문화예술운동)**

김복림(안양민요연구회) 구술면담: 2016. 4. 11.

김영기(수미협) 2016. 3. 12.

김영호(안양독서회) 구술면담: 2015. 8. 9.

김인봉(안민청) 구술면담: 2016. 9. 23.

김장욱(서울대 농악) 구술면담: 2016. 4. 20.

박찬응(안양문화운동연합) 구술면담: 2016. 4. 16.

양한승(경기북부) 구술면담: 2016. 8. 10.

이성호(풍물 수원) 구술면담: 2016. 2. 22.

이종태(안양독서회) 구술면담: 2016. 5. 30.

최오진(안산) 구술면담: 2016. 6. 20.

최창남(안양민요연구회) 구술면담: 2015. 6. 10.

최혜영, 이강기, 이교정, 김영호 등 (경기북부) 집담회: 2016. 7.20.

■ **구술 자료(여성운동)**

고은실(경기 여농위) 구술면담: 2016. 4. 20.

박남식(여성 농민) 구술면담: 2015. 2. 5.

수원 김경희(여성의 전화), 박정순(수원여민회), 장원자(수원Y) 등 집담회: 2015. 2. 25.

유영림(의정부 두레방) 구술면담: 2015. 2. 10.

이선화(수여대협) 구술면담: 2016. 3. 2.

장현자(성남 탁아운동) 구술면담: 2015. 8. 19.

정인숙(성남) 구술면담: 2015. 8. 19.

최순영(부천Y), 최미정(경기여성연대) 구술면담: 2016. 4. 22.

황선희(성남 노동) 구술면담: 2016. 5. 3.

황춘희(수여대협) 구술면담: 2016. 3. 2.

2. 연구성과

6 · 3동지회, 1994 『6 · 3학생운동사』.

강수택, 2000 「근대적 일상생활의 구조와 변화」, 『한국 사회학』 32집.

강수택, 2001 『다시 지식인을 묻는다』, 삼인.

강정인, 2002 「정치 · 죽음 · 진실: 1991년 5월투쟁을 중심으로」, 『한국정치학회보』 36

집 3호.

경기문화재단, 2005 『경기도 근 · 현대 소집단 미술활동의 흐름연구』(서울 : 디자인하
우스)

고동현, 2007 「저항의 기억과 의례. 정체성 형성」, 정철희 외, 『상징에서 동원으로』,
이학사.

김성환 외, 1984 『1960년대』, 거름.

구해근, 2002 『한국노동운동계급의 형성』, 창작과 비평사.

김경동, 1982 「현대사회와 대학」, 『현대사회』.

김광억, 1991 「저항문화와 무속의례」, 『한국인류학회』 23.

김광억 · 황익주, 2006 「민족의 문화정치」, 『광복 60년』, 서울대학교출판부.

김금수 · 박현채 외, 1985 『한국노동운동론』, 미래사.

김금수, 1988 『김근태 고문 및 옥중기록』, 중원문화.

김금수, 2004 『한국노동운동사- 민주화 이행기의 노동운동 6』, 지식마당.

김동춘, 1995 『한국사회 노동자 연구- 1987년 이후를 중심으로』, 역사비평사.

김명시, 1989 『전노협 건설과 노동조합 운동의 현단계』, 백산서당.

김삼웅, 1984 『민족민주민중선언』, 일월서각.

김선택 · 부좌현, 2008 「70년대 서강대 학생운동과 긴조 9호」, 긴급조치9호철폐위원회,
『30년 만에 다시 부르는 노래』, 자인.

김성균, 이창언 외, 2013 『만안의 기억』, 이담북스.

김영곤, 2009 「1970년대 민중운동과 민중지향」, 안병욱 외 『유신과 반유신』, 민주화운
동기념사업회.

김정한, 2002 「권력은 주체를 슬프게 한다: 91년 5월투쟁 읽기」, 91년 5월투쟁 청년모
임 편, 『그러나 지난 밤 꿈속에서 이 친구들이 나에 대하여 이야기 하는 소리
가 들려왔다_1991년 5월』, 이후.

김준, 2003 「민주노조운동과 교회: 개신교 산업선교를 중심으로」, 한국산업사회학회
편, 『노동과 발전의 사회학』, 한울.

김진철, 2004 「비평: 민족주의 비판론에 대한 몇 가지 노트」, 『역사문제연구』 제4호,
역사비평사.

김흥식 외, 2002 『경기여성발전사-경기여성의 어제와 오늘-』, 경기도.

노세극, 1990 「전노협 건설과 안산지역노동운동의 현황과 과제」, 『밀물』, 한양대학교
교지편찬위원회.

노세극, 2012 『공생의 길』, 자우출판사.

노진귀, 2007 『8.15 해방 이후의 한국 노동운동－한국노총 측면의 시론적 재조명』, 한국노총 중앙연구원.

마인섭, 2001 「유신정권의 통치행태와 중화학공업화」, 한국정치외교사학회, 『한국정치외교사논총』, 제22집 2호.

민주화운동기념사업회 연구소 엮음, 2008 『한국민주화운동사 1』, 돌베개.

민주화운동기념사업회 연구소 엮음, 2009 『한국민주화운동사 2』, 돌베개.

민주화운동기념사업회 연구소 엮음, 2010 『한국민주화운동사 3』, 돌베개.

민주화운동자료관, 2000 「한국민주화운동의 전개와 구조」, 성공회대학교출판부.

박계동, 2008 「내 삶을 바꿔 놓은 감옥 안의 햇살」, 긴급조치9호철폐위원회, 『30년만에 다시 부르는 노래』, 자인.

박용옥, 1984 『한국근대여성운동사연구』, 한국정신문화연구원

박원순, 1992 『국가보안법 연구』, 역사비평사.

박준성, 2005 「전태일 평전을 읽어보시라」, 『노동과 세계』.

박태균, 1989 「제3대 총선과 정치지형의 변화」, 『역사와 현실』 17, 역사비평사.

박현채, 1979 『민중과 경제』, 정우사.

백욱인, 1988 「과학적 민중론의 정립을 위하여」, 『역사비평』 여름, 역사문제연구소.

사)수원민주화운동계승사업회, 2015 『수원지역 민주화운동사』(미간행).

서병조, 1981 『정치사의 현장증언 : 제1공화국』, 중화출판사.

서중석, 2007a 『이승만과 제1공화국』, 역사비평사.

서중석, 2007b 『한국현대사 60년』, 민주화운동기념사업회.

성공회대학교, 2002 『한국민주화운동의 전개와 구조』, 성공회대출판부.

손호철, 2006 『해방 60년의 한국정치』, 이매진.

송찬섭 외, 2007 『한국사의 이해』, 한국방송통신대학교출판부.

수원시사편찬위원회, 2014, 『수원여성의 생활과 정체성』, 수원시사 13.

신금호, 1989 「7·8월 노동자투쟁」, 김용기·박승옥 엮음, 『한국노동운동 논쟁사-80년대를 중심으로』. 현장문학사.

신은제, 2006 「박정희의 기억 만들기와 이순신」, 김기봉 외, 『현대의 기억 속에서 민족을 상상하다』, 세종출판사.

안태윤, 2012 『경기도 여성단체 활동현황 및 활성화 방안 연구』, 경기도가족여성연구원.

양관수, 2008 「독재의 폭압에 온 몸으로 저항하다」, 긴급조치9호철폐위원회, 『30년만에 다시 부르는 노래』, 자인.

엄영애, 2007 『여성농민운동사』, 나무와 숲.

역사학연구소, 1995 『강좌 한국근현대사』, 풀빛.

오오꾸보 고지, 1994 「삶의 전기」, 박재환, 『일상생활의 사회학』, 도서출판 한울.

오연호, 1990 『더 이상 우리를 슬프게 하지 말라』, 백산서당.

오유석, 2013 「민주화운동사 연구와 지역운동사의 편찬 현황」, 『인천민주화운동 연구
　　　와 편찬 방향 모색을 위한 토론회 자료집』, 인천민주평화인권센터.

유재일, 1996 「한국정당체제의 형성과 변화」, 고려대 박사학위논문.

유문종, 2014 『수원시사 8』.

유재천, 1984 『민중』 서문, 문학과 지성사.

윤택림, 2004 『인류학자의 과거 여행. 한 빨갱이 마을의 역사를 찾아서』, 역사비평사.

은수미, 2003 「의식화조직, 사회운동, 그리고 대항이데올로기」, 김세균 편 『저항·연
　　　대·기억의 정치』, 문학과학사.

이강수, 2003 『반민특위 연구』, 나남출판.

이광일, 2004 「한국민주주의와 진보정치운동」, 조희연 편, 『국가폭력. 민주주의 투쟁.
　　　그리고 희생』, 함께읽는책.

이기택, 1987 『한국 야당사』, 백산서당.

이기훈, 2005 「1970년대 학생 반유신운동」, 안병욱 외 『유신과 반유신』, 민주화운동기
　　　념사업회.

이만열, 2011 「한국민주화운동사 서평」, 『기억과 전망』, 24호, 여름호.

이명식, 2008 「씁쓸한 기억-1979년 9월 정기 고연전 시위」, 긴급조치9호철폐위원회,
　　　『30년만에 다시 부르는 노래』, 자인.

이명현, 1981 「대학의 이념」, 『현상과 인식』.

이세영, 2004 「민중개념의 계보학」, 학술단체협의회·민주사회정책연구원, 『창조적
　　　개념 개발을 통한 학문 주체화 전략』.

이수인, 1990 「자유당 정권의 역사적 성격」, 사월혁명연구소 편 『한국 사회변혁운동과
　　　4월혁명』, 한길사.

이시정, 2007 『안양지역 노동운동사』, 민주화운동기념사업회, 6월 민주항쟁 안양 군포
　　　의왕 기념사업추진위원회.

이우재, 1990 「80년대 지역운동의 정립과 그 발전」, 조희연 편, 『한국사회운동사: 한국
　　　변혁운동의 역사와 80년대의 전개과정』, 한울.

이원보, 2005 『한국노동운동사 100년의 기록』, 한국노동사회연구소.

이원주, 2008「함성 또 함성의 79년 서울대」, 긴급조치9호철폐위원회, 『30년만에 다시 부르는 노래』, 자인.

이재성, 2010「인천지역 민주노조 운동에 대한 사회운동적 고찰」, 서울대학교 박사학위논문.

이재성, 2014「수원의 야학과 노동자 교육」, 『수원시사 14, 수원 노동자의 노동세계와 노동문화』, 수원시사편찬위원회.

이재성, 2014『지역사회운동과 로컬리티: 1980년대 인천지역 노동운동과 문화운동』, DETO.

이재오, 1987『해방 후 한국학생운동사』, 형성사.

이준모, 1996「인천민중교회연합의 역사와 과제」, 『시대와 민중신학』 제3호.

이창언, 2009a『한국학생운동의 급진화에 관한 연구: 80년대 급진이념의 형성과 분화를 중심으로』, 고려대학교 박사학위논문.

이창언, 2009b「분신자살(焚身自殺)의 구조와 매커니즘 연구: 학생운동을 중심으로」, 『기억과 전망』 21호, 민주화운동기념사업회.

이창언, 2009c「의회 민주주의의 열망과 좌절의 공간 태평로 구 국회의사당」, 『희망세상』 2월호, 민주화운동기념사업회.

이창언, 2010「1960년 4월혁명 – 포기할 수 없는 가치, 민주주의」, 『경술국치 100년 학술대회 자료집: 20세기 한국 · 한국인의 역사와 기억의 변용』, 한국근현대사학회.

이창언, 2014『박정희시대 학생운동』, 한신대출판부.

임미리, 2014『경기동부: 종북과 진보 사이, 잃어버린 우리들의 민주주의』.

임미리, 2017, 『열사, 분노와 슬픔의 정치학: 한국저항운동과 전선운동과 열사호명 구조』, 오월의봄.

임영태, 1998『대한만국 50년사』. 들녘.

장원자, 2015「수원YWCA 한알클럽 활동을 중심으로 한 민주화 태동기」, 미발표원고.

장홍근, 1999「한국 노동체제의 전환과정에 관현 연구(1987~1997)」, 서울대 박사학위논문.

전북민주화운동사편찬위원회 편, 민주화운동기념사업회 기획, 2012『전북민주화운동사』, 선인.

전재주, 2008「부르지 못한 노래 – 먹구름 덮인 74년」, 긴급조치9호철폐위원회, 『30년만에 다시 부르는 노래』, 자인.

전재호, 2002「한국 민주주의와 학생운동」, 조희연 편, 『국가폭력. 민주주의 투쟁. 그리고 희생』, 함께읽는책.

정근식 외, 2010 『지역에서의 4월혁명』(민주화운동기념사업회 4월혁명 50주념 기념
　　연구총서 2), 선인.

정대용, 1988 「재야민주노동운동의 전개 과정과 현황」, 『한국노동운동의 이념』, 정암
　　사.

정수복, 1988 「지식인과 사회운동-지식인의 이데올로기적 개정을 중심으로」, 『사회비
　　평』 제3호.

정철희, 1995 「미시동원, 중위동원, 그리고 생활세계제도: 사회운동론의 재구성을 위
　　한 시론」, 『경제와 사회』 봄호, 통권 제25호.

정해구, 2011. 『전두환과 80년대 민주화운동 : '서울의 봄'에서 군사정권의 종말까지』,
　　역사비평사.

조대엽, 2003 「광주항쟁과 80년대의 사회운동문화-이념 및 가치를 중심으로」, 『민주주
　　의와 인권』 제3권 1호.

조승혁, 1981 『도시산업선교의 인식』, 민중사.

조희연, 1994 「유신체제와 긴급조치세대 민청세대 '긴조세대'의 형성과 정치개혁 전망」,
　　『역사비평』 32. 역사비평사.

조희연, 2010 『동원된 근대화-박정희 개발동원체제의 정치사회학적 이중성』 32, 후마
　　니타스.

천성호, 2009 『한국야학운동사』, 학이시습.

최병두, 2000 「자본주의 사회에서 장소성의 상실과 복원」, 『도시연구』 8.

최유정, 2012 『새벽 기관차 박관현』, 사계절.

최장집, 1996 『한국민주주의의 조건과 전망』, 나남.

충북민주화운동사편찬위원회 편, 민주화운동기념사업회 기획, 2012 『충북민주화운동
　　사』, 선인.

티모시 도일·덕 맥케이컨 저, 이유진 역, 2002 『환경정치학』, 도서출판 한울.

한국기독교사회문제연구원 편, 1988 『5공 청산과 악법개폐운동』, 민중사.

한국민중사연구회편, 1986 『한국민중사 Ⅱ』, 풀빛.

한국여성의 전화 편, 1999 『한국여성인권운동사』, 한울아카데미.

한국정치연구회 정치사분과, 1993 『한국현대사 이야기 주머니 2』, 녹두.

한만길, 1997 「유신체제 반공교육의 실상과 영향」, 『역사비평』 36, 역사비평사.

한상진, 1987 『민중의 사회과학적 인식』, 문학과 지성사.

한승헌 외, 1984 『유신체제와 민주화운동』, 춘추사.

허상수, 2004 「정치사회적 저항담론과 변혁주체논쟁」, 조희연 편, 『한국의 정치사회적

저항담론과 민주주의의 동학』, 함께읽는책.

허영란, 2005 「민중운동사 이후의 민중사」, 『역사문제연구』 15.

허 은, 2007 「교련반대투쟁과 1971년 선거투쟁의 전개 과정」, 『2007년 현장 민주화운동연구종합보고서』, 민주화운동기념사업회.

홍현영, 2005 「도시산업선교회와 1970년대 노동운동」, 『1970년대 민중운동 연구』, 민주화운동기념사업회.

【찾아보기】